古代思想史と郭店楚簡

浅野裕一編

汲古書院

序　文

郭店楚簡とは、郭店一号楚墓から出土した七三〇枚の竹簡の総称である。一九九三年十月、湖北省荊門市郭店の一号楚墓が発掘された。この墓は、近隣の農民が畑の土壌用に墳丘の土を削り取ったため、外郭の端が露出するに至り、同年八月に最初の盗掘を受けて外郭に届く穴が開けられた。その後十月に二度目の盗掘があり、今度は郭板の蓋に穴が開けられて副葬品の一部が持ち出されたうえ、雨泥が郭室内に侵入するようになった。そのためこれ以上放置できないとして、湖北省荊門市博物館が緊急の発掘調査を実施したのである。

その結果、人骨や楽器・鏡・櫛・耳杯など多くの副葬品とともに、薪束のように固まった状態で八〇〇余枚の竹簡が出土し、その中の七三〇枚に文字が記されていたが、その文字はいわゆる先秦の古文であった。郭店一号楚墓は、春秋・戦国時代の楚の都・郢（紀南城）の北方9㎞のところにあり、辺り一帯は楚の貴族の墓陵地だった場所で、多くの墓が密集している。そこで郭店一号楚墓の墓主も、楚の貴族だったと推定できるのだが、副葬品の中に墓主や下葬年代を特定できる直接的手掛かりは発見できなかった。

しかし中国の考古学者は、さまざまな副葬品の様式変化に基づく編年から、その造営時期を戦国中期（前三四二～前二八二年）の後半、前三〇〇年頃と推定した。この推定は、一九八六年から一九八七年にかけて発掘調査され、副葬品の紀年資料から前三一六年の造営であることが確認された湖北省荊門市の包山二号楚墓を始め、江陵周辺の多くの楚墓から出土した副葬品の分析から得られた編年によるものである。このように豊富な資料を用いた考古学的編年に依拠した年代比定は、大筋で動かないと見るべきであろう。

郭店一号楚墓

また郭店一号楚墓が位置する楚の墓陵地に関しては、『史記』に次のような記載がある。

其の明年楚を攻め、郢を抜きて夷陵を焼く。遂に東のかた竟陵に至る。楚王は亡げて郢を去り、東に走りて陳に徙る。秦は郢を以て南郡と為す。（白起王翦列伝）

中国の研究者はこの『史記』の記述を踏まえ、前二七八年、秦の将軍・白起が楚都・郢を占領した時点で、楚の貴族集団は紀南城を放棄して東北の陳に遷都し、紀南城周辺の墓陵地もまた放棄されて、以後南郡として秦の直轄支配を受けたこの地に貴族の墓が造営されることはなかったとする。こうした歴史的経緯を踏まえるならば、郭店一号楚墓の造営時期の下限は前二七八年であり、下葬時期をそれ以降に引き下げることは、物理的に全く不可能となる。

副葬品の中には「東宮之師」と刻む耳杯があり、この点から墓主は楚の太子の教育係だったと考える説もある。ただし耳杯の銘文は「東宮之杯」と釈読すべきだとの意見もある。この場合、耳杯は太子からの下賜品となるから、墓主の身分を特定する決め手にはなりにくいが、墓の規模を基準にして、墓主は上士の身分に属していたと見られている。

出土した竹簡は、荊州市博物館や荊門市博物館の研究者の手によって解読・整理され、写真と釈文を収めた『郭店楚墓竹簡』が一九九八年五月に文物出版社から刊行された。それによれば竹簡は、竹簡の両端が平斉であるか梯形であるか、竹簡を繋いでいた編綫の数が両道であるか三道であるかといった形状の相違や、寸法の差異など簡式上の特色や、書体の差異、及び内容などから、次の十六種の文献に分類・整理されている。

（1）『老子』甲・乙・丙　（2）『太一生水』　（3）『緇衣』　（4）『魯穆公問子思』　（5）『窮達以時』
（6）『五行』　（7）『唐虞之道』　（8）『忠信之道』　（9）『成之聞之』　（10）『尊徳義』　（11）『性自命出』
（12）『六徳』　（13）『語叢』一　（14）『語叢』二　（15）『語叢』三　（16）『語叢』四

この中、（1）と（2）は道家系統の著作、（3）から（12）の十篇は儒家系統の著作、（13）から（16）は短文から成る教育用の格言集だと考えられる。また（1）の『老子』甲・乙・丙は、完本を節録した三種類の抄本だと思われる。

この郭店楚簡の発見は、戦国時代の墓から思想関係の文献が出土した初めての例であり、その意味で画期的な意義を持つ。銀雀山漢墓竹簡や馬王堆漢墓帛書など、一九七〇年代に出土した資料は、漢代の墓からの発見であったため、疑古派と信古派の論争を決着させる決め手とはならなかった。

だが郭店楚簡の場合は、戦国中期、前三〇〇年頃の楚墓からの出土であるため、その中に論争の対象とされてきた書物が含まれていたり、その書名が記されていたりすれば、その書物が先秦の古書であることが確定するとともに、成書年代が前三〇〇年頃より前であることもまた確定する。郭店楚簡が持つ最大の意義はまさしくこの点にある。こうした観点から、いくつかの事例を紹介してみよう。

郭店楚簡の『六徳』には、「諸を詩・書に観れば則ち亦た在り。諸を礼・楽に観れば則ち亦た在り。諸を易・春秋に観れば則ち亦た在り」と、詩・書・礼・楽・易・春秋の名称が見える。これは先秦の儒家が経典とした「六経」の内容と完全に一致する。したがって『六徳』が著作された当時、すでに儒家がこれら六種の典籍を経典視していたことが判明したわけである。もとより、当時「六経」の名称までが存在したか否かは不明なのだが、総称概念の有無は別として、儒家にこれら六種の典籍を特別に尊重する思考があったことは確実となった。（なお詳細については本書第二部第一章参照）。

さらに『語叢』一の中にも、『六徳』と符節を合する記述が見える。

易は天道と人道を会《あつ》むる所以なり。
詩は古今の志を会むる所以なり。
春秋は古今の事を会むる所以なり。

ここには易・詩・春秋それぞれに対する簡略な解説が示される。こうした記述は、『語叢』一が著作された当時、儒家がすでに易・詩・春秋を自分たちの経典として奉じていた状況を明確に物語っている。（なおこの問題に関しては、本書の第二部第十二章を参照されたい）。

従来『易』が儒家の経典となった時期については、津田左右吉『左伝の思想史的研究』（一九三五年）や平岡武夫『経書の成立』（一九四六年）は、『易』は漢代になってから初めて経典の地位を獲得したと説き、武内義雄『中国思想史』（一九五三年）も、孔子や孟子・荀子の時代には『易』はまだ経典化されておらず、前二一三年の始皇帝の焚書以後、子思学派が『易』の一経を増して六経になったと述べる。

『易』が儒家の経典となった時期を秦漢の際以降と考える学者たちは、その時代背景を次のように説明してきた。始皇帝は「挟書の律」と呼ばれる禁令を発して、民間人が『詩』や『書』、諸子百家の書籍を所蔵することを厳しく禁じ、天下中からそうした書物を差し出させて、ことごとく焼き払う。これによって儒家は自分たちの経典を失ってしまう。そこで儒家は、実用書として禁圧の対象外だった占いの書物、『易』を新たに経典にして急場をしのぐ。その結果、それまでの詩・書・礼・楽・春秋に易が追加されて、初めて儒家の経典を六経と称するようになったのだと。わが国の学界では、こうした見方が通説となってきており、儒家と『易』が結びついた時期を秦漢の際以降と考えるのが一般的であった。

『荘子』天運篇には、「孔子老聃に謂いて曰く、丘は詩・書・礼・楽・易・春秋の六経を治め、自ら以て久しと為す」とか、「夫れ六経は先王の陳迹なり」と、孔子と老子の問答に仮託する形で、『易』を含む六経の名称が記される。『易』が儒家の経典となった時期を秦漢の際以降とする人々は、当然ながら『荘子』天運篇は漢代に入ってから著述されたのだと考えた。だが郭店楚簡『六徳』や『語叢』一の記述内容によって、こうした通説は一挙に崩壊してしまったのである。さらに上博楚簡の中に『易』が五十八簡、三十五卦分含まれていたことも、それを具体的に裏付ける物証となった。

上博楚簡の『易』は、簡頭から卦画・卦名・卦辞・爻辞が連続する構成を示しており、その文章は現在伝わる『易』のテキストと基本的に一致する。『易』の卦名は戦国中期以前にはまだ存在していなかったとか、卦辞・爻辞などが作られたのは戦国中期末以降だとする考えも最近提出されていたが、上博楚簡の『易』の発見によって、戦国中期以前、戦国前期（前四〇三〜前三四三年）には卦画・卦名・卦辞・爻辞が連続する構成を持つ『易』が存在していたことが明確になったのである。したがって『易』が儒家の経典となった時期が戦国前期以前に遡るのは確実だと言える。

また郭店『老子』の発見も、『老子』の成立時期をおしなべて戦国中期の孟子より後としてきた通説に対して、大きな衝撃を与えることとなった。郭店『老子』の甲本・乙本・丙本は、簡式上の差異からそれぞれ別個の写本と考えられる上に、三本を合計しても今の『老子』の五分の二の分量しかない。

こうした現象をどう理解すべきなのかについては、原『老子』と呼ぶべきテキストから三種類の抄本が作られたとする見方と、郭店『老子』そのものが原『老子』なのだとする見方が対立し、現在もなお論争が続いている。（なおこの問題に関しては、本書の第二部第十一章を参照されたい）。

それにしても『老子』と重なる文章を記す文献が、前三〇〇年頃の墓から出土した事実は、『老子』の来歴がかなり古く、孟子以前に『老子』が存在していた可能性を強く示唆するもので、疑古派や釈古派の諸説に致命的打撃を与えたことは疑えない。

さらに『緇衣』の発見も重要な意味を持つ。郭店本『緇衣』は、多少の相違はみられるものの、伝世の『礼記』緇衣篇と基本的には同一の文献である。武内義雄『中国思想史』は、王と覇を対説する点が孟子の影響と見られること、しばしば賞罰に触れるのは法家の影響と考えられること、『詩』『書』にとどまらず、孟子が絶えて言及しない『易』

を称引することなどを、『礼記』の表記・坊記・緇衣三篇に共通する特色として挙げ、これら三篇が戦国末から秦初にかけて子思の儒を標榜する学者によって著作されたとする見解を提示した。

また津田左右吉『論語と孔子の思想』（一九四六年）も、「坊記と表記と緇衣との三篇と中庸篇とが、前漢時代に書かれたもの」だと述べる。だが郭店楚墓から『緇衣』が出土した事実により、『緇衣』の成書年代が戦国中期以前に遡ることが明らかになったわけで、武内説や津田説は完全に破綻したと言える。上博楚簡の中にも『緇衣』が含まれていたことは、『緇衣』の流伝の広さと来歴の古さを物語るもので、この点をよりいっそう確実なものとした。（詳細については本書第二部第二章参照）。

郭店楚簡については、その全容が公開されて以来、夥しい数の研究が発表されてきている。中でも多くの研究者の注目を集めたのは、『性自命出』であった。それは、『性自命出』が「天」「命」「性」「情」などのタームを用いて人の本性に関する形而上的思索を展開しており、その思考形態が『中庸』と極めてよく似通っていたからに他ならない。そのため『性自命出』と『中庸』が説く人性論の共通性と差異について、さまざまな角度から膨大な研究が蓄積されてきたのである。

もとより『性自命出』と『中庸』がよく似た思想を共有しているからといって、両者が同一の文献だなどと言った人間は一人もいないのであって、もともと両者が別々の文献である以上、仔細に検討すれば、そこに各種の違いが見出だされるのは当たり前である。『中庸』に比較して、『性自命出』の側に外部からの後天的修養を重視する性格が強く見られ、それが荀子の「性偽之分」の先蹤と見られることなどは、すでに多くの研究者の指摘するところである。

そうした違いがありながらも、『性自命出』と『中庸』の関係が注目されるのは、両者が共通のタームを使用しつつ、人の本性に関する形而上的思索を展開するとの、大きな共通性を示すからである。

これまでは、儒家がそうした形而上的思索を開始できたのは、『老子』を始めとする道家思想や『易』の影響を受けてから後のことだと考えられてきた。しかも儒家が『易』を自分たちの経典に取り込んだのは、始皇帝による挟書の律の施行や焚書が行われて以降のことだとされるとともに、『老子』の成立時期も孟子より後で、遅ければ漢初まで降るとされてきた。その結果、儒家が『中庸』を著作した時期も、秦とか漢初だと推定されてきたのである。

しかるに戦国中期の造営である郭店一号楚墓から『性自命出』が発見されたことにより、儒家が遅くも戦国前期（前四〇三～前三四三年）の段階から、そうした議論を展開できていた状況が明らかになったのである。すでに戦国前期の儒家に、そうした形而上的思索が可能だったのであれば、『中庸』の成立時期を秦や漢初まで引き下げるべき論拠は消滅するわけで、『中庸』の成立時期を戦国前期と想定しても、思想史的に何ら不自然ではないということになる。

『性自命出』は上博楚簡の中にも含まれていて、こちらは『性情論』と命名されたが、両者は基本的に同一の文献である。ただし両者の間には、文章の排列などにかなりの異同が見られる。戦国中期の段階で、すでにこうした別系統の異本を生じていた現象は、その流伝が長期にわたった可能性を示唆する。（なおこの問題に関しては、本書の第二部第七章・第八章を参照されたい）。この点も、儒家が早い段階から性に関する形而上的思索を開始していた状況を物語るであろう。

さらに郭店楚簡中に三種の『老子』抄本が含まれていて、『老子』の成立時期が戦国前期にまで遡ることが明らかになった点や、郭店楚簡『六徳』や『語叢』一の記述によって、儒家が『易』を経典視した時期が戦国前期まで遡ることが判明した点なども、前記の推測を裏付けている。『中庸』前半を子思に近い時期の成立、『中庸』後半を始皇帝の統一後の成立とした、武内義雄『易と中庸の研究』（一九四三年）の結論も、根本的な見直しが必要となろう。

このように郭店楚簡の発見は、疑古派や釈古派が組み立ててきた思想史の枠組みを、根柢から揺るがすものであった。今後、一九九四年に上海博物館が香港の骨董市場から購入した一二〇〇余枚の戦国楚簡（上博楚簡）を合わせた新出土資料の研究が進展すれば、これまでの通説・定説は、より大規模に、より徹底的に破壊されるであろう。近年の考古学的発見は、我々を限りなく学問的に批判され葬り去られたはずの古代伝承の側に引き寄せる。

先秦の書とする古伝承を疑って、それらを漢代に入ってからの成立だと主張してきた疑古派や釈古派の学説は、今や壮大な屁理屈の山と化しつつある。あの一見緻密そうに見えた論証の、どこに欠陥があったのだろうか。彼等は『史記』に代表される古代の書誌情報を、信憑性に乏しいとして疑った。だが『史記』の書誌情報を否定するためには、時代の古さや情報内容に関し、『史記』の書誌情報に匹敵するような別情報の存在が必須となる。しかるに春秋・戦国時代の書誌情報としては、『史記』の記述が質・量ともに最高で、なおかつ最古であり、しかもほとんど唯一のものだったのである。

したがってそもそも我々は、『史記』の書誌情報を否定するに足るだけの別な情報源を持っていなかったとしなければならない。こういう場合は、それが真実か否かを詮索する術がないのであるから、たとえ不満であっても、一応それに従って置くしかほかに方法がないのである。ある証拠を否定するには、それに匹敵するか、もしくはそれを上回る証拠が必要だ。この常識から逸脱し、ほとんど証拠なしに屁理屈を並べたところに、失敗の原因があった。疑う側の論拠の方が主観的こじつけに傾いていて、実は疑わしかったのである。

また書物の成立時期をなるべく引き下げようとする人々は、近ごろ「思想史の編年」などという考え方をもっともらしく主張し始めた。だが「思想史の編年」なるものを組み立てる基準は、似たような思想は同じ頃にできたというに過ぎない。だがこうした基準は、似たような思想が長期間存在した場合には、有効性を持たない。

古生物学でいえば、三葉虫やトウキョウホタテのように、ある限られた時代にのみ棲息し、その後完全に絶滅した生物は、特定の時代を割り出すための指標、示準化石となれる。生きた化石と呼ばれるカブトガニやオウムガイなどのように、ほとんど形を変えないまま、長い時代を生き延びてきた生物の化石は、狭い時代を特定する指標にはなりにくい。シーラカンスが捕獲されたからといって、コモロ諸島の周辺が古生代の海なのではない。

それでは、似たような思想の内部をさらに細かく分類し、より精密な編年を作り上げることは可能だったであろうか。答えは否である。『孟子』に似ているからその頃できた、『荀子』に似ているからその頃できたなどと言ってみても、指標とされた『孟子』や『荀子』の前後が皆目不明で、そのパターンの思想が『孟子』や『荀子』の直前にできたのか、それともかなり前からできていたのか、『孟子』や『荀子』の直後に消滅したのか、それともその後も永く存続したのか、その幅と様式変化の状況が分からない以上、そうした判定方法は何の有効性も持たない。

このように先秦の儒家思想を例に取れば、これまで我々が比較的安定した資料として利用できた文献は、ほぼ『論語』『孟子』『荀子』の三者に限られる。つまり儒家が誕生した春秋末から戦国末までの約三〇〇年間の思想史を辿る指標は、孔子・孟子・荀子のわずか三点のみであった。こうした状況の下では、そもそも精密な「思想史の編年」など組み立てようもない。

『孟子』を指標とする場合で言えば、『孟子』に見えないから、『孟子』以前にそうした思想は存在せず、『孟子』以後にできたと推理する論証方法がある。だが『孟子』は、それ以前に存在したすべての思想を自己の中に網羅しているわけではなく、たかだか自己の問題関心の範囲内でのみ議論を展開しているに過ぎない。したがって『孟子』に記述がないからといって、『孟子』以前にそれが存在しなかった証明にはならない。

同様に、『孟子』に初めて見える思想だからといって、それが孟子の発明だとは限らない。孔子から孟子までの儒家の文献がほとんど残っていなかったため、そして本来その間を埋めるべき資料だった『礼記』や『大戴礼記』の諸篇を勝手に漢代の資料にしてしまったため、いかにも孟子が最初に言い出したかのように見えるだけなのかも知れない。

この点は『荀子』を指標にする場合も全く同じで、有名な「天人の分」の思想は『荀子』以前の文献にはみられなかったため、これまでは荀子の独創だと固く信じられてきた。ところが郭店楚簡『窮達以時』の中に、明確に「天人の分」を説く思想があって、学界を驚かせた。まさしく「事実は小説よりも奇なり」なのである。

このように考えてくると、豊富な材料を用いた細かな様式変化の編年がないにもかかわらず、似たものは同じ頃にできたというだけのお粗末な基準を振り回し、それを乱麻を断つ快刀であるかのように錯覚して小利口ぶったところに、失敗の原因があったとしなければならない。

馬王堆漢墓から出土した『五行』に対し、中国と日本の大勢の学者は、やれ戦国後期だとか、やれ秦代だとか、漢初だとかと説を唱えたが、戦国中期の郭店楚墓から『五行』が発見されたことによって、たちまち粉砕されてしまった。こうした現象も、「思想史の編年」なるものが、いかにいい加減で当てにならないかを示す好例であろう。

たしかに古代伝承を無批判に信ずるのでは、いかにも芸がなく、学問・研究の香りも漂わない。あれこれ理屈をこねて批判的な姿勢を取った方が、いかにも知性にあふれた合理主義というものである。だがかつてマルクス・レーニン主義者たちが、自分たちの思想だけが唯一の科学であると舞い上がってやたらに「科学」の名を濫用し、ついには普通名詞に定冠詞を付けて、自らの思想を「The Science」と称したのと同じく、疑古派や釈古派が用いた方法も、自分たちが誇っていたほどには科学的ではなかったのである。

銀雀山漢簡や馬王堆帛書の場合は、発見されたのが漢墓であったため、先秦の古書か、漢代の著作かといった最大の争点に決着をつける決め手にはならなかった。これに対して郭店楚簡と上博楚簡の発見は、戦国中期の楚墓からの出土であるから、今度こそ充分な決め手になるだろうと期待された。事実、中国や台湾、欧米の学界はその方向で多くの研究成果を発表してきており、その蓄積はすでに膨大な数に上る。

ところがわが国の学界は、中国や台湾、欧米などとは全く対照的な様相を見せている。中国では、古代思想史の研究に従事しているにもかかわらず、新出土資料を扱えないと「落後的学者」と評されるとの話があるそうだが、そもそもわが国では、この分野に足を踏み入れる研究者の数自体が、極めて少ない。

またこれも日本だけの特殊事情であろうが、郭店楚簡や上博楚簡に含まれる書物の成立時期を、荀子や荀子後学の影響が見られるとして、戦国最末から漢初あたりまで引き下げることを強く主張する、ユニークな研究グループが存在する。原著そのものの成立時期が戦国最末から漢初なのであれば、転写を重ねた末の一本である郭店楚簡や上博楚簡の写本が書写された時期は、当然漢代とならざるを得ない。漢代に入って書写されたのであれば、郭店楚簡や上博楚簡はすでに戦国楚簡ではなく、漢簡だということになる。この場合、郭店楚簡や上博楚簡が漢簡であるにもかかわらず、なぜそれが先秦の古文で記されているのかとの疑問に答える説明責任があろう。だがこうした疑問に対する答えは徹底的に回避され、今に至るも何の説明もなされてはいない。

これに対して我々戦国楚簡研究会は、郭店楚簡や上博楚簡を戦国中期、紀元前三〇〇年頃に造営された楚墓から出土した文献と見る立場を取っている。中国や台湾、欧米の学界は、ほとんどこの立場で一致しており、我々は何度も中国や台湾で開催された国際シンポジウムに参加したが、そこに参加していた欧米の学者を含めて、この点に関して異論が出たことは一度もなく、日本の事情を話すと逆に驚きの反応が返ってきた。

このように新出土資料の研究に関して、日本は極めて特殊な状況にある。直接戦国楚簡の研究に携わっていない研究者からは、いずれの立場が妥当なのか自分には判断がつかないとか、そもそも何が争点になっているのかすら理解できないとの声を聞く。戦国楚簡の研究が、日本の学界でいかに特殊で風変わりな分野と見られているかを物語るものであろう。このままの状況が続けば、中国や台湾、欧米の学者が戦国楚簡の研究にしのぎを削る白熱した状況の下、わが国の研究は大きく立ち後れ、世界の水準から取り残されてしまうであろう。

本書には郭店楚簡に関する論考十六篇を収録するが、本書の刊行がこうした状況の打開にいささかでも役立てばというのが、我々戦国楚簡研究会の切なる願望である。この企画を快諾して頂いた汲古書院の石坂叡志代表取締役には、当会を代表して厚く謝意を表したい。なお本書の刊行に際し、独立行政法人日本学術振興会平成十七年度科学研究費補助金（研究成果公開促進費）の交付を受けたことを記して置く。

二〇〇五年五月二十日

戦国楚簡研究会代表　浅野裕一

目次

第三部　古文字学研究

古代思想史と郭店楚簡

第一部　総　論

第一章　戦国楚簡と古代中国思想史の再検討

浅　野　裕　一

　近年多くの出土資料が発見されてきているが、古代中国思想史を研究する上でとりわけ重要な意義を持つのは、一九九三年に湖北省荊門市の郭店一号楚墓から出土した郭店楚簡と、一九九四年に上海博物館が香港の文物市場から購入した上海博物館蔵戦国楚簡（以下上博楚簡と略称）であろう。(1) これら二種類の戦国楚簡の書写年代は、いずれも戦国中期（前三四二～前二八二年）と推定されるので、それらの文献が秦・漢以降の成立ではなく、先秦の書であることが確定するとともに、伝世の文献と重なるものについては、その成立下限が従来よりも格段に明瞭になるからである。

　そこで本章では、これらの戦国楚簡が古代中国思想史研究に及ぼす影響について、若干の紹介を行なうこととしたい。まず最初に「六経」の成立時期をめぐる問題を取り上げてみよう。「六経」ないし「五経」の成立時期に関しては、これまで確実な資料が乏しかったことが障害となり、曖昧模糊とした状況を脱しきれずにいた。しかし郭店楚簡や上海簡の発見により、従前の手詰まり状態が打開される可能性が高まってきている。

　郭店楚簡の『六徳』には、「六経」に関して次のような注目すべき記述がある。

諸《これ》を詩・書に観れば則ち亦た在り。諸を礼・楽に観れば則ち亦た在り。諸を易・春秋に観れば則ち亦た在り。

『六徳』は、夫・婦・君・臣・父・子の六位と、聖・智・仁・義・忠・信の六徳、率・従・使・事・教・受の六職の理想的対応関係が、詩・書・礼・楽・易・春秋の六書にも見られると説く。ここには明瞭に詩・書・礼・楽・易・春秋の名称が登場するのだが、それは先秦の儒家が経典とした「六経」の内容と完全に一致する。しかも列挙される順序までが、『荘子』天運篇に「丘は詩・書・礼・楽・易・春秋の六経を治め、自ら以て久しと為す」と、同じく『荘子』天下篇に「詩は以て志を導《い》い、書は以て事を導い、礼は以て行を導い、楽は以て和を導い、易は以て陰陽を導い、春秋は以て名分を導う」と語られる「六経」の順序と全く符合している。

したがって『六徳』が著作された当時、儒家がすでにこれら六種の典籍を経典視していたことには、疑問の余地がない。「六経」なる総称まで存在していたか否かは別として、先秦の儒家がこれら六種の典籍を特別な経典として奉じていたことは確実である。

さらに郭店楚簡の『語叢』一にも、儒家の経典に関する記述が見える。

・易は天道と人道を会むる所以なり。
・詩は古今の志を会むる所以なり。
・春秋は古今の事を会むる所以なり。

『語叢』一には、易・詩・春秋それぞれに対する簡略な解説が示される。こうした記述の存在は、『語叢』一が著作された当時、やはり易・詩・春秋が儒家の経典とされていた状況を示している。

郭店一号楚墓の造営時期は、前三〇〇年頃と推定されている。また副葬品の中には、君主が高齢者に下賜する鳩杖二本が含まれていたので、墓主は七十歳を越す高齢だったと考えられている。そして『六徳』や『語叢』一といった郭店楚簡は、墓主が生前所持していた書籍である。仮に墓主が五十歳頃にこれらの写本を入手したとすれば、その書写年代は前三二〇年頃となる。また仮に墓主が二十歳頃にこれらの写本を入手したとすれば、その書写年代は前三五〇年頃となる。

もとよりそれは、転写を重ねた多くの写本の中の一本であって、原著ではないから、原著の成立は郭店写本の書写年代をさらに遡る。一般に原著が成立した後、転写を重ねて写本が流布するまでには、相当の期間を見込まなければならぬから、その幅をどんなに短く見積もっても、十年か二十年は遡らせる必要があろう。

今、墓主が三十歳頃にこれらの写本を入手したと仮定して、『六徳』の書写年代を前三四〇年頃とし、原著の成立年代をそこから二十年遡らせると、『六徳』の成書年代は前三六〇年頃となる。

『語叢』一の場合は少し複雑で、『六徳』と同じような経過を辿って郭店一号楚墓に副葬された可能性と、墓主が色々な書物から短文を抜き出し、自ら格言集を作った可能性とを想定し得る。

前者の場合は、書写年代及び成書年代を上述の『六徳』と同様に仮定できるのだが、後者の場合はどうであろうか。仮に墓主が『語叢』一を編集したのが三十歳頃とすれば、それは前三四〇年頃となる。そのとき墓主が短文を抽出するのに利用した様々な書物は、当時すでに成立していたわけであり、それらの書物がそれぞれ原著であったとは考えられないから、材料を提供した書籍の成書年代は、前三四〇年頃をさらに遡ることになる。仮に二十年遡らせれば、前三六〇年頃となって、結果的には『六徳』の場合と同じになる。

このように、『六徳』と『語叢』一の間に存在する性格の差異にもかかわらず、もともとの記述の成立年代を推定する場合は、結局両者をほぼ同様に扱っても構わないのである。

さて『六徳』の成書年代や、『語叢』一に材料を提供した書籍の成書年代を前三六〇年頃と仮定した上で、さらに「六経」について考察を進めると、いったいどうなるであろうか。以下、『語叢』一の側に明確な記述が存在しない『書』『礼』『楽』の三者を除外して考えてみよう。前述のように、両者はともに儒家が『易』『詩』『春秋』を経典視していた状況を踏まえて記述している。したがって、当然両者が成書される以前から、儒家は『易』『詩』『春秋』を経典視していたとしなければならない。この間の幅をできるだけ短く想定して、仮に十年とすれば、儒家が『易』『詩』『春秋』を経典視し始めたのは、前三七〇年頃となる。もとより存在しない書物を経典視することは不可能であるから、『易』『詩』『春秋』は当然それ以前に成立していたとしなければならない。この中『詩』については、『論語』に『詩』に対する言及が数多く見られるから、孔子が活動した前六世紀をかなり遡る時期に、すでに成書されていたことが確実である。

この結果をもとに従前の古代中国思想史研究を考えると、どのようになるであろうか。『周易』が儒家の経典になった時期については、武内義雄『中国思想史』（岩波書店・一九五三年）や武内義雄『易と中庸の研究』（岩波書店・一九四三年）は、孔子や孟子・荀子の時代には『易』はまだ経典化されておらず、秦の始皇帝の焚書以後、子思後学が五経の学問に『易』の一経を増したのだと述べる。金谷治『秦漢思想史研究』（日本学術振興会・一九六〇年、平楽寺書店・一九八一年復刊）も、やはり『周易』が儒家の経典になった時期を焚書以後と見る。また津田左右吉『左傳の思想史的研究』（東洋文庫・一九三五年）や平岡武夫『経書の成立』（全國書房・一九四六年、創文社・一九八三年再刊）は、『易』は漢代に入ってから初めて儒教の経典中に加えられたと説く。

このように従来の古代中国思想史研究においては、『周易』が儒家の経典になった時期は秦代以後、あるいは漢初と考えられてきており、それが通説ともなってきたのである。だが郭店楚簡の発見によって、この通説は完全に破綻することとなった。上述したように、『六徳』や『語叢』一の記述は、『易』がどんなに遅くとも戦国前期（前四〇三～前三四三年）には、すでに儒家の経典となっていたことを示している。したがって『易』が儒家の経典となった時期は、これまでの通説よりも約二〇〇年ほど引き上げなければならないのである。

この点は『春秋』に関しても全く同様で、『春秋』は遅くも戦国前期（前四〇三～前三四三年）には、すでに儒家の経典になっていたとしなければならない。したがって、『左傳の史料批判的研究』（東京大学東洋文化研究所、汲古書院・一九九八年）等、『春秋』の成書年代を前三三八年以降とする平勢隆郎氏の一連の所説も、郭店楚簡の発見によって決して成り立たないことが明白となったのである。(2)

次に上博楚簡『周易』がもたらす知見について触れてみよう。上海博物館の中国歴代書法館には、現行本で言えば『礼記』の緇衣篇と孔子間居篇、『大戴礼記』の武王践阼篇、『周易』、及び新出の『季桓子』など、上博楚簡中の五種類の文献の竹簡の拡大写真が、それぞれ二本づつ、計十本分掲示してある。

上博楚簡『周易』と現行本『周易』の最大の相違点は、現行本が「彖曰」「象曰」として、十翼の彖伝と象伝を各卦の卦辞や爻辞に割り付ける体裁を取るのに対して、上博楚簡『周易』の側にはそうした割付けが一切見られない点である。彖伝と象伝を各卦の卦辞や爻辞に割り付ける体裁は、前漢の費直の「費氏易」に始まるから、戦国期のテキストである上博楚簡『周易』にそれが見られないのは当然で、一九七三年に湖南省長沙の馬王堆前漢墓より出土した帛書『周易』にも割付けは存在しない。

展示されている『周易』は、豫の卦の一部である一本と、大畜の卦の一部である一本である。各々の竹簡には、簡頭から卦画・卦名・卦辞・爻辞が記されている。そしてそこに記される卦画・卦名・卦辞・爻辞は、伝世の『周易』と驚くほど一致している。細部には文字の異同が見られるものの、基本的には同一テキスト内での異同の範囲だと考えて差し支えない。(3)

上博楚簡の書写年代は、早期・晩期の二分法を採る上海博物館の区分で言えば、戦国晩期（前四世紀中葉～前二二一年）、より詳しくは前二七八年以前、前三〇〇年頃と推定されている。こうした事実は、『周易』の卦画・卦名・卦辞・爻辞が、戦国前期（前四〇三～前三四三年）からすでに一定した形で伝承されていた状況を物語る。『国語』や『春秋左氏伝』に『周易』を用いた筮占の記事が散見する点などを考慮すれば、その来歴は戦国前期よりも相当古く、春秋時代（前七七〇～前四〇三年）、さらには西周末にまで遡る可能性がある。

こうした『周易』の来歴の古さと、上述した『六徳』や『語叢』一の記述を考え合わせれば、春秋末年から戦国前期初頭には、『周易』は儒家の経典となっていた可能性が高い。馬王堆前漢墓より出土した帛書『周易』には、二三子問・繋辞・易贊・要・繆和・昭力といった伝が付いている。このように、孔子が『周易』の経文を解説する形の伝が付載される現象は、伝を著作して『易』を孔子及び儒家と結び付ける営為が、戦国期から着々と進められていたことを示している。

帛書『周易』が出土した馬王堆三号漢墓は、前一六八年、前漢文帝の前元十二年の造営と推定されている。そこで帛書『周易』の書写年代は、漢帝国成立後ほどない時期、高祖・恵帝期と考えられる。もとよりそのテキストは原著ではあり得ず、原著の成立時期は高祖・恵帝期から数十年ないし百数十年は遡るとしなければならない。したがって帛書易伝の成立時期は、戦国中期（前三四二～前二八二年）か戦国後期（前二八一～前二二一年）となろう。この点も、儒家が『易』を経典視した時期が、秦や漢初を大きく遡る証左となるであろう。

さて近藤浩之氏は、「從出土資料看〈周易〉的形成」（漢城'98国際周易学術会議論文集『21世紀與周易』一九九八年）において、戦国中期以前にはまだ卦名が存在していなかったとする説を唱えた。さらに「包山楚簡卜筮祭禱記録與郭店楚簡中的《易》」（武漢大学中国文化研究院編『《人民論叢》特集　郭店楚簡国際学術研討会論文集』湖北人民出版社・二〇〇〇年）では、『周易』の卦辞や爻辞が定型化し始めたのは戦国中期末以降で、戦国最末までの間に急速に定型化したのではないかとする見解を提示した。

この中、戦国中期以前にはまだ卦名が存在していなかったとする結論に対しては、廖名春「上海博物館藏《周易》管窺」（『新出楚簡試論』台湾古籍出版有限公司・二〇〇一年五月）が、上海簡『周易』の発見により、そうした説が全く不可能になったことを指摘している。と同時に、卦辞や爻辞が定型化し始めたのは戦国中期末以降、戦国最末までの間ではないかとする結論もまた、上海簡『周易』の内容から、決して成り立たないことが明白になったのである。

近藤氏は、もっぱら湖北省荊門市の包山二号墓（前三一六年下葬）から出土した「卜筮祭禱記録」を論拠に自説を組み立てたのであるが、そもそも「卜筮祭禱記録」は墓主個人の家に関する卜筮や祭禱の記録の抜粋なのであって、『周易』のテキストそのものではない。貞人は自己の業務に必要な事柄のみを記録するのであって、卦名や卦辞・爻辞をいちいち几帳面に書き写すわけではない。したがって、そこに遺された状況を論拠に直ちに上述の結論を導き出すのは、土台無理だったとしなければならない。

なお付言すれば、筮占者が常に『周易』のテキストに忠実に沿って占断を下すとは限らない。マニュアルである『周易』のテキストを一部離れて、そこに貞人独自の操作を加える可能性も、充分想定し得る。したがって各種の筮占の記録が、『周易』のテキスト通りではないとしても、それが卦辞や爻辞が定型化していなかった直接の証拠とはならないのである。

以上、戦国楚簡と「六経」の関わりについて述べてきたが、次にそれ以外の問題についても、若干触れてみよう。郭店楚簡にも上博楚簡にも、現行本で言えば『礼記』の緇衣篇と重なる文献が含まれている。郭店楚簡『緇衣』・上博楚簡『緇衣』と、伝世の『礼記』緇衣篇の間には、かなりの異同が存在している。後者は「子言之曰、爲上易事也、爲下易知也、則刑不煩矣」との文章で始まるが、前者の側にはこの文章が存在しない。

また後者には「子曰、小人溺於水」で始まり、「自周有終、相亦惟終」で終わる文章があるが、前者の側には存在しない。この他、両者の間には、章の順序が入れ替わっているなど、かなりの異同が見られる。こうした状況から、大きく見れば郭店楚簡『緇衣』と上博楚簡『緇衣』は同一系統に属するテキストだと言える。

このように戦国楚簡中に『緇衣』が含まれていた事実は、従前の古代中国思想史研究にどのような影響を与えるであろうか。武内義雄『易と中庸の研究』は、『礼記』の坊記・中庸・表記・緇衣四篇を、もともとは「子思子」の一部であった子思学派の著作と推定した。その上で武内説は、中庸篇を「中庸」を主題とする前半（「中庸本書」）と「誠」を主題とする後半（「中庸説」）に二分し、「中庸本書」（戦国前期）―表記・坊記・緇衣三篇（戦国末・秦初）―「中庸説」（始皇帝の統一後）とする図式を提示した。

だが郭店楚簡『緇衣』や上博楚簡『緇衣』の発見によって、武内説の図式の二番目は完全に破綻することとなった。『緇衣』は遅くとも戦国前期（前四〇三～前三四三年）にはすでに成立していたことが明白になったからである。とすれば武内説の図式は、その全体が成り立たないとしなければならない。

武内説は前掲の図式に基づきつつ、儒家が『易』を経典視した時期との関係から、儒家が『易伝』に見られるような形而上的思索を開始した時期を、戦国末から秦の始皇帝の時代に求めるのであるが、この結論も今や成立不可能だと言わなければならない(4)。

以上、戦国楚簡が従前の古代中国思想史研究にいかなる再検討を迫るのか、その一端を述べてきた。戦国楚簡の相次ぐ発見といった新たな状況を踏まえ、我々はこれまでの古代中国思想史研究を根本的に再検討する必要がある。

もっともわが国の学界の中には、中国の考古学者の見解に疑義を提示し、郭店一号楚墓の造営時期を戦国最末や漢楚抗争期あたりまで引き下げようとする動きが見られる。もとより郭店一号楚墓の造営時期を前三〇〇年頃とする中国の考古学者の結論にも、万全とは言えない側面が含まれている可能性が残るから、その検証作業は今後も必要である。

ただし中国側の考古学的見解への批判は、思想史の編年などといった怪しげな尺度によってではなく、独自の考古学的調査ないしは考古学的再検証を踏まえて行なわれるべきものである。そうした手順を踏まず、したがって一片の考古学的論拠をも示さずに、ひたすら自分の都合にのみ合わせて下葬年代を引き下げ、誤てる自説を維持せんとする姑息な姿勢は、非学問的であるのみならず、学界をミスリードして今後の出土資料研究の発展を阻害する害毒ともなるであろう。

こうした動きは論外としても、わが国の古代中国思想史研究は、釈古派を自称する人々をも含めて、永らく疑古派の影響を強く受けてきたので、戦国楚簡の相次ぐ発見といった新たな状況に直面しても、にわかに従来の枠組みから離れるわけにはいかないとの戸惑いが見られるようである。確かに清朝考証学が用いてきた文献学・目録学などの常識では、漢籍のテキストは、敦煌の莫高窟から発見された六朝・唐代の写本などを特殊な例外として、北宋版本より古くは遡れないとされてきた。しかるに戦国中期（前三四二～前二八二年）に書写されたと推定される戦国楚簡のテキストは、孟子や荘子とほぼ同時代のテキストであり、荀子や韓非子の活動時期よりは明らかに古い時代のテキストなのである。

戦国期のテキストを直接使用して古代中国思想史を研究できるといった状況は、ほんの十年前までは考えられなかった事態であるから、永年清朝考証学の思考方法に慣れ親しんできた研究者に戸惑いが生ずるのは、ある意味で当然とも言える。だが戦国期のテキストの発見は、湖北省江陵一帯を中心に今後も続くと予想される。したがって我々は、いつまでも戸惑っているわけには行かないのであって、これまでの方法論のどこにどんな欠陥が潜んでいたのかを反省しながら、新たな状況に対処しなければならない。

武内説を例に取れば、『孟子』の中には『易』に対する言及が全くなく、『荀子』には若干の言及があるものの、それは後学の手になる篇であって、荀子本人の著作と見なされる部分には『易』が登場しないとの論拠から、孔子や孟子・荀子の時代には『易』はまだ経典化されておらず、秦の始皇帝の焚書以後、子思後学が五経の学問に『易』の一経を増したとの結論を導き出したのである。

確かにこれは、一見合理的な推論とも考えられる。だが戦国楚簡が発見された今日の状況を踏まえて再考すると、そこには欠点も見えてくる。あくまでも孟子は、自己の問題関心に引きつけて思索したり、言説を唱えたりする。当然『孟子』は、彼と同時代の思想界全般の状況を、客観的に網羅した記録ではあり得ない。したがって『孟子』に言及が見られない現象から、直ちに孟子の時代にそうした事実が存在しなかったと推理することには、危険が伴う。この点は、『荀子』に関しても全く同様である。

そもそも何かが「あった」との論証は、「あった」証拠を一例でも挙げれば、論証は成立する。これに対して何かが「なかった」とする論証は、どこにも一切「なかった」証拠を示さない限り、論証は成立しない。このように、「あった」とする証明と「なかった」とする証明の間には、そもそも形式上の強弱の差が存在している。何かが「なかった」とする証明は、「あった」とする証明よりも格段に困難であることを、我々は肝に銘じる必要があろう。

さらにこの問題に関しては、始皇帝の焚書により先秦の典籍の多くが失われ、我々には湮滅を免れた僅かな文献しか目にできないとの制約が課せられている点をも、常に念頭に置く必要があろう。先秦の思想・学術に関する情報の大半が消え失せ、辛うじて残った限られた文献の範囲内に何かが「ない」からと言って、当時それが全く「なかった」と判断するのは、やはり危険なのである。

次に思想間の影響関係についての論証方法を考えてみよう。思想的に似たものが二つある場合、どちらがどちらに影響を与えたのかが、よく議論の対象となる。これは各種の推論の中でも難しい部類に属する。二つのものの時代差や、両者の関係を示す周辺の情報が存在せず、ひたすら思想の内容からのみ推理しようとすれば、AがBに影響を与えた場合、BがAに影響を与えた場合、AとBが共通の祖型から影響を受けた場合、両者の間には影響関係が存在せず偶然似た場合など、多くの可能性を想定しなければならない。

今、話を単純化し、似たもの二つの間に影響関係が存在するとの前提に立って、論証方法を検討してみよう。似たもの二つの一方が、著者が誰とも分からぬ戦国楚簡中の文献で、もう一方が『孟子』とか『荀子』といった著名な文献だった場合、とかく研究者は知名度に引きずられ、著者不詳の文献の側が、著名な思想家の著作の影響を受けたのだと理解したがる傾向を示す。

馬王堆漢墓帛書『五行篇』や郭店楚簡の儒家系文献を分析するに当たり、何でもかんでも『荀子』の影響だと強弁したがる風潮などが、それに該当しよう。だが論理的可能性としては、無名の文献の側が著名な文献の側に影響を与えた可能性も、当然ながら残るのである。

いわんや郭店楚簡の儒家系文献に、半世紀も遅れる『荀子』の影響が存在するなどという説明は、物理的に成り立たないから、もし郭店楚簡の儒家系文献と『荀子』の間に、どうしても強い影響関係を見出そうとするのであれば、当然郭店楚簡の儒家系文献の側が『荀子』に影響を与えたとする方向性しか想定できないのである。

馬王堆漢墓帛書『五行篇』の成立時期に対しては、『荀子』の影響が見られるなどと指摘して、やれ戦国の最末期だとか、秦の始皇帝の時代だとか、はては漢代だとかといった説(5)が盛んに唱えられたが、郭店楚簡中に『五行篇』が含まれていたことによって、たちまち粉砕されてしまった。まさしく「殷鑑遠からず」で、我々はこうした失敗例を教訓として、従来の方法論に反省を加え、古代中国思想史研究を再構築して行かねばならない。

注

（1）上海簡の詳細については、馬承源主編『上海博物館蔵　戦国楚竹書（一）』（上海古籍出版社・二〇〇一年）参照。

（2）この点の詳細は、本書の第二部・第十章参照。

（3）この点の詳細は、拙稿「戦国楚簡『周易』について」（『中国研究集刊』第29号・二〇〇一年）参照。なお注（1）前掲書の序によれば、上博楚簡『周易』には、全体の約半分に相当する三十五卦分の竹簡が存在するとのことである。

（4）この点の詳細は、本書の第二部・第二章参照。

（5）池田知久『馬王堆漢墓帛書五行篇研究』（汲古書院・一九九三年）。

第二部　思想史研究

第一章　『六徳』の全体構造と著作意図

湯浅邦弘

はじめに

中国古代思想史の分野で、現在最も注目されているのは、郭店楚墓竹簡（郭店楚簡）と上海博物館蔵戦国楚竹書（上博楚簡）であろう。前者は、一九九三年に湖北省荊門市郭店一号楚墓から出土した約八百枚の楚簡、後者は、一九九四年に上海博物館が購得し、二〇〇一年末にようやくその一部が公開された楚簡である[1]。

これらの竹簡は、戦国期の楚墓から出土した新資料であり、膨大な儒家系文献を含むことから、先秦の思想史、特に儒家思想形成史の研究にとって、極めて重要な資料と目されている。

振り返れば、一九七〇年代にも、銀雀山漢墓竹簡、馬王堆漢墓帛書、睡虎地秦墓竹簡などの発見が相次いだ。ただこれらは、兵学思想や法家思想、あるいは道家思想などに関わる資料として、その分野内に於ては注目されたものの、儒家思想関係の資料がほとんど含まれなかったこともあって、研究の主流になるとの状況には至らなかった。

しかしながら、近年発見されたこれら戦国時代の楚簡は、中国思想の本流とされてきた儒家思想史に直接関わる多くの資料を含む。従って、その研究は、個々の字句の解釈のみならず、研究の視点や方法論、研究の体制・組織などについても充分な配慮を行いながら慎重に進めていく必要があろう。

本章では、こうした点にも留意しつつ、郭店楚簡儒家系文献の内の『六徳』を取り上げて、その全体構造と著作意図について考察してみたい。

一　研究の視点

郭店楚簡『六徳』は、その中に「詩」「書」「礼」「楽」「易」「春秋」という記述が見える点で、極めて衝撃的な文献である。いわゆる「六経」の成立史に重大な影響を及ぼす可能性があることから、この『六徳』については、先ずこの点が最も注目される傾向にある。ただ筆者は、この点を含め、少なくとも、以下のような諸点に留意する必要があると感じている。

第一は、竹簡の配列問題である。郭店楚簡は盗掘の結果発見されたものであり、その出土の具体的な状況は明らかにされていない。そこで、竹簡の編成については、篇毎のまとまりを示す明らかな根拠があったのか否かが判然としていない。現時点の編成は、竹簡の形制（簡長、両端の形状、緯編の痕跡）や字体、その内容などを手かがりに行われたものと思われる。

そこで、竹簡の配列については、既に修正提案が提示されており、特に、陳偉氏のように、荊門市博物館『郭店楚墓竹簡』（文物出版社、一九九八年）による文献毎のまとまりを越えて配列の調整を試みたものもある。(2) 筆者も、儒家系文献の内、特に『成之聞之』や『尊徳義』については、接続に疑問を感ずる点が多々ある。但し、提出されている修正案のほとんどは、提案者個々の内容理解に基づく文脈の連続性を主張するものであって、例えば、『尊徳義』については、提案者の数ほど異説が並立するといった状況を呈している。竹簡配列の修正は慎重に行う必要があろう。こうした中で、福田哲之氏は、『語叢三』について、具体的な根拠を挙げつつ再配列の指針を提案しており、注目される。(3)

なお、『六徳』に関して言えば、後述のように、他の篇に比べて異説は少なく、修正提案も、冒頭部の竹簡を後部に移すといった程度のものに留まっている。

第二は、論理の揺らぎである。『六徳』には、「聖・智」、「仁・義」、「忠・信」という三組のまとまりを提示した上で、そのまとまり毎に論ずる部分と、「義なる者は、君の徳なり」、「忠なる者は、臣の徳なり」のように、「義」「忠」「智」「信」「聖」「仁」の「六徳」を個々に論じていく部分とが見られる。これは、既に銭遜氏が、『六徳』に於ける「六徳」の解釈には、「作礼楽……非聖智者莫之能也」系統と「義者、君徳也」系統の二つがあると説く通りであるが、(4)問題は、この二系統が何故生じているのか、単なる論理の併存、あるいは矛盾と捉えて良いのか、という点である。

また、これに関連して、「六徳」の「仁」を「子徳」と見なす特殊な定義にも留意する必要がある。確かに、先秦の諸文献に於て、通常「子」の徳目とされるのは「孝」である。そこで、こうした特殊な定義が『孟子』や『荀子』には見えないことを理由に、王葆玹氏は、『六徳』の成立を『荀子』以降であると主張する。(5)しかし、『孟子』や『荀子』の中に全ての儒家系思想の要素が包括されている訳でない。既存の資料に見えないことが、直ちに郭店楚簡の年代を戦国最末以降に引き下げる根拠にはならないであろう。(6)

第三に、他の郭店楚簡儒家系文献との関係がある。『六徳』は、竹簡の形制や字体から、『性自命出』『成之聞之』『尊徳義』と同一グループに分類されている。(7)竹簡の編成問題や各篇の基本的性格については、この点にも留意する必要がある。ただ、同じ儒家系文献で、同じようなタームを使用していても、直ちに同一学派の著作と見なしてしまうのは危険である。例えば、李存山氏は、『忠信之道』と『六徳』はともに「仁義忠信」を説いていて、一学派のようであるが、『忠信之道』は「仁義」の実質を「忠信」に帰結させているのに対して、『六徳』は、「聖智仁義忠信」を並列しており、これらは同一人あるいは同一学派に属するものではないと説いている。(8) なお、この問題に関連して、廖名春氏は、先秦時期にすでに『詩』『書』『礼』『楽』『易』『春秋』の「六経」が存在したことが分かり、「六経」の并称が孔子に起源を持つことは疑いないとする。(9)

第四は、孔子の思想や他の儒家思想との関係である。廖名春氏は、『六徳』の主張を、『論語』顔淵篇の「君君、臣臣、父父、子子」の思想の発展とし、(10) 張立文氏は、全ての道徳の根本に「孝」を置こうとした孔子の「孝弟者、其爲仁之本乎」と同様の思想であるとし、(11) 徐少華氏も、『六徳』の思想の起源が『易』と孔子にあるとする。(12) これらは孔子や他の儒家思想と『六徳』との密接な関係を説くものである。

これに対して銭遜氏は、孔子が提唱した「愛人＝仁」説を『六徳』が展開していないとし、(13) 羅新慧氏は、仁義観から見れば、郭店楚簡は孔子の思想を発展させたものでも、孔子・孟子の中間でもなく、儒家別派の思想と見なすべきであるとし、(14) 李存山氏や渡邉大氏も、『六徳』は思孟学派の文献ではないとする。(15)

また、『礼記』等との関係について、李学勤氏は、『六徳』中に見える喪服の記述が『礼記』の喪服の記述を踏まえたものであることを指摘し、当時の読者がこうした喪服の規定に通じていることを前提にしないと理解できないと述べるのに対して、(16) 徐少華氏は『六徳』の方が簡潔で系統立っており、『礼記』『大戴礼記』の方が長期にわたって伝承・転抄されたものと説く。(17)

このように『六徳』の思想については、他の儒家系文献との関係について多様な意見が提出されている。特に右の諸論考が指摘している、孔子や孟子の思想、『孝経』『礼記』との関係についての考察は、重要課題として取り組む必要があろう。

第五に、『六徳』の成立時期や執筆意図の問題がある。郭店一号楚墓の造営時期は、その墓葬形態・副葬品の状況などの考古学的編年から、紀元前三百年頃と推定されている。従って、竹簡の筆写年代は当然それを遡り、原本の成立はそれを更に遡ることとなる。そこで、廖名春氏は、『六徳』の成立を、『中庸』、『礼記』郊特牲、『周礼』等の前（戦国前期）とし、孔子あるいはその弟子（県成）の作と推測する。[18] また、郭沂氏は、『成之聞之』に頻出する「君子」を具体的には「子思」のことであるとした上で、これらを子思の門人の作とし、[19] 張立文氏は、「仁」「義」の用例から、『成之聞之』『尊徳義』の思想を更に展開させたものとする。[20]

これらの議論は、『六徳』の著者とその成立時期を特定することにやや性急な感じも見られるが、郭店一号楚墓に関する考古学的考察を念頭に置けば、まず妥当な推論であると言えよう。ただ、これらの考察も、『六徳』が著作された意図、即ちその思想の成立の必然性という問題にはまだ充分に踏み込んでいないように思われる。また、その原因としては、「詩」「書」「礼」「楽」「易」「春秋」の記述に注目する余り、『六徳』の全体構造の解明が充分に行われていない点を挙げることができよう。

以上、現時点で指摘されるべき『六徳』の意義と留意すべき研究上の諸問題などについて列挙してみた。もとよりこれらは相互に密接な関連を持ち、また、各々、極めて大きな問題でもあって、その問題の全てを直ちに解決することはできない。

そこで以下では、『六徳』の個別的な問題に的を絞り、筆者の内容分析を基にした『六徳』の構造を提示し、その成立時期と執筆意図に関するおおよその見通しを述べてみることとしたい。

二　『六徳』の構造

以下では、ひとまず荊門市博物館『郭店楚墓竹簡』の竹簡配列に従い、『六徳』の構造を便宜上七節に区分し、その要旨をまとめてみる。

なお、各節の区分は（1）（2）などの番号によって示し、竹簡番号は、『郭店楚墓竹簡』による竹簡番号に従って01・02などによって示すこととする。（1）（2）などの各段には便宜上、見出しを付け、その後の（　）内に対応するおおよその竹簡番号を記す。また、資料の提示に際しては、『郭店楚墓竹簡』を底本とし、張光裕主編『郭店楚簡研究第一巻文字編』（芸文印書館、一九九九年）などを参照した。資料を掲げる際には、異体字などを現行字体に改め、欠字部分を補う際には、【　】内に記すこととしたが、個々の詳細については、紙幅の関係から割愛した。

（1）「聖智」「仁義」「忠信」（01～06）

『六徳』はまず、聖・智・仁・義・忠・信を「六徳」とし、「聖智」「仁義」「忠信」という三つの組み合わせを示す。「聖智」は礼楽・刑法を制定し民を一定の方向に指導し得るもの、「仁義」は家族と内政と外交との三者を安定させ得るもの、「忠信」は民を集め土地を司り人民の生活を充足させ得るもの、と定義される。

これらはいずれも、為政者と民との関係に於て、民に対する為政者側の配慮を説くものである。こうした傾向は郭店楚簡『成之聞之』『唐虞之道』『尊徳義』『忠信之道』などにも窺われ、また、「礼楽」「刑法」を併記する用例は、『礼記』や『論語』にも見え、「忠信」を対にする点は、『忠信之道』と同様である。但し、六徳を個別に見た場合、後節の定義とは合致しないものがある。

（2）「六徳」と「六位」「六職」（07～10）

本節は、人倫関係の基本である「六位」に対して、各々その職分である「六職」が適切に対応していれば、それによって六位各々の徳目である「六徳」が成就する、と説く。即ち「既に夫《か》の六位有り、以て此の【六職】を任《にな》い、六職既に分かるれば、以て六徳を卒《と》ぐ」という関係を示す。

（3）「六徳」の内訳（11～23）

本節は、「六徳」各々の内容を、「六位」「六職」と関連づけながら詳細に説明する。個々の要点は次の通りである。

①「義」……臣下に安心立命を与える君主の徳。

②「忠」……臣下の徳目。死を危ぶむような状況に至っても、我が身を惜しまず君主に尽くすのが忠臣。なお、郭店楚簡内で忠を臣下と直結させるものとしては、他に『魯穆公問子思』がある。

③「智」……夫の徳目。行動の是非を智によって適切に判断できるのが夫。『大戴礼記』本命や『孔子家語』本命解にほぼ同文が見える。

④「信」……婦の徳目。夫のやり方を信《まこと》としてそのまま受け止めるのが婦。『礼記』郊特牲や『大戴礼記』本命に類似の表現が見える。

⑤「聖」……父の徳目。子を養育し、教誨するのが父。『六徳』冒頭部との関係を重視すれば、この教誨とは、家業（世襲官職）に関する教育と推測される。「教誨」と「聖」との関係については、『論語』述而の「子曰、若聖與仁、

則吾豈敢。抑爲之不厭、誨人不倦、則云爾已矣」、『孟子』公孫丑の「子貢曰、學不厭、智也、教不倦、仁也。仁且智、夫子既聖矣」などが参考となり、「教育」と「父」との関係については『左伝』昭公二十六年に「(晏子) 對曰、……父慈而教」とあるのが参考となる。但し、この『左伝』の例や『礼記』礼運篇に見られる如く、儒家系文献に於ては通常「慈」が「父」徳とされる。

⑥「仁」……子の徳。この「子」徳の定義は、他の五徳に比べてやや複雑になっている。まず「子」が世襲官職に的を絞って才能を伸ばし「上に事」えることが「義」と定義される。これは先に「義なる者は君の徳なり」とされていたことと矛盾するが、ここでは、非血縁的君臣関係(忠)を重視したものと思われる。次に、「上(君)」は「下」の義を嘉納してその家の祭祀(祖先崇拝)を行わせるとし、これを「孝」と定義している。ここでは血縁関係(孝)が重視されている。即ち、この一節は、官僚制の中で公職を全うすること(忠)が、そのまま家の祭祀を継承して孝を尽くすことになる(孝)、と説いていることになり、『孝経』の論理と類似していることが分かる。こうして『六徳』では、「仁」を「子」の徳とするが、それは異色の定義である。儒家系文献に於ては通常、「孝」が「子」徳とされる。また、他の六徳同様、本篇前出部の「仁義」を対とする定義(「礼楽を作り刑法を制し……」)と合致しない。

本節までで確認される「六徳」「六位」「六職」の関係は次の通りとなる。

「六位」……夫・婦・君・臣・父・子
「六職」……率・従・使・事・教・受
「六徳」……智・信・義・忠・聖・仁

但し、「智・信・義・忠・聖・仁」という配列は、第一節の「聖智」「仁義」「忠信」という配列および各々の定義と異なっている。また「六徳」個々の定義には、他の儒家系文献には見えない特殊なものが存在する。それは、本篇が、単に他の儒家系文献の徳目解説を整理しようとしているのではなく、真意が別のところにあったからではないかと推測される。

（4）「六徳」と「六経」（23～26）

本節は、『六徳』の内、最も著名な部分である。「故に夫夫たり、婦婦たり、父父たり、子子たり、君君たり、臣臣たり、六者各おの其の職を行わば而ち訕《そしり》誇由りて作《おこ》る亡《な》きなり。諸を詩・書に観れば則ち亦た在り、諸を礼・楽に観れば則ち亦た在り、諸を易・春秋に観れば則ち亦た在り」と、これまで論じてきた「六徳」の内容が「詩・書」「礼・楽」「易・春秋」の六書に見られることを指摘する。本篇の主張が六書の内容と密接な関係にあることを宣言する部分である。

（5）「内」「外」の区分（26～33）

以上（4）節までを『六徳』前半部とすれば、以下の後半部は、「内」「外」という新たな基準を持ち出して、六徳の解説を進める点に特色がある。第二十六簡七字目の下に墨節が引かれていることが、段落の大きな区切りを示唆している。やや複雑なので、以下に原文の書き下し文と図解を提示する。

> 仁は、内なり。義は、外なり。礼楽は、共にするなり。内の位は父・子・夫なり。外の位は君・臣・婦なり。疏斬、布経にして杖つくは、父の為にするなり。君の為にするも亦た然り。疏衰を斉えて牡麻の経するは、昆弟の

為にするなり。妻の為にするも亦た然り。袒免《たんぶん》するは宗族の為にするなり。朋友の為にするも亦た然り。父の為に君を絶つも、君のために父を絶たず。昆弟の為に妻を絶つも、妻の為に昆弟を絶たず。宗族の為に朋友を殺《そ》ぐも、朋友の為に宗族を殺がず。人に六徳有り、三親断《つ》きざれば、門内の治は仁、義を弇い、門外の治は義、仁を斬《た》つ。

本節は父系宗族を念頭に置いて「内」「外」を区別し、そこで優先される徳目が異なること（仁は内、義は外）を説いており、その関係は次図のようになる。

礼楽

仁　――――　義

内　父・子・夫（聖・仁・智）　――――　君・臣・婦（義・忠・信）　外

「六徳」の内訳を解説する本篇前半に対し、「内外」概念を使ってその社会的意義を説くこの後半部では、「六徳」各々の位置づけがやや異なっている。また、「仁」が「内」、「義」が「外」を担当する徳目であると規定されるのに対し、「礼楽」は内外共通の徳目とされる。『六徳』前出部では、「礼楽を作」すのは「聖智」とされており、また、「聖」は父、「智」は夫の徳と規定されていた。従って、この礼楽についても、前出部の論理とは合致しないことが確認される。

このように、本節は、「内外」概念を援用して、血縁関係（内）の論理（孝）と非血縁関係（外）の論理（忠）との調整・統合を図っていると考えられる。これについては、『性自命出』にも「門内之治、欲其59⿰角肙也。門外之治、欲其制也」と、「門内」「門外」の区別が見え、『唐虞之道』にも、「08愛親忘賢、仁而未義也」、と「愛親」＝「仁」、「尊賢」＝「義」とした上で、二つを両立させた聖人として「舜」が顕彰され、また『論語』にも「子曰、出則事公卿、入則事父兄」（子罕篇）との孔子の言が記されている。

但し、いずれも『六徳』のような「内」の優位はそれほど明確にされてはおらず、「内」の重視・優位を明確に主張する点が『六徳』の特質と言える。また、「内」の論理が「外」にも適用されるべきことを説く（「内」から「外」への方向性を強く主張する）点は、『孝経』と類似している。

（6）「六徳」と「孝」と「君子」（34～42）

本節は、前節の「内」「外」の区別を踏まえつつ、再度「六位」の関係に言及する。男女・父子・君臣という序列を示し、それらに貫通する根本原理として「孝」の重要性を説いている。ここもやや複雑なので、前節同様、書き下し文と図解を提示する。

[ア]男女辨ありて言を生じ、父子親しみて言を生じ、君臣義ありて言を生ず。父聖、子仁、夫智、婦信、君義、臣忠たり、聖[イ]は仁を生じ、智は信を率《みちび》き、義は忠を使う。故[ウ]に夫夫、婦婦、父父、子子、君君、臣臣たりて、此の六者各おの其の職を行わば訕訾《そしり》由りて作ること蔑《な》きなり。君子は、言は信言なるのみ、言は煬言なるのみ。信な

らば外内皆得るなり。

……男女辨《わか》たざれば、父子親しまず。父子親しまざれば、君臣は義を亡う。是の故に先《エ》王の民に教うるや、孝悌に始む。君子此に於て体を一にすれば、廃する所亡し。是の故に先王の民に教うるや、此の民をして其の身を憂え、其の体を失わしめず。孝は、本なり。下其の本を修むれば、以て訕を断つべし。

	辨	親	義
ア	男女	父子	君臣
	生	率	使
イ	聖―仁	智―信	義―忠
	（父子）	（夫婦）	（君臣）

内　　外

ウ　［夫婦父子君臣］

君子

エ

先王

孝（悌）↓男女↓父子↓君臣

君子

本節の論理は、他の儒家系文献とも大枠では類似している。つまり、「男女」「父子」「君臣」の各関係を重視し（図ア）、父子、夫婦、君臣の主従関係を説き（図イ）、また「内」「外」の場を設定して「内」から「外」への方向性を示す（図ウ）、などは『論語』『礼記』等にも見える。しかし、それらを貫通する根本原理として「孝」を強調する点（図エ）は、本節の特徴であり、この主張の前提として、『孝経』的論理の存在が推測される。

但し、本節前半の「聖は仁を生じ、智は信を率き、義は忠を使う」という生成・主従の関係（図イ）と、前節に提示された「内＝父子夫」「外＝君臣婦」という内外の区別、内の重視という論理は今ひとつ整合性を欠いている。これは、本篇前半の「六徳」を、「内外」概念および「孝」を援用して解説しようとした結果の不整合ではないかと思われる。

（7）「君子」と「立身」（42～46）

先に、（4）（5）節で、「夫婦父子君臣」の「六者」は、各々その「職」を全うしていれば、他者から謗りを受けることはないと説かれていた。また前節末尾で、為政者の教化が「孝」を根本とすべきことが説かれ、「下」はその根本たる「孝」を「修」得すれば他者から誹りを受けることはないと論じられていた。これに対して、本節では、「生民より斯ち必ず夫婦・父子・君臣有り。君子は此の六者を明らかにすれば、然る後に以て訕を断つべし」と、「君子」がその「六者」（の別や各々の職）を明確にすることによって、六者は誹りを断つことができる（或いは君子自身が誹りを受けない）とされている。

また次のように、「君子」が「立身」する所以を六徳（六位）との関係から説いている。

凡そ君子の身を立つる所以の大法は三、其の之を択《わか》つや六、其の衍は十又二。三者通ずれば、言行も皆通ず。三者通ぜざれば、言行に非ざるなり。三者皆通じて、然る後に是なり。三者は、君子の生くるに之と与に立ち、死するに之と与に斃る所なり。

こうした君子と立身との関係については、『孔子家語』六本篇に「孔子曰、行己有六本焉、然後爲君子也。立身有義矣、而孝爲本。喪紀有禮矣、而哀爲本……是故反本修邇、君子之道也」と、君子の立身に孝を本とすべきことが説かれており、『説苑』建本篇にも同文が見える。また『孝経』にも、「子曰、夫孝、徳之本也、教之所由生也。……夫孝、始於事親、忠於事君、終於立身」とあり、立身と孝との関係が説かれている。

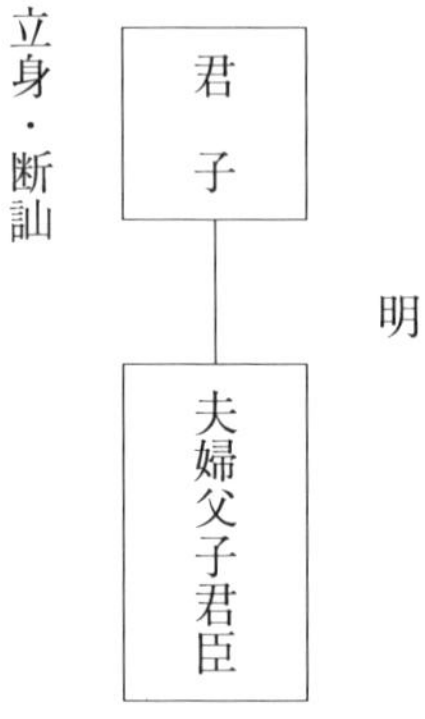

このように本節では、「六徳」と「君子」と「立身」との関係へと論点が移行していると考えられる。とすれば、『六徳』の執筆意図は、単に徳目の分類・整理や「内」「外」の区分、「内」の優位の主張のみではなかったように思われてくる。この点は、「六徳」という仮称や「詩書礼楽易春秋」の記載に目を奪われて、意外と見過ごされてきた点ではなかろうか。

三　『六徳』の成立

それでは、こうした構造解析を基に、『六徳』の成立の必然性、著作意図について考察を加えてみよう。郭店楚墓の下葬年代が紀元前三百年頃である点はほぼ確実であるとしても、竹簡の筆写時期やその思想の成立時期をどのあたりに想定するかという問題は大きな課題として残されている。

そうした中で、内容上、一つの手がかりとされているのは、「六位」の内訳である。「故に夫夫たり、婦婦たり、父父たり、子子たり、君君たり、臣臣たり、六者各おの其の職を行わば而ち訕誇由りて作る亡きなり」（4）から明らかなように、『六徳』は、「夫婦、父子、君臣」を人倫関係の基本として立論しているが、これを他の主要な儒家系文献に於ける人倫関係の組み合わせと対比してみると次のようになる。

・『論語』……君臣・父子
・『周礼』……父子・兄弟・夫婦
・『易』……（男女）夫婦・父子・君臣（上下）

・『孟子』……父子・君臣・夫婦・長幼・朋友
・『礼記』……夫婦・父子・君臣（哀公問篇の用例）
・『礼記』……君臣・父子・夫婦・昆弟・朋友（中庸篇の用例）
・『礼記』……父子・兄弟・夫婦・君臣・長幼・朋友・賓客（王制篇の用例）
・『荀子』……君臣・父子・兄弟・夫婦

即ち、『六徳』の基本とする組み合わせは、『礼記』哀公問篇と合致し、形の上では、『論語』と『孟子』『荀子』等との中間に位置することが分かる。もっとも、これをもって直ちに成立時期を判定する訳にはいかないが、思想史の展開を考える場合の一つの指針にはなるであろう。なお、『六徳』に「詩書礼楽易春秋」の記載があり、しかも『荘子』天運篇に見える「孔子謂老聃曰、丘治詩、書、禮、樂、易、春秋六經」と同様の序列であることは、これまでの思想史の常識で言えば、『六徳』の成立時期をかなり遅く見る根拠となる訳であるが、今後はむしろ、こうしたまとまりが早くから儒家に意識されており、『荘子』もそれを受けて右のように記述したとの見方が妥当となってくるであろう。

次に、『孟子』との関係であるが、郭店楚簡に『魯穆公問子思』など子思学派の著作と思われる文献が含まれていたことから、これら全体を子思学派あるいは思孟学派の著作と捉える見方もある。しかし、「仁は、内なり。義は、外なり。礼楽は、共にするなり」（5）のように、仁を内、義を外とする思考は、『孟子』告子篇上の告子側の主張に見えるもので、孟子の立場とは異なっている。従って、これらを単純に思孟学派の著作と一括したり、文献毎に子思学派の著、子張学派の著などと特定したりすることには躊躇いが感じられる。また、『六徳』と『孟子』との関係について言えば、劉豊氏が指摘する通り[21]、むしろ、従前の「仁内義外」説を受けて、『孟子』が思想的な展開を図ったとの理解が妥当であろう。

このように、『六徳』の具体的な成立時期についてはなお未詳とせざるを得ないが、少なくとも『荀子』以降の成立としなければならぬ必然性は見いだせない。また、「仁内義外」を説く点を重視すれば、『孟子』との密接な関係も想定しづらく、むしろ、『論語』『孝経』『礼記』との類縁性が注目される。

そして、『六徳』の全体構造に注目すれば、この文献は、単に儒家的徳目を整理・分類するに止まらず、「内外」概念や「孝」概念を介在させつつ、「六徳」「六位」「六職」と「君子」との関係を解説し、人間社会に於ける「君子」の意義を顕彰せんとするところに、その主眼があったのではないかと推測される。

では、その「君子」とは何者であろうか。むろん、「君子」は「小人」に対する語で、言わば理念型として理解すべきであろう。ただ、理念型としての「君子」も、当初は具体的な人物像を念頭に置いて提起された可能性がある。また、純粋な理念型として提示された「君子」が同時代人や後人にとっては具体的な人物像を連想させるということもあろう。

これについては、郭沂氏が郭店楚簡の内の『成之聞之』について、そこに頻出する「君子」が「子思」であるとの説を提示しており、注目される。ただ、その推論の背景には、『六徳』や『成之聞之』を含む郭店楚簡が子思学派の著作であるからという判断があるようである。確かに、郭店楚簡の内、『魯穆公問子思』では「子思」が登場し、その「忠臣」観念が顕彰されている。(22) 郭店楚簡の中に子思学派の著作が存在することは確実であろう。しかし、郭店楚簡全体を子思学派あるいは思孟学派の文献と確定してよいか、また、仮にそうした文献だったとして、そこに記される「君子」を直ちに「子思」と捉えてよいかは別問題である。

残念ながら、『六徳』中にはこの問題を解決すべき決定的な根拠は見られない。但し、『成之聞之』や『忠信之道』

などをも参考にすれば、「子思」以外の可能性も想定されるように思われる。

郭店楚簡儒家系文献の内、「君子」の語が見えるのは、『六徳』の他、『性自命出』『成之聞之』『尊徳義』『忠信之道』『語叢四』の諸篇である。この内、右の問題を考察する際の手がかりとなるのは、『成之聞之』と『忠信之道』である。

先ず『成之聞之』には、「10是の故に君子の諸を己に求むるや深し。……11是【の故に】君子の言に於けるや、末流に従うに非ざる者は之れ貴く、源を窮め本に反る者は之れ貴し」とか、「19故に君子の之を履う所は多からず、之に求むる所は遠からず、窃かに諸を己に反して以て人を知るべし」のように、「君子」の「求己」「反本」「反己」が盛んに説かれているが、これは、『論語』衛霊公篇の、「子曰、君子求諸己、小人求諸人」という孔子の言葉を直ちに想起させる。また、『孔子家語』六本篇にも、「孔子曰、行己有六本焉、然後爲君子也。……是故反本修邇、君子之道也」とあるように、類似した内容が「孔子」の言として記されている。

また、君子の言動と「忠信」との関係について論ずる『忠信之道』に於ても、「氏（是）故古之所09以行乎閔嘍者」との主張が見える。この語は難解で諸説が提起されているが、例えば、周鳳五氏は「古之行乎蠻貉者」と釈読した上で、『論語』衛霊公篇の「子張問行。子曰、言忠信、行篤敬、雖蠻貊之邦行矣。言不忠信、行不篤敬、雖州里行乎哉」を指摘して、たとえ蛮夷の地であっても「忠信」の言は行われるとする孔子の言を敷衍したものと捉える。[23]

こうした観点から関係資料を概観してみると、孔子（聖人・君子）と「忠信」と「蛮夷」との連関を示唆する資料は他にも存在し、『論語』子罕篇に「子欲居九夷。或曰、陋、如之何。子曰、君子居之、何陋之有」、子路篇に「樊遲問仁。子曰、居處恭、執事敬、與人忠。雖之夷狄、不可棄也」などとある。また、『礼記』中庸篇でも、孔子の言葉として、聖人の徳が充実している様を、「溥博」「淵泉」で譬えた後、その外面への発現を「見われては民敬せざる莫く、言いては民信ぜざる莫く、行いては民説ばざる莫し」と説く。また、それ故、聖人の名声は夷狄にまで達するとし、「是を以て声名中国に洋溢し、施きて蛮貊に及ぶ」と述べている。(24)『忠信之道』の該当箇所については、文字の確定に不安な点も残るが、右のような理解が可能であるとすれば、孔子と忠信と蛮夷との関係が、形を変えて『忠信之道』に表明されていると捉えることもできるであろう。このように、郭店楚簡の中には、かつて孔子が「君子」の言動として説いた言葉を、孔子自身のこととして敷衍している部分があるように思われる。

また、そもそも『論語』に登場する「君子」は、「子曰、君子周而不比、小人比而不周」(為政篇)、「子曰、君子懐徳、小人懐土、君子懐刑、小人懐恵」(里仁篇)のように、孔子が「君子」と「小人」とを対比的に説明する箇所に登場する。これらを素直に読めば、孔子は理念型としての「君子」について説明していたと考えられるであろう。但し、実は孔子自身、己の姿を「君子」に重ねて説いていたという可能性も否定はできない。また、いずれにしても、孔子の弟子門人や後学たちが、孔子の言として語られてきた「君子」の中に孔子の姿を読み取っていった可能性は高いと思われる。彼等にとって「聖人君子」とは他ならぬ孔子のことであった筈である。

この点について、例えば、阮元『揅経室集』は、『論語』学而篇冒頭の「學而時習之、不亦説乎。有朋自遠方來、不亦樂乎。人不知而不慍、不亦君子乎」を取り上げ、この三節は、みな孔子の人生について述べたものであり、弟子たちが『論語』を編纂する際に、この章を二十篇の冒頭に置き、また、「不知命、無以爲君子」を『論語』の最終章に配置して、首尾を完結させたのだと説いている。

従って、郭店楚簡の「君子」が実は孔子を強く意識したものであった可能性についても、充分に考慮する必要がある。また、この「君子」の存在を重視すれば、「六徳」と「六書(詩書礼楽易春秋)」とが密接な関係に置かれていることも、より重要な意味をもって迫ってくる。『六徳』の立論の前提に、君子(孔子)と六書との関係が想定されていると考えられるからである。更に、郭店楚簡には、『論語』や『礼記』など、儒家系文献と類似する表現が多々見られるが、特に『論語』の言葉との重複現象は、これらが孔子の言の敷衍を意図していたことを示唆しているように思われる。

このように考えてくると、『六徳』は、一見、仁義礼智などの諸徳目を六つに整理して解説した文献のようであって、実は、世界の基本的な人倫関係とその諸徳を確立して「立身」した「君子」の顕彰に、その主要な著作意図があったように思われてくる。またこのように考えることによって、「六徳」が「六書」（六経）と密接な関係に置かれていることも、より良く理解できるのではなかろうか。

おわりに

以上、本章では、思想史研究の立場から、郭店楚簡『六徳』を取り上げて、その構造と成立とについて考察を加えてきた。また、その前提として、『六徳』を含む郭店楚簡全体に関わる諸問題についても筆者なりに整理を加えてみた。

郭店楚簡、上博楚簡という貴重な資料群は、思想史研究の分野に大きな影響を与えつつある。個々の研究の視点については、先述した通りであるが、今後は、研究の体制・組織という点も看過できない問題となろう。

これまで、日本の中国学研究は、主として個人研究の集積として進展してきた。しかしながら、これらの新資料については、個人研究のみでは十分に対応できない側面がある。資料の分量が膨大であり、また、それらは戦国楚系文字という特殊な文字で記されている。更に、郭店楚簡と上博楚簡という、比較検討すべき新資料が相次いで提供されており、しかも、それらが旧楚国の戦国期の竹簡であることから、包山楚簡など古代史の分野で注目されている文字資料との関係も重要となってくる。従って、これらの研究には、思想史・古代史・文字史など分野を異にする研究者の協力体制が必須となるであろう。また今後もこうした新資料の発見に対応できるよう、日本の学界でも、出土資料研究を念頭に置いた研究者養成が望まれる。

注

（1）『上海博物館蔵戦国楚竹書（一）』として「孔子詩論」「緇衣」「性情」の三書が公開され、二〇〇五年五月現在で、第四分冊まで刊行されている。

（2）陳偉「関於郭店楚簡《六徳》諸篇編連的調整」（『江漢考古』二〇〇〇年第一期）。

（3）本書第三部第一章「『語叢三』の再検討－竹簡の分類と排列－」（初出は、『大久保隆郎教授退官記念論集　漢意とは何か』、東方書店、二〇〇一年）。

（4）銭遜「《六徳》諸篇所見的儒学思想」（『中国哲学』第二十輯、遼寧教育出版社、一九九九年一月）。

（5）王葆玹「試論郭店楚簡各篇的撰作時代及其背景－兼論郭店及包山楚墓的時代問題」（『中国哲学』第二十輯、遼寧教育出版社、一九九九年一月）。なお、王氏は、「信」が「婦」の徳とされる点も論拠としているが、『礼記』や『大戴礼記』には「信」を「婦」徳とする定義が見えている。もっとも、王氏の立論の前提には、『礼記』や『大戴礼記』の成立が漢代以降であるとの判断があると思われる。しかしながら、郭店楚簡と『礼記』諸篇の文言との重複現象を重視すれば、『礼記』『大戴礼記』の成立自体についても再考の必要が生じており、『礼記』『大戴礼記』を不動の指標とするのは危険であると思われる。

（6）同様のことは、道家思想についても言えそうである。郭店楚簡『太一生水』や上博楚簡『恒先』などは、いわゆる老荘とは異なる道家思想が先秦時代に存在したことを示している。『老子』や『荘子』に見えないからと言って、それを漢代以降の新たな道家思想とすることはできないであろう。

（7）荊門市博物館『郭店楚墓竹簡』（文物出版社、一九九八年）。
（8）李存山「先秦儒家的政治倫理教科書－読楚簡《忠信之道》及其他」（『中国文化研究』一九九八年四期）。
（9）廖名春「論六経并称的時代兼及疑古説的方法論問題」（『孔子研究』二〇〇〇年一期）。
（10）廖名春「郭店楚簡儒家著作考」（『孔子研究』一九九八年三期）。
（11）張立文「略論郭店楚簡的「仁義」思想」（『孔子研究』一九九九年一期）、同「郭店楚簡与儒家的仁義之辨」（『斉魯学刊』一九九九年五期）。
（12）徐少華「郭店楚簡《六徳》篇思想源流探析」（武漢大学中国文化研究院編『郭店楚簡国際学術研討会論文集』、湖北人民出版社、二〇〇〇年五月）。
（13）注（4）前掲銭遜論文。
（14）羅新慧「郭店楚簡与儒家的仁義之辨」（『斉魯学刊』一九九九年五期）。
（15）李存山「郭店楚簡研究散論」（『孔子研究』二〇〇〇年一期）、渡邉大「郭店楚簡『成之聞之』『六徳』にみえる人倫説について」（『大久保隆郎教授退官記念論集　漢意とは何か』、東方書店、二〇〇一年）。
（16）李学勤「郭店楚簡《六徳》的文献学意義」（武漢大学中国文化研究院編『郭店楚簡国際学術研討会論文集』、湖北人民出版社、二〇〇〇年五月）。
（17）徐少華「郭店楚簡《六徳》篇思想源流探析」（武漢大学中国文化研究院編『郭店楚簡国際学術研討会論文集』、湖北人民出版社、二〇〇〇年五月）。
（18）注（10）前掲廖名春論文。
（19）郭沂「郭店楚簡《天降大常》（《成之聞之》）篇疏証」（『孔子研究』一九九八年三期）、同「郭店竹簡与先秦哲学史之重写」（『哲学動態』一九九九年六期）。
（20）注（11）前掲張立文論文。
（21）劉豊「従郭店楚簡看先秦儒家的「仁内義外」説」（『湖南大学学報』社科版二〇〇一年第二期）。

（22）『魯穆公問子思』については、本書第二部第五章「『魯穆公問子思』における「忠臣」の思想」（初出は、「「忠臣」の思想―郭店楚簡『魯穆公問子思』について―」、『大久保隆郎教授退官記念論集　漢意とは何か』、東方書店、二〇〇一年）参照。

（23）周鳳五「郭店楚簡《忠信之道》考釋」（『中国文字』第二十四期、一九九八年十二月）。

（24）原文は次の通り。「唯天下至聖、爲能聰明睿知、足以有臨也、寛裕溫柔、足以有容也、發強剛毅、足以有執也、齊莊中正、足以有敬也、文理密察、足以有別也、溥博淵泉、而時出之、溥博如天、淵泉如淵、見而民莫不敬、言而民莫不信、行而民莫不說、是以聲名洋溢乎中國、施及蠻貊、舟車所至、人力所通、天之所覆、地之所載、日月所照、霜露所隊、凡有血氣者、莫不尊親、故曰配天」。

第二章　郭店楚簡『緇衣』の思想史的意義

浅野裕一

一

一九九三年、湖北省荊門市郭店の一号楚墓から、八〇〇余枚の竹簡が出土し、その中の七三〇枚に文字が記されていた。出土した竹簡は、荊州市博物館や荊門市博物館の研究者の手によって解読・整理され、写真と釈文を収めた『郭店楚墓竹簡』が一九九八年五月に文物出版社から刊行された。(1) それによれば竹簡は、次の十六種の文献に分類・整理されている。

（1）『老子』甲・乙・丙　（2）『太一生水』　（3）『緇衣』　（4）『魯穆公問子思』　（5）『窮達以時』
（6）『五行』　（7）『唐虞之道』　（8）『忠信之道』　（9）『成之聞之』　（10）『尊徳義』　（11）『性自命出』　（12）『六徳』　（13）『語叢』一　（14）『語叢』二　（15）『語叢』三　（16）『語叢』四

この中、（1）と（2）は道家系統の著作、（3）から（12）の十篇は儒家系統の著作、（13）から（16）までは他書から抜粋した短文を集めた格言集だと考えられる。小論では儒家系文献の中から『緇衣』を取り上げて、その成立時期を考えるとともに、先秦における儒家思想の展開に占める意義についても若干の考察を加えることとしたい。

郭店楚簡の『緇衣』と伝世の『礼記』緇衣篇の間には、かなりの異同が存在している。(2)『礼記』緇衣篇は「子言之曰、爲上易事也、爲下易知也、則刑不煩矣」との文章で始まるが、郭店楚簡『緇衣』の側にはこの文章がない。また『礼記』緇衣篇には「子曰、小人溺於水、君子溺於口、大人溺於民」で始まり、「尹吉曰、惟尹躬天、見于西邑夏、自周有終、相亦惟終」で終わる文章があるが、郭店楚簡『緇衣』の側には存在しない。この他、両者の間では章の順序が大きく入れ替わっているなど、かなりの異同が見受けられる。

だがこうした相違にもかかわらず、両者は基本的には同一の文献と見なせる。一九九四年に上海博物館が香港の骨董市場から購入した、上海博物館蔵戦国楚簡（以下、上博楚簡と略称する）にも、『緇衣』が含まれている。この上博楚簡『緇衣』は、郭店楚簡『緇衣』と極めてよく似た性格を示しており、『礼記』緇衣篇と比較すると、上述したのとほぼ同様の異同が存在する。(3)したがって、郭店楚簡『緇衣』や上博楚簡『緇衣』の側が、『礼記』緇衣篇よりも古い形態を伝えているとは言えるであろうが、三者に共通する部分を比較すると、やはり三者は基本的に同一の文献だと考えなければならない。この点を確認するために、『礼記』緇衣篇の第二章と、郭店楚簡『緇衣』の第一章、上博楚簡『緇衣』の第一章を以下に掲げてみる。

子曰、好賢如緇衣、惡惡如巷伯、則爵不瀆而民作愿、刑不試而民咸服。大雅曰、儀刑文王、萬國作孚。（『礼記』緇衣篇）

夫子曰、好媺女好茲衣、亞亞女亞遊白、則民臧放而埅不屯。寺員、愢埅文王、萬邦乍孚。（郭店楚簡『緇衣』）

[夫]子曰、𢄑𡞬女𢄑紂衣、亞亞女亞巷白、則民臧虏而型不屯。旹員、𢜔型文王、萬邦乍孚。（上博楚簡『緇衣』）

このように、細部にはかなりの字句の異同が見られる。だがそれは同一の文献内部における差異と考えるべきもので、三者は基本的に同一の文献だと考えて差し支えないであろう（4）。とすれば、郭店一号楚墓の下葬年代は前三〇〇年頃と推定されており、また上博楚簡の書写年代も前三〇〇年頃と推定されているから、『緇衣』の成書年代は前三〇〇年をかなり遡る時期、戦国前期（前四〇三年～前三四三年）か春秋時代（前七七〇年～前四〇三年）の末年となろう。次にこのことが古代思想史研究にもたらす意味を考えてみよう。

二

武内義雄『易と中庸の研究』は、『隋書』音楽志が梁の沈約の言を引き、「漢初の典章は簡略にして、諸儒は遺簡の礼事と相関する者を摭拾して、編帙を篇次す。中庸・表記・坊記・緇衣は、皆子思子に取る」と記す点や、馬總『意林』が「子思子」として引く十一条の中に『礼記』表記篇や緇衣篇の文章が存在する点など、多くの証拠を挙げて、中庸・表記・坊記・緇衣の四篇が、『漢書』芸文志・諸子略・儒家が著録する「子思二十三篇」の一部であったことを論じている（5）。

武内説が提示した結論は、ほぼ間違いないと考えられる。したがって、前漢に「子思二十三篇」なる書物が存在して、それが『漢書』芸文志に記録されたこと、その書は北宋にはなお伝わっていたが、南宋に至って亡佚したこと、その「子思子」の中に中庸・表記・坊記・緇衣の四篇が含まれており、中庸篇が首篇であったことなどは、事実と認めてよいであろう。

次に問題となるのは、これら四篇と『礼記』の関係である。『漢書』芸文志・六芸略は、「記百三十一篇」の書名を著録し、班固自注は「七十子の後学者の記す所なり」と言う。また『隋書』経籍志・巻一は、「河間の献王は又た仲尼の弟子及び後学者記す所の一百三十一篇を得て之を献ず。時に亦た之を伝うる者無し。劉向の経籍を考校するに至り、一百三十一篇を検し得て、向は因りて第して之に叙す」と、この「記百三十一篇」は河間の献王が収集したものだと言う。

さらに『礼記』に初めて注釈を加えた鄭玄は、「六芸論」において、「今、礼の世に行わるる者は、戴徳・戴聖の学なり」とか、「戴徳は記八十五篇を伝う。則ち大戴礼是れなり。戴聖は礼四十九篇を伝う。則ち此の礼記是れなり」（『礼記正義』序所引）と述べる。それでは鄭玄が記す大戴礼・礼記と、『漢書』芸文志の「記百三十一篇」の関係は、どのように考えるべきであろうか。

戴徳の記八十五篇と戴聖の礼四十九篇を合算すれば、芸文志の「記百三十一篇」より三篇多い百三十四篇となる。ただし現行の『礼記』、すなわち戴聖が伝えた小戴礼記は、曲礼・檀弓・雑記をそれぞれ上下篇に分けて四十九篇としているから、その増加分三篇を差し引けば、小戴礼記は四十六篇となる。『通典』巻四十一・礼典序において杜佑は、戴聖の礼記を四十七篇と記す。これは敍略一篇を含めた数であるから、やはり本来の小戴礼記は四十六篇だったと考えられる。この四十六篇と戴徳の八十五篇を合すれば、芸文志の百三十一篇とぴったり数が合う。そこで、『漢書』芸文志はこれらの諸篇を一括して「記百三十一篇」と記録したのだと考えれば、芸文志と鄭玄「六芸論」の記述は全く符合することになる。

このように考えた場合、『礼記』の編集に際して、「記百三十一篇」以外の他書から拾い集めてきた篇を混入させたと見なす必然性はなくなるから、「中庸・表記・坊記・緇衣は、皆子思子に取る」との沈約の言にも疑念が生じてくる。だが一方で四篇が「子思子」の一部だった事実も、また動かし難い。とすれば、沈約の考え方が成立する可能性をも残した上で、さらに四篇が「記百三十一篇」と「子思二十三篇」の双方に含まれていた可能性をも想定して置いた方がよいであろう。

それでは、「記百三十一篇」と「子思二十三篇」の関係はどう考えればよいであろうか。『隋書』経籍志によれば、「記百三十一篇」の方は河間の献王の収集に成ると言う。その際、最初から一書だったにせよ、数書に分散していたにせよ、すでに何らかのまとまりを持つ形の書物を入手したのか、それともほとんど篇単位の文献を収集して、献王の手元で初めて一書にまとめたのかは、詮索の術がない。だがその書名が、具体性を欠く「記」とされている現象から判断すると、いずれであったにせよ、最初から明確な意図の下に著作され編集された書物である可能性は低いであろう。

これに比べると「子思二十三篇」の側は、子思の著作であるように表示している点で、少なくも「記百三十一篇」よりは具体性を帯びており、明確な意図の下に著作され編集された書物である可能性が高い。ただし問題は、「子思二十三篇」が一書として編集された時期が、漢代に入ってからなのか、戦国期にすでにそうした体裁を備えていたのかである。もし前者であれば、四篇の作者が子思ないし子思学派であった可能性が高まるが、これについても、現時点では詮索の手掛かりがない。

このように、「子思二十三篇」に比較すると、そもそも「記百三十一篇」は雑多な経路で多様な性格の文献が流入した、より雑然とした編集物であると見られるから、その中に結果的に「子思二十三篇」と重複する形で、問題の四篇が含まれていたとしても、別段怪しむには足らないであろう。

したがって、四篇は「記百三十一篇」と「子思二十三篇」の双方に含まれていた可能性が残るのであるが、それにしても、四篇が「子思二十三篇」の一部であった以上、そこには何らかの共通性が見出されるはずである。武内義雄『中国思想史』は、王と覇を対説する点が孟子の影響と考えられること、しばしば賞罰に言及するのは法家の影響と考えられること、『詩』『書』にとどまらず、孟子が絶えて言及しない『易』を称引することなどを、表記・坊記・緇衣三篇に共通する特色として挙げ、これら三篇が戦国末・秦初に子思の儒を標榜する学者によって著作されたとする見解を提示する。(6) 武内説の指摘する点以外に、「子曰」「子云」「子言之」などで始まる文章を羅列する構成を取る点でも、これら三篇は強い共通性を示す。

これに対して中庸篇の方は、「子曰」を冠しない文章を相当量含む点や、直接『易』を称引しない点など、表記・坊記・緇衣三篇とは趣を異にする点が見受けられる。しかしながら、「子曰」で始まる文章がかなりの量を占めること、「君子は賞せずして民勧み、怒らずして民は鈇鉞よりも威る」と、やはり賞罰に言及すること、「至誠の道は以て前知すべし」「著亀に見われ、四体に動く」と、やはり筮占に言及することなど、三篇との共通性も多い。四篇が揃って「子思子」の一部であったことをも考慮すれば、それが子思学派の著作であるか否かを一応措いても、四篇は同一学派の手に成る一連の著作であった可能性が高い。

それでは次に、これら四篇に頻出する「子曰」「子云」「子言之」などが、誰の発言を指すのかを考えてみよう。まず中庸篇から手掛かりになりそうな文章を抽出してみる。

（1）仲尼曰、君子中庸、小人反中庸。

（2）子曰、回之爲人也、擇乎中庸。得一善則拳拳服膺而弗失之矣。

（3）君子之道四。丘未能一焉。
（4）哀公問政。子曰、文武之政、布在方策。
（5）子曰、吾說夏禮、杞不足徵也。吾學殷禮、有宋存焉。吾學周禮、今用之。吾從周。

まず（1）では、「仲尼曰く」として、それが孔子の発言であることが明示される。この箇所が、中庸篇に「某曰」の形式を取って最初に現れる発言である点に注目しなければならない。（2）には、顔回の人物評が語られる。かかる発言を行う人物は、孔子以外にあり得ぬであろう。（3）では、「丘は未だ一も能くせず」と、孔子が話者であることが示される。（4）は、魯の哀公の質問に応答する形式により、「子曰」以下が孔子の発言であることを表示する。（5）の発言内容は、明らかに『論語』八佾篇の「夏の礼は吾能く之を言うも、杞は徴とするに足らず。殷の礼は吾能く之を言うも、宋は徴とするに足らず」と、「周は二代に監みて、郁郁乎として文なるかな。吾は周に従わん」を下敷きにしており、「子曰」以下が孔子の発言を指すのは明白である。したがって、他の「子曰」もすべて孔子の発言とされていたとしなければならない。

続いて緇衣篇から類似の例を挙げてみる。

（6）子曰、夫民教之以德、齊之以禮、則民有格心。教之以政、齊之以刑、則民有遯心。

これも細部に違いはあるものの、『論語』為政篇の「子曰く、之を道くに政を以てし、之を斉しくするに刑を以てすれば、民は免れて恥無し。之を道くに徳を以てし、之を斉しくするに礼を以てすれば、恥有りて且つ格し」を踏まえているのは明白で、「子曰」以下は、当然孔子の発言として掲げられていると考えられる。

　武内義雄『易と中庸の研究』は、『中庸』本書が歴引する「子曰」は、最初の「仲尼曰」の省略形であり、以下の「子曰」がすべて孔子の言であることは論ずるまでもないと断定する。また表記・坊記・緇衣三篇については、「子曰」はすべて孔子の言、「子言之」は子思の言とする邵晉涵及び黄以周の説や、「子曰」も「子言之」もすべて子思の言とする皮錫瑞と簡朝亮の説などを紹介した上で、簡朝亮の説を是とする。

　しかしながら、その結論には疑念が残る。武内説は、『礼記』における登場順が坊記・中庸・表記・緇衣であるのに対し、沈約が「中庸・表記・坊記・緇衣は、皆子思子に取る」と、中庸篇を先頭に持ってくる点や、「中庸の書四十九篇」（『孔叢子』居衛篇）とか「中庸四十七篇」（李翺『復性書』）と、「子思子」が「中庸」と称された例などから、中庸篇が「子思子」の首篇であったとする。しかるに中庸篇の「子曰」がすべて孔子の発言とされていた点は上述のごとくであり、武内説もそうした立場に立っている。

　「子思子」の首篇たる中庸篇ですら、そこに登場する「子曰」がすべて孔子の発言とされていたのであれば、他の三篇に見える「子曰」や「子言之」も、すべて孔子の発言を指すと考えるべきであろう。三篇に見える「子曰」や「子言之」が誰の発言なのかを判断し得る明確な材料は、ほとんど存在しない。無論、子思の発言であることを示唆する表現は皆無であり、だからこそ前述したように異説が並び立つのである。そうした中にあって、（6）は唯一発言者を特定できる文章なのだが、それが孔子を指示する以上、残余もすべて孔子の発言を指すとしなければならぬであろう。(7)

　それでは、孔子の語録のような体裁を取りながら、なぜにそれを「子思二十三篇」とか「子思子」と称したのであろうか。郭店楚簡『魯穆公問子思』では、子思と魯穆公が直接問答する形式が取られるが、これら四篇には子思の名も魯穆公も全く見えず、子思の発言であることを窺わせるような痕跡は皆無である。してみれば「子思子」は、子思が伝え聞いた孔子の語録であるかの体裁を取っていたと考えられる。

首篇の中庸篇にのみ、「子曰」の形式を取らず、しかも「仲尼は堯舜を祖述し、文武を憲章し、上は天時に律《のっと》り、下は水土に襲《よ》る。辟《たと》うれば天地の持載せざること無く、覆幬せざること無きが如く、辟うれば四時の錯行するが如く、日月の代明なるが如し」と、孔子以外の人物の筆に成ることを明示する文章が存在する。こうした形式を踏む部分が、孔子を顕彰せんとする子思の作だとする構成が取られていたのであろう。冒頭に置かれる篇や末尾に位置する篇が他の部分と性格を異にするのは、他にもみられる現象である。

三

中庸・表記・坊記・緇衣の四篇は、上述したように同一学派の手に成る一連の著作と考えられる。それではこれら四篇の成立時期は、従来どのように考えられていたのであろうか。

この中の中庸篇について、武内義雄『易と中庸の研究』及び『中国思想史』は、内容上のまとまりから、全体を前半の「中庸本書」と後半の「中庸説」とに大別し、前者を子思本人もしくは子思に近い門人の著作、後者を秦代における子思学派の著作と見る。(8)

これに対して赤塚忠「中庸解説」は、前後二分説を否定して一連の体系的著作とした上で、荀子当時に成立していた原型を、秦の始皇帝の時期に完成させたと見る。(9)また津田左右吉『道家の思想と其の展開』は、道家思想からの強い影響や、漢代的述作形態との酷似を指摘して、中庸篇の成立時期を前漢武帝期以降に措定する。(10)

中庸篇のみにとどまらず、四篇全体に総合的な考察を加えるのは武内説である。武内説は、中庸篇と他の三篇との間には思想的展開が見られるとして、「中庸本書」は子思の手筆か門人の編纂、表記・坊記・緇衣の三篇は戦国末・秦初の子思学派の作、「中庸説」は始皇帝による統一後に子思学派が書いた解説ではないかと推定する。そこで次に、その当否について検討してみよう。

武内説が表記・坊記・緇衣の三篇を戦国末・秦初の子思学派の作とした最大の論拠は、これら三篇中に『易』が称引される点である。以下に『易』が引かれる箇所を掲げてみる。

（1）子曰、無辭不相接也、無禮不相見也。欲民之毋相褻也。易曰、初筮告。再三瀆。瀆則不告。（表記篇）

（2）子曰、事君大言入、則望大利。小言入、則望小利。故君子不以小言受大祿。不以大言受小祿。易曰、不家食吉。（表記篇）

（3）子曰、事君軍旅不辟難、朝廷不辭賤。處其位而不履其事則亂也。故君使其臣、得志則愼慮而從之、否則孰慮而從之。終事而退、臣之厚也。易曰、不事王侯、高尙其事。（表記篇）

（4）子云、敬則用祭器。故君子不以菲廢禮、不以美沒禮。故食禮、主人親饋、則客祭、主人不親饋、則客不祭。故君子苟無禮、雖美不食焉。易曰、東鄰殺牛、不如西鄰之禴祭、寔受其福。詩云、既醉以酒、既飽以德。以此示民、民猶爭利而忘義。（坊記篇）

（5）子云、禮之先幣帛也、欲民之先事而後祿也。先財而後禮則民利、無辭而行情則民爭。故君子於有饋者、弗能見、則不視其饋。易曰、不耕穫、不菑畬、凶。以此坊民、民猶貴祿而賤行。（坊記篇）

（6）子曰、南人有言曰、人而無恒、不可以爲卜筮。古之遺言與。龜筮猶不能知也。而況於人乎。詩云、我龜既厭、不我告猶。兌命曰、爵無及悪徳、民立而正。事純而祭祀、是爲不敬、事煩則亂。事神則難。易曰、不恒其徳、或承之羞。恒其徳偵、婦人吉、夫子凶。（緇衣篇）

まず（1）が引く『易』は、蒙卦の卦辞（彖辞）、「初筮は告ぐ。再三すれば瀆る。瀆るれば則ち告げず」である。（2）の引用は、大畜卦の卦辞、「家食せずして吉なり」である。（3）は蠱卦の上九の爻辞、「王侯に事えず、其の事を高尚にす」である。（4）は既濟の卦の九五の爻辞、「東鄰の牛を殺すは、西鄰の禴祭して、寔に其の福を受くるに如かず」である。（5）は无妄の卦の六二の爻辞、「耕さずして獲、菑せずして畬すれば、則ち利は往く攸に有り」である。(11) 最後の（6）は恒の卦の九三の爻辞、「其の徳を恒にせざれば、或いは之が羞を承く」と、六五の爻辞、「其の徳を恒にして偵しければ、婦人は吉にして、夫子は凶なり」である。

武内説は、『易』は孔子から孟子・荀子に至るまでは、いまだ儒教の経典とは見なされていなかったとし、『易』は呂不韋の頃までにいつしか儒教の経典となったらしいが、そうした現象は孟子にも荀子にも見られないから、孟子・荀子以外の他学派から起こったらしいと述べる。

すなわち武内説は、『易』が儒家の経典となった時期を、荀子以降、戦国最末から秦初にかけての時期に措定するのである。同時に武内説は、表記・坊記・緇衣三篇の成立時期をも、戦国最末から秦初と推定する。その結果、これら三篇が『易』を称引する現象は、戦国最末から秦初にかけて三篇を著作した子思学派の間で、『易』が儒家の経典として取り扱われるようになった状況を示すものとして理解されるのである。

だが郭店楚簡の発見により、そうした見方はもはや通用しなくなった。郭店楚簡の『六徳』には、次のような記述が見える。

故に夫夫たり、婦婦たり、父父たり、子子たり、君君たり、臣臣たり。六者各おの其の職を行わば、而ち訕誇も由りて作ること亡し。諸を詩・書に観れば則ち亦た在り。諸を礼・楽に観れば則ち亦た在り。諸を易・春秋に観れば則ち亦た在り。此に親しめば多り、此に鏡みれば多《まさ》り、此を美とすれば多るなり。導潗止む。

『六徳』は、「内の位は父・子・夫なり。外の位は君・臣・婦なり」と、夫・婦・君・臣・父・子を六位と規定し、この六位に聖・智・仁・義・忠・信の六徳や、率・従・使・事・教・受の六職を配当する形で、三者の関係を詳説する。先に引用した箇所はそれを受けて、六位・六徳・六職の理想的対応関係が、詩・書・礼・楽・易・春秋の六書にも見られることを述べる。このように『六徳』には詩・書・礼・楽・易・春秋の書名が登場するのだが、これは先秦の儒家が経典とした「六経」の内容と完全に一致する。

しかも列挙される順序までが、『荘子』天運篇に「丘は詩・書・礼・楽・易・春秋の六経を治め、自ら以て久しと為す」と、そして『荘子』天下篇に「詩は以て志を導い、書は以て事を導い、礼は以て行を導い、楽は以て和を導い、易は以て陰陽を導い、春秋は以て名分を導う」と語られる「六経」の順序と全く符合している。

したがって『六徳』が著作された当時、儒家がすでにこれら六種の典籍を経典視していたことは、疑問の余地がない。もとより、その当時に「六経」なる総称までが存在したか否かは不明なのだが、総称の有無は別として、儒家にこれら六種の典籍を特別な経典として尊重する考え方が存在したのは確実である。

さらに郭店楚簡の『語叢』一にも、『六徳』の記述を裏づける文章が存在している。

易は天道と人道を会《あつ》むる所以なり。

詩は古今の志を会むる所以なり。

春秋は古今の事を会むる所以なり。

礼とは交の行述なり。

楽とは生ずること或り教うること或る者なり。


『語叢』一には、易・詩・春秋・礼・楽それぞれに対する簡略な解説が示される。書に対する解説も当然存在したはずであるが、竹簡が残欠していて具体的記述が見当たらない。また礼と楽に関しても、それが特定の典籍を指すのか、一般的な儀礼と音楽を指すのかは判然とせず、むしろ後者である可能性が高い。

したがって『語叢』一の記述は、先の『六徳』ほど明確に「六経」概念の存在を明示するものではない。だが少なくもこうした記述は、『語叢』一が編集された当時、すでに儒家が易・詩・春秋を自分たちの経典として奉じていた状況を明示してはいる。

しからば『六徳』や『語叢』一の成書年代は、いつ頃と考えたらよいのであろうか。上述のように、郭店一号楚墓の下葬年代は、前三〇〇年頃と推定されている。また副葬品の中に、君主から高齢者に下賜される鳩杖二本が含まれていたことから、墓主は七十歳を超す老齢だったと考えられている。そして出土した『六徳』や『語叢』一は、墓主が生前所持していた書籍である。したがって、仮に墓主が五十歳頃にこれらの写本を入手したとすれば、その書写年代は前三二〇年頃となる。

もとよりそれは、転写を重ねた多くの写本の中の一本であって、原著ではないから、原著の成立は郭店写本の書写年代をさらに遡る。一般に原著が成立した後、転写を重ねて写本が流布するまでには、相当の期間を見込まなければならぬから、その幅をどんなに短く見積もっても、十年か二十年は遡らせる必要があろう。仮に『六徳』や『語叢』一の書写年代を前三二〇年頃とし、原著の成立年代をそこから二十年遡らせると、その成書年代は前三四〇年頃となる(12)。

上述したように『六徳』や『語叢』一は、儒家が『易』を経典視していた状況を踏まえて記述されている。したがって両者が成書される以前に、儒家はすでに『易』を経典視していたとしなければならない。とすれば、儒家が『易』を経典視し始めたのは、前三四〇年頃をかなり遡る時代だったとしなければならない。

郭店楚簡の発見によって得られた知見を踏まえるならば、『易』が儒家の経典となった時期を戦国最末から秦初に求めた武内説は、もはや全く成り立つ余地がない。と同時に、表記・坊記・緇衣三篇の成立時期を、戦国最末から秦初と推定したその結論も、郭店楚簡や上海簡の中に『緇衣』が含まれていた事実によって、今や完全に否定されるのである。

上博楚簡の中には『周易』も含まれており、上海博物館の中国歴代書法館には、現行本で言えば『礼記』の緇衣篇と孔子間居篇、『大戴礼記』の武王践阼篇、『周易』、及び新出の『季桓子』など、上博楚簡中の五種類の文献の竹簡の拡大写真が、それぞれ二本ずつ、計十本分掲示してある。

『周易』で掲示されているのは、豫の卦の一部である一本と、大畜の卦の一部である一本である。それによれば各々の竹簡には、簡頭から卦画・卦名・卦辞・爻辞の順に記されている。そしてそこに記される卦画・卦名・卦辞・爻辞は、伝世の『周易』と驚くほど一致している。細部には文字の異同が存在するものの、基本的には同一テキスト内での異同の範囲だと見なして差し支えない(13)。

上博楚簡の書写年代は戦国晩期（前四世紀中葉～前二二一年）、より詳しくは前三〇〇年頃と推定されているから、こうした事実は、『周易』の卦画・卦名・卦辞・爻辞が、戦国前期（前四〇三年～前三四三年）からすでに一定した形で伝承されていた状況を物語る。『国語』や『春秋左氏伝』に『周易』を用いた筮占の記事が散見する点などを考慮すれば、恐らくその来歴は戦国前期よりも相当古く、春秋時代（前七七〇年～前四〇三年）、さらには西周末にまで遡る可能性がある。(14)

こうした『周易』の来歴の古さと、前述した『六徳』や『語叢』一の記述を考え合わせれば、春秋末年から戦国前期初頭には、『周易』は儒家の経典となっていた可能性が高い。一九七三年に湖南省長沙市馬王堆の前漢墓から大量の帛書が出土したが、その中にも『周易』が含まれていた。この帛書『周易』も、卦の順序が入れ替わっているなど、伝世本とは多少の違いが見られるが、基本的にはやはり同一のテキストと考えてよい。(15)

注目すべきは、帛書『周易』に二三子問・繫辞・易贊・要・繆和・昭力といった伝が付いている点である。例えば二三子問は、坤の卦の上六の爻辞に関して、「易に曰く、龍は野に戦う。其れ玄黄を血《ちにそ》むと。孔子曰く、此れ大人の徳を広めて教えを民に施すを言うなり。夫れ文の交《たくわ》えられ、釆物の畢く存するは、其れ唯だ龍のみか。徳義広大にして、法物の備具するは、〔其れ唯だ〕聖人のみか。龍は野に戦うとは、大人の徳を広めて、下は民に〔接〕するを言うなり。其れ玄黄を血むとは、文を見わすなり。聖人の法教を出だして以て民を導くは、亦た猶お龍の文のごときなり。玄黄〔を血む〕と謂うべし」と、解説を加える。(16)

このように、孔子が『周易』の経文を解説する形の伝が付載される現象は、伝を著作して、『易』を孔子及び儒家と結び付ける営為が、戦国期から着々と進められていたことを示している。帛書『周易』が出土した馬王堆三号漢墓は、前一六八年、前漢文帝の前元十二年の造営と推定されている。そこで帛書が書写された時期は、漢帝国成立後ほどない時期と考えられる。したがって帛書『周易』が付載する伝は、すでに戦国期に著作されていたとしなければならないからである。この点も、儒家が『易』を経典視した時期が、戦国末や秦初を大きく遡る証左となるであろう。

この問題に関しては、もう一つ触れておくべき事柄がある。それは、郭店楚簡や上博楚簡の『緇衣』に、『易』の引用部分が見られない点である。武内説は、儒家と『易』が結合した時期を、荀子以降、戦国最末から秦初に求めたために、『易』を称引する表記・坊記・緇衣三篇の成立時期をも、戦国最末から秦初と推定したわけである。もし竹簡本『緇衣』と同様に、表記・坊記に見られる『易』の引用部分も、後に付加されたものであって、原初のテキストにはなかった可能性を想定した場合、それは何を意味するのであろうか。

上述のように、儒家が『易』を経典視した時期は春秋末から戦国前期初頭と推定されるし、また『易』のテキストも伝世本と大差ない形ですでに存在していた。とすれば、三篇の作者が篇中に『易』を称引しようと思えば、当時それはいくらでも可能だったとしなければならない。したがって、三篇の原初のテキストに『易』が引用されていようといまいと、それが直ちに三篇の成立年代を判定する材料とはならないのである(17)。

また竹簡本『緇衣』に『易』の引用部分が存在しないからと言って、それがテキストの原初形態だとか、戦国当時存在していた唯一の形態だとは必ずしも即断できない。たまたま郭店楚簡や上博楚簡のテキストがそうした形態だったのであって、伝世本と同様の形態のテキストが並行的に流布していた可能性も残るからである。こうした可能性を捨て切れない以上、『易』の称引の有無は、なおさら三篇の成立年代を判定する決め手にはなり難いわけである。

さて郭店楚簡と上博楚簡に『緇衣』が含まれていた以上、表記・坊記の二篇も、春秋末年から戦国前期の成立と考えなければならない。緇衣と表記・坊記の間には時代差を想定すべき格別の差異は存在せず、三篇ともに同一学派の手に成る一連の著作と見なし得るのである。

それでは、残る中庸篇に関してては、どう考えるべきであろうか。武内説は、前半は「中庸」を主題とし、後半は「誠」を主題とするといった内容上の差異を重視して、中庸篇を「中庸本書」と「中庸説」に二分したのであるが、同一篇内で主題が転換するのは、表記・坊記・緇衣三篇にも見られる現象で、それを捉えて、一方を子思ないし門人の時代の著作、もう一方を秦の始皇帝の時代の著作と、大きな時代差を設けるべき必然性は何もない。(18)「中庸本書」（戦国前期）―表記・坊記・緇衣三篇（戦国末・秦初）―「中庸説」（始皇帝の統一後）とする武内説の図式の二番目が、郭店楚簡『緇衣』や上海簡『緇衣』の発見によって、すでに完全に破綻した以上、中庸篇を二分して表記・坊記・緇衣三篇の前と後に配置することは、もはや不可能である。したがって中庸・表記・坊記・緇衣四篇は、春秋末年から戦国前期にかけて同一学派により著作された、一連の文献として取り扱うべきであろう。(19)こうした前提に立つとき、従前の古代中国思想史研究は、いかなる変更を迫られるのであろうか。

四

これまでの古代中国思想史研究では、『易』は戦国最末から秦漢の際にかけて、あるいは漢代に入ってから、初めて儒教の経典中に加えられたと説明され、それが通説ともなってきた。(20)

武内説はこうした立場から、戦国末から秦にかけての時期、儒家、特に子思学派は、道家思想の影響を受けながら、彖伝・象伝・繫辞伝・文言伝等の易伝を著作して、筮占の書だった『易』を儒教の経典に変換する作業を進めたが、その営為を通じて易伝の形而上的思索が形成されるとともに、それまでの儒家が不得意とした形而上的宇宙論が、儒家思想の中に取り入れられたと述べる。すなわち、それまでの儒家は専ら人間社会内部の道徳思想に視野を限定していたのだが、戦国末・秦代に至り、『易』の経典化や道家思想の影響によって、誠を宇宙を貫通する原理とするような、人間道徳を形而上的宇宙論に根拠づける思想を形成するようになったと言うのである(21)。

だが、儒家が『易』を経典視し始めた時期が春秋末ないし戦国前期にまで遡ること、すでに戦国期から儒家が易伝を著作していたこと、中庸・表記・坊記・緇衣四篇の成書年代が春秋末・戦国前期に遡ることなどが明らかになった以上、儒家が形而上的思索を開始した時期についても、当然再考の必要が生じてくる。

郭店楚簡『性自命出』には、以下に示すように、中庸篇と極めて近似した思想が語られる。

（1）凡そ人は性有ると雖も、心は志を奠《さだ》むること亡く、物を待ちて而る後に作《おこ》り、悦を待ちて而る後に行い、習うを待ちて而る後に奠まる。喜・怒・哀・悲の気は性なり。其の外に見わるるに及ぶは、則ち物之を取ればなり。性は命より出で、命は天より降る。道は情に始まり、情は性より生ず。始めは情に近く、終わりは義に近し。〔情を〕知る〔者は能く〕之を出だし、義を知る者は能く之を納む。好悪は性なり。好む所と悪む所は物なり。善と不〔善は義なり〕。善とする所と不善とする所は勢なり。

（2）凡そ物は異ならざる者亡し。剛の樹つは、剛之を取ればなり。柔の約《しなや》かなるは、柔之を取ればなり。四海の内も、其の性は一なり。其の心を用うること各おの異なるは、教え然らしむるなり。

（3）詩・書・礼・楽は、其の始めて出づるは、皆人より生ず。詩は為さんとする有りて之を為り、書は為さんとする有りて之を言い、礼・楽は為さんとする有りて之を挙《おこな》う。聖人は其の類を比べて之を論会し、其の先後を観て之を逆順し、其の義を体して之を節度し、其の情を理めて之を出内し、然る後に覆いて以て教う。

（1）は『性自命出』の冒頭部分である。ここには、「性は命より出で、命は天より降る。道は情に始まり、情は性より生ず」と、天－命－性－情－道との発生順が示される。この順序が、「天の命ずる之を性と謂い、性に率う之を道と謂い、道を脩むる之を教と謂う」とする中庸篇の冒頭部分と酷似することは論を俟たない。

また、天に命ぜられた人間の本性には、喜・怒・哀・悲の気が宿されるが、それが喜・怒・哀・悲の感情として外界に発露するのは、特定の外物に触発された結果だとする性情論は、中庸篇冒頭部分の「喜・怒・哀・楽の未だ発せざるは、之を中と謂い、発して節に中るは、之を和と謂う」と近似した思考である。

次の（2）では、万物がことごとく異なる様相を示すのは、外界に存在する剛や柔といった働きが、個物に内在する剛や柔の性質を選んで引き出すからであり、それと同様に、万物の性は、それぞれの種類ごとに同一なのだが、同類でありながら心の作用が異なるのは、外部から加えられた教導の違いによると説かれる。ここでは剛と柔が、単に個物の属性にとどまらず、天地の間に存在する形而上的原理とされている。

最後の（3）では、聖人は詩・書・礼・楽の内容を分析して性格の異同を照合し、その難易度に応じて踏むべき階梯を設け、そこに込められる正義を自ら体現しつつ、義の実践に際して守るべき節度を定め、そこに込められた感情を自ら統御しつつ、感情を出入させる規範を整えたのち、天下全体をあまねく包摂する形で、教化を開始すると語られる。こうした聖人の教化形態は、「唯だ天下の至誠のみ、能く其の性を尽くすを為す。能く其の性を尽くさば、則ち能く人の性を尽くす。能く人の性を尽くさば、則ち能く物の性を尽くす。能く物の性を尽くさば、則ち以て天地の化育を賛《たす》くべし。以て天地の化育を賛くべくんば、則ち天地と参《まじわ》るべし」とする中庸篇の記述に通ずるものがある。

このように『性自命出』の前半部分は、天命として人間が宿す内なる性、あるときは内にとどまり、あるときは外に発露して、内外双方の性格を合わせ持つ情、外界から働きかけて情を引き出す外在的教化手段といった区分を立て、三者の関係を詳述する。[22] したがって『性自命出』は、先天的性と後天的教化の関係を原理的に考察する原論の性格を帯びている。『性自命出』の成書年代が春秋末か戦国前期まで遡ることは確実であるから、儒家が中庸篇に類する形而上的思索を開始した時期も、当然その時代まで引き上げる必要があろう。

それでは次に、帛書『周易』が付載する易伝を検討してみよう。

（A）天奠地庳、鍵川定矣。庳高已陳、貴賤立矣。勭[牜青]有常、剛柔斷矣。方以類冣、物以羣分、吉凶生〔矣。在天成象〕、在地成刑、〔變〕化見矣。（繫辞）

（B）天尊地卑、乾坤定矣。卑高以陳、貴賤位矣。動靜有常、剛柔斷矣。方以類聚、物以羣分、吉凶生矣。在天成象、在地成形、變化見矣。

（C）犯囘天地之化而不過、曲萬物而不遺、達諸晝夜之道而知。古神无方、易无體。一陰一陽之胃道。係之者善也。成之者生也。（繫辞）

（D）範圍天地之化而不過、曲成萬物而不遺、通乎晝夜之道而知。故神无方、而易无體。一陰一陽之謂道。繼之者善也。成之者性也。

（E）夫子老而好易、居則在席、行則在嚢。子貢曰、夫子它日教此曰、德行亡者、神靈之趨、知謀遠者、卜筮之蘩。賜以此爲然矣。以此言取之、賜緡行之爲也。夫子何以老而好之乎。（要）

（F）故易有天道焉、而不可以日月星辰盡稱也。故爲之以陰陽。有地道焉、不可以水火金土木盡稱也。故律之以柔剛。有人道焉、不可以父子君臣夫婦先後盡稱也。故爲之以上下。有四時之變焉、不可以萬物盡稱也。故爲之以八卦。（要）

（G）易曰、康矦用錫馬番庶、晝日三接。孔子曰、此言聖王之安世者也。（中略）聖人之莅政也、必尊而敬衆、理順五行、天地無菑、民□不傷。甘露時雨聚降、剽風苦雨不至、民也相鴋以壽。（二三子問）

（H）卦曰、履霜。堅冰至。孔子曰、此言天時緍戒葆常也。（中略）德與天道始、必順五行。其孫貴而宗不滅。（二三子問）

先頭の（A）は、帛書『周易』繫辞の冒頭部分であり、（B）は伝世本『周易』繫辞伝の冒頭部分である。（C）も帛書『周易』繫辞の一節で、（D）は伝世本の該当箇所である。比較・対照すれば、両者が同一の文献であることは一目瞭然である。これに限らず、帛書『周易』の繫辞は、現行の繫辞伝と基本的に全く一致する。(23)

武内説は繫辞伝と文言伝は秦代の子思学派の手に成ったとするが、帛書『周易』の発見により、そうした推測はもはや不可能となった。前一六八年造営の馬王堆漢墓から出土した帛書『周易』の書写年代は、高祖・恵帝期と推定される。そのテキストはもとより原著ではあり得ず、原著の成立時期は高祖・恵帝期から数十年ないし百数十年は遡るとしなければならない。(24) したがって帛書易伝の成立時期は、戦国中期（前三四二年〜前二八二年）か戦国後期（前二八一年〜前二二一年）となろう。従来繫辞伝は、『易』の形而上学的思索の精華を示すものとして、その思想史的意義が高く評価されてきた。してみれば儒家は、すでに戦国期から易伝の形而上学的思索を開始していたことになる。

（E）は帛書易伝・要の一節である。それによれば孔子は、晩年に『易』を好み、片時も『易』を手放さなかったという。子貢はそれを批判し、先生が卜筮よりも人間修養が大切だと教えるもんだから、自分もその実践に努めてきたのに、今頃になって『易』を愛好するのは合点が行かないと詰め寄る。

『論語』には、「夫子の性と天道とを言うは、得て聞くべからず」（公冶長篇）とか、「民の義に務め、鬼神を敬して之を遠ざくれば、知と謂うべし」（雍也篇）「子は怪力乱神を語らず」（述而篇）などと、神秘主義を否定するかの孔子の言動が記される。易伝の作者は孔子に聖人の資格を与えるべく、孔子が『易』に精通していて易伝を著作した証拠を捏造せんと、易伝の偽作に励んだ(25)。その際、上記の言動と矛盾する事態を危惧し、「子曰、加我數年、五十以學易、可以無大過矣」（『論語』述而篇）との孔子の言を奇貨として、（E）のような話を作り、矛盾ではないことを孔子の口を借りて釈明せんとしたのであろう(26)。

続く（F）（G）（H）にも、孔子が日月星辰から成る天道に陰陽概念を、水火金土木から成る地道に剛柔概念を導入したとか、孔子が「理むるに五行に順いて、天地に畜無し」とか「徳は天道と始め、必ず五行に順う」とする天人相関思想を説いたとする記述が見られる。我々はこれらの記述によって、すでに戦国期から、儒家の一部が孔子を神秘主義的天人相関論者に仕立て上げ、人間道徳と形而上的宇宙論を結合する思索を積み重ねていた事実を知るのである(27)。

その際、儒家が完全に独力でそれを実行したとは考え難く、従来から指摘されてきたように、道家思想を始めとした他学派の影響が存在したであろう。これまでは道家思想の発生時期自体を新しく見る傾向が強かったため、儒家が道家の影響を受けながら易伝を著作した時期をも、戦国末や秦代と考えてきたのである。だが戦国楚簡の発見によって、道家思想の発生時期そのものも、大幅に引き上げられる可能性が出てきた。

郭店楚簡には三種の『老子』抄本があって、『老子』の成立時期が戦国初頭ないし春秋末まで遡ることが確実となった。さらに郭店楚簡『太一生水』の発見は、これまで我々が知らなかった道家思想が存在していたことを明らかにしたのである(28)。また郭店楚簡の『語叢』には、「凡そ物は亡（無）より生ず」「天道を察して、以て民の気を化す」「物として物とせざること亡ければ、皆焉に至る。而して己の之を取る者に非ざる亡し」（『語叢』一）とか、「華《さか》ゆるは自ら晏《やすん》ずればなり。賊《そこな》わるるは人を退くればなり」「名は婁《むな》しけれども、由りて則ち玄生ず」（『語叢』二）、「天型成りて、人と物は斯ち理あり」（『語叢』三）などと、道家思想と思われる文章も散見する。

こうした状況から考えると、それぞれに来歴を異にしながらも、後に道家と総称されるような思想が、春秋末から戦国初頭にかけてすでに存在し、その一部は孔子に先行していた可能性も否定はできない。したがって儒家が戦国前期から戦国中期にかけて、道家の影響を受けながら易伝を著作することは、充分可能だったと見るべきであろう(29)。

卦画・卦名・卦辞・爻辞などの『周易』の基本構造が確立した時期も、道家思想の発生時期も、儒家が『易』を経典視し始めた時期も、儒家が易伝を著作した時期も、そして中庸・表記・坊記・緇衣四篇の成書年代も、相次ぐ戦国楚簡の発見により、大幅に引き上げられる状況となってきている(30)。我々は今日、従前の通説の枠組みに囚われることなく、これまでの方法論に反省を加え、古代中国思想史を再構築すべき段階を迎えていると言えよう。

注

（1）発掘調査の結果は、湖北省荊門市博物館「荊門郭店一号楚墓」（『文物』一九九七年第七期）に報告されている。その中では造営時期を「公元前四世紀中期至前三世紀初」とするが、崔仁義「荊門楚墓出土的竹簡《老子》初探」（『荊門社会科学』一九九七年第五期）は、包山楚墓（前三一六年下葬）より出土した副葬品との比較から、「公元前三〇〇年」とする。

（2）以下郭店楚簡の引用は、荊門市博物館『郭店楚墓竹簡』（文物出版社・一九九八年）が収める裘錫圭氏の釈文によるが、異体字の類はできる限り通行の字体に改めた。また私見により裘錫圭氏の釈文を改めた箇所があるが、紙数の都合により逐一の注記を省いた。

（3）筆者は科学研究費による調査のため、二〇〇一年八月二十日に、福田哲之（島根大学助教授）、渡邊英幸・福田一也・久保由布子（東北大学院生）の諸氏とともに、上海博物館を訪れ、前館長の馬承源氏や、濮茅左・陳佩芬・姚俊諸氏と懇談し、上博楚簡について多くの情報提供を受けた。また博物館側の好意により、緇衣・孔子詩論・性情論三篇の竹簡の実物を見る機会を得た。
（4）池田知久「出土資料による中國古代研究の勧め」（池田知久監修『郭店楚簡の研究』（三）大東文化大学郭店楚簡研究班編・二〇〇一年）は、「郭店楚墓竹簡『緇衣』が出土したからといって、その時代にすでに『禮記』緇衣篇とほぼ同じテキストが成書されていたとか、まして前漢時代後期の戴聖の編纂したと言われる四十九篇本『禮記』の原型がすでにほぼ完成していたとか、と認めることは到底できない」と述べる。「まして」以下は言わずもがなであるが、郭店楚簡『緇衣』を『礼記』緇衣篇とほぼ同じテキストとは見なせないとするのは、常識では到底理解できない意味不明の珍説である。
（5）武内義雄『易と中庸の研究』（岩波書店・一九四三年）第二章。
（6）武内義雄『中国思想史』（岩波書店・一九五三年）第十章。
（7）前掲の郭店楚簡『緇衣』の冒頭が「夫子曰」で始まり、上海簡『緇衣』の冒頭も同様であったと考えられることも、その証左となろう。
（8）馮友蘭『中国哲学史』（商務印書館・一九三四年）第一篇・第十四章、重沢俊郎『原始儒家思想と経学』（岩波書店・一九四七年）第一部、金谷治『秦漢思想史研究』（日本学術振興会・一九六〇年、平楽寺書店・一九八一年）第四章、島森哲男「『中庸』篇の構成とその思想」（『集刊東洋学』第32号）なども、これと同様の立場を取る。
（9）赤塚忠「中庸解説」（『新釈漢文大系大学・中庸』明治書院・一九六七年所収）。
（10）津田左右吉『道家の思想と其の展開』（岩波書店・一九三九年）第五篇、及び「漢儒の述作のしかた―礼記諸篇の解剖―」（『津田左右吉全集』第十八巻所収）。また板野長八「中庸篇の成り立ち」（『広島大学文学部紀要』第22巻2号、後に『儒教成立史の研究』岩波書店・一九九五年に収録）も、立論の仕方は異なるが、やはり中庸篇を前漢武帝期の成立とする。
（11）現行本『周易』では「則利有攸往」であるが、坊記篇の引用では「凶」となっている。因みに馬王堆漢墓出土の帛書『周易』では「利〔有攸〕往」。
（12）『語叢』の成書年代については、本書の第二部・第十章参照。

（13）この点の詳細については、拙稿「戦国楚簡『周易』について」（『中国研究集刊』第29号・二〇〇一年）参照。

（14）平勢隆郎『左傳の史料批判的研究』（東京大学東洋文化研究所、汲古書院・一九九八年）は、『周易』の体系構築は戦国後期以後に進んだと述べる。近藤浩之「從出土資料看〈周易〉的形成」（漢城'98国際周易学術会議論文集『21世紀與周易』・一九九八年）も、戦国中期以前にはまだ卦名が存在していなかったとする。これに対して廖名春「上海博物館藏楚簡『周易』管窺」（『新出楚簡試論』台湾古籍出版公司・二〇〇一年）は、上博楚簡『周易』の発見によって、そうした見方が全く不可能になったことを指摘している。さらに近藤浩之「包山楚簡卜筮祭禱記録與郭店楚簡中的《易》」（武漢大学中国文化研究院編『《人文論叢》特集　郭店楚簡国際学術研討会論文集』湖北人民出版社・二〇〇〇年）は、『周易』の卦辞や爻辞が定型化したのは戦国中期末以降ではないかとする。だがこれも、上博楚簡『周易』の発見によって、決して成り立たないことが明白となった。なお曹峰「上海博物館展示の楚簡について」（『郭店楚簡の思想史的研究』第二巻・東京大学郭店楚簡研究会編・一九九九年）は、近藤説を援引しつつ、「郭店楚簡が作成された時代においては、「易」はすでに詩・書・禮・樂・春秋と並べられるほどの地位にあったということが分かる。しかし、この「易」は必ずしも上博簡のように卦辞爻辞が整っている「易」であるとは言えない」と述べる。だが、なぜそうした判断が導き出されるのか、その理由は一言も示されておらず、全体として意味不明である。

（15）この点に関しては張立文『周易帛書今注今譯』（台湾学生書局・一九九二年）参照。

（16）以下、帛書易伝の引用は、廖名春『帛書《易伝》初探』文史哲出版社・一九九九年）によるが、私見により文字を改めた箇所がある。

（17）近藤浩之「包山楚簡卜筮祭禱記録與郭店楚簡中的《易》」は、郭店楚簡『緇衣』に『易』の引用部分が存在しない現象に対し、戦国中期末以前にはまだ卦辞や爻辞が定型化していなかった証拠とする。

（18）武内説は、表記・坊記・緇衣三篇がしばしば賞罰に言及するのは法家の影響だとして、それを三篇が韓非子以後、戦国末から秦初の成立である論拠の一つに挙げる。しかしながら、郭店楚簡には「未だ賞せずして民勧むは、福を含むる者なればなり。未だ刑せずして民畏るるは、心に畏れらるること有る者なればなり」（『性自命出』）とか、「賞と刑とは、禍福の基にして、之を前むること或る者なり」（『尊徳義』）と、賞罰への言及が見られるから、それが戦国末から秦初の時代を指示する証拠にはならない。また武内説は、中庸篇に「今天下、車同軌、書同文、行同倫」とあるのを、始皇帝の文字統一と結び付け、「中庸説」が始皇帝の統一後の著作である論拠としている。だが「書同文」は孔子の発言とされる箇所に出てくるのであるから、周の宣王時の太史籀による文字統一を指すと考えるのが妥当である。なお中庸篇の著作意図については、拙著『孔子神話』（岩波書店・一九九七年）第三章参照。

（19）上博楚簡の中には、現行本で言えば、『礼記』緇衣篇・孔子間居篇、『大戴礼記』武王践阼篇・曾子立孝篇が含まれている。現行の『礼記』と『大戴礼記』は、『漢書』芸文志が記す「記百三十一篇」を共通の源とする。この中、四篇が戦国期の墓から出土したことから、「記百三十一篇」全体が先秦の著作である可能性が高い。

（20）平岡武夫『経書の成立』（全國書房・一九四六年、創文社・一九八三年再刊）、武内義雄『中国思想史』、津田左右吉『左傳の思想史的研究』（東洋文庫・一九三五年）第八章など。

（21）前掲『中国思想史』。また金谷治『秦漢思想史研究』も同様の見解を詳説する。

（22）郭店楚簡『性自命出』とほぼ重なる文献が上博楚簡の中にも含まれるが、上海博物館は『性情論』と命名している。

（23）比較・対照の便を図って、（A）（C）は帛書の文字のままとしたが、（E）（F）（G）（H）については、理解の便を図って通行の字体に改めた。

（24）馬王堆漢墓出土の帛書『五行篇』については、『荀子』の影響があるなどと指摘して、漢初とか秦の成立とする説が盛んに唱えられた。だが郭店楚墓から『五行篇』が出土したことにより、成立年代はそうした説よりも一挙に百年以上遡ることとなった。なお帛書『五行篇』の成書年代に関しては、拙著『黄老道の成立と展開』（創文社・一九九二年）参照。

（25）この点に関しては、拙著『孔子神話』第五章参照。

（26）述而篇の孔子の言を「加我數年、五十以學、亦可以無大過矣」に作るテキストがあり、その方がよいとする議論があるが、帛書要篇の記述から判断するに、テキストの優劣とは別に、「五十にして以て易を学べば、以て大過無かるべし」に作るテキストに拠って、孔子が晩年に『易』を学んだとする理解が儒家に存在したことは確実であろう。「孔子晩而喜易、序繋彖象説卦文言」（『史記』孔子世家）との記述も、その延長線上にある。

（27）儒教に天人相関思想を導入したのは前漢の董仲舒だとされることが多いが、こうした見方も根本的に見直す必要があろう。

（28）この点については、本書の第二部・第十一章参照。

（29）王弼本『老子』第十九章には「絶聖棄智、民利百倍、絶仁棄義、民復孝慈、絶巧棄利、盗賊無有」とあって、儒家に対する批判と解釈されてきた。しかし郭店楚簡『老子』（甲本）では「絶智棄辯、民利百伓、絶巧棄利、盗賊无有、絶僞棄慮、民復孝子」とあって、儒家批判と解釈されるような要素は存在しない。『荘子』外雑篇には、『性自命出』に類する性命論に関して激しい儒家批判が見られるが、それ以前には、儒家と道家の関係は親和的だった可能性もある。

（30）坊記篇には「春秋は楚越の王の喪を称せず」とか「魯の春秋に猶お夫人の姓を去りて呉と曰い、其の死に孟子卒すと曰う」と、孔子が『春秋』を援引する形の文章が含まれる。坊記篇の成書年代が春秋末から戦国前期に引き上げられれば、『春秋』の成書年代も当然それ以前に遡ることになる。

第三章　『窮達以時』の「天人の分」について

浅野裕一

一

一九九三年秋十月、湖北省荊門市郭店の一号楚墓より八〇〇余枚の竹簡が出土し、その中の七三〇枚に文字が記されていた。郭店一号楚墓は春秋・戦国期の楚の国都・郢（紀南城）の近郊に位置する楚の貴族の墓陵地の中にあり、竹簡が記す文字は、いわゆる先秦の古文に属する楚系文字である。副葬品の中に墓主や下葬年代を特定する手掛かりは発見できなかったが、副葬品の様式変化による編年から、中国の研究者はその造営時期を戦国中期（前三四二～前二八二年）の後半、前三〇〇年頃と推定している。(1) 副葬品の中には「東宮之師」と刻む耳杯があり、この点から墓主は楚の太子の教育係だったと考えられている。また副葬品中には君主が高齢者に下賜する鳩杖二本も含まれていた。そこで墓主は七十歳を超す高齢だったと推測されている。(2)

出土した楚簡は荊州市博物館や荊門市博物館の研究者の手によって解読・整理され、写真と釈文を収めた『郭店楚墓竹簡』が一九九八年五月に文物出版社から刊行された。それによれば竹簡は、竹簡の形状や書体の差異、及び内容などから、次の十六種の文献に整理されている。

①『老子』甲・乙・丙　②『太一生水』　③『緇衣』　④『魯穆公問子思』　⑤『窮達以時』　⑥『五行』　⑦『唐虞之道』　⑧『忠信之道』　⑨『成之聞之』　⑩『尊徳義』⑪『性自命出』　⑫『六徳』　⑬『語叢』一　⑭『語叢』二　⑮『語叢』三　⑯『語叢』四

この中、①と②は道家系統の著作、③から⑫の十篇は儒家系統の著作、⑬から⑯は楚の東宮の師だった墓主が太子の教育用に編集した格言集と考えられる。また①の『老子』甲・乙・丙は、三種類の抄本だと思われる。

本章では、これら郭店楚簡の中、特に『窮達以時』を取り上げて、そこに見える「天人之分」の性格を検討することにしたい。

二

『窮達以時』には、「天有り人有り。天と人には分有り。天人の分に察らかなれば、而ち行うべきを知る」と、「天人之分」の思想が説かれる。(3) 従来「天人之分」の思想は、戦国後期（前二八一～前二二一年）に「天人の分に明らかなれば、則ち至人と謂うべし」（『荀子』天論篇）と主張した荀子の独創と考えられてきた。しかるに今回、前三〇〇年頃の造営と推定される郭店一号楚墓から『窮達以時』が発見されたため、これまでの思想史の常識は覆され、荀子以前にすでに「天人之分」の思想が存在していたことが判明したのである。

もっとも池田知久氏のように、依然として「天人之分」を荀子の創見と見なし、『窮達以時』の側が『荀子』天論篇から影響を受けたのだと考える立場も存在している。(4) 両者の先後関係は、思想史上等閑視することのできない問題なので、本節ではまずこの点について考察してみよう。

郭店一号楚墓が位置する楚の墓陵地に関しては、『史記』に次のような記載がある。

　其明年攻楚、抜郢、焼夷陵。遂東至竟陵。楚王亡去郢、東走徙陳。秦以郢爲南郡。（『史記』白起王翦列伝）

中国の研究者はこの『史記』の記述を踏まえ、前二七八年、秦の将軍・白起が楚都・郢（紀南城）を占領した時点で、楚の貴族集団は紀南城を放棄して東北の陳に遷都し、紀南城周辺の墓陵地もまた放棄されて、以後この地に貴族の墓が造営されることはなかったとする。(5) こうした歴史的経緯を踏まえるならば、一号楚墓の造営時期の下限は前二七八年であり、下葬時期をそれ以降に引き下げることは、物理的に全く不可能となる。

池田氏も当然この点を踏まえつつ、下葬時期を「紀元前二七八年に最も近いところまで降る年代がよいのではないか」と述べる。ところが池田氏はその一方で、「最も近いところ」の後に、（あるいはさらに後）なる一文を挿入している。

池田氏が造営時期を前三〇〇年頃に比定する中国の考古学者の見解を否定して、前二七八年直前まで引き下げようとするのは、楚墓の造営が可能な範囲内で、できる限り遅い時期を選択しようとする思考である。だが一方の（あるいはさらに後）とする推理の場合は、楚墓の造営が可能か否かとの判断基準はすでに取り払われている。同一の墓の造営時期を推理するに当たり、一方では物理的に可能な範囲内で選択するとの基準を用いながら、他方ではその基準を全く度外視する判断を示し、その双方がどちらも成立可能であるかのように論述するのでは、ダブルスタンダードによる自家撞着を免れないであろう。しかも後者の判断では、どこまで引き下げられるのか皆目不明の底無しとなる。

それでは池田氏は、なぜこのような無理な推論を下すのであろうか。その理由は、「天人之分」を説く『荀子』天論篇や、「性偽之分」を説く『荀子』性悪篇の側が、『窮達以時』に影響を与えたとする結論を維持するため、『窮達以時』の成立時期を『荀子』天論篇・性悪篇の成立時期より後に引き下げる必要が生じたからである。

そのため氏は、荀子の伝記に関する内山俊彦氏と銭穆氏の考証を紹介した上、前三一四年頃趙に生まれ、前二六五年頃五十歳で稷下に行き、前二三三年頃楚の蘭陵で没したとする内山氏の編年を採用した場合は不可能になるが、銭穆氏の編年を採用すれば、荀子が先で『窮達以時』が後との先後関係はなお維持できると主張する。はたしてそうであろうか。

上述のように、一号楚墓の造営時期を前二七八年以降に引き下げることは物理的に不可能であるから、ぎりぎりまで引き下げようとすれば、前二八〇年あたりがその限界となろう。そして東宮の師であり、かつ七十歳を超す高齢だった墓主が、生前のある時期『窮達以時』を入手してから下葬されるまでには、少なく見積もっても三十年程度の期間は存在したであろう。とすれば、副葬品として出土した『窮達以時』の竹簡は、前三一〇年頃にはすでに書写されていた可能性が高くなる。もとよりそれは、転写を重ねた多くの写本の中の一本であって、原著ではないから、原著の成立は前三一〇年頃をさらに遡るとしなければならない。仮にそれに要する期間をできるだけ短く見積もり、十年と想定した場合、原著の成立時期は前三二〇年頃となる。それに『荀子』天論篇・性悪篇が影響を与えたとすれば、両篇の成立はさらに最低でも十年は遡るであろう。

さて銭穆氏が『先秦諸子繫年』で行った考証によれば、荀子は前三四〇年頃に趙に生まれ、前三二六年頃に十五歳で斉の稷下に行き、前二四七年ないし前二四五年に九十歳を超す老齢で没したという。この銭穆氏の編年と上記の推定を組み合わせると、荀子は斉の稷下を訪れる以前、十歳前後で天論篇や性悪篇を著述したことになる。これは到底あり得ないことであろう。銭穆説に従えば、前三〇〇年頃に荀子は四十歳だったことになる。荀子が天論篇や性悪篇を著述したのがその頃だったと仮定すれば、郭店一号墓の造営がぎりぎり可能な前二八〇年までは約二十年となる。この間に、荀子が斉の稷下で天論篇や性悪篇を著述し、それが写本によって流布し、その影響を受けて『窮達以時』が著作され、それがまた写本によって流布し、楚人であった墓主が生前その一本を入手し、のちに郭店一号墓に下葬されるといった事柄が生じたとするのは、慌ただしすぎて不自然であろう。

このように、郭店一号楚墓の造営時期を限度一杯まで引き下げるとともに、荀子の活動時期を最も早い時期に措定する銭穆説を採用した場合ですら、『荀子』天論篇・性悪篇が先で『窮達以時』が後だとする先後関係を維持することは、ほとんど不可能なのである。(6)

そのために池田氏は、（あるいはさらに後）とつけ加えざるを得なかったのであろう。だが前二七八年に白起が郢を抜いて、楚の先王が葬られる夷陵を焼き払い、秦がこの地域一帯を南郡として支配した後に、なおこの墓陵地に楚墓が造営されることが、いかにして可能なのかの説明は、一切加えられていない。

中国の考古学者が一号楚墓の造営時期を前三〇〇年頃と推定したのは、副葬品から前三一六年の造営であると確認された包山二号墓を含め、周辺の多くの楚墓から出土した副葬品の分析結果から得られた編年に基づく。こうした豊富な資料を用いた考古学的編年に基づく年代比定は、ほぼ動かないと見るべきであろう。

この前三〇〇年説に依拠して考えると、墓主が七十歳を超す高齢だったと推定される以上、墓主が『窮達以時』の竹簡を入手した時期は、前三〇〇年を数十年は遡ると見なければならない。仮に三十年遡らせて前三三〇年頃とすれば、原著の成立は当然それをさらに遡る。一般に原著が成立した後、転写を重ねて写本が流布するまでには、相当の期間を見込まなければならぬから、その幅をどんなに短く想定しても、十年か二十年は遡らせる必要があろう。このように推理すると、『窮達以時』の成立時期は、戦国中期（前三四二〜前二八二年）の初めか、戦国前期（前四〇三〜前三四三年）と考えるのが妥当なところであろう。ただし幅の取り方によっては、春秋最末まで遡る可能性も否定はできない。

三

以上の考察から、筆者は『窮達以時』を荀子に先行する著作と見なすべきだと考える。それでは、『窮達以時』に説かれる「天人之分」の思想は、どのような性格を示すであろうか。『窮達以時』の冒頭は、次のような記述で始まる。

天有り人有り。天と人には分有り。天人の分に察らかなれば、而ち行うべきを知る。其の人有るも、其の世亡ければ、賢と雖も行われず。苟も其の世有らば、何の難きこと之れ有らんや。

前段では、この世界には天と人が存在するが、天と人の間には領域の区分が存在する、その区分を明察してこそ、はじめて人として何を為すべきかが自覚できると語られる。それでは天と人の区分とは、具体的には何を指すのであろうか。その答えは後段に示される。後段では、たとえ賢者がいても、時代に遇わなければ埋もれたままに終わる、時世にさえ恵まれれば、賢者が才能を発揮するのに何の困難もないのだと語られる。

したがって『窮達以時』が言う「人」とは、もとより最終的には人間一般にまで拡大解釈できる余地を残すとしても、少なくもここでは、もっぱら卓越した才能を秘める賢者の意味で使用されていることが判る。一方の「天」が、後段の「世」と深く関わることは明白であろう。そして「世」は、賢者が活躍できる時代・時世・時勢の意味で用いられている。

それでは「天」と「世」とはどのように関わるのであろうか。それを考えるには、『窮達以時』が登場させる歴史上の人物の扱われ方を見る必要がある。

舜は歴山に耕し、河の固《ほとり》に陶拍するも、立ちて天子と為りしは、堯に遇えばなり。邵繇《しょうよう》は胎蓋《たいこう》を衣て、経冢巾《てつぼうきん》を冒《かぶ》り、版築を択《と》るも、天子を佐くるは、武丁に遇えばなり。呂望は棘津に臧と為り、監門と棘の地に戦い、行年七十にして牛を朝歌に屠るも、挙げられて天子の師と為りしは、周文に遇えばなり。管夷吾は拘徭・束縛せられ、杙鋸《よくきょ》を択るも、諸侯の相と為りしは、斉桓に遇えばなり。百里奚は五羊を鬻《おく》りて、伯の為に牛を牧い、板磬《ばんけい》を択るも、朝卿と為りしは、秦穆に遇えばなり。孫叔は三たび邱思《こうし》の少司馬を斥けらるるも、出でて令尹と為りしは、楚荘に遇えばなり。

このように『窮達以時』は、「苟も其の世有らば、何の難きこと之れ有らんや」の側に該当する実例として、（1）舜が堯に登用された例、（2）邵繇が武丁に登用された例、（3）呂尚が周の文王に登用された例、（4）管仲が斉の桓公に登用された例、（5）百里奚が秦の穆公に登用された例、（6）孫叔敖が楚の荘王に登用された例などを列挙する。

その上で作者は、後文において「遇と不遇とは天なり」との総括を提示する。したがって、賢者が君主に秘めたる才能を見出だされて抜擢・登用され、政界で存分に活躍できる時世に遭遇するか否かを決定するのが、「天」だったのである。すなわち『窮達以時』の「人」「世」「天」の間には、「人（賢者）が世（時世）に遇うか否かは天（天命）次第である」との関係が成り立っていたわけである。

それでは、賢者がこうした形態での「天人之分」を明察すれば、そこからはいかなる当為が導き出されてくるのであろうか。その解答を提示する前に、作者はまず遇・不遇と才能の関係について、次のように述べる。

初め沿《かん》酭《ゆう》して、後に名揚がるも、其の徳加わるには非ず。子胥は前に功多くして、後に戮死するも、其の智衰うるには非ざるなり。驥は張山に阨せられ、騹《き》は邵棘に塞がるるも、体状亡きには非ざるなり。四海を窮め千里を致すは、造父に遇うが故なり。

先に挙げた六人の賢者は、不遇だった前半生と抜擢・登用されて活躍した後半生との間で、徳が増加したわけではない。伍子胥は呉王・闔廬に登用されて幾多の功績を上げた後、呉王・夫差によって刑戮されたが、その間に彼の智謀が衰退したわけではない。驥や騹は、深い山奥にくすぶっていた時期から、すでに名馬の形状は備わっていたのだが、造父に才能を見出だされて、はじめて日に千里を駆ける名馬となれたのである。

このように作者は、遇・不遇の如何によらず、本人に備わる能力は、終始不変であることを強調する。しからば能力が一定不変であるにもかかわらず、天が決める遇・不遇により、栄達したり困窮したりの落差が生ずるとすれば、才能を秘める賢者は、いかに世に処すればよいのであろうか。作者はいよいよ解答を提示する。

遇と不遇とは天なり。動くは達せんが為にするには非ざるなり。故に窮するも困しまず。学ぶは名の為にするには非ざるなり。故に之を智るもの莫きも、哭《なげ》かず。夫れ芝蘭は深山に生ずるも、人の嗅ぐこと無ければ芳《かお》らずとは為さず。

賢者の遇・不遇は天の領域に属する事柄であって、そこに人為は及ばない。逆に賢者の才能は、人の領域に属する事柄であって、天が決める遇・不遇に左右されて増減したりはしない。それにもともと賢者の行動や修養は、栄達や名声のための功利的動機から為されるのではない。とすれば、いかに天が不遇な運命を下そうとも、天は天、人は人なのだから、天命を怨んだり嘆いたりする必要はなく、人の領域で為し得る修養に邁進すべきだ。これが作者の提示する結論で、「天人の分に察らかなれば、而ち行うべきを知る」とは、こうした自覚を指していたのである。

作者は後文においても、これと同様の結論をくり返す。この箇所は竹簡が欠損していて文意が繋がらない部分もあるが、以下に解読可能な範囲で示してみる。

善否は己よりす。窮達は時を以てするも、徳行は一なり。誉毀は旁に在らば、弋《くらき》に之くに聴《したが》い、白《あかるき》に之くこと毋くして、釐《あらた》めず。

善・不善を判断する価値基準は、外部にではなく、自分自身の中にある。窮するか達するかは、天の時に左右される。だが自分の徳行は、窮しようが達しようが、それには影響されずに常に同一である。それに外部から加えられる毀誉褒貶などは、もともと自分の目標ではないから、謗られて退けられてもそれを甘んじて受けるべきで、褒められて栄達する道を目指したりすべきではなく、決して己の節を曲げないのである。

窮達は時を以てするも、幽明は才ならず。故に君子は己に反るに惇《あつ》し。

窮するか達するかは、天の時に左右される。だが罷免されようが昇進しようが、それは自分の才能が増減したせいではない。そうであれば君子は、外部から加わる毀誉褒貶、外部から強いられる出処進退など気にとめず、自己の内面的修養に意識を集中させることにこそ、熱情を傾けるのである。ここでは「天人の分に察らか」にして「行うべきを知る」人物が君子と表現されており、『窮達以時』に登場する「人」が人間一般を指すのではなく、卓越した才能を秘めながら不遇に自得する特別な賢者を指すことが、改めて確認できる。

四

『窮達以時』が説く「天人之分」の思想とは、このようなものであった。もとより『窮達以時』の作者は、何かに対するアンチテーゼとしてこうした思想を強調したのだから、これが何を否定しようとしているのか、その否定対象を明確にすることによって、その性格はより一層鮮明になる。

『窮達以時』の否定対象を明示するのは、内容的に『窮達以時』と強い共通性を示す既存の文献である。『荀子』宥坐篇・『韓詩外伝』巻七・『説苑』雑言篇・『孔子家語』在厄篇などには、『窮達以時』とほぼ同様の内容が、子路に対する孔子の発言として記される。(7) これらの文献では、孔子が陳蔡の間に困窮した場面が設定されており、久しく徳義・善行を積んできたはずなのに、なぜこんな窮地に陥るのかと孔子をなじる子路の発言の中に、問題の否定対象が姿を現わしている。

それは、「善を為す者は、天之に報ゆるに福を以てし、不善を為す者は、天之に報ゆるに禍を以てす」（『荀子』『韓詩外伝』『孔子家語』）とか、「凡そ人の善を為す者は、天報ゆるに福を以てし、不善を為す者は、天報ゆるに禍を以てす」（『説苑』）といった格言である。この格言は、天は人間の行為の善・不善に応じて福と禍を下すとの因果律を語る。これに類する格言は『国語』や『老子』にも見えるから、この種の格言は『窮達以時』成立以前から世間に広く流布していたと考えられる(8)。したがって『窮達以時』の「天人之分」は、この格言に代表されるような天人相関思想への反論として形成されたと考えられる。

それではなぜ『窮達以時』の作者は、この種の格言に反論を加える必要性を感じたのであろうか。その動機は、前掲の諸書の場面設定が示唆するように、不遇に終わった孔子の人生を弁護せんとする点にあったと考えられる。

孔子はどこかの君主に抜擢・登用され、政界で活躍する日を夢見ていた。だが一介の匹夫にすぎぬ孔子に政治を任せる君主などいようはずもなく、待てど暮らせど願望はかなえられない。しびれを切らした孔子は魯に見切りをつけ、五十六歳にもなってから、門人を引き連れて国外に出る。もとより自分を登用する君主を探す就職活動の旅であった。前四九七年から前四八四年までの十四年間、孔子は諸国を流浪しながら七十余君に登用を求めたが、結果はことごとく惨めな失敗であった。夢やぶれた孔子は、六十九歳の老齢で空しく魯に舞い戻り、五年後の前四七九年、七十四歳でこの世を去る。

もし人の行為の善・不善に対応して天が禍福を下すとの因果律を肯定し、そうした形での天人相関思想を是認するならば、失敗続きの孔子の人生は、不善を為したせいで天から禍を下された人生としてしか、総括できなくなる。実際『荘子』漁父篇や『墨子』非儒篇には、孔子の人生の失敗を孔子の心がけの悪さと結びつけて揶揄する論調が見える。

そこで孔子の後学には、人の行為の善・不善と天が決定する人生の遇・不遇との間には、何の因果関係も存在しないと反論して、天の領域と人の領域を分断し、前記の格言に象徴される天人相関思想を拒否し、不遇の人生も孔子の徳行の偉大さを否定する論拠にはならぬとして、孔子の人生を弁護する必要が生じたのである。このように考えるならば、『窮達以時』の「人」が、才能を秘める賢者や不遇に自得する君子を指していたり、「天」をもっぱら時世の意味で使用して、君主に登用されるか否かの一点のみを媒介項に天と人の関係を論じたりする現象も、当然のこととして理解できるであろう。

五

『窮達以時』は孔子の人生を弁護せんとする意図から「天人之分」を説き、天の領域は天に委ね、人は人の領域に専念せよとの結論を提示した。それでは、同じく孔子の不遇な人生を下敷きに編述された『中庸』の場合[9]、天と人の関係はどのように考えられているであろうか。

「下位に在りて上に獲られざれば、民は得て治むべからず」（第二十章）と、いかに君子が卓越した才能を秘め、政界に地位を得て為政に参画したいと願っても、自己の才能を見出して抜擢・登用してくれる君主にめぐり遇わなければ、為政の才能を発揮することはできない。しからば君子は、不遇なる人生にどのように対処すればよいのであろうか。

世の中には不遇に耐えかね、「小人は険を行いて以て幸を徼《もと》む」（第十四章）と、危険な賭けに出て一発逆転の僥倖を狙う者もいる。だが『中庸』は、それを小人の処世として退ける。

「君子は其の位に素して行い、其の外を願わず」「貧賤に素しては貧賤を行う」「患難に素しては患難を行う。君子は入るとして自得せざるは無し」（第十四章）とか、「下位に在りては上を援《ひ》かず。己を正して人に求めざれば、則ち怨み無し。上は天を怨まず、下は人を尤《とが》めず」（同）などと語られるように、自分の不幸は天や他人のせいだと責任転嫁したりせず、逆境に自得する態度こそ、君子が取るべき処世なのである。

さらに『中庸』は「己を正して人に求め」ざる方法として、「射は君子に似たる有り。諸を正鵠に失わば、反りて諸を其の身に求む」（第十四章）と、「反求」を提示する。すなわち不遇の原因を外界ではなくわが身に求め、ひたすら自己の修養に励むべきだと説くのである。ここまでは『中庸』も、「故に君子は己に反るに惇し」とする『窮達以時』と、極めてよく似た構図を示している。

ところが『中庸』はその一方で、「大徳あれば必ず其の位を得る」「天の物を生ずるや、必ず其の材に因りて焉《これ》を篤くす」「大徳ある者は必ず受命す」（第十七章）と、有徳の君子は必ず天の加護を受け、受命して天子になるとの因果律をも導き出す。つまり『中庸』においては、「善を為す者は、天之に報ゆるに福を以てす」（『荀子』宥坐篇）との格言に類する天人相関思想が、強固に維持され肯定されているのである。

その上で『中庸』は、「是の故に君子は、動きて世〻天下の道と為り、行いて世〻天下の法と為り、言いて世〻天下の則と為る」（第二十九章）とか、「唯だ天下の至聖のみ、能く聡明睿知にして、以て臨むこと有るに足る」（第三十一章）と、歴史的現実としては不遇のままに終わったかに見える君子も、実は彼の行動や言辞がそのまま永遠の道標・法則となる形で、天下に君臨しているのだと語る。

このように『中庸』は、「天を怨まず、人を尤めず、下学して上達す。我を知る者は其れ天か」（『論語』憲問篇）との路線を採用し、不遇に自得する君子、すなわち孔子は、最後には天の加護を受け、無冠の王者として天下に君臨したと主張した。孔子の失敗の人生は、歴史的現実としては何人も否定しようがなく、「善を為す者は、天之に報ゆるに福を以てし、不善を為す者は、天之に報ゆるに禍を以てす」といった因果律を孔子の人生に適用し、歴史的現実の中にそれを貫徹させることは、全く不可能である。そこで『中庸』は、観念の中に歴史的現実を超越し、背面世界で孔子を天の高みへと上昇させたわけである。

したがってそこでは、「己を正して人に求めず」とか、「反りて諸を其の身に求む」といった不遇への対処法、不遇の下における当為と努力も、最終的に天へと上昇するための準備段階と位置づけられる。換言すれば、天に真価を認知されて「上達」するための「下学」だったのである。例の格言に象徴されるような因果律を肯定する一方で、なお孔子の失敗の人生を救済せんとすれば、こうした解決策が発案されるのは、当然の結果だとも言えよう。

詳述は避けるが、『孟子』も基本的には『中庸』と同じ立場を取る。『孟子』は不遇における当為を次のように記す。

孟子曰く、舜は畎畝の中より発ち、傅説は版築の間より挙げられ、膠鬲は魚塩の中より挙げられ、管夷吾は士より挙げられ、孫叔敖は海より挙げられ、百里奚は市より挙げらる。故に天の将に大任を是の人に降さんとするや、必ず先ず其の心志を苦しめ、其の筋骨を労せしめ、其の体膚を餓えしめ、其の身行を空乏せしめ、其の為さんとする所を払乱せしむ。心を動かし性を忍ばせ、其の能くせざる所を曾益せしむる所以なり。（『孟子』告子下篇）

孟子は『窮達以時』と同様に、舜・傅説（郘繇）・膠鬲・管仲・孫叔敖・百里奚などが、君主に才能を見出だされて抜擢・登用され、不遇を脱した実例を列挙する。そして彼らの前半生における不遇を、「其の能くせざる所を曾益せしめん」とする意図から、天が与えた試練と解釈する。したがって、天が与えた不遇を耐え忍んで修養に励めば、必ずや将来、そこから天への通路が開け、「天は将に大任を是の人に降さんとし」て、政界に飛躍できる前途が約束されている。

すなわち孟子の場合も、不遇における当為と努力は、やがて来るべき上昇に向けての準備段階と位置づけられるのである。この際、人為の善・不善と天の禍福が対応するとの因果律が前提とされていることは、言うまでもない。

先に孟子が列挙した六名の人物の場合は、いずれも例の因果律が歴史的現実の中に貫徹された事例である。しかば孔子や孟子自身のように、世に志を果たせず、失敗の人生を送った人物の場合、不遇における当為と努力は、空しく水泡に帰するのであろうか。もとよりそうではない。

「生民ありてより以来、未だ孔子より盛んなるは有らざる」（『孟子』公孫丑上篇）孔子である以上、たとえ一見不遇のままに終わったかのように見えても、「孔子の若きは、則ち聞きて之を知る」（『孟子』尽心下篇）と、実は新王朝の樹立を命ずる天命を聞いていたのであり、実際『春秋』を制作して無冠の王者になったのだ。(10)

孟子はこうした形で孔子の失敗の人生を観念の虚構の中に救済した。そしてもちろん、「夫れ天は未だ天下を平治せんと欲せざるなり。如し天下を平治せんと欲すれば、今の世に当たりて、我を舎きて其れ誰ぞや」（『孟子』公孫丑下篇）と、自分の不遇をも来るべき上昇の準備段階と解釈し、天による加護を確信して、自らの失敗の人生をも救済せんとする。

このように『孟子』も、観念の中に歴史的現実を超越し、背面世界における天の認知と上昇を説いて、不遇における当為と努力に意味を与える構図を描いた。この点で『孟子』は、前述した『中庸』とほぼ同じ性格を示している。

注意を要するのは、『窮達以時』にはこうした思考が一切見られない点である。「動くは達せんが為にするには非ざるなり」「学ぶは名の為にするには非ざるなり」とか、「君子は已に反るに惇し」とする当為と努力は、その後の上昇と天による認知を全く予定していない。『窮達以時』の場合、不遇への自得は、あくまで自得への沈潜に止まるのみで、その後の展開を引き出す手段にはなっていない。(11)

『窮達以時』が「天人之分」を唱えて天人相関の因果律を否定しつつ、なお孔子の失敗の人生を救済せんとした以上、不遇における当為と努力は、それ自身で自己完結するものとして、人の領域に止まらざるを得ないのであって、そこから天への通路が開かれたりは、当然ながらしないのである。

それでは、『窮達以時』に孔子が全く登場しないのはなぜであろうか。郭店出土の儒家的著作十篇は、『魯穆公問子思』や、子思の作と伝えられる『中庸』に似た性命思想を説く『性自命出』を含むこと、子思・孟子系統の思想と強い関連を示す『五行』を含むことなどから、主に子思学派の手に成る著作と考えられる。孔子の直系を自負する子思学派は、孔子の人生を弁護すべく『窮達以時』を著述したと推測されるが、(12)その際作者は、その全体を孔子の発言とする前提に立って著述した可能性がある。この場合は、『窮達以時』そのものが孔子の発言として伝承されるから、文中に直接孔子が登場すべき必然性は存在しなくなる。そして『窮達以時』が孔子の発言として後世に伝承されていたため、前掲の諸書のように、陳蔡の間に困窮する一場面を設定し、『窮達以時』とほぼ同内容を明確に孔子自身に語らせる構成が取られて行ったのではないかと考えられる。

六

従来「天人之分」の思想は荀子の全くの独創と考えられてきたが、今回の『窮達以時』の発見によって、そうではなかったことが判明した。上述した『窮達以時』の成立時期に沿って考えるならば、『荀子』天論篇に見える「天人之分」の側が、先行する『窮達以時』から影響を受けて形成されたと見る方が妥当であろう。そこで以下に、両者が説く「天人之分」の間にどのような差異が存在するかを探ってみよう。

『窮達以時』の「天人之分」における人は、才能を秘めながらも不遇に自得する君子・賢者を指していた。これに対して荀子の「天人之分」における人は、必ずしも特殊な君子・賢者にのみ限定されてはおらず、広く人間一般をも包摂する概念となっている。

> 天を大として之を思うは、物蓄えられて之を裁するに孰れぞ。天に従いて之を頌うるは、天命を制して之を用うるに孰れぞ。時を望みて之を待つは、時に応じて之を使うに孰れぞ。物に因りて之を多くせんとするは、能を騁せて之を化するに孰れぞ。物を思いて之勿きは[13]、物を理めて之を失うこと勿きに孰れぞ。物の生ずる所以を願うは、物の成る所以を有つに孰れぞ。故に人を錯きて天を思わば、則ち万物の情を失う。

ここに「人を錯きて天を思う」と言われる人とは、人為・人道の意味で、物資を生産・加工したり、管理・蓄積したりして、社会の富を増大させていく人間の営為全般を指す。また天論篇の冒頭部分で、「本に彊めて用を節すれば、則ち天も貧ならしむること能わず」とか、「養い備わりて動の時なれば、則ち天も病ましむること能わず」などと言われる場合も、人為に専念すべき対象は、特殊な君子・賢者に限られているわけではなく、その教導を受ける形で貧困や疾病を免れんとする人間一般もその中に含まれる。

もっとも天論篇の中には、「天人の分に明らかなれば、則ち至人と謂うべし」「唯だ聖人のみ、天を知るを求めずと為す」とか、「君子は以て文《かざ》ると為すも、百姓は以て神と為す」「君子は其の己に在る者を敬みて、其の天に在る者を慕わず。是を以て日に進むなり。小人は其の己に在る者を錯きて、其の天に在る者を慕う。是を以て日に退くなり」などと、「天人之分」を実践する主体を、「至人」「聖人」「君子」と規定するかの表現も見える。この点はどう考えたらよいであろうか。

「至人」「聖人」「君子」といった人物は、「百姓」や「小人」が天人相関を信じ、天象に一喜一憂する現状を批判する文脈の中に現われることから明らかなように、愚昧な「百姓」「小人」とは異なり、「天人之分」を明察する先覚者の意味合いで使用されている。また天論篇は、「百王の変ずること無き者は、以て道貫と為すに足る。（中略）治は其の詳しきに尽く」とか、「人に君たる者は、礼を隆び賢を尊べば、而ち王たり」などと、その全体が統治論として組み立てられている。

したがって「至人」「聖人」「君子」などは、現状批判の場面では知的先覚者の性格が前面に出るが、統治の理念型を示す場面では、無知蒙昧な民衆を教導して「天人之分」を実行させる統治者の位置づけが前面に出る。このように荀子の「天人之分」では、人は統治者と民衆の二種類に区分され、君子が「天人之分」を推進する主体とされてはいるのだが、それは役割の違いなのであって、「天人之分」を実践すべき対象としての人は、両者をともに包摂しているのである。

この点からすでに明らかなように、荀子の「天人之分」の君子は、天に楽観的態度を取りつつ民衆を啓蒙し統治すべき存在であって、『窮達以時』の君子のように、天に悲観的態度を示しつつ不遇に自得する存在ではない。このような差異が生じた原因は、『窮達以時』がひたすら君子個人の人生の遇・不遇を媒介に、処世論として天と人との関係を論じていたのに対して、荀子の側が国家の治乱興亡、社会における富の生産などを媒介に、統治論として天と人との関係を論ずる形に視点を変換したからである。

そのため天も、「遇と不遇とは天なり」「窮達は時を以てす」（『窮達以時』）と、個人の遇・不遇を決定する時代・時世から、「天行常有り。堯の為に存せず、桀の為に亡びず」「列星は随い旋り、日月は遞いに炤《てら》し、四時は代わるがわる御し、陰陽は大いに化し、風雨は博く施す。万物は各々其の和を得て以て生じ、各々其の養を得て以て成る」（『荀子』天論篇）と、恒常的な運行法則を備え、万物を生成する自然へと、その性格を変化させている。

このように両者が説く「天人之分」には、大きな差異がみられる。しかしその一方で、両者には共通した性格も見受けられる。まず天に関しては、有意志の人格神としての性格が表に現われないとの共通性が存在する。この点で両者は、上天の意志を前面に出す『中庸』や『孟子』とは異なっているのである。これは両者が人為の善悪に天の禍福が対応するとの因果律を否定して、ともに「天人之分」を唱える以上、当然の現象であろう。

つぎに人に関しては、人を個人として捉えるか、社会的集団として捉えるかとの相違を超えて、人はその当為と努力を人の領域で自己完結させるべき存在なのだとする人間理解において、両者は共通する性格を示している。

『窮達以時』は、時世としての天に、不遇なる君子個人を対置し、処世論として「天人之分」を説いた。これに対して『荀子』天論篇は、自然としての天に、政治・経済・倫理などにより存立する人間社会全体を対置し、統治論として「天人之分」を説いた。前述した差異と共通性は、こうした枠組みの差異と共通性に由来するであろう。

ただし、天に個人ではなく社会全体を対置した思考も、完全に荀子の独創と言い切れるかどうかは、なお不明である。なぜなら兵家にも、「之を天時と謂うは、人事のみ」「天官・時日は、人事に若かざるなり」（『尉繚子』天官篇）とか、「兵を用うる者は、天の道に順うも未だ必ずしも吉ならず。之に逆うも必ずしも凶ならず。若し人事を失わば、則ち三軍敗亡す」（『通典』巻一百六十二引く『六韜』佚文）「勝を天道に寄するも、兵勝には益無し」（『群書治要』巻三十一引く『六韜』佚文）と、天に国家や軍隊を対置して、軍事に関して天と人を分離する思考が存在するからである(14)。

兵家の「天人之分」は、ほとんど軍事にのみ視野を限定しているが、この限定を取り払えば、荀子の「天人之分」のような、天と人間社会全体を対置する構図が出来上がる。したがって荀子の「天人之分」に対しては、兵家の「天人之分」が影響を与えた可能性も残るであろう(15)。

七

『墨子』公孟篇には、「死生は命有り、富貴は天に在り」（『論語』顔淵篇）とばかりに、すべては天が決定するとの宿命論を説く儒者が登場する。

公孟子曰く、貧富・寿夭は、齰然《さくぜん》として天に在り。損益すべからずと。又た曰く、君子は必ず学ぶと。子墨子曰く、人に学ぶを教えて、而して有命を執るは、是れ猶お人に葆を命じて、其の冠を去るが若しと。

公孟子は、人の貧富・寿夭は天が決定するが、何がどうなって決まるのかは錯綜していて、その因果律が不明である以上、人為的努力では制御できないと語る。これに対して墨子は、一方で宿命論を吹聴しながら、他方で学べと教え諭すのでは、頭髪を包めと命じながら、冠を取り上げるような矛盾だと批判する。

さらに公孟篇には、墨子が儒者の程子に向かい、「儒の道に天下を喪うに足る者四政あり」と論難する場面が見えるが、その中には「又た命を以て、貧富・寿夭・治乱・安危は、極《さだめ》有りて損益すべからずと為す」と、やはり宿命論が含まれている。

墨家は非命論を提唱して、儒家の宿命論を口を極めて攻撃した。『墨子』非命中篇は、「我罷不肖にして、我が事に従うこと疾からずと曰う能わずして、必ず我が命は固より且しく窮すべしと曰う」と、人為的努力を放棄して怠惰な生活を送って置きながら、自分が困窮するのは天命のせいだから仕方がないと弁解する宿命論者を、激しく非難する。

このように、人為の善悪に天の禍福が対応するとの因果律を否定した上で、「遇と不遇とは天なり」「窮達は時を以てす」とする思考からは、人為的努力を放棄して天命に委ねる方向と、人為的努力に専念して天を慕わない方向とが分岐してくる。(16)『窮達以時』は、孔子の失敗の人生を弁護する目的に沿って、後者の方向を選択し、その路線は形を変えて荀子の「天人之分」に継承されたと考えられる。

注

（1）発掘調査の結果は、湖北省荊門市博物館「荊門郭店一号楚墓」（『文物』一九九七年第七期）に報告されている。その中では造営時期を「公元前四世紀中期至前三世紀初」とするが、崔仁義「荊門楚墓出土的竹簡《老子》初探」（『荊門社会科学』一九九七年第五期）は、包山楚墓より出土した副葬品との比較から、「公元前三〇〇年」と推定する。

（2）劉宗漢「有関荊門郭店一号楚墓的両个問題―墓主人的身份与儒道兼習―」（『中国哲学』第二十輯・一九九九年）。

（3）以下『窮達以時』の引用は、荊門市博物館『郭店楚墓竹簡』（文物出版社・一九九八年）が収める裘錫圭氏の釈文によるが、異体字の類はできる限り通行の字体に改めた。また張光裕主編『郭店楚簡研究第一巻文字編』（中文出版社・一九九九年）や、池田知久監修『郭店楚簡の研究（一）』（大東文化大学郭店楚簡研究班・一九九九年）、及び私見により、裘錫圭氏の釈文を改めた箇所があるが、逐一の注記を省いた。

（4）注（3）に前出の『郭店楚簡研究（一）』序文や、池田知久『郭店楚簡老子研究』前書き（東京大学文学部中国思想文化学研究室・一九九九年)。
(5) 注(1)に前出の崔仁義論文。
(6) 注(4)に前出の『郭店楚簡老子研究』は、『窮達以時』を荀子学派の手に成る文献とした上で、典型的な「天人之分」から変化した、やや後の文献ではあるが、荀子の後学の手に成る雑録と考えられる『荀子』有坐篇よりは前の成立とする。
(7) これらの諸書が記す孔子の発言と、『窮達以時』の内容はほぼ同じなのだが、「天人之分」なる表現は、どれにも存在しない。
(8) これと内容が類似する格言としては、「天道は善を賞して淫を罰す」(『国語』周語中)とか、「天道親無く、常に善人に与す」(『老子』第七十九章)「先生は鬼神を以て明と為し、能く禍福を為め、善を為す者は之を賞し、不善を為す者は之を罰すと」(『墨子』公孟篇)などがある。
(9) この点の詳細に関しては、拙稿「受命なき聖人―『中庸』の意図―」(『集刊東洋学』第六十一号・一九八九年)参照。
(10) この点に関する詳細は、拙著『孔子神話』(岩波書店・一九九七年)第三章3「孟子による孔子王者説と春秋著作説」参照。
(11) 末永高康「もう一つの「天人の分」―郭店楚簡初探―」(『鹿児島大学教育学部紀要』第50巻・一九九九年)は、『窮達以時』の「天人之分」を孟子の「天人の区分」に近い性格を持つとし、「命を知りて而る後に道を知り、道を知りて而る後に行を知る」とする郭店楚簡『尊徳義』とも共通する思考だと言う。しかし前述したように、『窮達以時』の「天人之分」と孟子の「天人の区分」の間には重要な差異がある。また『尊徳義』の方も、孟子と同じように、天から与えられた使命を自覚すれば、進むべき進路と選択すべき当為が自覚できるとの主張である可能性が残る。『窮達以時』の「天人之分」に近いのは、むしろ「天の為す所を知り、人の為す所を知りて、然る後に道を知る。道を知りて然る後に命を知る」(『語叢』一)「命を知る者は望むこと亡し」(『語叢』二)といった思考であろう。
(12) どちらが先に形成されたのかは不明だが、子思学派の内部には、『窮達以時』のように人の領域に沈潜する方向と、『中庸』のように沈潜の後に天への通路が開かれるとする方向が併存していた時期があったと思われる。
(13) 原文は「思物而物之」であるが、このままでは意味が通じない。二番目の「物」を「勿」に改めて読んだ。

（14）この点に関する詳細は、拙著『黄老道の成立と展開』（創文社・一九九二年）第三部第二章「六韜の兵学思想―天人相関と天人分離―」参照。

（15）荀子の「天人之分」の根底には、「夫れ天地の万物を生ずるや、固より余り有りて、以て人を食うに足れり。（中略）夫の有余不足は、天下の公患には非ざるなり。特だ墨子の私憂・過計なるのみ」（『荀子』富国篇）と、人間さえ努力を怠らなければ、基本的に天は人間社会が存立できるような仕組みになっているとの、天に対する信頼、天に対する楽観主義的態度が存在している。この点で荀子の「天人之分」には、「天は人の暗きを憂えずと雖も、戸牖を闢きて必ず己が明を取らば、則ち天は事無きなり。地は人の貧しきを憂えずと雖も、木を伐り草を刈りて必ず己が富を取らば、則ち地は事無きなり」（『慎子』威徳篇）とする慎到の思想も影響を与えた可能性が高い。

（16）先に挙げた『墨子』公孟篇の中で墨子は、一方で有命論の立場を取りながら、他方で学べと教導する儒家の言説は、自己矛盾だと批判していた。だが、もしそれが、『窮達以時』のような構造を持つ言説であったとすれば、必ずしも矛盾とは言えないであろう。
　なお『荀子』有坐篇・『韓詩外伝』巻七・『説苑』雑言篇などでは、歴史上の人物の故事を列挙し終えた孔子が、「故に君子は博く学びて深く謀り、身を修め行いを端して、以て其の時を俟つ」（『荀子』有坐篇）「其の時を須つ者なり」（『韓詩外伝』）「以て其の時を須つ」（『説苑』）と子路に語る構成を取る。こうした構成は、現在の不遇・苦境を脱した後、飛躍の時機の到来に期待せんとする心情を表明するもので、この点ではむしろ『中庸』や『孟子』に近い性格を示す。これらの諸書が、『窮達以時』とほぼ同じ内容を孔子に語らせながら、一切「天人之分」を説かない原因もそこにあろう。

第四章　『唐虞之道』の著作意図

―禅譲と血縁相続をめぐって―

浅野裕一

一

一九九三年、湖北省荊門市郭店の一号楚墓から、三種の『老子』写本や儒家思想に関する文献が出土した[1]。本章では、郭店楚簡に含まれる儒家系文献の中から『唐虞之道』を取り上げ、これがどのような意図に基づいて述作されたのかを考察してみたい[2]。『唐虞之道』はいまだよく知られた文献とは言いがたいので、内容の検討に先立って、その主要な論旨展開を以下に示して置く[3]。

A　唐虞の道は、賢者に禅譲して、血縁に王位を継承させない点にあった。

B　堯舜の君臨の仕方は、天下に利益を与えて、王として天下を所有することを自己の利益とは考えないものであった。天下に利益を与えるのみで、天下を所有する行為を自分の利益だと考えないのは、最高の仁である。賢者に禅譲して、血縁に相続させないのは、最高の聖である。王位に就いても利益を貪ったりせず、王位を放棄するのは、究極の仁である。自ら禅譲を実践して見せて、後世の王たちに手本を示せば、聖道は完備する。だからこそ唐虞の道は最高なのである。

C　聖人は、上は天に仕えて民に尊を教え、下は地に仕えて民に親を教え、時に山川に仕えて民に敬を教え、自ら祖廟に仕えて民に孝を教えた。太学で天子が年長者に親しむのは、民に悌を教えるためである。古代の聖王を父と仰ぎつつ、後世の聖王の教えにも従うのは、民に大順を教えるためである。

D　堯舜の行動規範は、親を愛して孝を尽くし、賢を尊んで王位を譲る点にある。前者は天下の民を愛する方向に拡延し、後者は代々有徳者を埋もれさせぬ方向に波及する。前者は仁であり、後者は義であり、古代の六帝は皆このやり方で興起したのである。

E　親を愛して賢を忘れるのは、仁ではあっても義ではない。賢を尊んで親を忘れるのは、義ではあっても仁ではない。舜は厚く瞽叟に仕え、忠に堯に仕えたので、孝と忠、仁と義、愛親と尊賢を両立させた人物である。

F　舜は禹・益・后稷に命じて水・火・土を治めさせた。伯夷は礼を守り、夔《き》は楽を守って民を教化した(4)。皐陶は国内では五刑を用い、国外には軍隊を用いて罪を治め法を治めた。脂膚血気の情を節して性命の正を養った。このように愛して正すのが虞夏の統治法である。王位を賢者に譲って血縁に伝えなければ、正義は常に保たれる。

G　堯は生まれながらに天子の位に就き、天下を所有した。これは聖なる素質を備えて天の命に遇い、仁なる資質を備えて天の時に遇った例である。

H　舜は仁聖なる資質よりすれば、当然天子の位を与えられるべきだったのだが、天の時は人為の及ばぬ領域なので、どうにもできなかった。舜は卑賤の時も憂えず、天子になってからも驕らなかった。卑賤にあっても憂えなかったのは、命を自覚していたからである。天子になっても驕らなかったのは、濫りにしなかったからであ

郵便はがき

料金受取人払

麹町局承認

5033

差出有効期間
平成19年11月
30日まで
（切手不要）

1028790

102

東京都千代田区
飯田橋二―五―四

汲古書院

行

通信欄

購入者カード

このたびは本書をお買い求め下さりありがとうございました。今後の出版の資料と、刊行ご案内のためおそれ入りますが、下記ご記入の上、折り返しお送り下さるようお願いいたします。

書　名
ご芳名
ご住所 TEL　〒
ご勤務先
ご購入方法　①　直接　②　書店経由
本書についてのご意見をお寄せ下さい
今後どんなものをご希望ですか

る。舜は、やがて大人が卑賤より興起することに期待して、彼に禅譲しようと決意していた。

I　舜は禹を有徳だと認め、いずれ彼に王位を譲るつもりだったのだが、まだその年齢に達していなかったので、譲らなかった。試しに民に君臨させてみても、驕る様子がなかったので、ついに天下に王たらしめて、少しも心配しなかった。

J　舜は、下位にあった時は自分が匹夫だからといって卑下したりせず、天下を統治するようになってからは、天下を自分にとって重要なものだとは考えなかった。だから天下を所有することを自分の利益だとはせず、禅譲して天下を失うことを損失だとはしなかった。

K　禅譲とは、徳を尊んで賢者に位を授ける行為である。血縁相続ではなく、有徳者を尊べば、いつの時代にでも天下には明君がいるようになる。賢者に王位を譲れば、それに励まされて、民は天子の教化によって善導され、正しい道を歩むようになる。禅譲の方針を採用せずに民をよく教化できた君主は、人類誕生以来いた例がないのである。

L　堯は、舜が親に対して孝であると聞いて、天子になった場合、天下の老人を養うであろうと察知し、正長に対して悌であると聞いて、天子になった場合、天下の正長を尊敬すると察知し、弟に対して慈であると聞いて、天子になった場合、天下の民の君主になるだろうと察知したので、位を譲ろうと決心した。果たせるかな舜は、子としては孝、臣としては忠、王としては君であった。堯はこのような段階を踏んで舜に禅譲したのである。

M　古代の聖人は、二十歳で冒冠して成人し、三十で分家して自立し、五十で天子に即位して天下を統治し、七十で治績を上げ、老衰した後は賢者に王位を譲って引退し、余命を養うのが通例であった。こうした通例から、古代の聖人が天下を所有することを我が身の利益とは考えなかったことが判る。

N　聖者が王位に就かなければ、天下は壊乱する。虞詩にも、太陽出なけりゃ万物ざわめくとある。王が聖人の人生プランを守れば、平穏な余生が保てるし、それを破れば、賢者は排除される。ために仁なる王は、聖人の人生プランを実践したのだ。

以上が『唐虞之道』の主要な論旨展開である。

このように『唐虞之道』は、全篇を通じて、堯から舜への禅譲を天下統治の理想形態として賛美する。それでは、禅譲が統治の理想形態とされるのはなぜであろうか。『唐虞之道』は、禅譲の効用を次のように絶賛する。

禅なる者は、徳を上びて賢に授くるの謂なり。徳を上べば則ち天下に君有りて、世、明らかなり。賢に授くれば、則ち民は教に興りて道に化す。禅《ゆず》らずして能く民を化する者は、生民より未だ之れ有らざるなり。（K）

天子が血縁よりも徳の有無を重視し、賢者に王位を譲る方針を天下に明示すれば、民は尊賢の方針に励まされ、天子の教化を受け入れる。したがって禅譲こそは、天下の万民を教化するための唯一の方策になる。しかも天子が次々と有徳者に禅譲し続けるならば、天下は常に有徳の君主によって統治されることになる。

このように『唐虞之道』は、禅譲が単なる個人的行為にとどまるものではなく、天下統治の方針になり得るとして、堯から舜、舜から禹へといった禅譲伝説を、統治論へと昇華させようとする。天子による尊賢と禅譲の方針明示が、「賢に授くれば、則ち民は教に興りて道に化す」と、天下全体に拡延・波及して、民衆の教化に効用を発揮するとの構造は、「堯は舜を服沢の陽より挙げ、之に政を授けて、天下平らかなり。禹は益を陰方の中より挙げ、之に政を授けて、九州成る。……故に是の時に当たり、厚禄・尊位に在るの臣と雖も、敬懼して施《うつ》らざるは莫し。農と工肆とに在るの人と雖も、競い勧みて意を尚くせざるは莫し」（『墨子』尚賢上篇）とか、「民は皆其の賞に勧められ、其の罰を畏れて相率いて賢と為る」（『墨子』尚賢中篇）といった、墨家の尚賢論と似た性格を持つ(5)。

また歴代の天子が禅譲し続ければ、天下には常に有徳の君主が君臨するとの論調も、「天下の賢を選択し、可なる者をば立てて以て天子と為す」（『墨子』尚同上篇）と、天下から賢者を選んで天子に立てたとする、墨家の尚同論と似通った性格を示す(6)。

さらに『唐虞之道』は、「堯舜の王たるや、天下を利して利とせざるなり」（B）とか、「天下を利して利とせざるは、仁の至りなり」（B）と、堯舜の統治を称えるが、この「天下を利す」との発想は、「仁人の事を為す所以の者は、必ず天下の利を興して、天下の害を除去す」（『墨子』兼愛中篇）といった墨家思想との共通性を感じさせる。

こうした点から考えると、『唐虞之道』が墨家思想の影響を多分に受けながら述作された可能性を想定する必要があろう。ただし墨家の尚賢論がもっぱら官僚への人材登用を主眼とするのに対して、『唐虞之道』が王位の禅譲を主題とする点は、大きな相違点である。また墨家の尚賢論が、「古者は聖王の政を為すや、言いて曰く、義ならざれば富まさず、義ならざれば貴くせず、義ならざれば親しまず、義ならざれば近づけず」（『墨子』尚賢上篇）と、義を尚賢の出発点とするのに対して、『唐虞之道』が「堯舜の行は、親を愛して賢を尊ぶ。親を愛するが故に孝、賢を尊ぶが故に禅たり」（D）と、孝を尊賢の出発点とする点も、やはり重要な相違点として残る。

このように『唐虞之道』は、禅譲を聖王伝説の領域から統治論へと脱皮させようと試みる。それでは作者は、なぜ禅譲を中心に統治論を組み立てようとするのであろうか。それを考えるため、次に堯が舜に禅譲した理由を記す部分を掲げてみる。

二

正に之く者は、能く天下を以て禅れるか。古え堯の舜を挙ぐるや、舜の孝なるを聞きては、其の能く天下の老を養わんことを知り、舜の悌なるを聞きては、其の能く天下の長に事えんことを知り、舜の弟を慈しむを聞きては、〔其の能く天下を愛して〕民の主と為らんことを〔知るなり。〕故に其の瞽叟の子為るや甚だ孝、其の堯の臣為るに及ぶや甚だ忠、堯の天下を禅りて之に授け、南面して天下に王たるや甚だ君たり。故ち堯の舜に禅れるは、此くの如きなり。（L）

ここでは、堯が舜を禅譲の相手に選んだ理由が、舜が孝・悌・慈・忠・君などの徳目を備えていたからだと説明される。この中、孝・悌・慈の三者が、家族や郷党の一員として発揮すべき、広義の血縁的倫理であるのに対して、忠・君の二者は、君臣関係の場における非血縁的倫理である。したがって舜は、前半生では血縁的倫理を、後半生では非血縁的倫理を、それぞれ発揮する形で、異質な二系統の倫理を兼備していたことになる。これと同様の記述は以下の部分にも見える。

堯舜の行は、親を愛して賢を尊ぶ。親を愛するが故に孝、賢を尊ぶが故に禅なり。孝の方は、天下の民を愛するなり。禅の流は、世〻徳を隠すこと亡し。孝は仁の冕なり。禅は義の至りなり。六帝の古えに興るは、咸《み》な此に由るなり。（D）

ここでもやはり堯舜は、愛親－孝－仁と尊賢－譲－義といった二系統の倫理を兼備していたとして、その両立が説かれている。次に示す部分は、両立の必要性をさらに明確に主張する。

親を愛して賢を忘るれば、仁なるも未だ義ならざるなり。賢を尊びて親を遺るれば、義なるも未だ仁ならざるなり。古者、虞舜は篤く瞽叟に事うれば、乃ち其の孝たるを弌《もっぱら》にし、忠に帝堯に事うれば、乃ち其の臣たるを弌にす。親を愛して賢を尊ぶは、虞舜其の人なり。（E）

作者はこの部分においても、愛親－仁と尊賢－義の二系統を舜がともに実践したとして、その両立の必要性を強調する。

以上の例から判断すると、『唐虞之道』の主題は、血縁重視の原理（愛親・孝・仁）と能力重視の原理（尊賢・譲・義）を調停せんとする点にあったと考えられる。この二つの原理は、そもそも次元や領域を異にしており、両者の接合には大きな困難が伴う。しかるに、舜は孝であったが故に堯から禅譲されたが、王位に就いた後は尊賢を標榜し、天下を禹に譲って義を実践したとの禅譲伝説は、両者を接合するのに好都合な性格を持つ。そこで作者は、禅譲伝説を利用する形で、愛親－仁と尊賢－義の二系統の間を調停し、両者を巧みに接合して、そこに整合的な統治論を組み立てようと試みたのであろう。

それでは『唐虞之道』において、作者の試みはどの程度成功しているであろうか。実は両系統の接合には、幾つかの障害が存在する。

その第一は、堯の事跡の中に潜んでいる。堯の場合、舜に禅譲した行為によって、尊賢－義の系統を実践したことは、容易に説明できる。だが堯自身は、愛親－孝－仁の実践を認められ、禅譲によって民間から王位に就いたわけではない。つまり堯には、愛親－孝－仁の事跡の側が欠けており、このままでは、評価し得る対象は舜のみとなってしまう。これについて『唐虞之道』は、次のように記す。

古え堯は天子に生まれて天下を有ち、聖にして以て命に遇い、仁にして以て時に逢い、未だ嘗て□に遇わずして、□は天時に並び、神明も将に従い、天地も之を佑く。（G）

このように作者は、「仁にして以て時に逢う」と、生来の資質がすでに仁だったとして、「天子に生まれ」た堯に仁の要素を補おうとする。さらに作者は、「堯舜の王たるや、天下を利して利とせざるなり。禅りて伝えざるは、聖の盛んなるなり。天下を利して利とせざるは、仁の至りなり。故に昔の賢にして仁聖なる者は、此くの如し」（B）とも述べて、天下を統治して「天下を利する」行為、及び天下の所有を「利とせざる」行為までをも仁と規定する。つまり作者は、堯に欠けている「愛親－孝－仁」の事跡の前後、生まれつきの天性の方向と、天下統治とその後の禅譲の方向とに、それぞれ仁をつけ加える形で、堯にも仁の性格を持たせようとしたのである。

第二は、禹の事跡の中に潜む障害である。作者は、「堯舜の行は、親を愛して賢を尊ぶ」（D）と、舜は尊賢の側をも実践したとする。この場合、舜が禹に禅譲した行為を特筆して顕彰するのが、もっとも明快な証明になるはずである。しかるに作者は、禹の名前を直接挙げようとはせず、間接的な言い回しに終始する。

> 仁聖よりすれば与えらるべきも、時は及ぶべからざるなり。夫れ古え舜は草茅の中に居るも憂えず。身は天子と為るも驕らず。草茅の中に居るも憂えざるは、命を知ればなり。身は天子と為るも驕らざるは、流《みだり》にせざればなり。大人の微より興るを求む。今之れ徳に弋《と》らんとするも、未だ年ならざれば弋らず。民に君たらしめて驕らざれば、卒《つい》に天下に王たらしむも疑わず。方《はじ》め下位に在りては、匹夫を以て軽しと為さず。其の天下を有つに及びては、天下を以て重しと為さざれば、天下を有つも能く益とせず、天下を亡うも能く損とせず。極仁の至りは、天下を利して利とせざるなり。（H・I・J）

これは舜の生涯を絶賛する部分である。作者はこの中で禹に対する禅譲に触れ、舜は王位に就いた後も、驕慢な態度を取らなかったが、それは微賤より興起してくるであろう大人に、いずれ王位を譲ろうとしていたからだと説明する。次に作者は、やがて舜は禅譲すべき有徳の人物を見出すが、若年だったのですぐには禅譲しなかったと言い、その後、試しに民を統治させてみたら驕る様子がなかったので、舜は天下を譲っても大丈夫だと確信したと述べる。

前後の文脈から、この部分は禹への禅譲に関する記述と考えられるが、それにもかかわらず、禅譲の相手が禹だとは明言されない。作者は舜への禅譲については、「故ち堯の舜に禅れるは、此くの如きなり」（L）と、当事者二人の名を挙げるが、禹への禅譲の場合は、同様の明言を避けているのである。

なぜ作者は、禹に対してのみこうした態度を取るのであろうか。それは禹が、自らは舜より禅譲されて王位に就き、夏王朝を開いて置きながら、自分は禅譲せず、血縁相続によって我が子の啓に王位を継がせたからである。「禅りて伝えざるは、聖の盛んなるなり」（B）と、禅譲こそが唯一・最善の統治方針だとする作者の立場からすれば、これは極めて都合の悪い事跡とならざるを得ない。そのため作者は、禅譲に関して禹の名前を前面に出すことを避け、努めて曖昧に処理しようとしたのであろう。

作者は堯と舜の天下統治に関しては、「唐虞の道は、禅りて伝えず」（A）と、その最大の特色を禅譲に求める。ところが舜と禹の天下統治に言及する場合には、「〔虞は〕威を用い、夏は戈を用いて、服さざるを正せり。愛して之を正せしは、虞夏の治なり」（F）と、徳と刑の併用に、その最大の特色を求めようとする。夏王朝が血縁相続を採用した以上、禅譲が虞と夏に共通する方針だったとは言えず、ために作者は、唐虞と虞夏の間で評価軸を移動させる操作を加えざるを得なかったわけである。

しかしながら、所詮これも小手先の処理の域を出ないものであり、根本的な解決策とはなり得ない。作者が「禅らずして能く民を化する者は、生民より未だ之れ有らざるなり」（K）とまで主張する以上、唯一・最善の統治方針たる禅譲を採用しなかった禹は、民を教化できなかった王者だったことになってしまう。とすれば、そもそも禹に禅譲した舜の判断そのものが、妥当だったか否かとの疑念すら生じてこよう。

この点に対する『唐虞之道』の処理は不徹底であり、堯→舜→禹との禅譲伝説を利用して、血縁的倫理と非血縁的倫理を接合せんとする試みは、その内部になお未解決の矛盾を抱えているとしなければならない。

三

次に『唐虞之道』の成立事情について考察してみよう。『唐虞之道』は、いかなる学派の手に成る文献なのであろうか。この問題については、今のところ有力な手掛かりが見当たらず、明確な判断を下せない状況にある。そのため現段階では、郭店楚簡の儒家的著作との関連を見る方法によって、およその推測を加えるに止どめたい。

郭店楚簡の儒家的著作は、『語叢』一・二・三・四を除外すれば十篇である。その中で『唐虞之道』との関連が濃厚なのは、『窮達以時』であろう。『唐虞之道』は、堯と舜の出自を対比しつつ、次のように述べる。

古え堯は天子に生まれて天下を有ち、聖にして以て命に遇い、仁にして以て時に逢い、未だ嘗て□に遇わずして、□は天時に並び、神明も将に従い、天地も之を佑く。仁聖よりすれば与えらるべきも、時は及ぶべからざるなり。夫れ古え舜は草茅の中に居るも憂えず。身は天子と為るも驕らず。草茅の中に居るも憂えざるは、命を知ればなり。（G・H）

ここで作者は、「天子に生まれて天下を有つ」境遇にあった堯を、仁聖なる資質に恵まれた上に、さらに「命に遇い」「時に逢」った人物と規定する。その一方で作者は、「草茅の中に居る」境遇だった舜を、己の不遇を憂えなかった人物と規定する。

舜が「草茅の中に居る」不遇を憂えなかったのは、命を自覚していたからだと説明される。「命を知る」とは、具体的には、「仁聖よりすれば与えらるべきも、時は及ぶべからず」との自覚を指すであろう。すなわち仁聖なる資質からすれば、己には禅譲を受ける資格が備わっているとの自負心・矜持を抱く一方、時に遇うか否かは天命次第であって、そこに人為が及ばぬ以上、心を平静に保って天の時を待つしかないと自得する態度が、「草茅の中に居るも憂えざる」処世を可能にしたというのである。

さてこれに近似した処世観は、『窮達以時』にも次のように見える。

天有り人有り。天と人には分有り。天人の分に察らかなれば、而ち行うべきを知る。其の人有るも、其の世亡ければ、賢と雖も行われず。苟も其の世有らば、何の難きこと之れ有らんや。

いかに資質に恵まれた賢者であっても、時世に遇わなければ、世にその能力を発揮することはできない。逆に時世にさえ遇えば、賢者が才能を振るうのに何の支障もない。すべては、世に遇うか遇わないかの一点にかかっているのだ。『窮達以時』の作者は、このように述べたのち、「舜は歴山に耕し、河の�《ほとり》に陶拍するも、立ちて天子と為りしは、堯に遇えばなり」と、君主に抜擢・登用されて不遇を脱した六名の例を挙げる。

さらに作者は、「初め滔《かん》酭《ゆう》して、後に名揚がるも、其の徳加わるには非ず。子胥は前に功多くして、後に戮死するも、其の智衰うるには非ざるなり」と、遇・不遇の如何によらず、本人の才能は一定・不変だと強調する。

その上で作者は、「遇と不遇とは天なり。動くは達せんが為にするには非ざるなり。故に窮するも困しまず。学ぶは名の為にするには非ざるなり。故に之を智るもの莫きも哭《なげ》かず。……窮達は時を以てするも、徳行は一なり」と、才能を秘めた在野の賢者が取るべき処世を説く。

ここには、「遇と不遇とは天なり」「窮達は時を以てす」と、人為は天の領域に手出しできないとの自覚から、「窮するも困しまず」「智るもの莫きも哭かず」と、天命がもたらす不遇を甘受する処世観が示される。そしてこれは、前述した『唐虞之道』の処世観と極めてよく似ている。

両者の間には、『唐虞之道』の側が「時」と「命」のタームで、『窮達以時』の側が「天」「時」「世」等のタームで、それぞれ不遇な賢者の処世を説くとの差異が見られる。しかしながら、上述した類似性の側に注目すれば、二つの著作がほぼ同系統の学派の手に成った可能性を想定し得るであろう。筆者は『窮達以時』を子思学派の著作と考えており、『唐虞之道』もまた子思学派の文献ではないかと推定している。(7)

それでは続いて、『唐虞之道』のおよその成立時期について考察してみよう。『唐虞之道』が出土した郭店一号楚墓の造営時期は、戦国中期の後半、前三〇〇年頃と推定されているから、その成書年代は、当然それ以前となる。この前提の下に、さらに成立時期を推定することは可能であろうか。一つの手掛かりとなりそうなのは、先にも触れた禹に関する記述である。

禅譲こそ唯一の統治方針だとする論旨に抵触する事態を危惧し、作者は舜から禹への禅譲に関して、直接に禹の名を挙げず、またその後の経緯にも触れない曖昧な処理を行った。舜から禅譲されて夏王朝を創始して置きながら、自らは禅譲せず、我が子の啓に血縁相続させた禹の行為は、『唐虞之道』の立場と全く相容れないものだったからである。

だがそうした処理は、もとより根本的な解決策にはならない。しからばこの難問は、いかなる方策によって解決可能となるのであろうか。その方策を編み出したのは孟子である。以下にその解決策を示してみる。

万章問いて曰く、人の言える有り。禹に至りて徳衰え、賢に伝えずして子に伝うと。諸有りや。孟子曰く、否、然らざるなり。天、賢に与うれば、則ち賢に与う。天、子に与うれば、則ち子に与う。昔、舜は禹を天に薦むること、十有七年なり。舜崩じ、三年の喪畢るや、禹は舜の子を陽城に避く。天下の民の之に従うこと、堯崩ずるの後、堯の子に従わずして、舜に従うが若し。禹の益を天に薦むること、七年なり。禹崩じ、三年の喪畢るや、益は禹の子を箕山の陰に避く。朝覲訟獄する者は、益に之かずして啓に之きて曰く、吾が君の子なりと。謳歌する者は、益を謳歌せずして啓を謳歌して曰く、吾が君の子なりと。丹朱は之れ不肖にして、舜の子も亦た不肖なり。舜の堯に相たる、禹の舜に相たるや、年を歴ること多く、沢を民に施すこと久し。啓は賢にして、能く敬しみて禹の道を承継す。益の禹に相たるや、年を歴ること少く、沢を民に施すこと未だ久しからず。舜・禹・益の相たるの久速と、其の子の賢・不肖とは、皆天なり。人の能く為す所には非ざるなり。之を為すこと莫くして為る者は、天なり。之を致すこと莫くして至る者は、命なり。匹夫にして天下を有つ者は、徳必ず堯・禹の若くにして、又た天子の之を薦むる者有り。故に仲尼は天下を有たず。……周公の天下を有たざるは、猶お益の夏に於ける、伊尹の殷に於けるがごときなり。孔子曰く、唐虞は禅り、夏后・殷・周は継ぐも、其の義は一なりと。

（『孟子』万章上篇）

門人の万章は、禹に至って堯・舜以来の禅譲が廃止され、我が子への血縁相続が開始された事件を取り上げる。こうした現象は、すでに儒家の間で、禅譲にまつわる禹の事跡が問題視されており、なおかつそれが、「禹に至りて徳衰う」と、否定的に受け止められていた状況を伝えている。そこで万章は、『唐虞之道』の作者が直面したのと同じ矛盾に関して、孟子にその解答を求めたのである。

それに対する孟子の答えは、次のようなものであった。堯の子・丹朱も舜の子・商均も、天下統治を委ねるに足らぬ不肖の子だったのに対して、禹の子の啓は、父の事業を受け継ぐに足る賢人だった。おまけに舜と禹が宰相として民に恩徳を施した在任期間が長かったのに対して、伯益が宰相だった期間はわずかに七年で、天下の人心を帰服させるには、あまりに短かすぎた。こうした条件の差から、舜や禹の場合は、天下の人心は先王の子に向かわずに彼等に帰し、伯益の場合は、天下の人心が先王の子に向かって、彼には帰さなかったのだ。これが舜と禹が禅譲によって王位に就く一方、伯益が禅譲によって王位に就くことができずに、子の啓が血縁相続するに至った原因である。先代君主の子が賢であるか不肖であるか、宰相の在任期間が長いか短いかといった事柄は、すべて人為の及ばぬ「天」であり「命」であるのだ。

このように処理するならば、禹にも伯益に禅譲せんとする意志は強く存在したのだが、伯益の在任期間の短かさや、啓が賢であったとの事情が大きく作用して、結果的に禅譲の遺志は遂げられずに、血縁相続の形に落ち着いてしまっただけだということになり、「禹に至りて徳衰う」との否定的評価を回避できる(8)。つまり孟子は、「人の能く為す所に非ざる」天と、「致すこと莫くして至る」命を持ち出す方法により、禅譲と血縁相続の差異を天命の中に解消させる解決策を案出したのである。

さらに孟子は孔子の口を借りて、「唐虞は禅り、夏后・殷・周は継ぐも、其の義は一なり」と語らせ、夏・殷・周三代の血縁相続をも、一括して承認する。もし『唐虞之道』のように、禅譲のみを唯一絶対の統治方針だと見なす立場に固執するならば、儒家が肯定できる先王は、わずかに堯と舜の二人だけとなり、禹・湯・文・武など三代の先王は、すべて排斥せざるを得なくなる。

だがそれでは、「子曰く、禹は吾間然すること無し」(『論語』泰伯篇)、「子曰く、周は二代に監みて、郁郁乎として文なるかな。吾は周に従わん」（『論語』八佾篇）、「子貢曰く、文武の道は、未だ地に墜ちずして人に在り」（『論語』子張篇）などと、禹や文・武を賞賛する孔子の立場と、大きく背反してしまう。孟子はこうした危険性をも充分認識した上で、すべては天命の為せる業で、唐虞と三代の間に何らの矛盾も存在しないとする解決策を編み出したのであろう。

この点は、『孟子』と『唐虞之道』の先後関係を検討する上で、重要な示唆を与える。『唐虞之道』の側は、禅譲のみを顕彰するあまり、禹の血縁相続に関しては、直接言及せずに回避する曖昧な処理に終始した。しかも『唐虞之道』の立場を推し進めれば、必ずや浮上してくるであろう、三代の先王の否定といった難問にも、全く触れようとしない。こうした『唐虞之道』の主張は、禅譲顕彰の一点のみを突出させる狭い立場であって、儒家の教説全体との調和といった観点から見れば、著しく整合性を欠いていると言わざるを得ない。したがって、両者の理論化の進展度合いから判断すれば、『孟子』万章上篇のような解決策が提出された後に、わざわざ『唐虞之道』が著作されるといった事態は、極めて想定しづらい。

もとより両者が、それぞれ系統を異にする学派の手に成ったと仮定すれば、互いに没交渉のままに著作される事態もあり得るから、この場合は、前記の先後関係は必ずしも成立しない。だが上述のように、『唐虞之道』は子思学派の文献と考えられる。そして孟子は、「業を子思の門人に受く」（『史記』孟子荀卿列伝）との伝承が示すように、子思学派とは強い繋がりがある。してみれば『唐虞之道』と『孟子』の間には、ある程度の学派的連続性が存在したと見られる。こうした事情を踏まえて両者を対比するとき、やはり『唐虞之道』の成書年代は、『孟子』に先行すると考える方が妥当であろう。

また郭店一号楚墓の造営時期は、前三〇〇年頃と推定されているから、当然『唐虞之道』の成立時期は、前三〇〇年を数十年は遡ることとなる。一方、孟子の活動時期は、生まれたのが前三七〇年頃、魏を訪れて恵王と会見したのが前三一九年、次に訪れた斉で宣王と意見が対立し、斉を退去したのが前三一二年で、宋・鄒・滕に滞在した後、前三〇〇年頃に没したと推定されている。また孟子が門人たちと『孟子』の編集を行ったのは、前三〇五年に魯の平公の招聘話が流れて引退を決意した後、最晩年のことであるから、『孟子』の成書年代は前三〇五年から前三〇〇年頃にかけての時期と考えられる。したがってこの点からも、『孟子』の成立以前に、すでに『唐虞之道』は著作されていたと見なければならない。

してみれば『唐虞之道』は、「業を子思の門人に受け」た時分、孟子が伝授された子思学派の文献中に含まれていた可能性が高い。両者が禅譲と血縁相続の矛盾といった問題意識を共有しているのも、そのためであろう。郭店楚簡の『五行』と『孟子』の間にも、特殊な繋がりが看取できるが、これも同様の現象と考えるべきであろう(9)。

四

最後に『唐虞之道』の述作意図について考察してみよう。上述のように『唐虞之道』は、孟子の活動時期より前に、子思学派の手によって著述された可能性が高い。それでは子思学派は、いかなる意図から『唐虞之道』を著述したのであろうか。『唐虞之道』の最大の特色は、禅譲のみが唯一の統治方針だと主張する点にある。子思学派にとって、そこにはどんな意義が存在したのであろうか。

禅譲を賞賛する姿勢は、次に示すように、すでに儒家の開祖・孔子の発言の中にも見出せる。

子曰く、泰伯は其れ至徳と謂うべきのみ。三たび天下を以て譲るも、民は得て称すること無し。（『論語』泰伯篇）

泰伯は周の太王・古公亶父の長子であった。当然、周の君主の座を継ぐべき立場にあったのだが、父が弟である季歴の子（後の文王）に期待を寄せているのを知り、密かに君位を季歴に譲ろうと考え、周を棄てて南方の呉に亡命した。孔子はこの泰伯の行為を、血縁内部の禅譲ではあっても、人知れず天下を譲った徳行として絶賛したのである。

孔子がすでにこうした評価を明らかにしている以上、これを引き継ぐ形で子思学派が禅譲を顕彰する理論を形成する事態は、充分に想定し得る。それにしても、『唐虞之道』の作者の禅譲に対する執着は極めて強い。作者がここまで禅譲に執着する理由は、どこに存したのであろうか。儒家が禅譲に込めた特殊な思い入れを窺わせるのは、以下に示す『墨子』公孟篇の記述である。

公孟子、子墨子に謂いて曰く、昔者、聖王の列するや、上聖は立てて天子と為し、其の次は立てて卿・大夫と為す。今、孔子は詩書に博く、礼楽に察らかにして、万物に詳かなり。若し孔子をして聖王に当たらしめば、則ち豈に孔子を以て天子と為さざらんやと。

孔子の門人である公孟子は、墨子に向かって次のように語りかける。昔、聖王が天下の序列を定められたときには、上聖のランクの人物を天子に任命し、次のランクの人物は卿や大夫に任命したのです。孔子は「詩」「書」に博学で礼楽に通じ、万物にも博識でした。だから、もし孔子が聖王の御代に生まれていれば、どうして孔子を天子に任命しないことがありましょうや。

公孟子は、古代の聖王は上聖の人物を抜擢して天子にしたと語るが、これは堯や舜の禅譲伝説を指しているであろう。その上で彼は、孔子が堯や舜のような聖王の時代に遭遇していれば、必ずや禅譲されて天子になったはずだと主張する。公孟子に限らず、孔子の門人たちは、師匠の遺志を受け継ぎ、孔子は天子となるべき聖人だったと宣伝してまわった。[10] この場合、一介の民間人にすぎぬ孔子が天子になる方策は、禅譲以外には全く想定できない。すなわち禅譲こそは、孔子に天子への道を開く可能性を秘めた、唯一の形式だったのである。

しかるに孔子が周の天子から禅譲され、孔子王朝が出現する事態は、ついに訪れなかった。後学の徒の胸中には、時の天子が孔子の偉大な才能を見抜き、禅譲してくれさえすれば、必ずや孔子王朝が誕生したはずなのに、現実はそうはならず、孔子は世に入れられぬまま不遇の死に追いやられたとの怨念が渦巻く。

この怨念こそが、『唐虞之道』の作者をして、「禅らずして能く民を化する者は、生民より未だ之れ有らざるなり」（K）と極言せしめた原因であろう。作者は儒家の教説全体との調和を無視し、夏・殷・周三代の聖王を否定しかねない危険を冒してまで、禅譲を絶対化した。ここには、彼等の無念の思いが凝縮されている。先に引用した『孟子』万章上篇が、「匹夫にして天下を有つ者は、徳必ず堯・禹の若くにして、又た天子の之を薦むる者有り。故に仲尼は天下を有たず」と述べて、孔子王朝が成立しなかった原因を天子からの禅譲がなかった点に帰したのも、やはり同じ情念の表出である。

『礼記』檀弓上篇は、死に臨んだ孔子が門人の子貢に向かい、「夫れ明王興らざれば、而ち天下は其れ孰れか能く予を宗とせん。予は殆ど将に死せんとす」と語ったと記す。己の才能を見出して禅譲してくれる明王が世に現れなかったため、誰も自分を王朝の宗主にはしなかったとの嘆きである。禅譲に期待して裏切られた怨念は、ここにもその陰翳を深く刻んでいる。

『唐虞之道』の作者は、こうした怨念を背景に、禅譲だけが唯一有効な天下統治の方針だとする理論を形成した。理論化に際して作者は、統治論としての体裁を整えるため、愛親－孝－仁と尊賢－譲－義の二系統の倫理を接合して、血縁的倫理と非血縁的倫理を包摂する統治論を組み立てようとした。

これと同様の試みは『孝経』にも見られる。『孝経』広揚名章は、「君子の親に事うるや孝。故に忠は君に移すべし。兄に事うるや悌。故に順は長に移すべし。家に居るや理まる。故に治は官に移すべし」と、血縁的倫理は容易に非血縁的倫理に移行・転換し得るとして、孝を起点に両者をともに包摂する統治論を提出した。(11) この点で『唐虞之道』と『孝経』は似通った性格を示すのだが、『唐虞之道』は禅譲といった特殊な事例のみを前提にするため、血縁相続の場合には適用できず、『孝経』ほどの普遍性を持ち得ていない。

『唐虞之道』の立場を貫徹すれば、王朝はすべて一代限りとなって、夏・殷・周三代の聖王をも否定せざるを得なくなることは、すでに述べた。こうした理論的弱点は、すべて禅譲以外の方式を一切認めない狭い立場から発生してきている。『唐虞之道』は、『孟子』や『孝経』によって乗り越えられるべき多くの難点を、いまだその内部に抱えていたとしなければならない。

注

（1）郭店楚簡の詳細に関しては、本書の序文参照。

（2）郭店楚簡に含まれる儒家系文献は、『語叢』一・二・三・四を除けば、『緇衣』『魯穆公問子思』『窮達以時』『五行』『唐虞之道』『忠信之道』『成之聞之』『尊徳義』『性自命出』『六徳』の十篇である。

（3）以下『唐虞之道』の引用は、荊門市博物館『郭店楚墓竹簡』（文物出版社、一九九八年）が収める裘錫圭氏の釈文によるが、理解の便を図るため、異体字の類はできる限り通行の字体に改めた。また張光裕主編『郭店楚簡研究』第一巻・文字編（芸文印書館、一九九九年）や、李零「郭店楚簡校読記」（『道家文化研究』第十七輯・郭店楚簡専号、三聯書店、一九九九年）、東京大学郭店楚簡研究会編『郭店楚簡の思想史的研究』第一巻（一九九九年）、及び私見により、裘錫圭氏の釈文を改めた箇所があるが、紙数の都合で逐一の注記を省いた。

（4）陳偉「本文復原是一項長期艱巨的工作」（『湖北大学学報』哲学社会科学版、一九九二―二、一九九九年）は、『郭店楚墓竹簡』の配列による第十一簡と第十二簡の順番を入れ替えるべきだとする。論旨展開を記すに当たっては、陳偉氏の説に従って当該箇所の順番を入れ替えた。

（5）墨家の尚賢論の性格に関しては、拙稿「『墨子』尚賢論の特性について」（『國學院雑誌』七十七―六、一九七六年）参照。

（6）墨家の尚同論については、拙稿「『墨子』尚同論の構造―天子専制理論との対比―」（『文化』四十―一・二、一九七六年）参照。

（7）『窮達以時』と子思学派の関係については、本書の第二部・第三章参照。

（8）『史記』夏本紀は、「帝禹立而擧皐陶薦之、且授政焉、而皐陶卒。封皐陶之後於英六、或在許。而后擧益、任之政十年。帝禹東巡狩、至于會稽而崩。以天下授益。三年之喪畢、益讓帝禹之子啓、而辟居箕山之陽。禹子啓賢、天下屬意焉。及禹崩、雖授益、益之佐禹日淺、天下未洽。故諸侯皆去益而朝啓、曰吾君帝禹之子也。於是啓逐卽天子之位、是爲夏后帝啓」と記し、『孟子』とほぼ同様の立場を取る。ただし当初は皐陶に禅譲する意図があったとする点は、「帝曰、格汝禹、朕宅帝位三十有三載。耄期倦于勤。汝惟不怠、揔朕師。禹曰、朕德罔克、民不依。皐陶邁種德、德乃降、黎民懷之。帝念哉」との『書経』大禹謨の記述を踏まえたものであろう。

（9）『五行』と『孟子』の関係については、拙著『黄老道の成立と展開』（創文社、一九九二年）第三部第七章参照。

（10）この点に関しては、拙著『孔子神話』（『岩波書店』、一九九七年）第三章参照。

（11）『孝経』の統治論に関しては、注（10）の前掲拙著第六章参照。

第五章　『魯穆公問子思』における「忠臣」の思想

湯浅邦弘

はじめに

一九九三年、湖北省荊門市郭店一号楚墓から、七三〇枚の竹簡（有字簡）が発見された。一九九八年に公開された『郭店楚墓竹簡』（荊門市博物館編、文物出版社）によれば、郭店楚墓の墓葬年代は、その形態や出土器物から推測して、戦国中期後半、紀元前四世紀中葉から三世紀の初め。墓主は、周礼の規定から判断して、士の身分。更に、包山楚墓の形態や竹簡の文字との類似性を重視すると、墓葬年代は、紀元前三百年頃の可能性が高く、また、副葬品の状況から、墓主は七十歳以上の高齢で楚太子の師であったとの可能性も指摘されている。[1]

副葬されていた竹簡の中には、三種の『老子』写本と道家系文献『太一生水』の他、『礼記』緇衣篇とほぼ同内容の一篇や、馬王堆漢墓帛書本『五行』と類似する内容の一篇など、儒家系資料も豊富に含まれており、戦国中期およびそれ以前の思想的状況を解明するための貴重な資料として注目されている。[2]

本章では、この郭店楚簡の思想史的意義を解明する作業の一環として、儒家系文献の内の『魯穆公問子思』を取り上げ、そこで議論されている「忠臣」の思想について考察を加えてみることとする。『魯穆公問子思』は、「魯穆公」

と「子思」の問答で構成されており、郭店楚簡儒家系文献の中でも、ひときわ具体性の高い資料である。もっとも、総字数僅か百五十字程の内容であるため、思想史的な特質を析出しづらいという嫌いもある。[3] しかし、そこで話題とされている「忠臣」は、儒家を初め、広く先秦諸学派によって思想的課題とされたものであり、戦国期の思想的情況を探るための重要な手がかりになると考えられる。また、郭店楚簡の他の儒家系文献の中にも、「忠」および「忠臣」に論及するものがあり、郭店楚簡全体の性格を検討する際にも、重要な指針になると推測される。ここでは、『魯穆公問子思』の「忠臣」を検討することにより、戦国期に於ける「忠臣」の思想の展開、および郭店楚簡儒家系文献に於ける「忠」「忠臣」の思想の特質を展望してみることとしたい。

一　『魯穆公問子思』の「忠臣」

先ず、『魯穆公問子思』の原文、およびそれに基づく筆者の訓読を以下に示す。なお以下、原文の提示に際しては、荊門市博物館『郭店楚墓竹簡』（文物出版社、一九九八年）を底本とし、張光裕主編『郭店楚簡研究第一巻文字編』（芸文印書館、一九九九年）等の釈文を参照した。01等の数字は竹簡番号、（　）内は、底本とした『郭店楚墓竹簡』による釈読字、［　］内は欠字箇所の補足である。訓読文は釈読した文字に基づく。

01魯穆公昏（問）於子思曰、「可（何）女（如）而可胃（謂）忠臣」。子思曰、「恆爯（稱）02其君之亜（惡）者、可胃（謂）忠臣矣」。公不敓（悅）、咠（揖）而退之。成孫弋見、03公曰、「向（鄉）者虗（吾）昏（問）忠臣於子思、子思曰、『亙（恆）爯（稱）其君之亜（惡）者可胃（謂）忠04臣矣』。寡（寡）人惑安（焉）、而未之得也」。成孫弋曰、「悈（噫）、善才（哉）、言虐（乎）。05夫爲其君之古（故）殺其身者、嘗又（有）之矣。亙（恆）爯（稱）其君之亞（惡）者06未之又（有）也。夫爲其［君］之古（故）殺其身者、交录（祿）雀（爵）者也。亙（恆）07［稱其君］之亞（惡）［者、遠］录（祿）雀（爵）者［也。爲］義而遠录（祿）雀（爵）、非08子思、虛（吾）亞（惡）昏（聞）之矣」。

魯穆公子思に問いて曰く、「何如なれば忠臣と謂うべきか」。子思曰く、「恒に其の君の悪を称する者、忠臣と謂うべし」。公悦ばず、揖して之を退く。成孫弋《せいそんよく》見ゆ。公曰く、「嚮《さき》者に吾れ忠臣を子思に問う。子思曰く、『恒に其の君の悪を称する者、忠臣と謂うべし』と。寡人惑いて、未だ之を得ざるなり」。成孫弋曰く、「噫、善きかな、言たるや。夫れ其の君の故の為に其の身を殺す者、嘗て之有り。恒に其の君の悪を称する者、未だ之有らざるなり。夫れ其の［君］の故の為に其の身を殺す者は、禄爵と交わる者なり。恒に［其の君］の悪を［称する］［者は］、禄爵を［遠ざくる］者なり。義を［為］して禄爵を遠ざくるは、子思に非ずして、吾れ悪んぞ之を聞かん」。

このように、本資料は、魯穆公が「忠臣」とは何かを問い、それに対する子思の答えに穆公が釈然とせず、そして、子思と入れ替わりに穆公に謁見した成孫弋なる人物が、子思の「忠臣」観を解説して讃える、との構成を取っている。ここで子思が主張する「忠臣」とは、「恒に其の君の悪を称する者」である。また、成孫弋の解説によれば、そのことによって君主の不興を買い「禄爵」から遠ざかることがある臣下である。即ちここでは、「忠臣」と諫諍とが密接な関係に置かれていると言えよう。一方こうした「忠臣」と対比されているのが、「禄爵」の獲得を前提として君主のために身命を賭して働く臣下である。

それでは、このように「忠臣」が本資料で取り上げられたのは何故なのか、またここで子思が主張する「忠臣」は、如何なる思想史的意味を持つのであろうか。

二　『論語』の「忠」

そこで先ず確認すべきは、『論語』に於ける「忠」および「忠臣」であろう。ここでは、『論語』テキストがいつどのように成立したのかという問題には立ち入らず、あくまでその記述が、概ね孔子やその弟子たちの言を伝えているとの前提に立って、関係資料を取り上げてみる。

先ず、『論語』に於ける「忠」の意味を最も端的に表明するのは、「曾子曰く、吾れ日に三たび吾が身を省みる。人の為に謀りて忠ならざるか」（学而篇）、「（君子）忠信を主とす」（学而篇、子罕篇、顔淵篇）などの言であろう。ここでは、曾子自身、あるいは君子の要件として「忠」が挙げられている。また、「之（民）に臨むに荘を以てすれば則ち敬、孝慈なれば則ち忠」（為政篇）のように民の敬虔忠実という意で使用されたり、「忠告して善く之（友）を道《みちび》く」（顔淵篇）のように、交友関係に於ける「忠」告の意で使用される場合もある。即ち、「忠」は、広く対人関係の中で、他者に対する忠実さ、誠実さを表す語として使用されるのである。

そこで、「忠」はまた、「子曰く、十室の邑、必ず忠信丘の如き者有らん」（公冶長篇）のように、孔子自身のこととして語られ、「忠信」と連称されることもあり、「信」とともに言語に関わる徳目として説かれ、行動に関わる「篤敬」と対比される場合もある。(4)これらは、いずれも、他者に対して自己の心や言葉を偽らない、まごころを尽くす、という意味での用例である。

無論、後世一般的になっていく政治世界の中での「忠」、即ち臣下の徳目としての「忠」も窺うことはできる。「君臣を使うに礼を以てし、臣君に事うるに忠を以てす」（八佾篇）というのはその例であり、確かに君臣関係の中で「忠」が説かれている。但し、『論語』全体の中では、例えば、「子張政を問う。子曰く、之に居りて倦むこと無く、之を行うに忠を以てす」（顔淵篇）のように、政治的世界での「忠」を説く場合に於てすら、必ずしも君に対する臣下の徳目として固定されている訳ではない。

それでは、『魯穆公問子思』で「恒に其の君の悪を称す」といわれたような諫諍についてはどうであろうか。後述のように、「忠臣」観念の先鋭化には、諫諍が関与していると推測されるが、『論語』では、それを努めて慎重にしようとの意識が働いている。例えば、「子夏曰く、……信ぜられて而して後に諫む。未だ信ぜられざれば、則ち以て己を謗ると為すなり」（子張篇）と、充分な信頼関係を築いてから諫言すべしとし、また、「子游曰く、君に事うるに数々すれば、斯に辱めらる」（里仁篇）と、煩瑣な諫言が否定され、更に、「成事は説かず、遂事は諫めず、既往は咎めず」（八佾篇）と、遡及的な諫言が否定されている。他方、後世では、諫言によって死を賜り「忠臣」の典型的人物とされるに至る比干が[5]、「微子は之を去り、箕子は之が奴と為り、比干は諫めて死す。孔子曰く、殷に三仁有り」（微子篇）のように、微子・箕子とともに、殷の「仁」者とされてはいるが、「忠」であるとは評されない。

但し、憲問篇の「子路、君に事えんことを問う。子曰く、欺くこと勿かれ。而して之を犯せ」という激しい孔子の言は[6]、それを「諫諍」の意と解した場合、『魯穆公問子思』に見える激烈な子思の言に通ずるように思われる。しかし、いずれにしても、『論語』では、「忠」と諫諍とは密接な関係を持つものとしては意識されていない。従って、この両者を関連づけた所に、先ずは『魯穆公問子思』の思想的特色が認められると言えよう。

三　『墨子』の「忠臣」と「諫諍」

それでは、こうした特色が形成される要因は何であったろうか。そこで先ず注目すべきは子思学派の特性であり、また儒家的「忠臣」観念に対する墨家からの厳しい批判である。

種々の伝承によれば、子思は、毅然とした態度で正論を展開するという点に際だった特徴があり、孔子没後に分裂した儒家諸派の中でも先鋭な思想活動を行っていたとされる。例えば、『孟子』に伝えられる「子思」像は次のようなものであった。

繆公亟《しばしば》子思を見て曰く、「古は千乗の国も以て士を友とす。如何」。子思悦ばずして曰く、「古の人言える有り、之に事うと曰うも、豈に之を友とすと曰わんや」。子思の悦ばざるや、豈に「位を以てすれば、則ち子は君なり、吾れは臣なり、何ぞ敢て君と友たらん、徳を以てすれば、則ち子は我に事うる者なり、奚ぞ以て我と友たるべけん」と曰わざらんや。千乗の君すら之と友たるを求めて得べからざるなり。而るに況んや召すべけんや。（『孟子』万章下）

この一節は、君主が賢者を登用する際、「師」として丁重に招請すべきことを説くものである。孟子はその具体例として、繆公に対する子思の毅然とした態度を挙げている。即ち、子思は、君臣関係という政治的「位」から言えば「臣」であるものの、「徳」という観点から言えば、君主の「師」であるとの意識を持っていたと、『孟子』は説くのである。こうした子思の態度は、確かに、『魯穆公問子思』に見えるような「恒に其の君の悪を称す」という言に合致すると考えて良いであろう。

ただ、こうした「忠臣」観の形成を、ひとり子思の特異性のみに求めるだけでは不十分であるように思われる。そこには、「忠臣」の思想それ自体を先鋭化させる他の必然性も想定されるのではなかろうか。

そこで注目されるのは他学派との関係であり、特に墨家の「忠臣」観であると思われる。「世の顕学は儒墨なり」（『韓非子』顕学）と称され、儒家とともに一大勢力を誇って特異な思想活動を展開した墨家は、「忠臣」と諫諍との関係を次のように論じた。(7)

魯陽文君、子墨子に謂いて曰く、我に語るに忠臣を以てする者有り。之をして俯さしむれば則ち俯し、之をして仰がしむれば則ち仰ぎ、虚なれば則ち静、呼べば則ち応ず。忠臣と謂うべきか。子墨子曰く、之をして俯さしむれば則ち俯し、之をして仰がしむれば則ち仰ぐ、是れ景に似たり。虚なれば則ち静、呼べば則ち応ず、是れ響に似たり。君将に何をか景と響とに得んとするや。若し翟の所謂忠臣なる者を以てすれば、上に過ち有れば則ち之を微《うかが》いて以て諫め、己善有れば則ち之を上に訪《はか》り、而して敢て以て告ぐる無し。外其の邪を匡して其の善を入れ、同を尚びて下比無し。是を以て美善上に在りて怨讐下に在り、安楽上に在りて憂慼下に在り。此れ翟の所謂忠臣なる者なり。（『墨子』魯問）

ここでは、「之をして俯さしむれば則ち俯し、之をして仰がしむれば則ち仰ぎ、虚なれば則ち静、呼べば則ち応ず」という従順な臣下が「忠臣」ではないのかと問う「魯陽文君」に対して、墨翟は、君主の言うがままに行動する臣下を忠臣とは認めず、君主の過失を諫め、善い意見を奏上し、しかも手柄を君主のものとし、憂いを自分が引き受けるという臣下を、真の「忠臣」と定義する。ここで批判対象となっている「忠臣」が儒家の説くそれであることは、次の資料からも容易に推測される。

夫れ仁人は上に事えて忠を竭《つく》し、親に事えて孝を得、善に務むれば則ち美みし、過ち有らば則ち諫む。此れ人臣為るの道なり。今之を撃てば則ち鳴り、撃たざれば鳴らず、知を隠し力を予《お》き、恬漠として問を待ちて後に対え、君親の大利有りと雖も、問わざれば言わず。……是を以て人臣と為りて忠ならず、子と為りて孝ならず。……用《もっ》て急なりと難（雖）も、遺行遠し。（『墨子』非儒下）

ここで批判される儒家的臣下とは、打てば鳴り、打たねば鳴らぬという「鐘」に喩えられている。それは、積極性に欠け、知識を隠し余力を残すことを意味する。更に、そうした人間は、朝廷では後ろにあって何も言わないが、自分に利益となる場合には、他人に遅れることを恐れて発言し、危急の際には君主を見捨てて遠くへ逃げてしまう、という自己保身に走ることも、批判の要件となっている。墨家はこのように、真の「人臣」とは、国家や君主の「利」のために、時に君主に逆らうこともあると主張して、臣下と諫諍との関係を明確にしつつ、儒家的臣下が単に君主に盲従するだけの臣下であり、真の「忠」ではないと厳しく批判するのである。

四　「忠」と「諫」との関係

このように、「忠臣」観念の明確化に諫諍が深く関わっていることが推測される。そこで、諸思想に於ける「忠」と諫諍との関係を以下にまとめることによって、『魯穆公問子思』の位置を確認してみることにしよう。

先ず、臣下が「忠」でありながら諫諍が発生しない、あるいは発生しづらい場合としては、次の二つが想定される。第一は、臣下が、君主の言動の是非に関わらずひたすら追従していく場合であり、右の『墨子』の中に見られた通り、墨家から見た儒家的忠臣がこれに相当する。

第二は、君主に対する臣下のまごころといった内面的問題とは関わりなく、言わばシステムとして、臣下が君主に絶対的忠誠を尽くす、あるいは尽くさざるを得ないとされる場合であり、法家や兵家の例がそれに相当する。

例えば、『孫臏兵法』では、戦勝に於ける「人事」の重要性を説く中で、その重要な要素の一つに、将軍の「忠」を挙げ[8]、『六韜』も君主への忠誠を将軍の資質の一つに挙げている。[9]また、『商君書』では、「官を授け爵を予うるに其の労を以てせざれば、則ち忠臣進まず、賞を行い禄を賦するに其の功を称せざれば、則ち戦士用いられず」(修権)と、「官」「爵」が官僚体制下に於ける臣下の「労(功績)」に応じて与えられるものであり、その官爵を求めて忠勤する者が「忠臣」である、と説かれている。そこでは、「忠臣」が「戦士」と併記されており、このことからも、法家と兵家に於ける「忠」が類縁関係にあったことが推測される。[10]そしてまた、こうした「忠臣」が「授官予爵」によって裏付けられていることを重視すれば、『魯穆公問子思』に於ける「忠臣」観は、結果的にこうした「忠臣」観に対する批判ともなっているように思われる。

次に、「忠臣」と諫諍とが密接な関係にあるとされる場合としては、以下の四つが想定される。第一は、臣下が君主のためを思えばこそ、時に君主の意向に逆らってでも諫言するという場合であり、前記の『墨子』、および儒家系文献では『孝経』がこれに相当する。

『孝経』諫諍章では、「昔者天子に争臣七人有れば、無道と雖も、其の天下を失わず」と「争臣」が評価され、また、君父の「不義に当たりては、則ち子以て父を争《いさ》めざるべからず、臣以て君を争めざるべからず」と諫諍の重要性が説かれている。事君章でも同様に、「君子」の「上に事うる」心得として、「其（君）の美に将順《したが》い、其の悪を匡救《ただ》す」ことを挙げている。これらは、前記の法家・兵家の「忠臣」とは異なり、「禄爵」を裏付けとはせずに、君主に対する思いが止むを得ず諫諍として表出するというものであろう。

第二は、臣下が、君主と社稷（国家）とを区別した上で、君主個人よりも社稷を重視することによって諫諍が生ずるとされる場合である。これは、晏嬰の思想として特徴的に窺うことができる。銀雀山漢墓竹簡の出土によって、その資料的価値を回復しつつある『晏子春秋』(11)には、斉の景公に対する晏子の諫諍が大量に記されている。そこではまた、「忠臣」そのものも重要な論点の一つとなっている。

景公晏子に問いて曰く、「忠臣の行いは何如」。対えて曰く、「君の過を掩わず、前に諫めて外に華せず、……位を称りて以て忠と為さず、賢を揜いて以て長を隠さず、下を刻して以て上に諛わず、君在れば太子に事えず、国危うければ諸侯に交わらず、順なれば則ち進み、否《しか》らざれば則ち退き、君と邪を行わざるなり」。（内篇問上、景公問忠臣之行何如晏子対以不与君行邪第二十）

ここで晏子が定義する「忠臣」とは、「君の過を掩わず、前に諫めて外に華せず」「順なれば則ち進み、否らざれば則ち退き、君と邪を行わ」ないというものである。つまり、君主の過失をそのままにせず、率直に諫言するのが忠臣であると説くのである。また、その諫諍は、「臣聞く、忠臣は死を避けず、諫は罪を違わず。君臣を聴かざれば、臣将に逝かんとす」（内篇諫下、景公春夏游猟興役晏子諫第八）の如く、「死」「罪」となることを覚悟したものであった。晏子がこのような厳しい姿勢を打ち出す背景には、次の資料に見られるような国家至上主義的発想が存在するからであると推測される。

曰く、吾が君死せり。安んぞ帰らん。民に君たる者は、豈に以て民を陵がん。社稷是れ主とす。君に臣たる者は、豈に其の口実の為ならん。社稷是れ養わんとす。故に君社稷の為に死せば、則ち之に死し、社稷の為に亡せば、則ち之に亡す。若し君己の為に死し己の為に亡せば、其の私暱に非ずんば、誰か敢て之に任ぜん。（内篇雑上、荘公不用晏子晏子致邑而退後有崔氏之禍第二、『左伝』襄公二十五年にほぼ同文あり）

この記事は、君主と社稷とを峻別して考える晏子の姿を伝えている。即ち、晏子は、君主が社稷のために「死」「亡」（命）」するのであれば、臣下もそれに従うが、君主の個人的な理由による「死」「亡」の場合には従わない、という立場を表明している。従って、晏子に於ても、君主の言動が社稷の利に合致し、両者がほぼ重複して臣下の目に映じている限りに於ては、諫諍は必要とされない。しかし、君主の言動が社稷の利から乖離して見えた際には、臣下は社稷の利を優先して、君主に厳しく諫言するというのである。ここには、君主と社稷とを峻別せんとする先鋭な思考が表れていると言えよう。

諫諍が生ずるとされる第三は、臣下が、君臣関係の外側に規定された「法」を尊重する場合であり、『管子』の中に窺うことができる。即ち、「能く法に拠りて阿《おもね》らず、上以て主の過ちを匡し、下以て民の病を振う者、忠臣の行いなり」（君臣下）と、「法」を指標として君の是非を判定し、「主の過ちを匡」すのが「忠臣」であると説くのである。

最後に、第四として挙げられるのは、臣下が君主や社稷をも越えた「義」や「利」を重視している場合であり、これは前記の『墨子』に顕著である。墨家は、「墨者の義」「天下の利」を掲げて奔走した。『呂氏春秋』上徳篇に見える鉅子孟勝らの集団自決事件は、君への「忠」と墨者の「義」との関係を端的に示す一例である。(12)

そして、郭店楚簡『魯穆公問子思』の「忠臣」も、「義」のために「禄爵」を遠ざけることのある臣下であると解説されていた。もちろん、『魯穆公問子思』の「義」が具体的に何を意識しており、それが墨家の言う「義」とどのような関係にあるのかなどについては、この僅かな資料からは断定できない。しかし少なくとも、「忠」の名のもとに特定の君主や国家に我が身を埋没させるという臣下とは異なる臣下の姿が想定されており、その点に限定すれば、『魯穆公問子思』の忠臣・諫諍は墨家のそれにむしろ類似していると言える。だからこそ「魯穆公」は、こうした子思の言に釈然としなかったと記されているのであろう。「魯穆公」が期待したのは、君主の是非善悪などを問題とせずに、ひたすら身命を賭して働く「忠臣」だったからである。

五　郭店楚簡と儒家の「忠」「忠臣」

さて、以上のような「忠臣」「諫諍」の分析を踏まえ、改めて『魯穆公問子思』の特色とその思想史的意義について考察してみよう。

先ず、『論語』に散見する孔子などの言に於てはなお不明確であった「忠臣」と諫諍の観念を、『魯穆公問子思』は明確に意識していると言えるであろう。『論語』に於ける「忠」は、広く対人関係の中で登場する徳目の一つであったのに対し、『魯穆公問子思』の「忠臣」は、明らかに、君臣という政治的関係の中に位置づけられていた。しかも、子思や成孫弋の説く「忠臣」は、「禄爵」に拘束されることなく、「義」の実現のために「恒に其の君の悪を称する者」とされていた。

このことは、結果的に、墨家からの批判に対する反論と捉えることができよう。墨家の目に映じていた儒家的忠臣とは、君主に盲従するだけで自己主張しない臣下であった。しかし、ここで説かれる忠臣は、決して心情的な君臣関係に自己を埋没させることなく、堂々と君主に苦言を呈する臣下とされている。また、「禄爵」のためではなく、「義」の実現のために諫諍するという臣下像は、心の在り方を不問に付す法家・兵家的な忠臣論に対する批判と捉えることも可能であろう。このように、『魯穆公問子思』は、儒家思想が政治思想として一定の展開を遂げつつあることを示唆する資料であると言えよう。

また、このことは、郭店楚簡儒家系文献全体についても概ね該当するように思われる。郭店楚簡儒家系文献の体系性、相互の関係などについては、今後更に検討すべき大きな課題であるが、ここでは、「忠」「忠臣」に限定して、若干論及しておきたい。

郭店楚簡儒家系文献の中で、「忠」「忠臣」に言及するものとしては、他に『忠信之道』『六徳』『語叢』などがある。その詳細については割愛するが、これらは「忠」を含む種々の徳目を、政治思想として明確化せんとする点に於て、おおよその共通性を示している。この点は、郭店楚簡全体の性格を規定する重要な指針となろう。

ただ、「忠」に限定して言えば、それはなお未分化、未定着の段階にあったと考えられる。例えば、『忠信之道』では、その冒頭、「譌《いつわ》らず孚《かく》さざるは、忠の至りなり。欺かず智《たくら》まざるは、信の至りなり。忠積まば則ち親しむべきなり。信積まば則ち信ずべきなり」と、「忠」と「信」とを区別しつつ論じ始める。しかし結局は、「天地に順うとは、忠信の謂なり」の如く一括される。また、いずれにしても「忠」「信」は「忠信積みて［而も］民の親信せざる者は、未だ之れ有らざるなり」「君子は其の施《ほどこ》すや忠」と説かれるように、為政者（君子）の徳目と認識されている。

また、『六徳』では、先ず「聖智」「仁義」「忠信」という組み合わせを明示し、その内の「忠信」は、「人民を聚め、土地を任とし、此の民に生死の用を足らしむるは、忠信なる者に非ずんば之を能くする莫きなり」と、土地・人民生活の管理に関わる為政者の徳目であると定義して、『忠信之道』との類似性を示す。ところが、篇の半ばでは、「六位」「六職」「六徳」を相互に関係づけ、「六徳」の内の「忠」を、「六位」の内の「臣」、および「六職」の内の「事」に各々比定して、『魯穆公問子思』との類似性を見せるなど、篇内部でもやや揺らぎが見える。

更に、『語叢』一では、徳目を「内」「外」概念で区別し、「中由り出づる者は、仁、忠、信。……仁は人に生じ、義は道に生ず。或いは内に生じ、或いは外に生ず」と説き、「中由り出づ」るものとして「仁・忠・信」の三者を同類と見なしている。

このように、郭店楚簡では、「忠」は臣下の徳目であるとの共通認識が一応形成されているように思えるものの、篇によってなお揺らぎがあることが分かる。このことは、孔子やその直弟子たちの説いた「忠」の観念が後の儒家に対し、依然として大きな影響力を持っていたことを示唆している。

次に、第二の思想史的意義として留意すべきは、時代的にも近接している『孟子』との関係であろう。『魯穆公問子思』に於ける「忠臣」の思想は、『孟子』のそれとどのような関係にあるのであろうか。

『孟子』には、『論語』に見られた「忠」の観念が濃厚に反映している。例えば、「人に分つに財を以てす、之を恵と謂い、人に教うるに善を以てす、之を忠と謂い、天下の為に人を得る、之を仁と謂う」（滕文公上）と、恵・忠・仁を併称した上で、人に善を教えるのを「忠」と定義する。また、「君子は必ず自ら反みるなり。我必ず不忠ならんと」（離婁下）と、君子の内省する要件として「仁」「礼」とともに「忠」を掲げ、また、「仁義忠信、善を楽しみて倦まざるは、此れ天爵なり」（告子上）と、「天爵（天から与えられる爵位）」として「仁義忠信」の四徳を連称し、「君子の是の国に居るや、其の君之を用うれば、則ち安富尊栄し、其の子弟之に従えば、則ち孝弟忠信なり。素餐せざること、孰れか是より大ならん」（尽心上）と、君子が「素餐（耕作せずして食らうこと）」できる要件として、「孝悌忠信」という美徳を挙げるなど、概ね『論語』に見られた「忠」が継承されていると言える。

しかし一方で孟子は、心情的な関係に拘束されない君臣の在り方や諫諍については、子思同様の厳しい見方を提示している。

斉の宣王卿を問う。孟子曰く、「王何の卿をか之を問う」。王曰く、「卿同じからざるか」。曰く、「同じからず。貴戚の卿有り、異姓の卿有り」。王曰く、「貴戚の卿を請問す」。曰く、「君に大過有れば則ち諫め、之を反覆して聴かざれば、則ち位を易う」。王勃然として色を変ず。曰く、「王異とする勿かれ。王臣に問う。臣敢て正を以て対えずんばあらず」。王色定まり、然る後に異姓の卿を請問す。曰く、「君に過ち有れば則ち諫め、之を反覆して聴かざれば、則ち去る」。（万章下）

ここで「卿」の職責について下問された孟子は、同姓の卿の場合は、君主に重大な過失があれば諫言し、繰り返し諫言しても聞き入れられなければ王を易える。異性の卿の場合は他国に去る、と答えている[13]。従来この資料は、「革命」思想に通ずるものとして、その前半部（同姓の卿の場合）が特に注目されてきたが、その後半部（異姓の卿の場合）も重要であると思われる。何故なら、これは、墨家の批判にもあるように、危急の際には逃亡を図るという無責任な「忠臣」像を想起させるとも言えるが、一方では、「鐘」の如くただ君主に追従するだけの臣下とは異なる臣下像を提起しているとも言えるからである。場合によっては、君臣関係そのものを破棄して他国に去るとする点は、「禄爵」を遠ざけるという『魯穆公問子思』の「忠臣」同様、特定の君臣関係に拘束されない臣下の在り方を説くものと考えられる。

こうした諫諍後の君臣の在り方は、実は他の多くの儒家系文献にも見られ、「三たび諫めて聴かれざれば、之を逃る」ことがむしろ「人臣の礼」として肯定されることとなる（『礼記』曲礼下など）。しかし、そうした行動は、他学派に於ては必ずしも肯定されない。例えば、前記のように、墨家や『晏子春秋』では、諫諍した以上は、死・罪を覚悟するという激烈なものとなる。それは、墨家が特定の国家や君主を越えた「義」に殉ずることを理想とし、また、晏子が君主個人よりも社稷の安定的存続を優先すべきと考えるためである。

残念ながら、『魯穆公問子思』には諫諍後の身の処し方についての議論は見られないが、「禄爵」を遠ざけることが想定されている以上、少なくとも、眼前の君主に殉ずるという結末は想定されていないのではなかろうか。ただ、いずれにしても、孟子は『魯穆公問子思』で堅く連結されていた「忠臣」と諫諍とを切り離した上で、「忠」の側については孔子の言をほぼ継承する一方、「諫」の側については、子思の「其の君の悪を称す」という性格を継承し、更に発展させていると考えられるのである。

それでは、孟子がこうした見解を提示したのは何故であろうか。その背景の一つとして考えられるのは、孟子自身によって語られる次のような孔子の出処進退の姿である。

以て仕うべくんば則ち仕え、以て止むべくんば則ち止み、以て久しくすべくんば則ち久しくし、以て速かにすべくんば則ち速かにするは、孔子なり。皆古の聖人なり。吾れ未だ行うこと能わざるも、乃ち願う所は、則ち孔子

を学ばん。（公孫丑上）

ここで孟子は、伯夷・伊尹・孔子の三者を比較し、「其の君に非ざれば仕えず、其の民に非ざれば使わず、治まれば則ち進み、乱るれば則ち退く」のが伯夷、君主・人民の如何を問わず常に政治に携わるのが伊尹であるのに対して、進退をその都度判断し、「止」めた方が良いときには、「速かに」立ち去ってしまうのが孔子流の方法であると説く。そして孟子は、この三人の「聖人」の内、自らは孔子を理想として学びたいと宣言するのである。これは、為政への強い意志を持ちながら、特定の君臣関係を結ぶことなく、諸国を遍歴せざるを得なかった孔子の人生を念頭に置いた発言であろう。孔子が高き理想を掲げて遊説しながら、仕官かなわず諸国を去ることになったのは、決して、その理想が誤っていたからではなく、「以て仕うべくんば則ち仕え、以て止むべくんば則ち止」むという孔子自身の判断によるものであった。孟子はこのように考え、孔子の諸国遍歴を美化するとともに、また自身の遊説活動をも正当化しようとしているのではなかろうか。

このことは、「忠臣」の思想の成立やその展開が、儒家や墨家にとっては、それぞれの存在意義と深く関わっていたことを示唆している。何故なら、儒者・墨者は、学団を組織して思想活動を展開したという点で、先秦諸学派の中でも特色のある思想集団であった。彼らは他国の臣下や食客として当該国の君主に仕えつつ、その中で自学派の思想の宣揚・実践に努めた。彼らの最終目標は、単に当該国やその君主に殉ずることではなく、その国家や君主を通じてそれぞれの理想を実現することにあった。即ち、彼らは、特定の君臣関係の中に身を置きながら、自学派の理念を追究していくという、ある意味では大きな矛盾を抱えて活動していた。このような構造の中で模索される「忠臣」とは、実は、自らの存在意義そのものを問う思想であったと言えるのである。

おわりに

本章では、郭店楚簡儒家系文献の内、『魯穆公問子思』を取り上げ、そこに見られる「忠臣」の思想について検討を加えてきた。分量的に僅かな資料であるため、ここでは、「忠臣」の思想の成立や展開について、『魯穆公問子思』の与えた可能性を分析するに止まった。それは、『論語』に於ける「忠」の観念を政治思想化し、また、「忠」とは別概念と意識されていた「諫諍」を忠臣の属性として明確に規定したことである。更に、「禄爵」よりも「義」を尊重せんとする忠臣の姿は、一国家や一君主に殉ずる「忠臣」とは異なる型の「忠臣」像を導く可能性を秘めていた。孟子はそこに孔子の人生を重ね、更なる理論化を企図したと考えられる。

しかしながら、儒家の説く「忠臣」は、墨家の目には、単に君主に追従するだけの無能の臣下と映じていた。また、死・罪を覚悟の上で、直諫すべしとする晏子の諫諍と比べても、儒家の諫諍には一定の限度が見られた。「子思に非ずして、吾れ悪んぞ之を聞かん」という成孫弋の言も、子思を讃える言葉と捉えるべきではあろうが、一方では、子思以外の儒家には余り見られなかった実践であることを率直に語っているとも言える。

これは、儒家の脳裏に深く刻み込まれた孔子の言の記憶によるのではなかろうか。孔子の説く「忠」とは、基本的には具体的な人間関係の中に於ける他者に対するまごころの意であり、「不忠」とは他者に対してまごころを尽くさぬこと、心を偽ることであった。墨家の意識する「不忠」が墨者の大義や天下の利に背くことであり、晏子の「不忠」が社稷に対する背信であったことと対比してみれば、その特色は明らかであろう。

とすれば、『魯穆公問子思』に見られた「忠臣」なるものが、儒家内部でその後どのように展開していったのかについても、おおよその推測が可能となろう。それは、「忠臣」と「諫諍」とを結びつけることによって、特定の君臣関係の呪縛を説き、忠臣たる思想家が自己実現を果たして行く道を開くものではあった。しかし、やはり儒家の徒にとって、「忠」とは他者に対して心を偽らず、心情的関係を破壊しないことであった。そうした強固な意識は、『魯穆公問子思』の「忠臣」観を更に強化させるような思想的営為に対し、強い抵抗となって表れたと推測される。

それはまた、後に「忠」と諫諍との在り方を整理した『荀子』に於ても同様であったと思われる。『荀子』は、「諫」「争」「輔」「弼」を区別し、君主側の視点から納諫の重要性を説くなど、新たな観点を加えて説明に努めている。[14]また、「道に従いて君に従わず、義に従いて父に従わず」（子道）と、君臣関係、父子関係に「道」「義」を介入させ、心情的な君臣・父子関係に拘束されない臣子の在り方を提示してもいる。しかし、基本的には、「徳を以て君を覆して之を化するは大忠なり。徳を以て君を調えて之を輔くるは次忠なり。是を以て非を諫めて之を怒らすは下忠なり」（臣道）と説き、「徳」による感化を最上とする一方、諫諍によって君主の怒りを買うのを「下忠」と定義している。ここにも、「忠」に関する儒家の遠い記憶が投影されていると言えるのではなかろうか。

注

（1）姜広輝「郭店一号墓墓主是誰」（『中国哲学』第二十輯、遼寧教育出版社、一九九九年一月）参照。

（2）こうした中で、李承律「郭店楚簡『魯穆公問子思』の忠臣観について」（『郭店楚簡の思想史的研究』第一巻、東京大学郭店楚簡研究会編、一九九九年）の如く、本資料を戦国末期の成立と考えるものもある。但し、その論拠とされている、『荀子』以前に「忠臣」の思想が余り見えないとする点は、既存資料を不動の指標とした上での推論であり、むしろ、これら新出土資料の研究成果によって、既存文献の成立時期や思想的意義を修正し、思想史の空白を埋めていくという視点も必要なのではなかろうか。その意味では、同氏が戦国末期以降の資料として挙げている『墨子』『管子』『晏子春秋』『孝経』『礼記』などについても、今後、その成立時期を再考する必要があるように思われる。

（3）そもそも、子思の思想を明確に宣揚するための思想的文献としては、やや物足りない印象が残る。そうした意味では、席盤林「論魯穆公変法中的子思－郭店楚簡『魯穆公問子思』及相関問題研究」（『簡帛《五行》箋釈』、万巻楼図書、二〇〇〇年）の如く、子思による「忠臣」の思想よりは、むしろ「忠臣」について下問した魯穆公の意識や、魯穆公と子思の対立を、当時の斉魯の情勢から考察する見解も重要であると思われる。

（4）「子張問行、子曰、言忠信、行篤敬、雖蛮貊之邦行矣」（衛霊公篇）、「孔子曰、君子有九思、……言思忠、事思敬、疑思問」（季氏篇）。

（5）例えば、『史記』李斯伝には、「昔者桀殺關龍逢、紂殺王子比干、呉王夫差殺伍子胥。此三臣者、豈不忠哉」と見える。

（6）但し、異説もあり、これを「犯諫」の意で解釈するのは古注（孔安国）に基づくものである。

（7）『墨子』の成立については諸説があるが、ここでは、この魯問篇を初めとする説話類を考証して、初期墨家の状況を伝える資料であるとする浅野裕一「墨家集団の質的変化」（『日本中国学会報』第三四集、一九八二年）に従った。

（8）簒卒篇に「孫子曰、勝在盡〔忠〕、明賞、撰（選）卒、乘敵之〔弊〕。是胃（謂）泰武之葆」、「□□令、一曰信、二曰忠、三曰敢」とある。なお、欠字箇所の補足「忠」「弊」については、張震澤『孫臏兵法校理』（中華書局、一九八四年）に従った。

（9）龍韜・論将篇に「所謂五材者、勇、智、仁、信、忠也、勇則不可犯、智則不可亂、仁則愛人、信則不欺人、忠則無二心」とある。

（10）但し法家に於ても、「忠」を、『論語』に見えるような「まごころ」と解した上での議論では、「忠」自体が厳しく否定されることとなる。『慎子』に「乱世の中、亡国の臣、独り忠臣無きに非ざるなり。治国の中、顕君の臣、独り能く忠を尽くすに非ざるなり。……是れに由りて之を観れば、忠は未だ乱世を救うに足らずして、適だ以て非を重ぬるに足るのみ」（知忠）とあるのはその例である。

（11）『晏子春秋』の成立時期について、谷中信一『晏子春秋』（明治書院、二〇〇〇年）「解題」は、銀雀山漢墓竹簡の発見が、

『晏子春秋』の戦国期成立を直接立証するまでには至らなかったとしつつも、学問思想の融合が促進されていた稷下の学の風潮を重視し、『晏子春秋』はまさにそうした時代背景の中から生まれていったと説く。また、鄭良樹「論《晏子春秋》的編写及成書過程（上・下）」（『管子学刊』二〇〇〇年第一期・二期）は、現行本の最終的な刪定は劉向によるとしながらも、その基本素材は、晏嬰の死後ほどなく、春秋末から戦国初期に形成されたと論じ、他文献（例えば『左伝』）所収説話との重複現象についても、むしろ他文献が『晏子春秋』を襲った部分があることを指摘する。

（12）浅野裕一『墨子』（講談社学術文庫、一九九八年）は、一見、楚の陽城君に対する「忠」節心の発露と見えるこの集団自決を、墨者の信用を守り、墨家の事業を後世に存続させる、即ち墨者の義に殉ずるための行為であると解説する。

（13）「易位」について、趙岐注は、「易君之位、更立親戚之賢者」とする。

（14）臣道篇に「大臣父兄、有能進言於君、用則可、不用則去、謂之諫。有能進言於君、用則可、不用則死、謂之爭。……伊尹箕子可謂諫矣、比干子胥可謂爭矣」とある。

第六章　『尊徳義』における理想的統治[1]

菅本大二

はじめに

一九九三年に湖北省荊門市郭店の一号楚墓から、七三〇枚の竹簡が発見された。この竹簡はその後整理・解読され、一九九八年五月に至って、写真と釈文からなる『郭店楚墓竹簡』が文物出版社から刊行された。日本にこの『郭店楚墓竹簡』が輸入されたのは、一九九八年夏以降であった。それ以後、日本の研究者もその竹簡の全容を知ることが可能になったのである。竹簡資料の中には、本章で取りあげた『尊徳義』や現行『礼記』の緇衣篇、馬王堆漢墓からも発見された『五行篇』などの儒家関係の文献や三種類の『老子』のテキストなどが含まれていた。

この郭店楚墓の埋葬年代は、『郭店楚墓竹簡』では具体的な数字は明示されずに戦国中期の後半とされていたが、中国の考古学界では、紀元前三〇〇年頃とする見方でほぼ一致している。[2]この年代はそのまま竹簡の書写年代の下限となるわけで、竹簡諸篇の成立は少なくともそれ以前ということになる。儒家系統の資料に関していえば、孟子とほぼ同時代であり、荀子以前の文献資料というわけである。

このような郭店楚簡に関する思想研究については、三種の老子や「太一生水」に関するものが先行しており、『尊徳義』に関しては、後にも触れるが釈読類が中心であり、思想史上の位置などを論ずる専論は筆者の見る限りにおいてはまだ発表されていないようである。(3) ただ、儒家関係文献を総じて論じられたものとして、廖名春「郭店楚簡儒家著作考」(『孔子研究』一九九八年三期)があり、その中に紙数はわずかながらも『尊徳義』に関する考察を見ることができる。以下、廖氏の考察を確認しておこう。

まず『尊徳義』にみられる「刑不逮于君子、礼不逮于小人」という記述が、『礼記』曲礼上の「礼不下庶人、刑不上大夫」、賈誼『新書』階級篇の「故古者礼不及庶人、刑不至君子」に類似していることを指摘している。そして、この三者の関係について、従来は『礼記』の説は賈誼の説を発展させたもので、賈誼の説は『荀子』富国篇の説を改変したものであるとの考え方もあったが、この簡文も賈誼の説も『礼記』曲礼上に由来し、『荀子』も曲礼を発展させたと考えられる、としている。どうして、一気に『礼記』曲礼上の説が最も古いものと言えるのかという考證は無いので、廖氏の予想ということで理解するしかない。

廖氏はまた、『尊徳義』にみられる「徳之流、速乎置郵而伝命」は孟子公孫丑篇で「孔子曰、『徳之流行、速於置郵而伝命』」と、「孔子曰」として引用している点、「流」を「流行」に作ってわかりやすくしている点から、この簡文が孟子の引用の出拠であるとする。『尊徳義』に「孔子曰」とされていないのは、それが孔子の佚文だからと考えている。また「下之事上也、不従其命、而従其所行、上好是物也、下必有甚焉者」(『尊徳義』)についても、『礼記』緇衣篇・郭店楚簡「緇衣」、『孟子』滕文公上篇が、この句を「子曰」、「孔子曰」として引用しており、『孟子』では「上好是物也」を「上有好者」として普遍性を持たせていることから、まず『孟子』が『尊徳義』や「緇衣」より後出であり、『尊徳義』は孔子の作としている。「子曰」「孔子曰」とはなっていないから、孔子の作とする点には唐突の感を免れないが、『孟子』が郭店楚簡よりも後出であるという点は、考古学の前三〇〇年以前の書物であるとする判断からすれば、首肯しうる見解であろう。

本章では、『尊徳義』中の「刑は君子に逮ばず、礼は小人に逮ばず」にスポットをあて、『尊徳義』が目指している統治のあり方がどのようなものだったのかを「礼」と「刑」を中心として見ていきたい。孔子において相反するものとして規定された「礼」と「刑」あるいは「法」は、二千年以上も前の文献の中ではどのように語られていたのだろうか。(4)

一

前述したように、郭店楚簡『尊徳義』の中には、これまで『礼記』などに見られていた「礼」と「刑」の使い分けの考え方が説かれていた。本節では、その内容を議論する前に、すでに我々が見ることのできていた三書、つまり『礼記』曲礼上・賈誼『新書』・『荀子』富国篇の類似句に関して検討しておきたいと思う。その際には、『尊徳義』が「君子」と「小人」という分け方をしていたことを念頭に置きながら考察を進めていく。

まず、『礼記』曲礼上篇における該当部分は次の一節である。

国君式に撫れば、大夫之に下る。大夫式に撫れば、士之に下る。礼は庶人に下らず、刑は大夫に上らず。刑人は君側に在らず。兵車には式せず。武車は旌を綏れ、徳車は旌を結ぶ。（『礼記』曲礼上篇）

この部分は一文一文の連続関係が希薄ではあるが、「礼は庶人に下らず、刑は大夫に上らず」をはさんで、前は階級順序による「礼」の在り方を述べ、後は「刑」をうけて「刑人」の問題にふれ、「式」礼の関連事項を述べるというふうにも読みとれる。この部分から身分階級の順序を割り出せば、「国君→大夫→士→庶人」となる。『礼記』曲礼上篇では他所に「天子の為に瓜を削るには之を副し、巾うには絺を以てす。国君の為にするには之を華き、巾うに綌を以てす。大夫の為には之を累わし、士は之を疐す。庶人は之を齕む。」とされているから、その階級順序は「天子→国君→大夫→士→庶人」と想定されている。したがって、「礼は庶人に下らず、刑は大夫に上らず」という文中の「庶人」と「大夫」は身分を表す言葉と考えてよいだろう。「礼」は庶人には要求されず、刑罰は大夫以上に適用されず、士と庶人には適用されるということになる。

　次に見ておかなくてはならないのが、『荀子』富国篇である。『荀子』のこの部分を、前後の文脈にも注意して確認しておこう。

> 礼なる者は、貴賤に等有り、長幼に差有り、貧富軽重に皆称有る者なり。故に天子は袾裷の衣に冕し、諸侯は玄裷の衣に冕し、大夫は裨冕し、士は皮弁に服するなり。徳は必ず位に称い、位は必ず禄に称い、禄は必ず用に称う。士より以上は則ち必ず礼楽を以て之を節し、衆庶百姓は則ち必ず法数を以て之を制す。地を量りて国を立て、利を計りて民を畜い、人力を度りて事を授け、民をして必ず事に勝え、事をして必ず利を出し、利をして以て民を生うに足らしめ、皆衣食百用をして出入相揜じく、[5]必ず時に余りを臧せしむ。之を称の数と謂うなり。故に天子より庶人に通ずるまで事の大小多少と無く、是れに由りて之を推す。故に曰く、朝に幸の位無く、民に幸の生無し、と。　（『荀子』富国篇）

少々長めに引用したのは、「士より以上は則ち必ず礼楽を以て之を節し、衆庶百姓は則ち必ず法数を以て之を制す」より前の文章に、身分階級の順序が示されているからである。それによれば「天子→諸侯→大夫→士→衆庶百姓」という順序になる。このうち「衆庶百姓」の部分は、後半に「天子より庶人に通ずるまで」という記述があることからすれば、「庶人」としてもよいだろう。とすれば、『荀子』においては、「士」以上の身分には刑罰が適用されずに「礼」が要求され、「礼」を要求されない「庶人」には刑罰が適用されるという構造になっている。『礼記』曲礼上篇が「士」にも刑罰を適用使用としていたのとは違い、統治される側と統治する側で完全に一線を引いているのがよくわかる。『礼記』ふうに言い換えれば、礼は庶人に下らず、刑は士に上らず、ということになろう。

最後に、賈誼『新書』階級篇を見ておこう。これは篇名が示すように階級によって君主にどう仕えるべきかが説かれている篇であるが、その階級とは、次のようである。

　故に古は聖王制して列等を為る。内には公卿大夫士有り。外には公侯伯子男有り。然る後に官師小吏有りて、施きて庶人に及ぶ。等級の分明らかにして天子焉に加わる。（『新書』階級篇）

ここでは、古の聖王が制定した身分階級として、国の内外の別で説かれているが、国内だけを押さえておくと「天子→公→卿→大夫→士→官師→小吏→庶人」となる。そして、この篇ではとくに士大夫以上のあるべき姿が説かれているのである。そこでは、

　廉恥礼節は以て君子を治む。故に死を賜うことあるも戮辱無し。是を以て係縛・榜・笞・髠・刖・黥・劓の罪

は、士大夫に及ばず、其の主上を離るること遠からざるを以てなり。（『新書』階級篇）

と、士大夫以上のものには「係縛・榜・笞・髠・刖・黥・劓」などの刑罰が及ばず、彼らには「廉恥礼節」で自らを律することが要求されている。「廉恥礼節」が要求されるのは直接的記述では「君子」となっている。「君子」は、才徳がすぐれた人と解する場合、官位にある者の総称の場合、君主を指す場合、の三つが考えられるが、ここではその後の記述からすれば「士大夫」以上を意味する言葉であることは明らかだろう。『新書』は全体的に細かく区分されていることが特徴ではあるが、「士」以上に刑罰が及ばず、「礼」が要求されているのは『荀子』と同様である。

その『新書』階級篇の中で『尊徳義』と類似する記述は次のようである。

利を見れば則ち趨り、便を見れば則ち奪い、主上敗有れば則ち困しめて之を推し、主上憂い有れば則ち吾苟も免れのみ、立ちて之を観るのみ。吾が身に便有る者なれば則ち欺き売りて之を利せんのみ。人主将た何ぞ此を便とせん。群下は至衆にして主は至少なり。材器職業を託する所の者は、群下に率うなり。但恥無く、但苟も安んずるは則ち主罷病す。故に古は礼は庶人に及ばず、刑は君子に至らず。寵臣の節を厲ます所以なり。

（『新書』階級篇）

この部分の大まかな意味は、寵臣の忠節を精励するために、古では刑罰を君子に適用しなかったのに、当節は群臣が恥を忘れて利便を追求し、君主を蔑ろにしている始末でありけしからん、ということになろう。「古」の「礼」と「刑」の対象の別が「君子」と「庶人」とされている。ここでも「君子」が登場しているが、先ほど見た他所の例からすればやはり士大夫以上の群臣を指すと考えられる。この点に関しては、実は『漢書』賈誼伝も絡んでくる。『漢書』の賈誼伝には『新書』の内容と多く重なる所があるのだが、この部分も賈誼伝の中に見られる。しかし、そこでは「故に古は礼は庶人に及ばず、刑は大夫に至らず」（『漢書』賈誼伝）となっており、『新書』で「君子」となっている所が「大夫」になっている。また、先に引用した「係縛・榜・笞・髡・刖・黥・劓の罪は、士大夫に及ばず」の「士大夫」の部分が、『漢書』では「大夫」となっている。これは『漢書』の側に意味を限定し、「礼」の対象を「大夫」以上に、「刑」の対象を「士」以下にせんとする志向があるとも考えられる。(6)ともあれ『漢書』が明確に大夫と記述したように、『新書』の「君子」が身分階級をあらわすことは明らかであり、少なくとも『新書』によればそれは「士大夫」以上の身分の者ということになるのである。

以上、『礼記』『荀子』『新書』の該当部分を見てきたが、そこでの考察を整理しておくと、「礼」と「刑」は身分階級によって使い分けられることが述べてあるという点で一致していた。その身分階級も、それぞれにある程度細かく規定された中で、ある身分より上には「礼」を要求し、下には「刑」を適用するというものであった。その際「礼」を要求するラインを「大夫」で分けていたのが『礼記』（『漢書』賈誼伝）であり、「士」で分けていたのが『荀子』『新書』であった。身分階級の並びだけをみていると、「士」以上が統治階級で、それ以下の「庶人」が被統治階級ということになり、ここで分けるのが妥当のようであるが、『礼記』『漢書』では明確に「士」を区別し、それを刑罰の適用範囲であるとしていた。また、身分階級をあらわす言葉として『新書』で「君子」という言葉が用いられていたことは、『尊徳義』の内容理解につながると考えられる。

二

本節では、前節での検討をふまえながら『尊徳義』に見られる「刑は君子に逮ばず、礼は小人に逮ばず」という思考について考えてみたい。まず、その部分に関しては以下のようである。

楽しきを治めて哀しきを和らぐれば、民は惑う可からざるなり。之に反かば、此れ枉がる。刑は君子に逮ばず、礼は小人に逮ばざるも、□〈礼〉を攻むれば、枉がる者も復す。恵みに依らば則ち民の材は足るも、時ならざれば則ち勧むること亡きなり。愛さざれば則ち親しまず、□〈仁〉ならざれば則ち懐かず、釐さざれば則ち畏まうこと亡く、忠ならざれば則ち信ぜず、勇ならざれば則ち服することなし。安んずれば則ち民は径し。正しければ則ち民は吝ぼらず、恭なれば則ち民は怨まず。（『尊徳義』）(7)

ここでの「礼」と「刑」の対象の別は、前章で確認した『礼記』など三書のように直接的な身分階級の名称を用いたものではない。前述したように「君子」の意味合いは様々であるが、ここで「君子」が「小人」と対置されていることからすれば、人格の優・劣による対比のように思われる。しかも『尊徳義』には「礼に非ざるも民悦ぶは、才此れ小人なればなり」と、「小人」が「才」の劣る者を表現する言葉であることを窺わせる記述がある。したがって「刑は君子に逮ばず、礼は小人に逮ばず」という言葉自体は、人格的な才徳のレベルによって、「礼」と「刑」の対象を区別しているようである。ただ、『尊徳義』では、その字面通りの考え方を受容した統治論が語られているかといえば、じつはそうではない。

まず、先に引用した部分の「恵みに依らば則ち民の材は足るも、時ならざれば則ち勧むること亡きなり」以下を見てみると、民に恩恵を施すのも時節があわなければ意味がないとか、愛さなくては親しまない、忠心から接しなければ信じない、などと続いている。民に恩恵を施したり、民を愛したりするのは、当然、君主である。『尊徳義』では冒頭に「徳義を尊び、民倫に明らかなれば、以て君為る可し」とあり、最後に「凡そ民を動かすには必ず民心に順う。民心に恒有り。其の養を求むるに、義を重んじれば理に集まる」とあるように、その内容に細かいところの整合性はともかくも、大雑把に見て首尾一貫して「君」つまり君主が「民」をどう治めるべきかを論じているようである。そこには、先の三書にみたような、中間管理層、大夫や士などはほとんど登場せず、ひたすら「君」対「民」という構図になっている。

それをふまえて考えてみると、字面の上での意味はともかく、『尊徳義』における「君子」と「小人」の具体的に指し示している内容は、「君」と「民」ということになる。つまり、どうも「刑は君子に逮ばず、礼は小人に逮ばず」は成句的な言葉であり、書き手の解釈として「君子」を「君」つまり君主に、「小人」を「民」として、論を展開させているようなのである。そのように考えれば、先ほど引いた「礼に非ざるも民悦ぶは、才此れ小人なればなり」という記述も、「民」＝「小人」という関係を確認する言い方であるとも考えられる。少なくとも『尊徳義』「君子」と「小人」の別は、結果的に身分による別に落ち着いているわけである。

さて、そのような内容の『尊徳義』だが、では、その中で「礼」と「刑」はどのように説かれているのだろうか。『尊徳義』における「治」の対象は一貫して「民」であり、その統治対象である民の治め方については、とくに「礼」と「楽」が重視されている。

是を以て政を為す者は、教うると道びくをこれ先に取る。教うるに礼を以てすれば、則ち民は果にして以て至る。教うるに楽を以てすれば、則ち民は徳に順いて清酒（醬）たり。（『尊徳義』）

『尊徳義』では、為政者は民を高圧的に押さえつけるのではなく、教導しなければならないとされており、その教導する手段として「礼」と「楽」が重視されているのである。この「礼」と「楽」では、「礼を知りて楽を知らざる者有るも、楽を知りて礼を知らざる者亡し」（『尊徳義』）のように、「礼」が上位とされている。つまり『尊徳義』では「礼」が社会規範として最重要視されているわけである。たとえば次のようにも説かれている。

民に君たる者は、民を治むるに礼に復すれば、民は害を除きて殷むを知り、之に労めて報ゆ。邦を為むるに礼を以てせざれば、猶お人の適く亡きがごとし。礼に非ざるも民悦ぶは、才此れ小人なればなり。（『尊徳義』）

このように、君主が率先して「礼」によって身を律すれば、民衆もそれに倣って害悪を除去して正しく治まるということが説かれている。「猶お人の適く亡きがごとし」は、人が生きる上で「礼」が無ければ、道無き道を行くように困難であることを説き、規範としての「礼」の重要性を比喩的に説明している。最後の「礼に非ざるも民悦ぶは、才此れ小人なればなり」は前述したが、意味としては民が「小人」のため、そのままでは「礼」の重要性が理解できないということであろう。君主は自らが率先して「礼」に励み、その姿によって民を教導するべきだと考えられているのである。(8)

一方、民を押さえつける手段としての「刑」は、「賞と刑とは、禍福の基にして、これを前むること或る者なり」（『尊徳義』）としてその効力は認めながらも、その執行の仕方については「其の道に由らざれば行わず」（同）とあるように濫用を戒め、賞刑を全能とはせず、その上位に「道」つまり道義を据えているようである。孔子が「刑」に否定的であったような態度が『尊徳義』にも見られるのである。

このように、『尊徳義』では民を治める上では、「刑」の効力はある程度認めながらも「礼」を最も重用するという態度が君主に要求されている。これは、基本的に『論語』と軌を一にするものである。『論語』でも「刑」は「礼楽興らざれば、則ち刑罰中らず。刑罰中らざれば、則ち民は手足を措く所無し」（『論語』子路篇）と、完全に否定されるわけではなく、民に対して適用されるものとしては意識されていた。ただ、否定的だっただけである。ここで『論語』と『尊徳義』の思想内容の一致を確認したわけだが、実は先に引用した『尊徳義』の文章は、その表現自体も『論語』と共通しているようである。たとえば、「是を以て政を為す者は、教うると道びくをこれ先に取る。教うるに礼を以てすれば」（『尊徳義』）という部分は、よく知られている『論語』為政篇の文章を想起させる。

子曰く、これを道びくに政を以てし、これを斉うるに刑を以てすれば、民は免れて恥無し。これを道びくに徳を以てし、これを斉うるに礼を以てすれば、恥ありて且つ格し。（『論語』為政篇）

内容的にも「礼」を用いて民を治めることが説かれている点で完全に重なっている。ただ、『論語』の方が「礼」によって「斉」えるとしているのを、『尊徳義』の方が「礼」を「教」えるという姿勢に変えている分、君主の態度として具体的になっている。この部分に類似した表現としては他に「之に先んずるに徳を以てすれば則ち民は善に進まん」という部分もあり、民を先導するには君主の人徳に由るのが一番で、そうすれば民は善なる方向へ進んでゆくと説かれているのである。これが「これを道びくに徳を以てし」と軌を一にしているのは明白であろう。

また『尊徳義』の「民に君たる者は、民を治むるに礼に復すれば」という部分は、もちろん『論語』顔淵篇の「克己復礼」を連想させる。

顔淵、仁を問う。子曰く、己に克ちて礼に復するを仁と為す。一日己に克ちて礼に復すれば天下仁に帰す。仁を為すは己に由る。而して人に由らんや。（『論語』顔淵篇）

この部分は、個人的な処世論とも解されているが、「天下仁に帰す」つまり、天下中が仁に落ち着くという言い方は、この言が政治的な観点から発言されていることの証拠であり、したがってここでの「己」は君主を仮想していると考えるべきである。つまり、君主が一日でも、完璧に自らを律して「礼」を実践したならば、天下は人間本来の愛情を大切にする根本的な在り方に立ち戻ることができるというのである。当然、先に見た『尊徳義』の「民に君たる者は、民を治むるに礼に復すれば」以下の部分が、この『論語』顔淵篇の「一日己に克ちて礼に復すれば天下仁に帰す」というような考え方を君主論として共有していることは明らかだろう。したがって、この君主に「礼に復す」ること要求する部分にしても前述の民衆を教導する理論にしても、『尊徳義』には今我々が『論語』に見いだせるような君主論・政治論的な要素を抽出して、専論化するという性格が見いだせる。ただ、『尊徳義』が『論語』を敷衍化したものであることを立証するには、そもそも現行本のような『論語』がいつ成立したのかという困難な問題の解決を待たなければならない。ここではその共通性だけを指摘するだけにとどめておく。

以上本節では、『尊徳義』の「刑は君子に逮ばず、礼は小人に逮ばず」を中心に、その内容を検討してきた。『尊徳義』では、前節に見た三書とは違い、身分階級を細かく区別するという理論は見られず、単純に「君」と「民」という対置における統治論が展開されていた。そして、そこで目指されていた統治の理想は、民自身には「礼」を規範として行動することを要求することはできないから刑罰も必要だが、君主が民に臨むにあたって「礼」を励行すれば、刑罰に頼らずとも、民を適正な方向に教導できると考えられていた。成句にあるように「礼」と「刑」の使い分けを消極的には認めつつも、あくまでも「礼」「楽」を前面に押し出した統治のあり方が説かれていたのである。

三

さて前節まで、『尊徳義』の大まかな内容と、「刑は君子に逮ばず、礼は小人に逮ばず」というような意味を持つ記述をしていた伝世文献の内容について検討してきた。本節では、以上の考察をふまえて、『尊徳義』が、既存の伝世文献によって構築された中国古代思想史の中でどのような位置にあったのか、ということを可能な限りにおいて述べておきたい。

前述したように『尊徳義』は、我々が『論語』から把握しうる孔子の理想とした統治体制、つまり、刑罰の存在は認めつつも君主から民まで一貫して「礼」に基づく統治体制、を築く必要性を論じていた。その意味で、孔子の思想の忠実な後継者だったであろうことがうかがわれる。「礼」というキーワードと孔子の後継者という視点から見ると、我々は孔子の後学がたどった二つの方向を指摘することができるだろう。『論語』に残る孔子の言葉には、「礼」一つをとっても多様な要素が含まれており、主張の仕方によっては正反対の方向に向かう可能性をはらんでいた。

すなわち、「礼」を人間に外在する規範として、その効力を統治の前面に押し出した荀子につながる方向と、「礼」を人間に内在する四徳の一つとして倫理的・精神的な規範とした孟子につながる方向である。この二つの方向性は、その到達点である孟子と荀子の時点で考えれば、相容れない対立する立場とも捉えられるが、出発点と考えられる孔子の時点ですでに用意されていた方向なのである。孔子からそう遠くない後学の時点では、まだ孟子や荀子のような明確な相違には至っていなかっただろう。「礼」を語る場合、どちらかといえば形式面を重視する、もしくは精神面を重視するというようなゆるやかな相違に過ぎなかったと思われる。

そのような幅を持たせた観点から、『尊徳義』の位置づけを試みてみると、民にまで外面的な「礼」の教導を説く点で、荀子のような外在的規範としての「礼」理論へつながる要素が見て取れる。しかし、『尊徳義』が、荀子が説く、以下に見るような「礼」による身分の昇降までを考えていたかといえばそうではない。あくまでも『論語』の「これを道びくに政を以てし、これを斉うるに刑を以てすれば、民は免れて恥無し。これを道びくに徳を以てし、これを斉うるに礼を以てすれば、恥ありて且つ格し」（『論語』為政篇）というような考え方を逸脱してはおらず、それを専論化したものであろうことは前述したとおりである。

荀子との比較で考えてみると、荀子が考え出した「礼」による身分の昇降は、じつは結論的に『尊徳義』と同じく、君主から民までを一貫する規範としての「礼」を導出することになる。荀子は先に見たように「士より以上は則ち必ず礼楽を以て之を節し、衆庶百姓は則ち必ず法数を以て之を制す」（『荀子』富国篇）と、「礼」と「刑」の使い分けを論じており、その点が『尊徳義』と大きく異なる。しかし荀子は、その使い分けから、次のような「礼」に強制力を持たせる身分昇降理論までを考えていたのである。

王侯士大夫の子孫と雖も、礼義に属む能わざれば、則ちこれを庶人に帰す。庶人の子孫と雖も、文学を積み身行を正して能く礼義に属めば、則ち卿相士大夫に帰す。（『荀子』王制篇）

ここに説かれている「礼義」はもはや強制力を有しており、孔子や『尊徳義』のいう「礼」と相反することはいうまでもないが、この体制が敷かれた場合、「礼義」に励めば身分の違いを乗り越えることができる。そこでは身分にかかわらず一貫して「礼」が規範として機能する。その結果、『尊徳義』が目指した「礼」による統治が、外見上は成立するという仕組みである。この一致は、もちろん両者がともに孔子の目指した統治のあり方を実現しようと考えたから生まれたのであろうが、孔子の説いた「礼」から見た場合、『尊徳義』がほぼ同質なのに対して、荀子の「礼」は、強制力を有する点でほとんど「法」と同質になっている点が注目されよう。

おわりに

釈読にまだまだ定説がない状況で、充分に『尊徳義』の内容を吟味したわけではないが、本章では、『尊徳義』に説かれていた統治のあり方を検討してきた(9)。結論的にいえば、その統治のあり方は、じつは『論語』に残されている孔子によって説かれていた統治のあり方を、そのまま踏襲したものだったといわざるを得ないだろう。本章でも指摘したように、『尊徳義』にはいくつかの箇所に、今『論語』に残っている孔子の考え方を敷衍せんとするような記述も見られ、成立の前後は定かではないが、『論語』との密接な関係が見て取れるのである。

「刑」を重視した商鞅をはじめとするいわゆる法家思想と比較して考えれば、『尊徳義』に説かれる統治のあり方は儒家的な理想型であり、戦国時代においては、孟子の考え方が現実には受け入れられなかったように、実現性という点では、未だ熟さざる統治のあり方だったように考えられる。本章で見た他の三書、賈誼『新書』・『礼記』・『荀子』との比較でいえば、『尊徳義』の考え方は、賈誼と軌を一にするものということになるだろう。『新書』を読んでいて注目すべきは、賈誼が「廉恥」をキーワードにして議論を進めており、「恥」は、孔子が「免れて恥無し」（『論語』為政篇）と言っているように、儒家思想においては重要な位置を占めていた。この『尊徳義』と賈誼の思想の一致は、おそらく孔子の思想をいかに実現化するかという姿勢がもたらした一致であろう。そして、その一致はそのまま、漢代以降の儒教一尊による礼教国家を理想とする統治のあり方を、戦国期において『尊徳義』が未熟ながらも目指していたからこそ起こったのだと考えられる。

注

（1）本論は「続・中国古代における「礼」と強制力―郭店楚簡「尊徳義」を契機として―」（『梅花女子大学文学部紀要（日本語・日本文学編）』三三号）という論文を、本書に収録するにあたり、本書の主題にあわせて大幅に書き改めたものである。

（2）一九九九年六月に開かれた、第四十四回国際東方学者会議のシンポジウム「楚簡より見た先秦文化の諸相」における、郭店楚簡の調査にもあたった中国人の学者・彭浩氏の談話による。

（3）釈読類には以下のようなものがある。

・廖名春「郭店楚簡儒家著作考」（『孔子研究』一九九八年三期）

・周鳳五「郭店楚簡識字札記」（『張以仁先生七秩寿慶論文集上冊』、学生書局、一九九九年一月）

・顔世鉉「郭店楚簡浅釈」（『張以仁先生七秩寿慶論文集上冊』、学生書局、一九九九年一月）

・李零「郭店楚簡校読記」（『道家文化研究』第十七集、一九九九年）後に『郭店　楚簡校読記（増訂本）』（北京大学出版

社、二〇〇二年三月）
・劉釗「讀郭店楚簡字詞札記」（『武漢大学中国文化研究所編『郭店楚簡国際学術研討会論文集』湖北人民出版社、二〇〇〇年五月）《初出一九九九年十月》
・丁原植『郭店楚簡　儒家佚籍四種釋析』〔出土思想文物與文献研究叢書（一）、台湾古籍、二〇〇〇年十二月〕
・涂宋流・劉祖信『郭店楚簡先秦儒家佚書校釋』（出土文献譯注研析叢書、萬巻楼　二〇〇一年二月）
・陳明「民本政治的新論証－対《尊徳義》的一種解読」（『武漢大学中国文化研究所編『郭店楚簡国際学術研討会論文集』湖北人民出版社、二〇〇〇年五月）《初出一九九九年十月》

（4）「礼」と「法」についてのせめぎ合いについては、拙稿「中国古代における「礼」と強制力－『春秋左氏伝』を資料として－」（『梅花女子大学文学部紀要（日本語・日本文学編）』三二号）も参照されたい。

（5）「捹」字については、王念孫『韓非子集釈』の同句「出入相同」に従い、「同」の意に訓じた。

（6）賈誼『新書』の引用は、『二十二子』所収の抱経堂本による。なお『漢書』賈誼伝と表記が異なっている部分に関しては、四部叢刊所収の『新書』においてもやはり異なっている。

（7）「尊徳義」の引用は、『郭店楚墓竹簡』（文物出版社、一九九八年）の釈文を底本とし、『郭店楚簡研究　第一巻文字編』（張光裕主編、袁国華合編、陳志堅・洪娟・余拱璧助編。藝文印書館印行、一九九八年）、前掲注（3）の諸稿を参照した。文中の□は、『郭店楚墓竹簡』が解読不能な文字としているもの。それに付随する〈　〉内の文字は、筆者が文脈から考えて補ったもの。（　）内は私見により原文の字を音通もしくは形通の字と考え、訓読で意味を採用した文字を補った。なお以上の補充・訓読については、戦国楚楚簡研究会の恩恵に浴している。

（8）ちなみに君主が民を教導する場合にやってはならないことは、次のように説かれている。「教うるに卞兌を以てすれば、則ち民は埶阯して張貴（騰貴）して以て忘る。教うるに芸を以てすれば則ち民は野にして以て争う。教うるに技を以てすれば則ち民は少にして以て吝む。教うるに言を以てすれば則ち民は訏りて以て信なること寡し。教うるに事を以てすれば則ち民は嗇るに力めて以て利に面かう。教うるに権謀を以てすれば則ち民は患（姦）を蕩にして礼を遠ざけ、仁に親しむ者亡し。」

（9）『尊徳義』の研究動向などについては、戦国楚簡研究会編「戦国楚簡研究の現在」（大阪大学中国哲学研究室編輯『中国研究集刊』別冊（第三十三号）『新出土資料と中国思想史』、二〇〇三年）を参照。

第七章　郭店楚簡『性自命出』と上博楚簡『性情論』との関係

竹田健二

はじめに

一九九三年十月に湖北省荊門市郭店一号墓より出土し、荊門市博物館編『郭店楚墓竹簡』(一九九八年五月、文物出版社)によって公開された郭店楚簡は、戦国期の思想史研究上極めて貴重な資料として注目され、既に多くの研究が行われている。中でも、儒家系文献の一つとされる『性自命出』は、その中に「性は命より出で、命は天より降る」[1]との表現があり、人間の「性」は「天」の「命」に由来するとの思考を含んでいることから、特に『中庸』との関連が指摘され、戦国期の儒家思想の展開を考える上で極めて重要な資料と考えられている。

しかし、『性自命出』は古佚文献であり、そしてその本来の竹簡の排列は、出土の時点で既に失われていた。従って、『郭店楚墓竹簡』における『性自命出』の本文は、あくまでも復元されたものであり、完全に確定したものという訳ではなかった。このため、竹簡の排列に修正を加えて、本文を改める説も唱えられてきた[2]。

ところが、一九九四年に上海博物館が香港の市場で購入した戦国期の楚簡(以下、上博楚簡)に含まれていた多数の文献の中に、『性自命出』とほぼ同一の内容を持つ文献が含まれていたことによって、状況は大きく変化した。すなわち、『性情論』と名付けられ、馬承源主編『上海博物館蔵戦国楚竹書（一）』（二〇〇一年十一月、上海古籍出版社。以下、『楚竹書』）によって公開されたこの文献と、『性自命出』とを対照することにより、両文献の文字列の続き具合を確定することが可能となったのである。その結果、『郭店楚墓竹簡』に示された竹簡の排列はほぼ正しいことが明らかとなり、竹簡の排列に関する問題は概ね決着を見た(3)。

しかしながら、両文献の間に存する様々な異同については、未だ十分な検討がなされていないと思われる。そこで本章では、『性自命出』と『性情論』とについて、竹簡に記されている文字列や記号の状況に注目し、特にその形式面を中心に比較を行い、思想内容との関連も視野に入れながら検討を加えて、両文献の関係を考察する。

一　両文献の対応関係と問題の所在

本節では、『性自命出』と『性情論』とが全体としてどのような対応関係にあるのかを確認する。

両文献の対応関係から見て、『性自命出』の文字列は六つのブロックに、また『性情論』は五つのブロックに、それぞれ分けることができる。そこで、以下『性自命出』のブロックには冒頭からⅠ～Ⅵのローマ数字を、『性情論』の五つのブロックには冒頭からＡ～Ｅのアルファベットを、それぞれ付して呼ぶことにする。

表一は、『性自命出』と『性情論』との文字列のブロックの対応関係を示したものである。

すなわち、『性自命出』Ⅰと『性情論』Ａと、『性自命出』Ⅲと『性情論』Ｅと、『性自命出』Ⅳと『性情論』Ｂと、『性自命出』Ⅴと『性情論』Ｄと、『性自命出』Ⅵと『性情論』Ｃとが、それぞれ対応している。『性自命出』Ⅱについては、それに相当する文字列が『性情論』には存在していない(4)。

表一　『性自命出』『性情論』ブロック対応表

『性自命出』			『性情論』		
ブロック名	竹簡	文字列	ブロック名	竹簡	文字列
『性自命出』Ⅰ	簡01～33	凡人雖有性～遊心也	『性情論』A	簡01～21	凡人雖有性～遊心也
『性自命出』Ⅱ	簡34・35	喜斯慆～慍之終也	（ナシ）		
『性自命出』Ⅲ	簡36～49	凡學者～信矣	『性情論』E	簡31～40	凡學者～信矣
『性自命出』Ⅳ	簡50～59	凡人情～欲其制也	『性情論』B	簡21～27	凡人情～欲其折也
『性自命出』Ⅴ	簡59～62	凡悦人～樂事欲後	『性情論』D	簡29～31	凡悦人～樂事欲後
『性自命出』Ⅵ	簡62～67	身欲靜～爲主心	『性情論』C	簡27～29	凡身欲靜～累累之哀

もとより、両文献の間には字句の異同も存在する。また両文献に用いられている所謂楚系文字に関しては、個々の文字の隷定並びに釈字にかかる問題が多数存在する。従って、対応しているとした両文献のブロックも、その文字列が完全に一致する訳ではない。しかし、文献全体として見た時、『性自命出』と『性情論』とが、内容のほぼ重複する文献であることは、この表から確認することができよう。

もっとも、『性自命出』Ⅱに相当する文字列は『性情論』中に存在せず、また文字列のブロックの序列は両文献で異なっている。こうした点は、両文献の間に認められる顕著な相違点であり、両者の関係を考える上で特に注目すべき問題である。

そこで次節では、先ず両文献でブロックの序列が相違する点について検討を加えることにする。

図一　『性自命出』と『性情論』とのブロック対応関係図

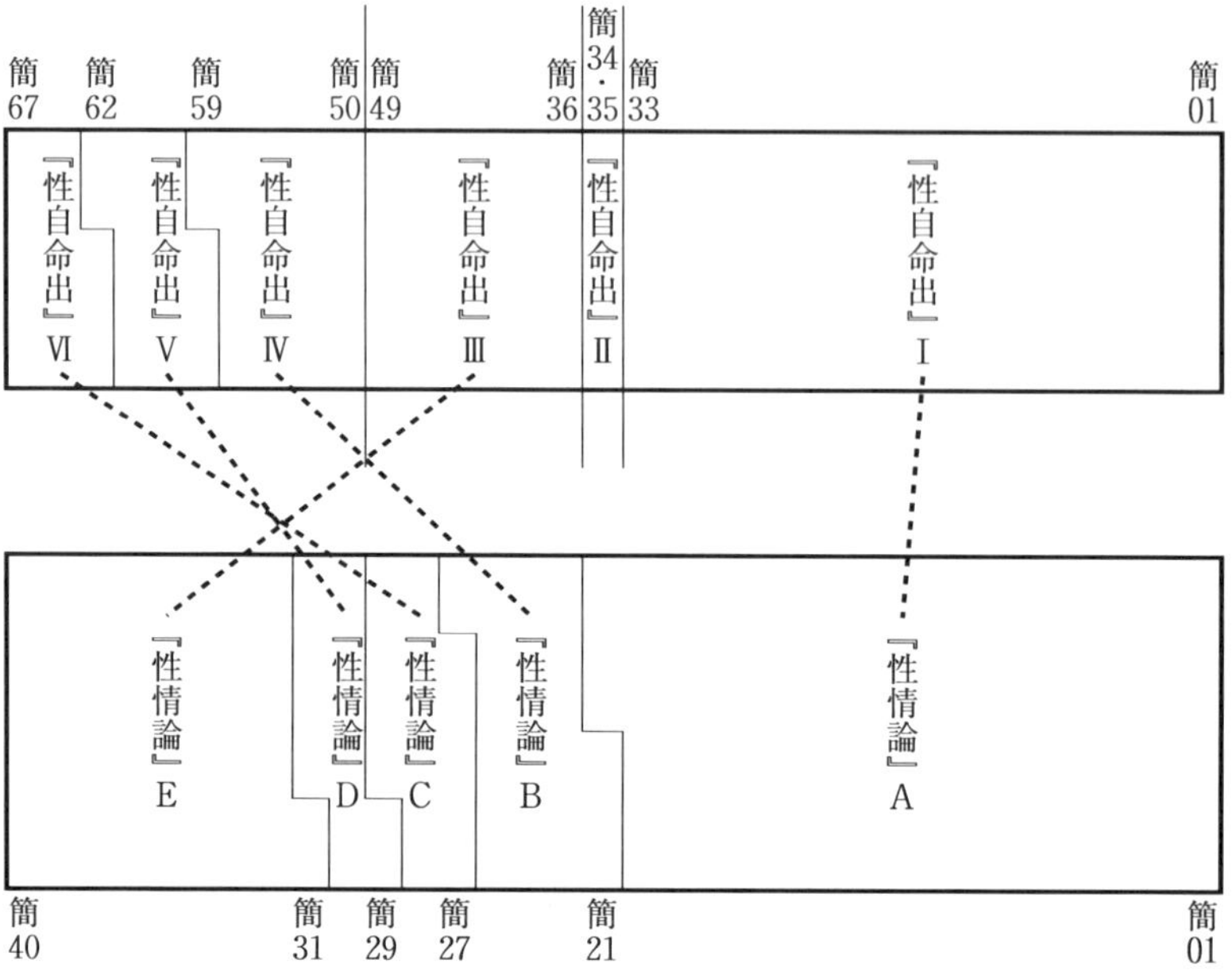

二　ブロックの序列の問題

文字列のブロックの序列の問題に関しては、ブロックとブロックとの接続のあり方、つまり連続する二つのブロックの接続箇所が竹簡上にあるかどうかが重要である。すなわち、前のブロックの文字列の末尾と後のブロックの文字列の先頭とが同一の竹簡上に記されており、両ブロックが或る一枚の竹簡上で接続している場合、その二つのブロックの序列は確定している。両ブロック間に別の文字列が入り込む可能性はあり得ないからである。

一方、前のブロックの文字列の末尾と後のブロックの文字列の先頭とが同一の竹簡上に記されておらず、両ブロックが竹簡上では接続していない場合、その二つのブロックの序列は確定していない。それぞれ別の竹簡と接続し、他の文字列と連続した可能性を排除できないからである。

この点を踏まえて、両文献のブロックの序列について見てみよう。

先ず『性自命出』については、ⅣとⅤとは簡59上で、またⅤとⅥとは簡62上で、それぞれ接続している。このため、『性自命出』において、Ⅳ・Ⅴ・Ⅵの三つのブロックの序列は、「Ⅳ・Ⅴ・Ⅵ」で確定している。

しかし、ⅠとⅡと、またⅡとⅢと、更にⅢとⅣとは、いずれも竹簡上では接続していない。このため、『性自命出』において、Ⅰ・Ⅱ・Ⅲの三つのブロックはいずれも、その序列が前後とも確定していない。

一方『性情論』では、前後するブロック同士がすべて或る竹簡上で接続している。すなわち、AとBとは簡21上で、BとCとは簡27上で、CとDとは簡29上で、更にDとEとは簡31上で、それぞれ接続している。このため、『性情論』においては、AからEに至るブロックの序列は、「A・B・C・D・E」で確定している。

こうした両文献におけるブロックの接続のあり方とブロックの対応関係とを示したのが、図一である。

『性自命出』において「Ⅳ・Ⅴ・Ⅵ」で序列が確定している三つのブロックについて、各ブロックを文字列の対応する『性情論』のブロックに置き換えるならば、「B・D・C」の序列となる。『性情論』においてこのB・D・Cのブロックは、「B・C・D」の序列で確定している。従って、両文献の間にブロックの序列に異なりが存在することは確実である。

こうしたブロックの序列の異なりは、竹簡に記された墨鉤からも確認することができる。墨鉤とは、文字の右下、竹簡の右端に接して記される鉤状の記号である(5)。

『性情論』における墨鉤は、文献全体の末尾に位置するEの最終簡である、『性情論』簡40のみに記されている。

この『性情論』簡40の墨鉤は、竹簡の上部、すなわち竹簡の上端から少し下がったところに位置しているが、墨鉤の箇所から竹簡の下端にかけて、十分文字を記すことのできる部分がありながら一字も記されていない空白部、つま

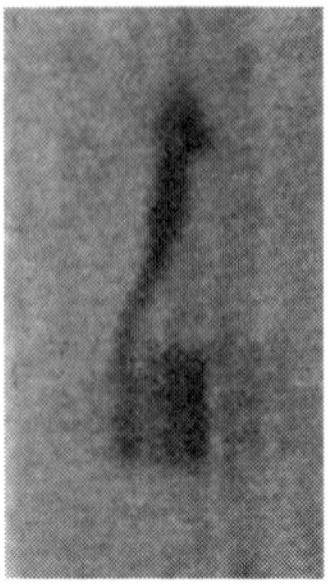

図二　『性情論』簡40の墨鉤（『楚竹書』より）

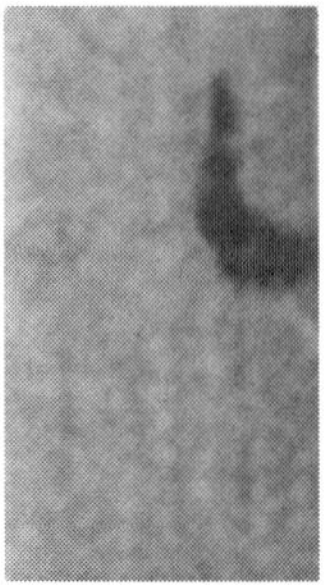

図三　『性自命出』簡35の墨鉤（『郭店楚墓竹簡』より）

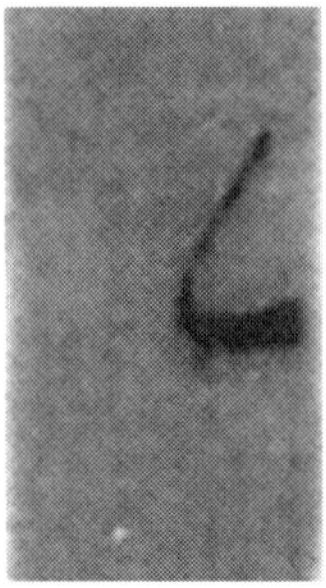

図四　『性自命出』簡67の墨鉤（『郭店楚墓竹簡』より）

り留白が存在する。こうした現象は、『性情論』に属する竹簡の中では、墨鉤が記されている簡40のみに見られる。『性情論』においては、墨鉤以外にも数種類の記号が記されているが、いずれも留白を伴うことはない(6)。

先述の通り、『性情論』ではすべてのブロックの序列が確定しており、Eの最後の竹簡である簡40は確実に文献全体の末尾に位置する。従って、竹簡の下端に及ぶ留白を伴う墨鉤は、『性情論』において文献全体の末尾を示していると考えられる。

一方、『性自命出』においては、簡35と簡67とに一つずつ墨鉤が記されている(7)。このうち『性自命出』簡35は、『性情論』には対応する文字列が存在していないⅡのブロックに属する。次節で述べるように、このⅡのブロックは、『性自命出』の一部ではなかった可能性が高いと考えられるため、ここではこれを検討の対象から除外する。

残る『性自命出』簡67の墨鉤は、竹簡の中部、すなわち竹簡の中央より少し下に位置しており、『性情論』簡40の墨鉤と同様、墨鉤の箇所から竹簡の下端にかけてが留白になっている。

『郭店楚墓竹簡』は簡67が『性自命出』の末尾の竹簡であるとするが、先に見たように、『性自命出』には序列の確定していないブロックが存在する。このため、可能性としては、序列の確定していないブロックのどれかが『性自命出』Ⅵの簡67の後に連続する形で位置したとも考えられる。しかし、簡67下部に文字の記されていない留白があるため、その後に他のブロックが存在したとすると、留白を挟む形で文字列が連続していたことになる。これは極めて不自然であり、そうした可能性は排除することができよう。従って、やはり簡67が『性自命出』全体の末尾であり、『性自命出』の墨鉤も『性情論』の墨鉤と同様、文献の末尾を示していると考えられる。

両文献とも墨鉤が文献全体の末尾を示しているのであれば、両文献の末尾に位置するブロックは、それぞれ『性情論』Eと『性自命出』Ⅵということになる。『性情論』Eの文字列は『性自命出』Ⅲに、『性自命出』Ⅵの文字列は『性情論』Cにそれぞれ対応するため、両文献の末尾のブロックは異なっていたことになるのである。

そうであるとすると、『性自命出』において、Ⅱを除いた文献全体のブロックの序列は、先頭から「Ⅰ・Ⅲ・Ⅳ・Ⅴ・Ⅵ」、或いは「Ⅲ・Ⅰ・Ⅳ・Ⅴ・Ⅵ」のいずれかとなる。Ⅰは三十三枚の竹簡からなり、文献全体の約半分の分量を占めるが、後述するように、その冒頭部において、文献全体の理論的基盤となる思考が説かれている。このため、『郭店楚墓竹簡』において復元された本文がそうであるように、おそらく文献全体の冒頭にはⅠが位置していた可能性が高いと考えられる。従って文献全体のブロックの序列は、「Ⅰ・Ⅲ・Ⅳ・Ⅴ・Ⅵ」であったと推測される。

これに対して『性情論』のブロックの序列は、「A・B・C・D・E」ですべて確定しているが、それぞれのブロックを文字列の対応する『性自命出』のブロックに置き換えた上で、この序列を示すならば、「Ⅰ・Ⅳ・Ⅵ・Ⅴ・Ⅲ」となる。両文献のブロックの序列は、このように異なっていたと考えられるのである。

それでは、こうしたブロックの序列の相違は、内容に対して何か影響を及ぼしているのであろうか。

結論から言えば、ブロックの序列の相違は内容的にほとんど影響を与えていないと思われる。このことについては、両文献の構成の問題が関わっている。私見では、『性自命出』Ⅰ・『性情論』Aの冒頭部分には、文献全体の理論的基盤となる思考が説かれている[8]。

(1) 01凡人唯（雖）又（有）眚（性）、心亡奠志。𡳿（待）勿（物）而句（後）复（作）、𡳿（待）兑（悦）而句（後）行、𡳿（待）習而句（後）02奠。憙（喜）惹（怒）依（哀）悲之既（氣）、眚（性）也。及亓（其）見於外、則勿（物）取之也。眚（性）自命出、命03自天降。（『性自命出』[9]）

(2) 01凡人唯（雖）又（有）生（性）、心亡正志■。寺（待）勿（物）而句（後）乍（作）、寺（待）兑（悦）而句（後）行■。寺（待）習而句（後）奠■。憙（喜）惹（怒）哀悲之気（氣）、眚（性）也■。及丌（其）見於外、則勿（物）取之02〔也。性〕自命出、命自天降■。（『性情論』[10]）

人間には誰でも性が備わっているが、その心は生まれながらに「志」を「奠《さだ》」める（『性自命出』）、或いは「正」しい「志」を有する（『性情論』）訳ではない[11]。人間は、生まれながらに備えているものだけで善に赴くことが出来る、という訳ではないのである。人間は、先ず外界の物と接してその影響を受け、そしてそのことに悦びの感情をおぼえ、更にそうした過程を習慣化してこそ、志を定着させて善に赴くことが出来る。そもそも喜怒哀悲の感情も、「性」として人間が備える感情の「気」、つまり元となるものに対して、外界の物が作用することによって作動し、外界に発現する。そして人間の「性」は、本来的に「天」の「命」に由来するのであり、人間が善行をなす究極的な根源は天にある。

このように『性自命出』Ⅰ・『性情論』Aの冒頭では、人間の道徳的行為の実現には外物との接触が不可欠であるとする思考や、人間の道徳的行為の根源を「性」を介して「天」に求める思考など、かなり原理的な思考が集中して説かれている。

『性自命出』Ⅰ・『性情論』Aの後続部分では、「情」「詩」「書」「礼」「楽」「聖人」「君子」「声」等の概念が登場し、「詩書礼楽」と「聖人」との関係、「情」と「礼」との関係、「君子」と「情」と、或いは「声」と「情」との関係など、様々な事が説かれているが、それらは概ね、各概念に関する個別的な問題について断片的に述べるもので、内容的にそれぞれが密接に結びつけられてはいない。

そうした個別的・断片的叙述の傾向は、両文献の他のブロックでも認められる。『性自命出』Ⅱでは「喜」「慍」、『性自命出』Ⅲ・『性情論』Eでは「学者」「楽」「義の方」「仁の方」など、『性自命出』Ⅳ・『性情論』Bでは、「情」「民」「交」など、『性自命出』Ⅴ・『性情論』Dでは、「悦」「交」「父兄」など、『性自命出』Ⅵ・『性情論』Cでは、「君子」「志」「礼」など、各ブロックにおいては多くの概念に関する様々な内容の叙述が見られる。しかし、それらを相互に緊密に結びつけるような論理的展開があるという訳ではない。このため、各ブロックごとのまとまりは希薄である。また、各ブロックとブロックとの接続部分においても、さほど緊密な論理的結合が存在するようには見受けられない。もとより、両文献には全般的に、「性」や「情」など人間の内面を重視する傾向が強く認められるが、文献全体としては、内容的に明確な論理的展開を欠いているのである。

従って、『性自命出』と『性情論』とは、様々な思考がいわば箇条書きのように羅列される形で構成されており、全体として緊密な構成を持たない文献と見なすことが出来ると考えられる(12)。ブロックの序列が相違しながらも、両文献の間には重要な主張の違いが認められないのは、そのためだと思われる。

以上、両文献のブロックの序列が相違する点について検討を加えた。その結果、両文献のブロックの序列は確実に相違していたが、文献全体がさほど緊密な構成を持たないため、そうした序列の相違は内容的にほとんど影響を与えていないことを述べた。

続いて次節では、『性自命出』Ⅱに相当する文字列が『性情論』には存在しない点について検討する。

三　『性自命出』Ⅱの存否の問題

上博楚簡は盗掘されたものであり、また本稿執筆の時点では、その全容の公開には至っていない。このため、『性自命出』Ⅱに相当する文字列がそもそも『性情論』に存在したかどうかについては、にわかには判断することができない。

『性自命出』Ⅱは文字三十字と重文記号十箇とからなるが、これは『性情論』に属する竹簡の一枚に記される分量におおよそ相当する。(13)仮に竹簡二枚に記されていたとすれば、『性自命出』Ⅱの文字列は二枚目の前半部までで終わり、その後には竹簡の下端にかけて、文字のない留白が存在したか、或いは『性自命出』に存在しない文字列が記されていたと推測される。両文献の対応関係から見て、『性自命出』に存在しない文字列が記されていた可能性は極めて低いと思われるが、いずれにせよ『性自命出』Ⅱに相当する文字列を記した一枚ないし二枚の竹簡が元来は『性情論』にも存在し、後にそれらが残欠したとの可能性も、一応は考えることができる。

それでは、『性情論』に元来『性自命出』Ⅱに相当する文字列が存在していたと仮定するならば、それはどこに位置していたと考えられるだろうか。『性情論』のブロックの序列はすべて確定しているため、それがブロックとブロックとの間に位置した可能性はあり得ない。また、『性情論』AからEに至るまでのいずれかのブロックの文字列の間に挟まれる形で位置した可能性も排除できる。『性自命出』との対応関係から見て、復元された『性情論』の竹簡の排列は妥当と考えられるからである。従って、『性自命出』Ⅱに相当する文字列が存在したとすれば、その位置は

『性情論』の冒頭か末尾以外には考えられない。

しかし、先述の通り、『性情論』の末尾に位置する『性情論』簡40には墨鉤が記され、その墨鉤から竹簡の下端にかけては文字の記されていない留白が存在する。この留白の後に『性自命出』Ⅱに相当する文字列が接続したと考えるのは不自然であり、その可能性は除外できよう。

また、『性自命出』Ⅱに相当する文字列が文献全体の冒頭に位置していたと考える場合、それが二枚の竹簡に記され、二枚目の竹簡の後半部には竹簡の下端まで文字のない留白が存在したとすると、その留白を挟んで『性情論』Aの文字列が続いていたことになる。これも不自然であり、そうした可能性もやはり排除できよう。

従って、『性自命出』Ⅱに相当する文字列は、一枚の竹簡か、或いは『性自命出』には存在しない文字列と共に二枚の竹簡に記されて、『性情論』の冒頭に位置していた場合に限り、『性情論』にも存在した可能性があると考えられる。

しかしながら、内容の面から見て、そうした可能性はほとんどないと思われる。ここで『性自命出』Ⅱの全文をあげておこう。

(3) 34憙（喜）斯慆－（慆、慆）斯奮－（奮、奮）斯羕－（咏、咏）斯猶－（猶、猶）斯迮－（舞。舞、）憙（喜）之終也。
恖（慍）斯悥－（憂、憂）斯戠－（戚、戚）35斯戁－（歎、歎）斯宲－（辟、辟）斯通－（踊。踊、）恖（慍）之終也。
ㄥ(14)

『性自命出』Ⅱでは、「喜」と「慍」という二つの感情に関して、それぞれが人間の内面に生じてから「喜の終り」

「慍の終り」に至るまでが説かれている。すなわち、「喜」については、「慆《よろこ》」ぶ・「奮」う・「咏《くちずさ》」む・「猶《うご》」く・「舞」うとの段階を、また「慍」については、「憂」う・「戚《いきどお》」る・「歎」く・「辟《むね》」つ・「踊」るとの段階をそれぞれ進むとされている。もっとも、「喜」や「慍」の段階が何故問題になるのかについては全く説明されていない。(15)

これに対して『性情論』Aの冒頭部は、前節において述べたように、「性」「心」「物」「天」「命」などを関連付けつつ、文献全体の理論的基盤をなす思考を説く部分であった。従って、「喜」と「慍」という特定の感情に関する個別的な問題を述べる『性自命出』Ⅱの文字列が、『性情論』Aの冒頭部の直前に存在するのは、不自然と思われる。加えて、『性情論』Aの冒頭部で「性」に備わるとされていたのは、「喜怒哀悲」の「気」であり、「喜」は含まれているものの「慍」は含まれていない。「慍」は、両文献でこの『性自命出』Ⅱにおいてのみ説かれているのである。こうした点から見ても、『性自命出』Ⅱの文字列が、『性情論』Aの文字列の前に直接連続していたとは考え難い。従って、『性自命出』Ⅱに相当する文字列は、そもそも『性情論』には存在しなかった可能性が高いと考えられる。

『性自命出』Ⅱに相当する文字列が『性情論』には存在しなかったのであるならば、そもそも『性自命出』Ⅱは『性自命出』の一部では無かったとの可能性も十分に考えられる。先に述べたように、『性自命出』Ⅱはその前後とも他のブロックとの序列が確定しておらず、このため、それが確実に『性自命出』の一部であるとは断定できないからである。

また、『性自命出』Ⅱには、三十字の文字と十箇もの重文記号とが記されているが、これほどの重文記号の多用は、『性自命出』の他の部分にはなく、文体の点で他のブロックとは異質である。こうしたことも、『性自命出』Ⅱが『性自命出』の一部では無いことを示していると考えられる。(16)

更に、郭店楚簡に含まれていた文献の竹簡の形制、つまり竹簡の簡長・編綫の数・編綫の間隔・竹簡の両端の形状について見るならば、『成之聞之』『尊徳義』『六徳』『性自命出』の四つの文献に属する竹簡の形制は共通している(17)。加えて、郭店楚簡が出土した郭店一号墓は、発掘調査が行われるまでに二度にわたって盗掘を受けたとされており、『性自命出』などと同じ竹簡の形制を持つ文献が他にも存在していた可能性も否定できない。従って、『性自命出』Ⅱの簡34と簡35とが、『性自命出』以外の文献の一部であった可能性は十分に考えられるのである。

以上、本節では『性自命出』Ⅱに相当する文字列が『性情論』には存在しない点について検討を加えた。その結果、『性自命出』Ⅱの文字列は元来『性情論』には存在せず、また『性自命出』Ⅱ自体が『性自命出』の一部ではなかった可能性が高いと考えられることを述べた。続けて次節では、両文献間に見られる字句の異同の問題について見てみよう。

四　字句の異同の問題

両文献の間に見られる字句の異同の検討は、当然のことながらそれぞれの文字の隷定や釈読を踏まえなければならない。しかしながら、所謂楚系文字であるところの個々の文字に関しては、少なからぬ問題が存在する。もとより、ほぼ同一内容を持つ『性自命出』と『性情論』とを対照することにより、そうした問題を解決する上で貴重な手がかりが得られるが、問題は広範囲に及んでおり、その検討は極めて煩瑣なものとならざるを得ない。そこで、各文字の隷定や釈読にかかる字句の異同の問題は別稿に譲り、ここでは両文献を全体として見た時に顕著と思われる字句の異同に限って取り上げる。

両文献の間に見られる顕著な字句の異同としては、『性自命出』Ⅱ以外にも、『性自命出』に存在する文字列の一部が『性情論』に存在しないことがあげられる。そこで先ず、そうした『性自命出』のみに見られる文字列について検討する。

(4)06〔凡人〕唯（雖）又（有）眚（性）、心弗取不出。凡心又（有）志也、亡與不〔作。人之不可〕07蜀（獨）行、猷（猶）口之不可蜀（獨）言也。牛生而倀（長）、鴈（鴈）生而戟（呻）、亓（其）眚（性）〔然。人生〕08而學或叓（使）之也。08凡勿（物）亡不異也者。剛之梪也、剛取之也。柔之09約、柔取之也。四沺（海）之[18]

(5)36心爲難、從丌（其）所爲、𨑥（近）得之壴（矣）、不女（如）以樂之速也。37唯（雖）能亓（其）事、不能亓（其）心、不貴。求丌（其）[19]

(6)51句（苟）又（有）丌（其）靑（情）、唯（雖）未之爲、斯人信之壴（矣）[20]。

(7)「55昏（聞）道反下－（下、下）交者也。」或いは「56昏（聞）衍（道）反上－（上、上）交者也[21]。」

(8)67君－（君子）身以爲宔（主）心[22]。

(4)は『性自命出』Ⅰの一部である。これについて『楚竹書』は、『性情論』簡03と簡04との間に二枚の竹簡が残欠していると推測し、『性自命出』に依拠して文字列を補っている。確かに、『性情論』簡03と簡04とを連続させても意味が通じない。また『性情論』の場合、一枚の完全な竹簡に記されている文字数は四十一字から三十一字とばらつきが見られるが[23]、ここで『性自命出』に存在して『性情論』に欠けている字数は、『性情論』の竹簡二枚分の文字数にほぼ相当する。このため、『楚竹書』の判断は妥当と考えられる。

(5)は、『性自命出』Ⅲに属する部分であるが、字数は三十字で、これは概ね『性情論』の竹簡一枚に記されている文字数と同じである。しかも、仮に(5)と同じ文字列が記された一枚の竹簡が『性情論』簡31と簡32との間に存在したとすると、両文献の文字列は一致する。このため、『性情論』簡31と簡32との間には、(5)とほぼ同じ文字列が記されていた竹簡一枚が残欠していると推測される。

但し、『性自命出』ではこの直前に「凡學者隶（求）丌（其）」の文字列が、また直後には「心又（有）爲（僞）也」の文字列が、それぞれ存在している。つまり、「求其心」という同じ句が前後して二回存在し、その間に挟まれた部分が『性情論』において欠落する形になっているのである。このため、(5)の文字列が『性情論』に存在しないのは、筆写の際に書写者が「求其心」という同一の文字列を見誤ったために生じた、との可能性も考えられる。[24]

(6)及び(7)はともに『性自命出』Ⅳに属する部分である。(7)については『性情論』簡25の上部が残欠しているため、二通りの可能性が考えられるが、「聞道反上」「聞道反下」「聞道反己」の三者の対のうち、「上」「下」いずれか一方を書写者が見誤り、その結果文字が欠落した可能性が考えられる。

しかし、『楚竹書』は『性情論』簡25と簡26との間に一枚の竹簡が存在しており、そこには「昏（聞）道反上、上交者」の句が記されていたとする。また李零氏は、その残欠した竹簡が『楚竹書』附一の残簡二（左半分）と残簡三（右半分）とを含むと判断し、(6)及び(7)を含む「〔也〕。不知己者不怨人，苟有其情，雖未之爲，斯人信之矣，■未言〔而信也。聞道反上，上交者也〕。」の文字列が記されていたとする。『楚竹書』の写真からは残簡の文字を確認することができず、断定は出来ないが、李零説は概ね妥当と思われる。[25]

以上のように、『性自命出』には存在するが『性情論』には存在しない文字列に関しては、誤写の可能性も一概には否定できないものの、竹簡の残欠によって生じたと考えられるものが少なくない。ところが、そうした竹簡の残欠では説明がつかない字句の異同も存在する。

(8)は、『性自命出』全体の末尾の句であるが、この句に関しては、『性情論』に竹簡の残欠がある可能性はない。単純な筆写の誤りによって欠落した可能性も否定できないが、この句は『性自命出』の末尾にあって、目指すべき「君子」たる者のあり方を述べて文献の最後を締めくくるものであるように見受けられる。従って、元来原本に存在しなかったが、後に文献の末尾を締めくくる語として付加されたか、或いは逆に、元来原本に存在していたが、後にブロックの序列が異なって文献全体の末尾に位置しなくなり、その結果削除されてしまった、といった可能性も考えられる。[26]

この他、以下に示す『性自命出』Ⅵ・『性情論』Cそれぞれの前半部では、『性自命出』のみに存する句が複数ある一方で、『性情論』のみに存する句もまた複数あるといった、激しい字句の異同が見られる。

(9)62身谷（欲）寈（靜）而毋訞、慮谷（欲）困（淵）而毋愇、63行谷（欲）恿（勇）而必至、宙（貌）谷（欲）壯而毋桌（拔）、谷（欲）柔齊而泊、憙（喜）谷（欲）智而亡末、64樂谷（欲）斁（懌）而又（有）志、𢝊（憂）谷（欲）僉（儉）而毋惛、𢙎（怒）谷（欲）浧（盈）而毋[illegible]（希）、進谷（欲）孫（遜）而毋攷（巧）、65退谷（欲）[illegible]（肅）而毋巠（輕）、谷（欲）皆𢡱而毋愇。（『性自命出』[27]）

⑽27凡身谷（欲）寈（靜）而毋撞（動）、甬（用）心谷（欲）悳（德）而毋㥁（僞）、慮谷（欲）困（淵）而毋異■。退谷（欲）緊而毋翆（輕）28□谷（欲）□而又（有）豊（禮）、言谷（欲）植（直）而毋澮（流）、居仉（處）谷（欲）牘（逸）葛（易）而毋曼（慢）■。（『性情論』[28]）

両者を比較すると、先ず先頭の「凡」の字が『性自命出』には見られないが、これは単純な誤写とも考えられる。問題は、それに続く部分である。表二は、「凡」字を除いた上で、⑼と⑽との対応する句を上下に配置し、対比したものである。

この部分は、『性自命出』は十二の句から、また『性情論』は七つの句からなるが、それらの句形は、概ね「…欲…而毋（或いは「有」「亡」）…」という形で整っている。しかし、『性自命出』のウ・オ・シは、そうした句形からやや逸脱しており、また両文献の句のうち、表現や内容が概ね合致している句は、アとaと、イとcと、サとdとの、わずか三組しかない。他の句については、いずれも他方の文献に対応する句が存在していないのである。(29)

表二　『性自命出』Ⅵ『性情論』C前半部対応表

『性自命出』	『性情論』
ア身欲靜而毋訙	a身欲靜而毋動
	b用心欲德而毋僞
イ慮欲淵而毋僞	c慮欲淵而毋異
ウ行欲勇而必至	
エ宙欲壯而毋拔	
オ　欲柔齊而泊	
カ喜欲智而亡末	
キ樂欲懌而有志	
ク憂欲儉而毋惛	
ケ怒欲盈而毋希	
コ進欲遜而毋巧	
サ退欲肅而毋輕	d退欲緊而毋輕
シ欲皆夏而毋僞	
	e□欲□而有禮
	f言欲直而毋流
	g居處欲逸易而毋慢

もとより、ほとんどの句の句形が概ね共通しており、またわずか三組ではあるものの、両文献にほぼ合致する句が存在していることから、この部分は全体の枠組みとしては対応していると見なすことができよう。

しかしながら、句数がかなり異なり、『性自命出』のみに存する句が複数ある一方で、『性情論』のみに存する句もまた複数あるというのは、かなり大幅な異同である。こうした異同のすべてを筆写の誤りによって生じたとは見なし難い。おそらく、両文献の基づいたテキストがそもそも異なっていたために生じたものと考えられる。

以上、『性自命出』と『性情論』との間に存する顕著な字句の異同について検討した。その結果、『性自命出』には存在するが『性情論』には存在しないという文字列の多くは、『性情論』の竹簡が残欠したために生じたと考えられること、但し、竹簡の残欠や誤写では説明の出来ない、基づくテキストの違いによって生じたと考えられる異同も存在することを確認した。

五　『性自命出』と『性情論』との関係

本節では、これまで検討してきた結果を踏まえて、『性自命出』と『性情論』との関係をどのように考えるべきかについて考察する。

『性自命出』と『性情論』との間に存する字句の異同の中には、『性自命出』に存在する或る文字列が『性情論』には存在しないというものが多いが、そのほとんどは『性情論』の竹簡が残欠したため生じたと考えられた。また『性自命出』Ⅱの文字列が『性情論』に欠けているのは、その文字列が元来『性情論』には存在しなかったためであり、そもそも『性自命出』Ⅱの文字列については、『性自命出』の一部では無い可能性も考えられた。

そこで、竹簡の残欠によって生じたと考えられる『性情論』の文字列の欠落を『性自命出』によって補い、更に『性自命出』Ⅱの文字列を『性自命出』から除外すると、両文献の文字列はほぼ重複することになる。このため、『性自命出』と『性情論』とは本来同一内容の文献であり、従って、両文献は同一の名称で呼ばれるべきものであると認められる。

もっとも、両文献の間で見られる字句の異同の中には、竹簡の残欠や、或いは書写の誤りによって生じたとは考え難いものが、一部ではあるが存在した。それだけではなく、両文献の文字列は、その中身はほぼ同一であるものの、その文字列のブロックの序列は、確実に異なっていた。

こうした相違が存在することは、両文献は一方から一方が書写されるといった直接的な関係にはなく、また両文献それぞれが基づくテキスト自体、既に異なっていた可能性が高いことを示していると考えられる。もとより、出土した『性自命出』・『性情論』のどちらかが、この文献の原本であった可能性はほとんど存在しないであろう。従って、『性自命出』と『性情論』とは、おそらくは原本から書写を重ねて成立した、異なる系統に属する二種類のテキストであると考えられる(30)。

およそ出土文献については、伝世の文献と重複する内容のものであっても、両者の間に様々な字句の異同が見られる場合が少なくない。また文字列の序列や篇の序列といった点でも、しばしば違いが見られる。馬王堆漢墓帛書の『老子』甲・乙本、銀雀山漢墓竹簡の十三篇『孫子』、更に郭店楚簡や上博楚簡の『緇衣』などについて、伝世のテキストとの間にそうした相違が見られることは周知の通りである。また出土文献同士でも、馬王堆帛書の『五行篇』と郭店楚簡『五行』との間では、一部文字列の序列が相違していた。

こうしたことからすると、古佚文献である『性自命出』と『性情論』とが、結局は同一の文献でありながら、両者の間に様々な相違が存在することは、決して特異な現象ではないと思われる。戦国期から秦漢にかけて、或る文献が、文字列の序列などが相違する異なるテキストとして同時に通行することは、十分起こり得たのであり、当時の文献のあり方はそうしたものであったと見るべきであろう。

おわりに

以上、小論では、『性自命出』と『性情論』との関係について、その形式面の比較を中心に検討を加え、両文献は異なる系統に属する二種類のテキストであると考えられることを述べた。

『性自命出』を含む郭店楚簡については、郭店一号墓の造営時期が戦国中期後半、紀元前三〇〇年頃と推定されていることから、[31] その成書年代は当然それ以前ということになる。上博楚簡については手がかりが少ないものの、楚が遷都した紀元前二七八年以前に造営された墓から出土したと推定されており、やはり戦国中期までには書写されたと考えられる。[32]

ほぼ同じ時代に系統の異なるテキストが二種類存在したということは、それらの原本の成立は当然更に古いとしなければならない。従って、『性自命出』と『性情論』との原本が戦国中期よりも前に成立していたことは確実と思われる。

そうであるとすれば、例えば『性情論』Aや『性自命出』Iの冒頭で説かれていた、人間の「性」は「天」の「命」に由来するとの思考や、「性」と「物」とに関する思考などは、既に戦国中期より前に成立していたということになる。そうした両文献の思想史的位置の解明については、今後の課題としたい。

注

（1）「眚（性）自命出、命自天降」（簡02～03）。以下、『性自命出』本文の引用は、基本的に『郭店楚墓竹簡』の釈文による。一部私見により改めた箇所があるが、煩雑を避け注記を省いた。また、墨釘・墨鉤等、竹簡に記されている記号に関しては、写真に基づきつつ可能な限り補った。句読点は、解釈上の便を図るため竹田が加えた。

（2）陳偉「関于郭店楚簡〈六徳〉諸篇編連的調整」（武漢大学中国文化研究院編『郭店楚簡国際学術研討会論文集』湖北人民出版社、二〇〇〇年）他参照。廖名春「郭店簡《性自命出》的編連与分合問題」（「中国哲学史」二〇〇〇年第四期。以下、「編連与分合問題」）は、諸説を整理した上で、上博楚簡をも視野に入れた検討を行っている。

（3）「編連与分合問題」は、『性自命出』を簡01から簡35までの上篇と簡36以降の下篇とに分け、上篇について「郭店簡《性自命出》篇原釈文従簡1到簡35的編連并未有誤」、下篇についても「最佳的方案還是《郭店楚墓竹簡》釈文原来的編排。」と述べる。

（4）後述するように、『性情論』Bに属する簡25と簡26との間に一枚の残欠簡が存在した可能性があり、そこに記された文字列によっては、『性情論』Bと『性自命出』Ⅳとに文字列の序列が相違する部分が生じることになる。但し、問題となる文字列の字数が少ないため、ここでは両ブロックが全体として対応していると見なす。

（5）墨鉤及び墨節・墨釘の語については、『楚竹書』による。

（6）基本的に墨釘は句の切れ目を、また墨節はより大きな意味のまとまりの切れ目を示すと思われるが、『楚竹書』が指摘するように、こうした記号の使用に関して、明確で厳密な規則があったとは思われない。なお、李零「上博楚簡校読記（之三）《性情》」（『上博楚簡三篇校読記』〔万巻楼図書有限公司、二〇〇二年〕所収。以下、「上博楚簡校読記」）は、『性情論』を墨節によって七章に区分するが、章の長さのばらつきが激しく、内容的にも各章ごとのまとまりが判然としないため、墨節を「章」の区分を示す記号と見ることには疑問が残る。なお、『性情論』の各簡に記されている記号とその数等については、別表参照。

（7）「編連与分合問題」は、簡49末尾の墨釘も墨鉤である可能性があると指摘し、『性自命出』を墨鉤で区切られる上中下三篇からなる文献とする。しかし写真を見る限りでは、簡49の記号は墨鉤とは認められないので、ここでは検討の対象から除外する。

（8）以下、『性情論』本文の引用は、基本的に『楚竹書』の釈文による。取り扱いについては、注（1）の『性自命出』に同じ。

（9）凡そ人は性有りと雖も、心は志を奠《さだ》むること亡し。物を待ちて而る後に作《おこ》り、悦を待ちて而る後に行い、習うを待ちて而る後に定まる。喜怒哀悲の気は、性なり。其の外に見わるるに及ぶは、則ち物之を取ればなり。

（10）凡そ人は性有りと雖も、心は志を正すこと亡し。物を待ちて而る後に作り、悦を待ちて而る後に行う。習うを待ちて而る後に定まる。喜怒哀悲の気は、性なり。其の外に見わるるに及ぶは、則ち物之を取ればなり。

（11）『性情論』簡01の「正志」と『性自命出』の「奠志」とは、音通する可能性もある。しかし、同じ『性情論』簡01に「寺

（待）習而句（後）奠■」（習うを待ちて而る後に奠《さだ》まる）との句があることから、『性情論』では「正」と「奠」とが区別されていた可能性が考えられる。このためここでは「正」の字のままで解しておく。

（12）李零『郭店楚簡校読記（増訂本）』（北京大学出版社、二〇〇二年）や「上博楚簡校読記」は、両文献が「凡」字で始まる「鬆散的単章」が拼合して成ったものと見る。但し、「凡」字のみを重視して章を分けることについては、章ごとの字数にかなりのばらつきがあり、特に長い章の場合について、内容的なまとまりが認められないため、疑問が残る。

（13）この点については、別表参照。

（14）喜べば斯《ここ》に慆《よろこ》び、慆べば斯に奮い、奮えば斯に咏《くちずさ》み、咏めば斯に猶《うご》き、猶けば斯に舞う。舞うは、喜の終わりなり。慍《いか》れば斯に憂い、憂うれば斯に戚《いきどお》り、戚れば斯に歎き、歎けば斯に辟《むねう》ち、辟てば斯に踊る。踊るは、慍の終わりなり。

（15）この部分の内容並びに表現については、丁原植「《性自命出》篇釈析」（『儒家佚籍四種釈析郭店楚簡』〔台湾古籍出版有限公司、二〇〇〇年〕所収）などが指摘するように、『礼記』檀弓下篇の一部と類似している。但し、『礼記』檀弓下篇の記述は、「喪の踊」をめぐる子游と有子との会話として状況が設定されている。

（16）丁原植『楚簡儒家性情説研究』（万巻楼図書有限公司、二〇〇二年。以下、『性情説研究』）は、『性自命出』Ⅱの文字列について「郭店間此一部分，当属此篇資料流伝中不同文本的増添」とする。

（17）「郭店楚簡校読記」参照。

（18）〔凡そ人に〕性有りと雖も、心は取られざれば出ださず。凡そ心に志有るも、〔与《あずか》ること亡ければ作《おこ》らず。人の〕独り行う〔可からざること、〕猶お口の独り言う可からざるがごときなり。牛　生まれながらにして長く、鴈《かり》　生まれながらにして呻《うめ》くは、其の性〔然り。人　生まれながらにして〕学ぶは、或《ある》もの之《か》くあら使むればなり。凡そ物は異ならざる者《こと》亡し。剛の梪《た》つや、剛なるもの之を取ればなり。柔の約《たば》ねらるるは、柔なるもの之を取ればなり。四海の…

（19）…の心に…難しと為す、其の為す所に従えば、近く之を得るも、楽しむの速やかなるを以てするには如かず。其の事を能くすと雖も、其の心を能くせざれば、貴ばれず。其の…に求めて…

（20）苟くも其の情有らば、未だ之れを為さずと雖も、斯ち人は之を信とす。

(21)「道を聞きて下を反《かえりみ》るは、下交する者なり。」或いは「道を聞きて上を反るは、上交する者なり。」

(22) 君子は身　以て心に主《つかさど》らるるを為す。

(23) この点については、別表参照。

(24)『性情説研究』は、「単純従二者文句比較，上博簡似有脱漏。但若就文意的表達来看，上博簡的思想似更為精要清晰。若上博簡不是抄写脱漏，則二者可能分属不同文本。」と述べる。後述するように、確かに両文献は別系統に属すると考えられるが、この部分については、残欠簡が存在したか、或いは誤写によって欠落したと思われる。

(25) 李零説に従うと、(6)の句と接続する前後の文字列が『性自命出』Ⅳと『性情論』Bとで異なる他、『性自命出』Ⅳと『性情論』Bとの文字列に一部相違が生ずることになる。「上博簡校読記」参照。なお、他の残簡については、ここでは判断を保留しておく。

(26)『性情説研究』は「郭店簡似対原有資料加以増補」とする。

(27) 身は静ならんと欲して訬《さわ》ぐこと毋く、慮は淵《ふか》からんと欲して憍《いつわ》ること毋く、行《おこない》は勇ならんと欲して必ず至し、貌は壮ならんと欲して拔《かたむ》く毋く、柔斉ならんと欲して泊《しず》かなり。喜は智ならんと欲して末亡く、楽は懌《よろこ》ばんと欲して志有り、憂は倹《つつま》しくせんと欲して惛《くら》きこと毋く、怒は盈たんと欲して希《まれ》なる毋く、進は遜《ゆず》らんと欲して巧むこと毋く、退は肅ならんと欲して軽《かる》がるしくすること毋く、皆慶《のり》あらんと欲して憍ること毋し。

(28) 凡そ身は静ならんと欲して動くこと毋く、心を用いるは徳あらんと欲して僡《つか》る毋く、慮は淵《ふか》からんと欲して異なること毋し。■退は緊《かた》からんと欲して軽がるしくすること毋く、□は□ならんと欲して礼有り、言は直ならんと欲して流るる毋く、居処は逸易ならんと欲して慢《おこた》る毋し。■

(29)「上博楚簡校読記」は、『性情論』bと『性自命出』オと、『性情論』eと『性自命出』コとが対応していると見なすが、句形から見ても、『楚竹書』が指摘するように、『性情論』b・eは『性自命出』に存在しないと見るのが妥当であろう。

(30) この点について、『性情説研究』も「二者抄写所拠的文本不同」と指摘する。

(31) 湖北省荊門市博物館「荊門郭店一号楚墓」(『文物』一九九七年第七期)、崔仁義「荊門楚墓出土的竹簡《老子》初探」(『荊門社会科学』一九九七年第五期）参照。

（32）馬承源「前言：戦国楚竹書的発現保護和整理」（『楚竹書』所収）、「馬承源先生談上博簡」（上海大学古代文明研究中心・精華大学思想文化研究所編『上博館蔵戦国楚竹書研究』〔世紀出版集団・上海書店出版社、二〇〇二年〕所収）参照。なお、戦国時代に関する上海博物館の時代区分は、「早期」と「晩期」との二分法である。

別表『性情論』に属する各竹簡

竹簡番号	簡長（cm）	字数	合文数	重文数	墨釘数	墨節数	墨鉤数	簡首	簡尾	完全な簡
01	55.4	41			4			○	○	○
02	49.0	33		1	4			×	×	
03	52.3	34			1			×	○	
04	51.3	30			3			×	×	
05	54.7	29			2			×	○	
06	57.2	33			5			○	○	○
07	37.2	22			2			×	×	
08	54.5	32			2			○	○	○
09	57.2	31		1	2			×	○	
10	57.2	31		1				○	○	○
11	53.7	29			3			×	○	
12	54.6	30	1		1			×	○	
13	49.5	27						×	○	
14	49.8	29			1			×	○	
15	41.7	21						×	×	
16	44.8	28			1			×	×	
17	21.9＋20.8	25			2			×	○	
18	54.3	31			4			×	○	
19	54.3	33		1				×	×	
20	56.0	33						○	○	○
21	50.5	29				1		×	○	
22	52.2	23						×	×	
23	52.2	33			1			×	○	
24	57.2	34			1			○	○	○
25	50.4	30			2			×	○	
26	18.0＋38.8	37						○	○	
27	54.2	32			1			×	○	
28	57.1	33	1	2	2			×	○	
29	55.0	33		3	2			×	○	
30	55.0	34			2			×	○	
31	54.1	35				1		×	○	
32	24.3＋9.8	21			1			○	×	
33	42.6	29			2			○	×	
34	32.9＋1.2	30			2			×	×	
35	45.0	26			1	1		×	○	
36	54.5	33			2			×	○	
37	55.4	38		3	1			×	○	
38	54.0	47		1	3			×	○	
39	54.0	48		1	2	2		×	○	
40	56.5	4					1	×	○	

「簡首」「簡尾」欄について、○は完全か、或いは概ね整っていることを、×は残欠していることをそれぞれ示す。

第八章　郭店楚簡『性自命出』・上博楚簡『性情論』の性説

竹田健二

はじめに

一九九三年に湖北省荊門市郭店一号墓から出土した郭店楚簡には、性をめぐる様々な思考が記された儒家系の古佚文献が含まれており、『性自命出』と名付けられた。その後、一九九四年に上海博物館が香港の市場で購入した上博楚簡にも、『性自命出』と内容の重複する文献が含まれていることが明らかになり、『性情論』と名付けられた。両文献はいずれも篇題が記されておらず、それぞれの整理者により異なる仮称が与えられてしまっているのだが、その内容はほぼ重複しており、両者は基本的に同一の文献である。

もっとも、詳しく比較すると、両文献は文字列のブロックの序列が部分的に相違しており、また竹簡の残欠や書写の誤りによって生じたとは考え難い字句の異同が存在する。このため、ともに戦国時代中期（前三四二～前二八二年）に書写されたものと考えられる『性自命出』と『性情論』とは、異なる系統に属する二種類のテキストの関係にあり、その原本の成立は戦国前期（前四〇三～前三四三年）以前にまで遡ると推測され、両文献に説かれている性をめぐる様々な思考も、従って戦国前期以前に存在したものと考えられる(1)。

従来、戦国時代における性説を検討する際に用いることができた資料は、専ら『孟子』『荀子』『荘子』といった伝世文献に限られていた。しかし、『性自命出』・『性情論』が出現したことにより、戦国時代前期以前の性に関する思考を伝える、戦国時代中期に書写された資料を、しかも二種類のテキストとして我々は得たのである。本章では、『性自命出』・『性情論』の性説について検討し、両文献の性格や戦国時代における儒家の性説の展開について、若干の考察を試みることにする。

一　両文献冒頭部の検討

本節では、先ず『性自命出』・『性情論』の冒頭部分で説かれている性説について考察する。両文献の冒頭部分は、以下の通りである。(2)

(1)・01凡人唯（雖）又（有）眚（性）、心亡奠志。𧻚（待）勿（物）而句（後）钅（作）、𧻚（待）兑（悦）而句（後）行、𧻚（待）習而句（後）02奠。憙（喜）蒸（怒）依（哀）悲之𣢟（氣）、眚（性）也。及亓（其）見於外、則勿（物）取之也。眚（性）自命出、命03自天降。衍（道）司（始）於青ー（情、情）生於眚（性）。司（始）者近青（情）、終者近義。智（知）〔情者能〕04出之、智（知）宜（義）者能内之。（『性自命出』）

凡そ人は性有りと雖も、心は志を奠《さだ》むること亡し。物を待ちて而る後に作《おこ》り、悦を待ちて而る後に行い、習うを待ちて而る後に定まる。喜怒哀悲の気は、性なり。其の外に見わるるに及ぶは、則ち物之を取ればなり。性は命より出で、命は天より降る。道は情に始まり、情は性より生ず。始めは情に近く、終わりは義に近し。情を知る者は能く之を出だし、義を知る者は能く之を内《い》る。

・01凡人唯（雖）又（有）生（性）、心亡正志■。寺（待）勿（物）而句（後）乍（作）、寺（待）兌（悦）而句（後）行■。寺（待）習而句（後）奠■。憙（喜）惹（怒）哀悲之気（氣）、眚（性）也■。及丌（其）見於外、則勿（物）取之02〔也。性〕自命出、命自天降■。道司（始）於情＝（情、情）生於眚（性）■。司（始）者近情■、𡕒（終）者近義■。智（知）情者能出之、智（知）義者能内〔之〕。（『性情論』）

凡そ人は性有りと雖も、心は志を正すこと亡し。物を待ちて而る後に作り、悦を待ちて而る後に行う。習うを待ちて而る後に定まる。喜怒哀悲の気は、性なり。其の外に見わるるに及ぶは、則ち物之を取ればなり。性は命より出で、命は天より降る。道は情に始まり、情は性より生ず。始めは情に近く、終わりは義に近し。情を知る者は能く之を出だし、義を知る者は能く之を内る。

人間には誰でも性が備わっているが、その心に道徳的行為をなそうとする志が生まれつき備わっているのではない。人間は、外界の物と接してその影響を受け、そしてそのことに悦びの感情をおぼえ、更にそうした過程を習慣化してこそ、善へと向かう志を定着させることが出来る。また人間の喜怒哀悲の感情も、性として人間に備わっている感情の気、つまり元となるものに対して、外界の物が働きかけることによって作動し、その結果それぞれの感情が外界に発現する。

そもそも性は命から生じ、その命は天から降ったもので、性は天命に由来する。そして、人間の踏み行うべき道の始原は人間の情にあり、その人間の情は性から生ずる。また、道を践み行わんとする道徳的行為の始まりは情に近く、また道徳的行為の最終段階は完成された義に近い。情をよく知る者こそが道徳的行為の発端となる情を引き出すことができ、義をよく知る者が内面において義を定着させることができる。

『性自命出』・『性情論』の冒頭部分では、以上のような主張が展開されている。性は天命に由来し、また人間の踏み行うべき道の始原は、その性から生ずる情であるとされているのであるから、人間の道徳的行為の根拠が、性を介して究極的には天に求められていることになる。すべての人間には、基本的に道徳的行為を実践する能力がその内面に存在し、そしてそれは天によって保証されていると考えられているのである。

但し、人間はもって生まれたものだけで自動的・必然的に善に赴くのではない。人間の感情が発露する場合においても、「物之を取」ること、つまり外界の物が働きかけることが必要とされる。人間が善に赴くためには、性に対する外物による作用、つまりその人に対する後天的な働きかけが必要なのである。

以上、『性自命出』・『性情論』の冒頭部分には、人間の性や情といった人間の内面を重視し、天―性―情―道の関係を緊密に結合させ、かつ人間が善に赴くに当たっては、外界から物の作用を受けることが不可欠であるとする思考が説かれていたことを確認した。

こうした思考は、両文献に見られる性に関する思考全体の、基本的な枠組みとなっていると考えられる。続いて次節では、『性自命出』・『性情論』の他の箇所において説かれている性に関する思考について検討する。

二　冒頭部以外の箇所の検討

『性自命出』・『性情論』では、資料⑴の後に連続する形で、性に関する思考が或る程度まとまって述べられている。先ずその部分を、内容から便宜的に六つに区分して列挙する。

(2)・04好亞（惡）、眚（性）也。所好所亞（惡）、勿（物）也。善不〔善、性也〕。05所善所不善、埶（勢）也。（『性自命出』）

・02〔好〕03〔惡、性也。所〕好、〔所〕亞（惡）、勿（物）也。善不善、眚（性）也。所善所不善、嫢（勢）也。（『性情論』）

好悪は、性なり。好む所と悪む所とは物なり。善・不善は、性なり。善とする所と不善とする所とは、勢なり。

好悪は、性なり。好む所と悪む所とは物なり。善・不善は、性なり。善とする所と不善とする所とは、勢なり。

(3)・05凡眚（性）爲宔（主）、勿（物）取之也。金石之又（有）聖（聲）、〔弗考不〕06〔鳴。凡人〕唯（雖）又（有）眚（性）、心弗取不出。凡心又（有）志也、亡與不〔作。人之不可〕07蜀（獨）行、猷（猶）口之不可蜀（獨）言也。牛生而倀（長）、⿸广章（鴈）生而戟（伸）、亓（其）眚（性）〔然。人生〕08而學或貞（使）之也。（『性自命出』）

凡そ性　主為るも、物　之を取るなり。金石は之れ声有るも、考《う》たれざれば鳴らず。凡そ人に性有りと雖も、心は取られざれば出ださず。凡そ心に志有るも、与《あずか》ること亡ければ作《おこ》らず。人の独り行う可からざること、猶お口の独り言う可からざるがごときなり。牛　生まれながらにして長く、鴈《かり》　生まれながらにして呻《うめ》くは、其の性然り。人　生まれながらにして学ぶは、或《ある》もの之《か》くあら使むればなり。

・03凡眚（性）爲宔（主）、勿（物）取之也■。金石之又（有）聖（聲）也、弗鈎（扣）不鳴。（『性情論』）

凡そ性　主為るも、物　之を取るなり。金石は之れ声有るも、扣《う》たれざれば鳴らず。

(4)・08凡勿（物）亡不異也者。剛之梪也、剛取之也。柔之09約、柔取之也。四海（海）之内亓（其）眚（性）弌（一）也。亓（其）甬（用）心各異、⿱爻言（教）貞（使）肰（然）也。（『性自命出』）

凡そ物は異ならざる者《こと》亡し。剛の梪《た》つや、剛なるもの之を取ればなり。柔の約ねらるるは、柔なるもの之を取ればなり。四海の内、其の性は一なり。其の心を用うること各おの異なるは、教えの然らしむるなり。

・・・04〔之〕内、丌（其）眚（性）一也。丌（其）甬（用）心各異■、⿱爻子（教）叓（使）肰（然）也。（『性情論』）

・・の内、其の性は一なり。其の心を用うること各おの異なるは、教えの然らしむるなり。

(5)

・09凡眚（性）10或⿰重攴（動）之、或⿺辶圭（逆）之、或交之、或萬（厲）之、或出之、或羕（養）之、或長之。凡⿰重攴（動）眚（性）11者、勿（物）也。⿺辶圭（逆）眚（性）者、兌（悦）也。交眚（性）者、古（故）也。萬（厲）眚（性）者、宜（義）也。出眚（性）者、埶（勢）也。羕（養）眚（性）12者、習也。長眚（性）者、⿲彳人亍（道）也。（『性自命出』）

凡そ性は　或るもの之を動かし、或ものの之に逆《むか》え、或るもの之を交《か》え、或るもの之を厲《はげ》まし、或るもの之を出だし、或るもの之を養い、或るもの之を長ず。凡そ性を動かす者は、物なり。性に逆《むか》うる者は、悦なり。性を交《か》うる者は、故なり。性を厲《はげ》ます者は、義なり。性を出す者は、勢なり。性を養う者は、習なり。性を長ずる者は、道なり。

・04凡眚（性）、或⿰重攴（動）之■、或逆之■、或⿱交心（交）之、或⿱萬心（厲）之、或出〔之、或養〕05〔之〕、或長之■。凡⿰重攴（動）眚（性）者、勿（物）也■。逆眚（性）者、兌（悦）也。⿱交心（交）眚（性）者、古（故）也。⿱萬心（厲）眚（性）者、宜（義）也。出眚（性）者、埶（勢）也。06羕（養）眚（性）者、習也■。長眚（性）者、道也■。（『性情論』）

凡そ性は　或るもの之を動かし、或ものの之に逆《むか》え、或るもの之を交《か》え、或るもの之を厲《はげ》まし、或るもの之を出だし、或るもの之を養い、或るもの之を長ず。凡そ性を動かす者は、物なり。性に逆《むか》うる者は、悦なり。性を交《か》うる者は、故なり。性を厲《はげ》ます者は、義なり。性を出す者は、勢なり。性を養う者は、習なり。性を長ずる者は、道なり。

(6)・12凡見者之胃(謂)勿(物)、快於吕(己)者之胃(謂)兌(悅)、勿(物)13之埶(勢)者之胃(謂)埶(勢)、又(有)爲也者之胃(謂)古(故)。義也者、群善之薀(蕝)也。習也14者、又(有)以習亓(其)告(性)也。衍(道)者、群勿(物)之衍(道)。(『性自命出』)

凡そ見る者は之を物と謂い、己に快《ここち》よき者は之を悦と謂い、物の勢は之を勢と謂い、為さんとすること有る者は之を故と謂う。義なる者は、群善の蕝《せつ》なり。習なる者は、以て其の性に習うこと有るなり。道なる者は、群物の道なり。

・06凡見者之胃(謂)勿(物)■、怘(囿)於其者之胃(謂)兌(悅)■、勿(物)之埶(勢)者之胃(謂)埶(勢)■、有爲也07〔者〕之胃(謂)古(故)■。宜(義)也者、羣善之薀(蕝)也。習也者、又(有)㠯(以)習丌(其)眚(性)也■。道也〔者、群物之道。〕(『性情論』)

凡そ見る者は之を物と謂い、其《それ》に囿《とらわ》るる者は之を悦と謂い、物の勢は之を勢と謂い、為さんとすること有る者は之を故と謂う。義なる者は、群善の蕝なり。習なる者は、以て其の性に習うこと有るなり。道なる者は、群物の道なり。

資料(2)では、人間が好悪の感情を持つのは性の作用としてであり、その好悪の感情の対象は外界の事物であるとされ、続けて、人間が善悪を判断するのも性の作用としてであり、その善悪の判断の対象は勢であるとされている。後文に「物の勢は之を勢と謂」う(資料(6))とあるのによれば、人間が善・不善とするのは、人間の性に対して働きかける外物の勢と考えられる。つまり、性に対する働きかけに善・不善があり、性そのものには善・不善はない。勢の働きかけが良ければ、性はそれに応じて善なる行為を発動し、働きかけが悪ければ、性はそれに応じて悪なる行為を発動するのである。

資料(3)では先ず、人間に備わっている道徳的行為をなす能力が発揮されるには、外界からの性に対する働きかけが不可欠であることが、楽器の比喩によって語られている。すなわち、鐘や磬など金属や石でできた楽器は、それを人間が打てばさまざまな音を出すけれども、打たなければ何の音も出さない。人間の性も、それだけで自ら善なる行為を発することはなく、「物　之を取る」こと、すなわち外物から性に対する働きかけがあって、はじめて善なる行為が実現するのである。

続けて、善に赴かんとする人間の志の発動や定着に、外物の働きかけが不可欠であるのは、ちょうど人間が言葉を発するのに他者の存在が不可欠であるのと同じであること、更に、牛の鳴き声が長く、鴈《かり》の鳴き声は呻くようであるのは、それぞれ性としてそうであるが、人間が生まれながらに学ぶというのは、人間の独力で可能なのではなく、何者かによってそうさせられていると述べられている。(3)

資料(4)では、個物のあり方はそれぞれに異なり、剛であったり柔であったりするが、それは外界の剛なる物や柔なる物の影響を受けてそうなるとされている。そしてそもそも「四海の内、其の性は一」、つまり、およそ人間の性は本来皆同一なのであって、現実にそれぞれ人間の心の用い方が異なり、あり方が異なるのは、すべて外物による後天的な教化・影響がそうさせているとする。

資料(5)では、「物・悦・故・義・勢・習・道」が性に対して「動・逆・交・厲・出・養・長」とのそれぞれ異なる働きかけをすることについて述べられている。これらはいずれも、人間が道徳的行為を実践するため必要とされるものであると考えられる。

資料(6)では、習うということは、「其の性に習う」、つまり性に何か習慣づけが行われることを指すと、「習」についての定義がなされている。

以上、前節で検討した資料(1)の後に連続する部分において説かれている、性に関する思考について検討した。この資料(2)〜(6)における思考は、それぞれ資料(1)において説かれていた性説と共通する部分を持つ。特に、性と物との関係については、すべての資料において言及があるが、性に対して外界の物が働きかけること、つまり教化が行われることによって、人間の内面に変化がもたらされるとの思考を、いずれも基盤にしている。

もっとも、こうした『性自命出』・『性情論』における性に関する思考全体が、緊密に構築されているという訳ではない。資料(1)〜(6)は概ね連続し、分量的には或る程度まとまっているが、それぞれの接続している部分にどのような論理の展開が存在するのかは明確ではなく、また相互の関連性についても、不明な点が少なくないのである。

例えば、資料(1)では、性に対する働きかけとして「物―悦―習」との段階が設けられているが、資料(5)では、性に対して「物・悦・故・義・勢・習・道」が「動・逆・交・厲・出・養・長」とのそれぞれ異なる働きかけをするとされている。資料(1)に含まれている三つの段階は、すべて資料(5)にも含まれており、両資料が全体的には共通する性格の思考を含むことは確かである。しかし、資料(1)に含まれていない要素が資料(5)に多く存在しているのもまた確かである。二つの思考は、基本的には枠組みを共有している思考であると認めることができるものの、全体がよく体系化され、高い整合性を保つように構成されているとは見なし難い。

こうしたことから、『性自命出』・『性情論』においては、性に関するいくつかの思考の記述が、或る関連性を持ちつつも、緊密な論理では結合されないまま、いわば箇条書きのように羅列されていると捉えるべきと考えられる。

両文献の性説が全体として緊密には構成されておらず、さほど整合的でないことは、他の箇所に見られる性に関する思考についてもあてはまる。

(7)
・29凡至樂必悲、哭亦悲、皆至丌（其）情也。㤅（哀）樂、丌（其）眚（性）相近也。是古（故）丌（其）心30不遠。
（『性自命出』）

凡そ至楽の必ずや悲にして、哭も亦た悲なるは、皆 其の情に至ればなり。哀と楽とは、其の性 相近し。是の故に其の心は遠からず。
・17凡18〔至樂〕必悲、哭亦悲、皆至丌（其）情也■。哀樂、丌（其）眚（性）相近也■。是古（故）丌（其）心不遠■。
（『性情論』）

凡そ至楽の必ずや悲にして、哭も亦た悲なるは、皆 其の情に至ればなり。哀と楽とは、其の性 相近し。是の故に其の心は遠からず。

(8)
・38詘（如）、宜（義）之方也。39宜（義）、敬之方也。敬、勿（物）之即（則）也。管（篤）、𢚩（仁）之方也。𢚩（仁）、眚（性）之方也。眚（性）或生之。忠、信40之方也。信、青（情）之方也。青（情）出於眚（性）。（『性自命出』）
如は、義の方《なかま》なり。義は、敬の方なり。敬は、物の則なり。篤は、仁の方なり。仁は、性の方なり。性は之を生ずる或《あ》り。忠は、信の方なり。信は、情の方なり。情は性より出づ。
・33詘、宜（義）之方也■。宜（義）、敬之方也■。敬、勿（物）之即（則）也。⿱竹⿱亯心（篤）、𢚩（仁）之方也。𢚩（仁）、眚（性）之方也。眚（性）或生之。〔忠、信之方也。信、情之方〕34〔也。〕情出於眚（性）■。（『性情論』）
詘は、義の方なり。義は、敬の方なり。敬は、物の則なり。篤は、仁の方なり。仁は、性の方なり。性は之を生ずる或り。忠は、信の方なり。信は、情の方なり。情は性より出づ。

(9)
・51未言而信、又（有）媺（美）青（情）者也。未⿱爻言（教）52而民亙（恆）、眚（性）善者也。未賞而民懽（勸）、含福者也。未型（刑）而民愄（畏）、又（有）53心愄（畏）者也。戔（賤）而民貴之、又（有）悳（徳）者也。貧而民聚安（焉）、又（有）衍（道）者也。（『性自命出』）

未だ言はずして信ぜらるるは、情を美にすること有る者なればなり。未だ教へずして民恆なるは、性の善なる者なればなり。未だ賞せずして民　勧むるは、福を含《おさ》むる者なればなり。未だ刑せずして民の畏るるは、心畏るること有る者なればなり。賤しきも民の之を貴ぶは、徳有る者なればなり。貧しきも民焉に聚まるは、道有る者なればなり。

・22未言而信、又（有）𡵂（美）情者也。未𡥈（教）而民恆、眚（性）善者也。〔未賞而民勸、含福者也。〕23〔未刑〕而民愄（畏）、又（有）心愄（畏）者也。戔（賤）而民貴之、又（有）悳（徳）者也。貧而民聚安（焉）、又（有）道者也■。（『性情論』）

未だ言はずして信ぜらるるは、情を美にすること有る者なればなり。未だ教へずして民恆なるは、性の善なる者なればなり。未だ賞せずして民　勧むるは、福を含むる者なればなり。未だ刑せずして民の畏るるは、心畏るること有る者なればなり。賤しきも民の之を貴ぶは、徳有る者なればなり。貧しきも民焉に聚まるは、道有る者なればなり。

資料(7)では、最高の音楽を聞くと人は悲しくなり、また哭する声を聞くとやはり悲しくなるが、それはいずれもその音声が聞く人の感情に届くからとされる。そして、感情としての哀と楽とが生ずる際は、その性の状態が近く、従ってその心のあり方も近いと述べられている。

資料(8)では、「如―義―敬―物」「篤―仁―性」「忠―信―情―性」の相互の関連について述べられているが、その中で、仁については「性は之を生ずる或《あ》り」とあり、また「情は性より出づ」と、仁や情は性から発生するものであると位置付けられている。[4]

資料(9)には、「未だ教えずして民恆なるは、性の善なる者なればなり。」とあり、為政者の民に対する教化がまだ行われていないにも関わらず、民が一定の安定した生活を送るのは、性が善である者だからだ、と述べられている。続く語句に褒賞・刑罰の行使と民の反応とについて述べられていることから見て、ここで「未だ教え」ざる者、また「性の善なる者」とされているのは、明らかに為政者である。また性が善であるというのは、先天的にそうだという意味ではなく、後天的にそうなる、という意味と考えられる。

以上の資料(7)～(9)は、資料(1)～(6)が連続して文献全体の冒頭に位置していたのに対して、そこから離れた箇所に、連続せず別々に位置している。そしてその内容は、資料(1)～(6)と矛盾するということはないが、どのような論理によってそれらが接続・結合していたのかが明確ではない。

例えば、資料(7)では、「哀」と「楽」とが対にされているが、資料(1)で人間の感情として挙げられていたのは「喜怒哀悲」であり、「哀」と「悲」とが対にされていた。またそこではそれらを生み出すものとして「性」そのものではなく「気」が問題にされていた。加えて、資料(8)については、「情は性より出づ」との語句が資料(1)にも存在しており、両者の間には強い共通性も認められるが、ここで何度も繰り返され重視されている「方」をめぐる思考は、資料(1)～(6)にはまったく存在しない。更に、資料(9)において、性が善であるとの語が見られるが、資料(1)～(6)には人間の性そのものを善或いは不善とする思考は見られない。

こうしたことから、『性自命出』・『性情論』においては、性に関する思考が全体としては緩やかな関連を持ちつつも、さほど緊密には構成されず、細部の整合性は不明なまま羅列されていると理解すべきと考えられる。

筆者は先に、両文献について比較を行い、両文献の間にはさまざまな相違点が存在していることについて述べた(5)。両文献は、竹簡の残欠や書写の誤りによって生じたとは考え難い字句の異同が確実に存在しただけでなく、文字列のブロックの序列に大きな相違があった。『性自命出』・『性情論』は、ブロックの序列が相違していても、それぞれそうした形で存在し流通し得た、そういう緊密な構成を持たない文献だったのである。

このことは、両文献における性に関する思考が、全体としてはさほど緊密には構成されていないことと関連があると思われる。すなわち、『性自命出』・『性情論』はそもそも、儒家の中の或る学派の内部で論じられていた様々な思考について、それを記述すること自体を目的として成立した、一種の内部文書のような文献であったのであり、そうであったからこそ、文献全体が緊密な構成を持たず、また性についての思考も、例えば他学派に向けて主張する場合に求められるような体系性が備わっていなくても、特に問題にはならなかったと推測されるのである。

三　戦国時代における性説の展開の見直し

本節では、『性自命出』・『性情論』に見られる性説が戦国時代の前期以前に存在したということにより、戦国時代における性説に関する従来の見解は、どのように見直されるかという点について考察する。

先ず第一に、戦国時代において性説が盛んに展開した時期を遡って考えなければならなくなった。

諸子によって性説が盛んに説かれるようになった時期について、従来は専ら戦国中期以降と考えられてきた。すなわち、孔子のおいてまだ素朴な段階であった性説は、戦国時代の中期に急速に発展して、孟子や告子などの多くの思想家がそれぞれ独自の性説を盛んに説き、その後更に荘子の後学や戦国後期の荀子が独自の性説を展開した、と概ね捉えられてきた。これは、性に関する言及が『論語』にほとんど見られず、『孟子』や『荘子』外・雑篇、『荀子』など、戦国中期以降の思想を伝えるとされる文献に多数記されていることに基づく。『論語』『孟子』『荀子』『荘子』といった伝世の文献だけを頼りに、そこに説かれている性説をたどるならば、こうした見方がなされたのも当然といえよう。

しかし、『性自命出』・『性情論』の出土により、人間の性や情といった人間の内面を重視し、天－性－情－道を直結させ、かつ人間が善に赴くに当たっては、外物からの働きかけを受けることが不可欠であると主張する性説が、戦国時代前期以前に既に成立していたことが明らかになった。そうであるならば、性説の展開した時期は、戦国中期以降ではなく、戦国前期以前、つまり孟子よりも前だったとしなければならない。

実はそうした状況については、『論語』が示唆を与えているように思われる。『論語』の中で、孔子が性について直接語っている言葉は、有名な「子曰く、性相近し。習い相遠し。」（陽貨篇）だけである。公冶長篇に「子貢曰く、夫子の文章は、得て聞くべきなり。夫子の性と天道とを言うは、得て聞くべからざるなり」とあるから、『論語』の中に性について論じた孔子の言葉が極めて少ないのは、そもそも孔子自身が性について言及すること自体がほとんど無かったためと考えられる。

「性相い近し。習い相い遠し」との発言によれば、孔子は、人間の後天的な学習と先天的な本性とを対比的に捉え、人間のあり方が一様ではない原因を後天的な学習に求め、人間の本性自体にさほどの隔たりはないと考えていた。もっとも、この「性相い近し。習い相い遠し」に続いて、陽貨篇には「子曰く、唯《た》だ上知と下愚とは移らず」とある。これによれば、孔子は善なる行為を行う能力がすべての人間に同じように存在するとは考えておらず、人間の本性にかなり差があることを認めていたようである。

また「子曰く、天徳を予《われ》に生《な》せり、桓魋其れ予を如何。」（述而篇）といった言葉から、人間が道徳的行為を為す根拠について、孔子はそれを究極的には天に求めていたようである。しかし、天と性との関係について直接言及する孔子の言葉は『論語』にはない。「性と天道」について孔子が語らなかったのであるとすれば、それも当然である。

結局断片的な『論語』の記述からは、孔子の性説について詳しいことは分からないが、孔子自身の口からわずかではあっても性に関する言葉が発せられている以上、孔子の時代に性という概念が存在し、しかも孔子がその性を、何ほどか語るに値する概念として認識していたことは確実である。

しかも、公冶長篇の子貢の言葉からは、孔子の性に対する理解がどのようなものであったのかについて、子貢ら孔子直伝の弟子たちの間で関心が非常に高まっていたものと推測される。おそらくそうした関心の高まりは、孔子の没後かなり早い段階から存在したのであろう。孔子の段階の性説が、それほど緻密なものではなかったとしても、性に関して孔子直伝の弟子たちの間では関心が高まり、さまざまな展開を始めていった可能性は高い。おそらく『性自命出』・『性情論』の性説は、そうした孔子後学の関心の高まりの中で成立していった文献の一つであったと考えられる。

このことは、『性自命出』・『性情論』の性説には孔子の性説との間に関連性が認められ、孔子の性説を敷衍する形で展開していったものと考えられることから首肯できる。『性自命出』・『性情論』においては、「四海の内、其の性は一なり。其の心を用うること各おの異なるは、教えの然らしむるなり」（資料⑷）とあり、個々の人間のあり方の違いが先天的な性の相違によるものとはされず、後天的に加えられる教化の違いによって生ずるものとされていた。こうした思考は、『論語』中唯一孔子が性について直接語った「性相い近し。習い相い遠し」の語から窺える孔子の性説とほぼ共通する。また、『性自命出』では人間の性は天の命に由来すると明確に主張されているが、人間の道徳的行為の根拠が究極的には天にあるとする思考は、『論語』にも窺うことができる。こうした点から、『性自命出』・『性情論』の性説は、基本的に孔子の性説を基盤とし、それを敷衍したものと考えられるのである。

第二に、『性自命出』・『性情論』の性説により、「天—命—性」を結びつける思考が戦国前期以前に既に存在したことが明らかになった。

「性は命より生じ、命は天より降る」と、『性自命出』・『性情論』の冒頭部分では、人間の性は天の命に由来することが明確に位置付けられていた。このように「天—命—性」を位置付ける思考は、『礼記』中庸篇冒頭の「天の命ずる、之を性と謂う」との語に表されている思考とほぼ同一である。また『性自命出』・『性情論』では「道は情に始まり、情は性に生ず」と、道の始原がそもそも性にあるとされている。これも中庸篇の「性に率う、之を道と謂う」と類似した思考を表していると考えられる。従って、『性自命出』・『性情論』の性説と『礼記』中庸篇の性説とは、その思想的基盤が共通していると見られる。(6)

従来は中庸篇冒頭のように「天—命—性」を明確に結びつける思考は、戦国末期、或いは漢代に入ってから初めて成立したものだと考えられてきた。しかし、『性自命出』・『性情論』の出土により、人間の性は天の命に由来するものであるとする思考が戦国中期以前に確実に存在していたことが明らかになった。「天—命—性」を結びつける思考を、戦国末期や、或いは漢代に入ってからでないと成立し得ない思考と考える必要は全くなくなったのである。

郭店楚簡と上博楚簡との中には、『礼記』緇衣篇とほぼ同じ文献がそれぞれ含まれており、また上博楚簡にも『礼記』孔子間居篇とほぼ同じ『民之父母』が含まれていた。こうしたことから、前漢後期に戴聖によって編纂された『礼記』（『小戴礼記』）四十九篇や戴徳によって編纂された『大戴礼記』八十五篇の中に、戦国中期以前に成立していた複数の篇が含まれていることは確実となった。現時点では中庸篇の成立時期を示す確実な証拠は得られていないが、中庸篇が戦国中期以前に既に成立していた可能性も十分考えられる。

但し、郭店楚簡・上博楚簡に含まれていた『緇衣』と、通行の『礼記』緇衣篇との関係から見て、中庸篇が戦国中期以前に既に成立していたとしても、冒頭の「天の命ずる、之を性と謂う」、或いは「性に率う、之を道と謂う」の語は、そもそもその戦国中期の段階のテキストには存在しなかった可能性が考えられる。

すなわち、郭店楚簡・上博楚簡『緇衣』と『礼記』緇衣篇とでは、章の配列が大きく異なっていただけでなく、『礼記』緇衣篇の冒頭の章である「子之を言ひて曰く、上為るもの事へ易く、下為るもの知り易ければ、則ち刑　煩しからず。」の語が郭店楚簡・上博楚簡『緇衣』には存在していない。この『礼記』緇衣篇冒頭の語は、以下の章がいずれも「子曰く」で始まるものであるのに対して、記述の形式が異なっており、後世付加されたものである可能性が高いと考えられている。『礼記』中庸篇も、同じように冒頭の語だけ記述の形式が以下に続く章と異なっている。このため、『礼記』緇衣篇同様、中庸篇の冒頭の語はやはり後世付加されたものである可能性が考えられるのである。

第三に、『性自命出』・『性情論』に見られる性説は、孟子の性善説にも荀子の性悪説にも、どちらにも展開し得る要素を含んでいる。ここから、『性自命出』・『性情論』の性説が戦国中期以降の儒家の性説に対して、大きな影響を与えた可能性が考えられる(7)。

すなわち、孟子は人間が道徳的行為を行う根拠はすべての人間の性に内在していると主張し、また「其の性を知らば、則ち天を知る」と、性が天と結びつきがあるものであることを認めていた。これに対して『性自命出』・『性情論』は、人間の性は天の命に由来するものであると明確に位置付け、また人間として踏み行うべき道の始原を人間の性に求め、さらにすべての人の性は同一であるとすることにより、おそらくすべての人間の性に道徳的行為をなす根拠が内在すると考えていた。つまり両者の性説は、基本的に性を天との繋がりがあるものとして捉え、また人間の性に道徳的行為をなす根拠が内在することを認める点で共通性が認められるのである。

これに加えて、『性自命出』・『性情論』の性説は、『荀子』の性悪説とも類似する面を持つ。すなわち、『性自命出』・『性情論』においては、人間が道徳的行為を行う場合、それは性のみではなし得ず、外界からの働きかけが不可欠であるとしていた。荀子もまた人間が善をなすには「師法の化、礼義の道」が必要であるとしていた。人間は性のみで自動的・必然的に善を為すのではなく、後天的作為が加えられなければ善をなし得ないとする点で、両者の性説には強い共通性が認められるのである。

戦国前期以前に既に成立していた『性自命出』・『性情論』の性説が、孟子の性善説とも荀子の性悪説とも共通する面を持つことは、戦国時代における儒家の性説の展開を考える上で、極めて重要である。孟子にしても荀子にしても、先行する儒家の思想をそれぞれ立場に応じた形で受容し、巧みにアレンジして性善説・性悪説を生み出したのではないかと考えられるからである。

ここで想起されるのは、荀子が主張したことで知られる「天人の分」である。従来「天人の分」は、荀子オリジナルの思考と考えられてきた。ところが、郭店楚簡『窮達以時』が出土し、その冒頭部に「天有り人有りて、天と人とは分有り」とあったことから、天と人との間に「分」が存在するとの発想自体は、既に戦国中期以前に存在していたことが明らかとなった。もとより、賢者が世に認められるか否かは時勢の推移により、賢者であっても然るべき時に逢わなければ世に出ることはできないとする『窮達以時』の「天人の分」と、人間世界の治乱に対する人格神的天の直接的な介入を否定する荀子の「天人の分」とは、内容には大きく異なる面が存在する。しかしながら、天と人との間に「分」が存在するとの発想は共通しており、荀子が先行する儒家の「天人の分」の思考をアレンジし、自らの思想を構築したものと考えられる。これと同じようなことが、実は性説についても起きていた可能性が十分考えられるのである。

おわりに

孔子の段階では未だ断片的で、素朴な段階に止まっていた儒家の性説は、孔子直伝の弟子たちの間で発展し、『性自命出』・『性情論』に見ることができるような性説を生み出していったと考えられる。おそらく戦国時代前期には、他にも様々なパターンの性説が数多く生み出され、かなり多様な性説が成立していたのではないかと推測される。そしてそうした先行する儒家の性説を受容しつつ、孟子・荀子ら戦国中期以降の儒者たちはその性説を構築していったと考えられる。また儒家以外の思想家にも多大な影響を与えていったに違いない。そうした戦国時代における性説の展開全体の再検討は、今後の課題としたい。

注

（1）本書第二部第七章「郭店楚簡『性自命出』と上博楚簡『性情論』との関係」参照。

（2）以下、『性自命出』本文の引用は、基本的に荊門市博物館編『郭店楚墓竹簡』（文物出版社、一九九八年五月）の釈文に、また『性情論』本文の引用は、基本的に馬承源主編『上海博物館藏戰國楚竹書（一）』（上海古籍出版社、二〇〇一年十一月）の釈文にそれぞれよる。一部私見により改めた箇所があるが、煩雑を避け注記を省いた。

（3）資料⑶の牛と鴈と人とについて述べられている箇所は、『性自命出』の第07簡の末尾から第08簡にかけての部分であるが、第07簡の末尾は残欠しており、文字に欠落がある。しかも、該当する部分が『性情論』に存在しない。『性情論』は第03簡に続く部分が二簡分脱落していると考えられており、該当の箇所がちょうどその脱落部分に含まれているのである。このため釈読が甚だ困難であるが、ここでは一応右のように解釈した。

（4）資料(8)の先頭の一字については、『性自命出』では「訑」、『性情論』では「詘」と異なる。ここでは「訑」は「如」、従順、すなおであること、「詘」も従う、従順であるの意と解釈した。

（5）本書第二部第七章「郭店楚簡『性自命出』と上博楚簡『性情論』との関係」参照。

（6）金谷治氏は、「楚簡「性自命出」篇の考察」（『日本学士院紀要』第五十九巻第一号、二〇〇四年）において、「天命」に重点を置く『中庸』と、「情」とか「物」の世界に重点を置く『性自命出』とは「思想の基本的立場において違っている」と指摘している。なお、『性自命出』の資料としての性格について、金谷氏は「全体が編成書として作られてゆく過程にあるものとしていかにもふさわしいといえるのではないか」と述べている。

（7）末永高康氏は、仁内義外説との関係を中心に『性自命出』の性説について検討を加えている。「仁内義外考―郭店楚簡と孟子の仁義説―」（『鹿児島大学教育学部研究紀要』第54巻、二〇〇三年）、「「性」即「気」―郭店楚簡『性自命出』の性説」（『鹿児島大学教育学部研究紀要』第51巻、二〇〇〇年）参照。

第九章　『五行篇』の成立事情

―郭店写本と馬王堆写本の比較―

浅野裕一

一

一九七三年十二月、湖南省長沙馬王堆三号漢墓より大量の帛書が出土した。その中には、甲本・乙本と命名された二種の『老子』写本があり、甲本『老子』の後には甲本巻後古佚書と総称される四篇の古佚書が存在していた。これら四篇はいずれも篇名を欠いていたが、内容上の特色から『五行』『伊尹九主』『明君』『徳聖』と命名された。また乙本『老子』の前には、『経法』『十六経』『称』『道原』の篇名を記す四種の古佚書があり、これらは乙本巻前古佚書と総称される。馬王堆三号漢墓の墓主は、長沙王国の丞相を務めた軑侯・利倉の息子で、下葬時期は副葬品中の紀年資料から、文帝の初元十二年、前一六八年であったことが判明している。また埋葬されていた人骨の調査結果から、墓主は三十代で死亡したと推定されている。

さて本章で取り上げるのは、甲本巻後古佚書の一つ、『五行篇』である。帛書『五行篇』の書写年代については、乙本『老子』及び巻前古佚書が高祖・劉邦の諱を避けて、「邦」字をすべて「國」字に改めるのとは対照的に、甲本『老子』及び巻後古佚書の側は「邦」字をそのまま使用しているとの諡法上の理由から、高祖・劉邦の卒年（前一九五年）以前と推定されている。また帛書『五行篇』全体は、前半の経部分（第一七〇行～第二一四行）と、後半の説部分（第二一五行～第三五〇行）とに大別でき、後者が前者を解説する構成を取っている。

馬王堆帛書が発見されて以降、帛書『五行篇』についても数多くの研究が発表されてきた。これを成立時期と作者の問題に的を絞った上で、細部の差異を捨象して概括的に分類すると、おおよそ次のようになる。

（A）成立時期を戦国初期とし、経部分の作者を子思の門人、説部分の作者を子思の門人もしくは若年時代の孟子と見る説。この立場はほとんど浅野裕一「帛書「五行篇」の思想史的位置－儒家による天への接近－」（『島根大学教育学部紀要』第十九巻・一九八五年、後に『黄老道の成立と展開』創文社・一九九二年に収録）に限られる。

（B）成立時期を孟子以後荀子以前の時期、すなわち戦国中期から戦国後期にかけての時期とし、作者をこの時期の子思・孟子学派と見る説。馬王堆漢墓帛書整理小組『馬王堆漢墓帛書〔壹〕』（文物出版社・一九七四年）、龐樸「馬王堆帛書解開了思孟五行説之謎」（『文物』一九七四年・第九期）、龐樸「思孟五行新考」（『文史』第七輯・一九七九年）、李耀仙「子思孟子五行説考辨」（『抖擻』第四十五期・一九八一年）、影山輝國「思孟五行説－その多様なる解釈と龐樸説－」（『東京大学教養学部人文科学科紀要』第八十一輯・一九八五年）、李学勤「帛書《五行篇》與《尚書・洪範》」（『学術月刊』一九八六年十一月号・一九八六年）、魏啓鵬「思孟五行説的再思考」（『四川大学学報』一九八八年第四期・一九八八年）、黄俊傑「荀子非孟的思想史背景－論〈思孟五行説〉的思想内涵－」（『国立台湾大学歴史学系学報』第十五期・一九九〇年）など。

（C）成立時期を荀子より後の時期、すなわち戦国末ないし秦の時代と見る説。島森哲男「馬王堆出土儒家古佚書考」（『東方学』第五十六輯・一九七八年）、島森哲男「慎独の思想」（『文化』第四十二巻第三・四号・一九七九年）、斎木哲郎「長沙馬王堆漢墓出土「帛書五行篇」新解―秦儒との関係を中心として―」（『中国出土資料研究』第二号・一九九八年）など。

（D）成立時期を漢帝国成立後とし、作者を漢初の儒家と見る説。趙光賢「新五行説商推」（『文史』第十四輯・一九八二年）、池田知久（『馬王堆漢墓帛書五行篇研究』汲古書院・一九九三年）など。

このように成立時期だけを取ってみても、最も古く見る戦国初期説から最も新しく見る漢初説まで、見解には大きな隔たりが存在する。そして成立時期と作者についての見解の相違は、当然のごとく、『五行篇』の思想内容をどのように理解するか、『五行篇』の思想を古代思想史の上にどのように位置づけるかといった問題と連動する。したがって（A）（B）（C）（D）のいずれの立場を選択したかに応じて、思想史的位置づけも大きく結論を異にするが、概括的に捉えれば、これまでは（B）の立場が主流であったと言える。これまで紹介してきたように、帛書『五行篇』については実に多様な見解が提出され、議論百出の状態が続いてきたが、近年になって『五行篇』研究を大きく前進させる画期的発見が行われた。それは竹簡本『五行篇』の発見である。

湖北省荊門市沙洋区郭店村の一号楚墓は、二度にわたる盗掘の被害を被った後、一九九三年十月に考古学的な発掘調査が行われた。その結果、八〇〇余枚の竹簡が出土し、その中の七三〇枚に文字が記されていた。この墓は、春秋・戦国期の楚の国都・郢の近郊に位置する楚の貴族の墓陵地の中にあり、竹簡に記される文字は、いわゆる先秦の古文に属する楚系文字である。

副葬品中に墓主や下葬年代を特定できる資料は存在しなかったが、耳杯や櫛など、さまざまな器物の様式変化に基づく編年から、中国の考古学者はその造営時期を戦国中期（前三四二年～前二八二年）の後半、前三〇〇年頃と推定している。この推定は、一九八六年から一九八七年にかけて発掘され、副葬品中の紀年資料から前三一六年の造営であると確認された湖北省荊門市の包山二号楚墓を含め、江陵周辺の多くの楚墓から出土した副葬品の分析結果から得られた編年によるものであり、このように豊富な資料を用いた考古学的編年に依拠した年代比定は、大筋においてほぼ動かないと見るべきであろう(1)。

なお郭店一号楚墓が位置する楚の墓陵地に関しては、『史記』に次のような記載がある。

其明年攻楚、抜郢燒夷陵。遂東至竟陵。楚王亡去郢。東走徙陳。秦以郢爲南郡（『史記』白起王翦列伝）

中国の研究者はこの『史記』の記述を踏まえ、前二七八年、秦の将軍・白起が楚都・郢（紀南城）を占領した時点で、楚の貴族集団は紀南城を放棄して東北の陳に遷都し、紀南城周辺の墓陵地もまた放棄されて、以後秦が南郡として直轄支配したこの地に、楚の貴族の墓が造営されることはなかったとする。こうした歴史的経緯を踏まえるならば、郭店一号楚墓の造営時期の下限は前二七八年であり、下葬年代をそれ以降に引き下げることは、物理的に全く不可能となる。

楚の墓制から判断して、郭店一号楚墓の規模は士の身分に相当すると推定されている。副葬品の中には「東宮之師」と刻む耳杯があり、これを根拠に墓主は楚の太子の教育係だったと推定する説もある(2)。ただし耳杯の銘文は「東宮之杯」と釈読すべきだとする説もある(3)。この場合、耳杯は太子からの下賜品となるから、墓主の身分を特定する決め手にはなりにくい。

また副葬品中には、君主が高齢者に下賜する鳩杖二本も含まれていた。戦国期における鳩杖下賜の基準が不明なため、明確な断定はできないが、漢代の基準を準用すれば、墓主は七十歳を超す高齢だったと推定される(4)。

出土した竹簡は、荊州市博物館や荊門市博物館の研究者の手によって解読・整理され、写真と釈文を収めた『郭店楚墓竹簡』が一九九八年五月に文物出版社から刊行された。それによれば竹簡は、竹簡の両端が平斉であるか梯形であるか、編綫の数が両道であるか三道であるかといった形状の相違や、寸法の差異など簡式上の特色や、書体の差異、及び内容などから、次の十六種の文献に分類・整理されている。

（1）『老子』甲・乙・丙　（2）『太一生水』　（3）『緇衣』　（4）『魯穆公問子思』　（5）『窮達以時』　（6）『五行』　（7）『唐虞之道』　（8）『忠信之道』　（9）『成之聞之』　（10）『尊徳義』　（11）『性自命出』　（12）『六徳』　（13）『語叢』一　（14）『語叢』二　（15）『語叢』三　（16）『語叢』四

これらの中、（1）と（2）は道家系統の著作、『五行篇』を含む（3）から（12）の十篇は儒家系統の著作で、（13）から（16）は短文から成る教育用の格言集だと考えられる。この十六種の文献の中、十五篇は篇名を欠いていて、上記の篇名は解読・整理した研究者によって命名されたものであるが、『五行篇』だけが例外で、篇の冒頭に「五行」と篇名が記されていた。これによって、馬王堆漢墓帛書を整理した研究者による命名が、結果的に正鵠を得ていたことが証明されたわけである。

この竹簡本『五行篇』は経部分だけで、帛書本にある説部分は存在していない。経部分については帛書本とほとんど同じ内容であるが、一部配列が異なっている。竹簡本の発見により、我々は漢初のテキストと戦国中期のテキストを比較できるようになったわけで、『五行篇』の成立事情について、従来よりも踏み込んだ考察が可能になったと言える。筆者は上記の（A）に示したように、一九八五年に帛書『五行篇』に対して考察を加えたことがある。そこで今回、竹簡本『五行篇』の発見といった新たな状況を踏まえ、帛書本と竹簡本を比較しつつ、『五行篇』の成立事情

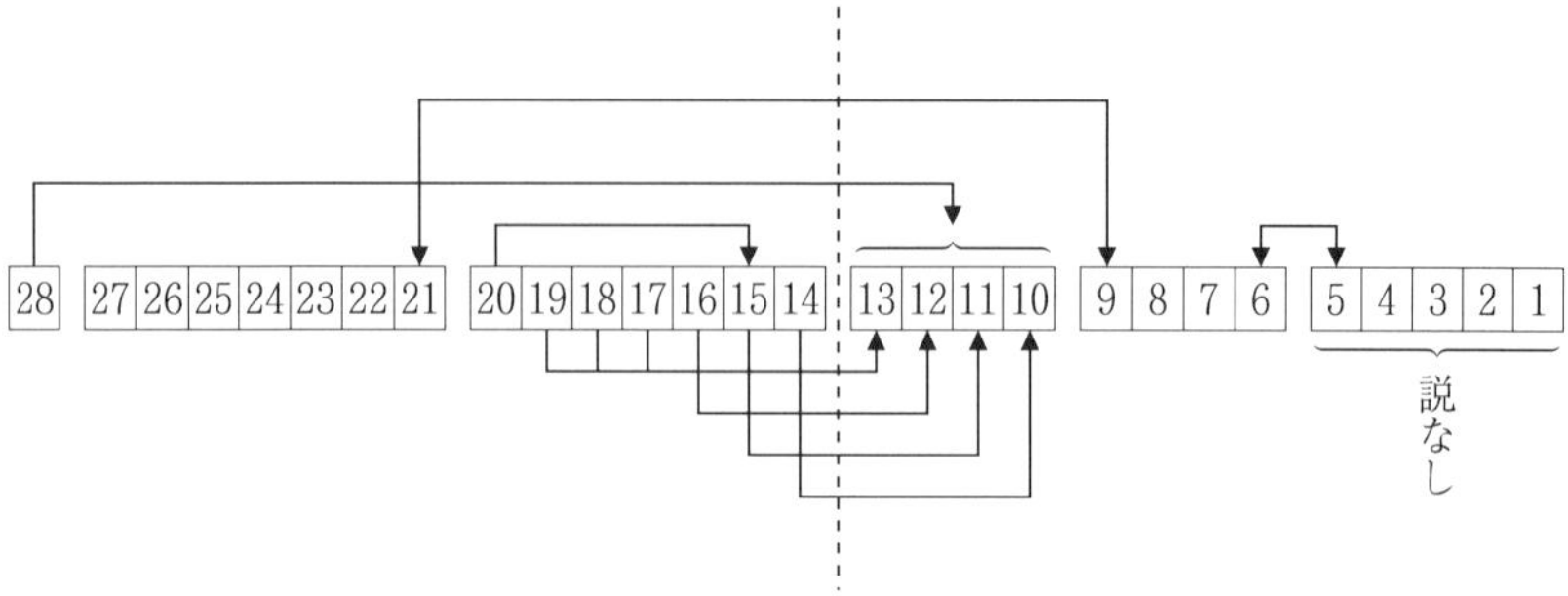

〔図　Ⅰ〕

について再検討を行うこととしたい。

二

帛書本『五行篇』は、帛の前半に経（1）から経（28）までの経部分が位置し、後半に経（6）から経（28）までに対応する解説、すなわち説（6）から説（28）が位置するとの構成を示す。経（1）から経（5）までに対応する説が見当たらないのは、伝写の間に生じた欠落として処理すべき現象であろう。（図Ⅰ参照）(5)

これに対して竹簡本『五行篇』の側は、経部分のみが存在し、説部分は全く見られない。これが両者の間の最大の相違点である。これに次ぐ顕著な相違点は、両者の間で経文の配列が異なっていることである。両者の間の配列の違いは、経（10）から経（19）までの範囲に限られている。その違いの第一は、竹簡本では経（13）が経（10）の前に位置する点で、帛書本の配列を基準にすれば、経（13）が経（10）の前に移動したことになる。これを行論の便宜上、相違〔Ⅰ〕と呼ぶことにする。

配列の違いの第二は、竹簡本では経（17）経（18）経（19）が経（14）の前に位置する点で、帛書本の配列を基準にすれば、経（17）経（18）経（19）が経（14）の前に移動したことになる。これを相違〔Ⅱ〕と呼ぶことにする。

こうした相違はなぜ生じたのであろうか。その原因を推理するためには、まず相違〔Ⅰ〕と相違〔Ⅱ〕の間に、何らかの関係があるか否かを考察する必要があろう。すでに前稿で指摘したが、経（10）から経（19）までの部分は、経（14）から経（19）までが経（10）から経（13）までを順次解説する構成を取っている。より具体的には、経（14）が経（10）を、経（15）が経（11）を、経（16）が経（12）を、経（17）経（18）経（19）が経（13）を、それぞれ解説するのである。次にその様相を掲げてみる(6)。

経（10）不戀不悦。不悦不戚。不戚不親。不親不愛。不愛不仁。
　恋わざれば悦ばず。悦ばざれば戚えず。戚えざれば親しまず。親しまざれば愛さず。愛さざれば仁ならず。

経（14）顔色容貌〔温戀〕也、以其中心與人交、悦也。中心悦焉、遷于兄弟、戚也。戚而信之、親〔也〕。親而篤之、愛也。愛父、其繼愛人、仁也。
　顔色容貌の温なるは恋なり。其の中心を以て人と交わるは、悦ぶなり。中心焉《これ》を悦びて、兄弟に遷すは、戚《うれ》うるなり。戚いて之《の》を信ばすは、親しむなり。親しみて之を篤《あつ》くするは、愛するなり。父を愛し、其の継ぎて人を愛するは、仁なり。

経（10）では、恋であれば悦となり、悦となれば戚となり、戚となれば親となり、親となれば愛となり、愛となれば仁となるとの連続性が示される。これを受けて経（14）は、経（10）の基本的枠組みを踏襲しながら、温・交・悦・戚・親・愛を用いて、恋・悦・戚・親・愛・仁の六者をより具体的に説明する。こうした対応関係から、経（14）が経（10）の解説であることは明白であろう。

経（11）不直不泄。不泄不果。不果不簡。不簡不行。不行不義。

直ならざれば泄《つ》くさず。泄くさざれば果たさず。果たさざれば簡《まこと》ならず。簡ならざれば行わざれば義ならず。

経（15）中心辯焉而正行之、直也。直而遂〔之、泄〕也。〔泄而〕不畏強禦、果也。不以小道害大道、簡也。有大罪而大誅之、行也。貴貴其等尊賢、義〔也〕。

中心焉を弁《わきま》えて正しく之を行うは、直なり。直にして之を遂ぐるは、泄くすなり。泄くして強禦を畏れざるは、果たすなり。小道を以て大道を害せざるは、簡なり。大罪有りて大いに之を誅するは、行うなり。貴を貴び其の等《はか》りて賢を尊ぶは、義なり。

経（11）では、直であれば泄となり、泄となれば果となり、果となれば簡となり、簡となれば行となり、行となれば義となるとの連続性が示される。これを受けて経（15）は、その基本的枠組みを踏襲しながら、直・泄・果・簡・行・義の六者をより具体的に説明する。こうした対応関係から、経（15）が経（11）の解説として書かれたことは明瞭である。

経（12）不遠不敬。不敬不嚴。不嚴不尊。不尊不恭。不恭不〔禮〕。

遠くせざれば敬せず。敬せざれば厳《おそ》れず。厳れざれば尊ばず。尊ばざれば恭しからず。恭しからざれば礼ならず。

経（16）以其外心與人交、遠也。遠而莊之、敬也。敬而不懈、嚴〔也〕。嚴而威之、尊也。尊而不驕、恭也。恭而博交、禮也。

其の外心を以て人と交わるは、遠くするなり。遠くして之を莊《かざ》るは、敬するなり。敬して懈《おこた》らざるは、厳るるなり。厳れて之を威《はばか》るは、尊ぶなり。尊びて驕《おご》らざるは、恭しくするなり。恭しくして博く交わるは、礼なり。

経（12）では、遠であれば敬となり、敬となれば厳となり、厳となれば尊となり、尊となれば恭となり、恭となれば礼となるとの連続性が示される。これを受けて経（16）は、その基本的枠組みを踏襲しながら、遠・敬・厳・尊・恭・礼の六者をより具体的に説明する。こうした対応関係から、経（16）が経（12）の解説として書かれたことも、また明瞭である。

経（13）不〔聰不明。不聰明則〕不聖智。不聖不智。不智不仁。不仁不安。不安不樂。不樂無德。

聡ならざれば明ならず。聡明ならざれば則ち聖智ならず。聖ならざれば智ならず。智ならざれば仁ならず。仁ならざれば安からず。安からざれば楽しまず。楽しまざれば徳無し。

経（17）未嘗聞君子道、謂之不聰。未嘗見賢人、謂之不明。聞君子道而不知其君子道也、謂之不聖。見賢人而不知其有德也、謂之不智。見而知之、智也。聞而知之、聖也。明明、智也。赫赫、聖〔也〕。明明在下、赫赫在上。此之謂也。

未だ嘗て君子の道を聞かざるは、之を聡ならずと謂う。未だ嘗て賢人を見ざるは、之を明ならずと謂う。君子の道を聞くも其の君子の道なるを知らざるは、之を聖ならずと謂う。賢人を見るも其の有徳なるを知らざるは、之を智ならずと謂う。見て之を知るは、智なり。聞きて之を知るは、聖なり。明明たるは、智なり。赫赫たるは、聖なり。「明明たるは下に在り、赫赫たるは上に在り」とは、此の謂なり。

経（18）聞君子道、聰也。聞而知之、聖也。聖人知天道。知而行之、義也。行〔之而時、徳也。見賢人、明也〕。見而知之、智也。知而安之、仁也。安而敬之、禮也。〔仁義禮智所由生也。五行之所和也。和〕則樂。樂則有徳。有徳則國家興。〔文王之見也如此〕。詩曰、文王在上、於昭于天、此之謂也。

君子の道を聞くは、聡なり。聞きて之を知るは、聖なり。聖人は天道を知る。知りて之を行うは、義なり。之を行いて時あるは、徳なり。賢人を見るは、明なり。見て之を知るは、智なり。知りて之に安んずるは、仁なり。安んじて之に敬《つつし》むは、礼なり。仁義は礼智の由りて生ずる所なり。五行の和する所なり。和すれば則ち楽しみ、楽しめば則ち徳有り。徳有れば則ち国家興る。文王の見わるるや此くの如し。詩に曰く、「文王上に在り、於《ああ》天に昭《あら》わる」とは、此の謂なり。

経（19）見而知之、智也。知而安之、仁也。安而行之、義也。行而敬之、禮也。仁義禮智所由生也。四行之所和。和則同。同則善。

見て之を知るは、智なり。知りて之に安んずるは、仁なり。安んじて之を行うは、義なり。行いて之に敬むは、礼なり。仁義は礼智の由りて生ずる所なり。四行の和する所なり。和すれば則ち同ず。同ずれば則ち善なり。

経（13）はその前半で、聡でなければ明でなく、聡明でなければ聖智でなく、聖でなければ智ではないとの連続性を示す。経（17）はこれを受けて、いまだ君子の道を聞いたことがないのでは、聡とは言えず、いまだ賢人を見たことがないのでは、明とは言えないと、聡と明の内容を具体的に解説する。次に経（17）は、君子の道を聞いていながら、それが君子の道だと気付かぬようでは、聖とは呼べず、賢人を見ていながら、賢人が有徳であるのに気付かぬようでは、智とは呼べないと、聖と智の内容を具体的に解説する。さらに経（17）は、賢人を見て有徳だと知るのが智であり、君子の道を聞いてそれが君子の道だと知るのが聖だとして、聖と智の違いを説明する。こうした対応関係から、経（17）は経（13）の前半を解説する文章だと考えられる。

また経（13）の後半には、智でなければ仁でなく、仁でなければ安でなく、安でなければ楽でなく、楽でなければ徳でないとする形で、智・仁・安・楽・徳の五者の連続的関係が示される。これに対して経（18）は、まず上述の経（13）前半を受けて、聡と聖、明と智の違いを解説した後、経（13）の後半に示される智・仁・安・楽・徳五者の内容を解説する。ただしその解説の過程で、経（13）には説かれていなかった義と礼について言及し、それを受けて「仁義は礼智の由りて生ずる所なり」と述べる点は、直接経（13）との対応部分を持たない新しい要素である。このように新しい要素を含んではいるものの、前述した対応関係から、経（18）もまた経（13）を解説する文章であると考えられる。

最後の経（19）は、智・仁・義・礼の四者を解説して、経（18）と同様に「仁義は礼智の由りて生ずる所なり」との主張を述べる。四者の中の義と礼は、すでに指摘したように経（13）には見られなかった徳目で、この点で経（19）は経（18）との共通性を示す。だが解説の過程で、経（13）に見える安に触れており、やはり経（19）も、経（13）を解説する意図で書かれた文章だと考えられる。(7)

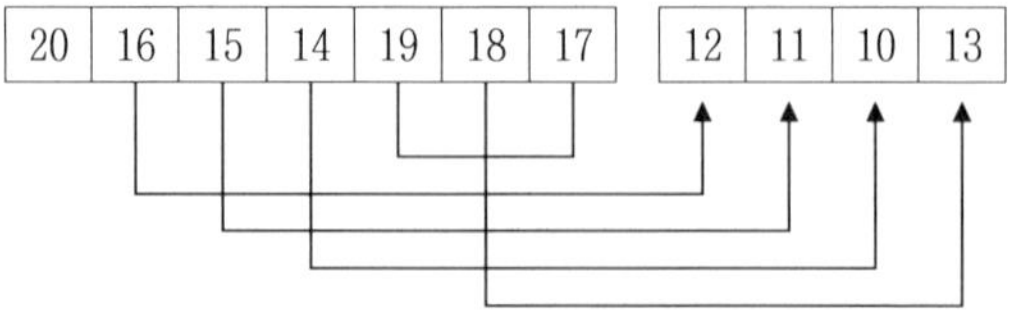

〔図　Ⅱ〕

このように帛書本『五行篇』は、経（14）が経（10）を、経（15）が経（11）を、経（16）が経（12）を、経（17）経（18）経（19）が経（13）を、それぞれ解説する構造を示すのである。とすれば経（13）が経（10）の前に移動した相違〔Ⅰ〕と、経（17）経（18）経（19）が経（14）の前に移動した相違〔Ⅱ〕との間には、密接な関係があるとしなければならない。経（17）経（18）経（19）は、その全体が経（13）を解説する役割を負っている。したがって、経（13）が経（10）の前に移動すれば、その解説である経（17）経（18）経（19）もそれに連動して、まとまって経（14）の前に移動すべき必然性が存在したのである。（図Ⅱ参照）

以上の考察によって、相違〔Ⅰ〕と相違〔Ⅱ〕との間には、密接不可分の関係が存在したことが判明したのであるが、このことは竹簡本と帛書本の関係を考える上で、いかなる示唆を与えるであろうか。

先に相違〔Ⅰ〕を経（13）が経（10）の前に移動したと、相違〔Ⅱ〕を経（17）経（18）経（19）が経（14）の前に移動したと説明したが、それは帛書本の配列を基準にした表現であって、竹簡本の配列を基準にすれば、相違〔Ⅰ〕は経（13）が経（12）の後に移動したのであり、相違〔Ⅱ〕は経（17）経（18）経（19）が経（16）の後に移動したということになる。

それでは竹簡本の配列と帛書本の配列の間に、優劣の差は存在するのであろうか。相違〔Ⅱ〕は相違〔Ⅰ〕に連動して生じた現象であるから、まず相違〔Ⅰ〕に関して優劣の差が存在するか否かを検討すべきであろう。この場合は、帛書本のように経（9）の後に経（10）が接続する方が連続性がよいのか、それとも竹簡本のように経（9）の後に経（13）が接続した方が連続性がよいのかが、判断の決め手になる。そこで次に経（9）を掲げてみる。

経（9）金聲而玉振之、有徳者也。金聲善也。玉言聖也。善人道也。徳天道也。唯有徳者、然后能金聲而玉振之。
金声《ふ》れて玉之を振《おさ》むるは、徳有る者なり。金声は善なり。玉言は聖なり。善は人道なり。徳は天道なり。唯だ徳有る者にして、然る后に能く金声れて玉之を振むるなり。

経（9）の主題は、有徳者だけが「金聲而玉振之」を達成できるとする点にあり、その意味では、経（10）とも経（13）とも、連続性は極めて希薄である。強いて言えば、経（9）と経（10）の間には共通する徳目が皆無なのに対して、経（9）と経（13）の間には、聖と徳の語が共通して見られるといった違いがある。だがこれだけを根拠に、経（9）と経（13）の方が連続性が強く、こちらが本来の形であるとまでは言えないであろう。

こうした傾向は、他の接続箇所についても同様で、詳しい説明は省略するが、経（13）と経（14）、経（16）と経（17）、経（19）と経（20）などの帛書本の接続の仕方と、経（12）と経（17）、経（19）と経（14）、経（16）と経（20）といった竹簡本の接続の仕方を比較してみても、両者の間に格別の優劣の差は見出だせない。

とすれば、配列の差異に関し、竹簡本と帛書本の間に優劣の差は存在しないとしなければならない。したがって両者の間に見られる配列の違いは、どちらかが正しく、どちらかが伝写の間に錯簡を生じて乱れたという性質のものではない。もし錯簡による混乱が原因だとすれば、相違〔Ⅰ〕と相違〔Ⅱ〕がセットで移動していることの説明が付かないであろう。

そこで竹簡本と帛書本は、それぞれに整合性が図られた、別系統のテキストだということになる。それではなぜ、こうした二系統のテキストが生じたのであろうか。『五行篇』の内容は、明確な筋立てを持つ説話や、時代順の歴史記録、緊密な論理構成を伴う論文などではないので、文章の配列に厳密な次序を必要とはしないが、他方ある程度の論理展開に沿った形での文章配列を必要とするといった、中間的性格を示す。つまりどのように配列を変えても何ら差し支えないというのではないが、一方である程度の差し替えは充分に可能なのである。そこに両者の間に見られるような配列の違いが生じた原因があったであろう。

上述のように、経（9）と経（10）の間には共通する徳目が見られないのに対して、経（9）と経（13）の間には聖と徳の語が共通して見られるので、経（9）に経（10）を接続させるよりは、経（9）に経（13）を接続させる方がよいという判断が働いたのかもしれない。

続いてこれら二系統のテキストの先後関係を考えてみよう。竹簡本は戦国中期の写本であり、帛書本は漢初の写本であるから、これだけを判断材料にすれば、帛書本よりも竹簡本の方が古い形態で、原型である竹簡本の配列が、後に帛書本の形に変更されたのだとする結論が導き出される。だがわずかに二種の写本から、直ちにそうした断定を下すのは危険であろう。帛書本の形態が竹簡本の形態に先行していた可能性や、双方の形態がほぼ同時期に作られて並立していた可能性も残るからである。現段階で、両者の先後関係を確定するのは難しいとしなければならない。

ただし、両者の間の相違が、伝写の間の錯乱といった偶然の産物ではない以上、いずれのテキストの編集者も、『五行篇』を奉ずる学派内の人物であったことだけは、間違いのないところである。よほど『五行篇』の内容に精通した人物でなければ、上述の形でテキストを組み替える行為は不可能だからである。

三

配列の相違についての検討を一応終了したところで、次に両者の間に見られる文章の相違や、説の有無といった相違について考えてみよう。両者の間には、細部にわたる文字の違いが広範に見受けられるが、その一例として、経（1）に見られる相違を検討してみよう。以下に帛書本の経（1）と竹簡本の経（1）を対照してみる。(8)

経（1）〔仁〕形〔於内〕、謂之德之行。不形於内、謂之行。智形於内、謂之德之行。不形於内、謂〔之行。義形〕於内、謂之德之行。〔不形於内、謂之〕行。禮形於内、謂之德之行。不形於内、謂之行。聖形於内、〔謂之德〕之行。〔不形於内、謂〕之行。德之行五和、謂之德。四行和、謂之善。善人道也。德天道也。

仁の内に形わるるは、之を徳の行と謂う。内に形われざるは、之を行と謂う。智の内に形わるるは、之を徳の行と謂う。内に形われざるは、之を行と謂う。義の内に形わるるは、之を徳の行と謂う。内に形われざるは、之を行と謂う。礼の内に形わるるは、之を徳の行と謂う。内に形われざるは、之を行と謂う。聖の内に形わるるは、之を徳の行と謂う。内に形われざるは、之を行と謂う。徳の行五つ和するは、之を徳と謂う。四行和するは、之を善と謂う。善とは人道なり。徳とは天道なり。　（帛書本）

経（1）仁形於内、謂之德之行。不形於内、謂之行。義形於内、謂之德之行。不形於内、謂之行。禮形於内、謂之德之行。不形於内、謂之〔行。智形〕於内、謂之德之行。不形於内、謂之行。聖形於内、謂之德之行。不形於内、謂之德之行。德之行五和、謂之德。四行和、謂之善。善人道也。德天道也。

仁の内に形わるるは、之を徳の行と謂う。内に形われざるは、之を行と謂う。義の内に形わるるは、之を徳の行と謂う。内に形われざるは、之を行と謂う。礼の内に形わるるは、之を徳の行と謂う。内に形われざるは、之を行と謂う。智の内に形わるるは、之を徳の行と謂う。内に形われざるは、之を行と謂う。聖の内に形わるるは、之を徳の行と謂う。内に形われざるは、之を徳の行と謂う。徳の行五つ和するは、之を徳と謂う。四行和するは、之を善と謂う。善とは人道なり。徳とは天道なり。（竹簡本）

この経（1）には、五種類の「徳の行」と「行」とが対比されるが、その登場順が両者で異なっている。帛書本では仁・智・義・礼・聖の順であるが、竹簡本の方は仁・義・礼・智・聖の順である。「仁義は礼智の由りて生ずる所なり」（経（19））といった文章をから判断すると、竹簡本の順序が本来の形で、帛書本の側が伝写の間に乱れを生じたのであろう。

もう一つの違いは、聖に関する箇所に見える。帛書本の側が「聖の内に形わるるは、之を徳の行と謂う。内に形われざるは、之を行と謂う」となっているのに対して、竹簡本の方は「聖の内に形わるるは、之を徳の行と謂う。内に形われざるは、之を徳の行と謂う」となっている。「内に形わるる」のが「徳の行」であり、「内に形われざる」のが「行」であると、「徳の行」を上位に置く形で両者の間に格差を設定するのが、経（1）の基本的な枠組みである。したがって竹簡本のように、「内に形わるる」のも「徳の行」であり、「内に形われざる」のも「徳の行」であるとしたのでは、全体構成からこの部分だけが逸脱することになってしまう。とすればやはりこの箇所は、帛書本の側が本来の形で、竹簡本は転写の間に「徳之」二字の衍字を生じたのだと見るのが妥当であろう。(9)

この経（1）の例に見られるように、竹簡本と帛書本はそれぞれに一長一短があり、より古い時期の写本だからといって、一概に竹簡本のほうが精善なテキストだとも言いがたいところがある。そもそも写本は、どうしても筆写の際の誤写を完全には避けがたい性格を持つ。そこで異なる写本同士を比較した場合、上記のように一長一短の様相を呈するのは、むしろ自然な現象であろう。

このように竹簡本と帛書本の間には、説部分の有無、配列の違い、文章の異同といった、さまざまなレベルの相違が存在する。漢初の写本である帛書本も、当然それ以前の写本を受け継いだものであるから、戦国期には系統を異にする数種の写本が流布していたと思われる。しかも先に検討した配列の相違からは、『五行篇』を奉ずる学派内においてすら、複数の系統の写本が並行していた可能性がうかがえる。

こうした現象は、『五行篇』がそれを生み出した学派によって、相当長期にわたって伝承されていた状況を示唆するものであるが、この点を最も明確に物語るのは、竹簡本には経部分しかないのに対して、帛書本の側には説部分が付載されるとの相違であろう。

『五行篇』のような文献が、一般の知識人の手によって著作されるといった事態は全く想定できず、『五行篇』は必ずや特定の学団内で成立したと考えなければならない。師匠とその門人たちで構成される学団では、構成員が相互に特殊な用語や思考方法を共有する形で思想的営みが行われるから、『五行篇』が成書化された当時、その学団内の構成員には、『五行篇』の意味内容は明瞭に諒解されていたはずである。だが長期にわたって学団が維持されれば、世代の交替とともに『五行篇』の理解が困難になって行くのは当然であるし、純粋な構成員以外の人々、例えば構成員の就職先での門人たちの間にも『五行篇』が流布して行けば、彼等にとって真意の理解はますます難しいものとなろう。

『五行篇』がその学団にとって極めて重い意味を持つ文献であった場合、そうした事態を放置するわけにはいかないから、そこで解説が作られることになる。『五行篇』に精通しない部外者が解説を加えるのは不可能であるから、説の作者は必ずや学団内の人物で、失われつつあった『五行篇』本来の意味を、辛うじて保存していた人物に限られる。したがって最初に経部分が成書化された時期から、説部分が作られるに至るまでは、相当の時間的隔たりが存在したと見なければならない。

この点は、二種の写本の比較からも明確に裏付けられる。竹簡本の存在は、最初に経部分が成書化された後、すでにその形態の写本が、学団外にまで広く流布した状況が存在したことを証明する。経部分のみの写本がひとしきり流布した段階を経た後に、帛書本のように経に説を付載する形の写本の段階に移行したのであるから、やはりその間には相当の開きがあったと想定しなければならないのである。

このように竹簡本と帛書本の間に見られるさまざまなレベルでの相違は、『五行篇』を奉ずる学団が、長期にわたって思想活動を継続したことを示している。

四

次に『五行篇』の成立時期と、『五行篇』を著作した学派について考えてみよう。上述のように郭店一号楚墓の下葬年代は、戦国中期（前三四二年～前二八二年）、前三〇〇年頃と推定されている。そこで『五行篇』経部分の成書年代は、当然それ以前となる。

また『五行篇』の内容と孟子との間に特殊な繋がりが見えることや、郭店楚簡中に『魯穆公問子思』が含まれていて、郭店楚簡の儒家系統の文献が子思学派と密接な関わりを持つことなどを考慮すれば、『五行篇』が成書化されたのは斉・魯を中心とした地域と想定される。斉・魯の辺りで成立した原著が、写本によって楚都・郢に伝播するまでの期間や、墓主が生前それを入手してから、下葬時に副葬されるまでの期間を考慮すれば、遅くも前四世紀中葉以前には、『五行篇』経部分はすでに成書されていたと見るのが妥当であろう。前述のように墓主は七十歳を超す高齢だったと推定されているが、仮に二十歳頃に『五行篇』を入手したとすれば、郭店写本の書写年代は前三五〇年頃となり、原著の成立は書写年代をさらに遡って、戦国前期（前四〇三年〜前三四三年）の前半、前三八〇年とか前三七〇年頃であった可能性が高くなる。仮に墓主が五十歳頃に入手したとすれば、郭店写本の書写年代は前三二〇年頃となり、原著の成立は書写年代をさらに遡って、戦国前期の後半、前三五〇年とか前三六〇年頃であった可能性が高くなる。ただし墓主は、東宮の師であったか否かを別にしても、相当な知識人だったと思われる。そうした知識人は、若年の頃から多くの書籍を所蔵して学問を積んだと考えるのが自然であるから、後者よりは前者の可能性の側が高いであろう。

このように考えてくると、『五行篇』経部分の成書年代は、孟子の活動時期に先行するとしなければならない。孟子が遊説活動を開始したのは、前三一九年のことで、魏を訪れた孟子は恵王に対して王道政治を説いた。翌前三一八年に恵王は死去し、代わって襄王が即位するが、孟子は襄王の人柄に失望して魏を退去する。魏を見限った孟子は、前三一七年に斉を訪れて宣王と会見し、宣王は孟子を客卿として厚遇する。その後、燕に対する侵攻作戦の失敗をめぐって、孟子の責任問題が浮上したため、前三一二年ないし前三一一年に孟子は斉を退去する。前三〇八年に孟子は故国の鄒に帰還するが、翌年には滕の文公の政治顧問となる。その後、魯の平公が孟子を招聘するとの話が持ち上がり、前三〇五年に孟子は魯に赴くが、結局この話は流れてしまう。引退を決意して鄒に帰国した孟子は、門人の教育と著述に専念してその生涯を終える。没年は不明であるが、引退時にすでに七十歳を超す高齢だったことから、およそ前三〇〇年頃ではなかったかと思われる。仮に八十過ぎまで寿命を保ったとすれば、没年は前二九五年頃となる。

したがって、前三〇〇年頃に七十歳を超す高齢で下葬されたと推定される郭店一号楚墓の墓主と、前三〇〇年頃であれば七十数歳で、前二九五年頃であれば八十数歳で死去したと推定される孟子とは、その生没年がほとんど重なり合うほどに、同じ時代を生きた人物だったということになる。とすれば、郭店一号楚墓の墓主が生前入手していた『五行篇』経部分の成書年代は、孟子の活動時期に明らかに先行するのである。（図Ⅲ参照）

前375頃………	この頃、孟子鄒に生まれる。
前355頃………	孟子、子思の門人に学び始める。
前340頃………	孟子、鄒に学団を形成。
前330頃………	孟子、自己の思想を形成し終える。
前319…………	孟子、魏の恵王と会見。
前318…………	恵王死去。襄王に失望。孟子、魏を去る。
前317…………	孟子、斉の宣王と会見。客卿となる。
前312…………	宣王と対立。孟子、斉を退去。以後、宋・薛・滕・鄒・魯に滞在。
前305頃………	孟子、遊説活動を引退。著述に専念。
前300…………	郭店一号楚墓造営。この頃、孟子死す。

〔図　Ⅲ〕

それでは『五行篇』説部分の成書年代は、どのように考えられるであろうか。郭店出土の竹簡本に説部分が見られない現象は、この時期にはいまだ説部分が成立していなかった事実を示唆するかのごとくである。だが事柄はそう単純ではなかろう。その当時、すでに説部分が成立していて、なおかつそれを付載する形態のテキストが通行していたとしても、郭店一号楚墓の墓主が入手した写本が、それ以前の古い形態のテキストだった可能性も残るからである。

もとより説部分が、郭店一号楚墓の下葬年代とされる前三〇〇年頃より後に成立した可能性もある。帛書本『五行篇』が出土した馬王堆三号漢墓の下葬年代は、前一六八年である。墓主は三十数歳で死去したとされるから、二十歳頃に帛書本『五行篇』を入手したと仮定すれば、この写本の書写年代は前一八〇年頃となる。説部分を付載する原著の成立年代は、当然それをかなり遡るから、前二〇二年の漢帝国成立以降の時期、すなわち漢初は除外しなければならず、どんなに遅く想定した場合でも、秦末までには説部分は成立していたと見るのが妥当であろう。

ただしここで注意を要するのは、秦帝国における儒家の状況である。統一から九年後の前二一三年、丞相の李斯は、「臣請う、史官の秦紀に非ざるは皆之を焼き、博士官の職する所に非ずして、天下敢えて詩書百家の語を蔵する者有らば、悉く守尉に詣《いた》させ、雑《すべ》て之を焼かしめん。敢えて詩書を偶語する者有らば棄市し、古えを以て今を非《そし》る者は族せん。吏の見知するも挙げざるは、与に同罪とす。令下りて三十日にして焼かざれば、黥して城旦と為さん」（『史記』秦始皇本紀）と述べて、挾書の律を建議する。始皇帝はそれを裁可し、直ちに挾書の律が施行される。

かくして「詩書を偶語す」れば死罪、古代を賛美して現代を非難すれば一族皆殺し、焚書を免れんと「詩書百家」の書籍を隠匿すれば築城の強制労働といった状況が出現する。しかも翌年には、儒生四百名が穴埋めにされる事件まで起きている。かかる状況の下で、儒者が「詩」を引用しつつ『五行篇』の説部分を著作したなどとは、到底考えられない。儒者が命の危険を冒してまで『五行篇』に解説を加えたとは思えず、たとえ秘密裏に著述したとしても、外部への公表は一切できなかったであろうから、説部分を付載する形態のテキストが、この時期に流布することはあり得ない。

また前二〇九年の陳勝・呉広の反乱から前二〇六年の秦帝国の滅亡に至る時期、及びそれに続く漢楚抗争期は、混乱を極めた内戦時代であって、こうした時期に儒者が『五行篇』に解説を加えたり、そのテキストが広く天下に流布したりした可能性は、極めて低いであろう。したがって前二一三年から前二〇二年の漢帝国成立までの時期も、除外しておいた方が無難である。とすれば、『五行篇』説部分の成立時期は、戦国前期に経部分が成立した後、秦初までの間ということになる。

それでは『五行篇』の作者は、いかなる学派に属していたと考えられるであろうか。この問題については、すでに前稿で検討を加え、およそ子思学派であろうとの結論を提示してあるので、ここで詳細な議論をくり返すことは避け、『孟子』と説部分の特殊な繋がりを示す点を確認するだけにとどめたい。

（A）孔子之謂集大成。集大成也者、金聲而玉振之也。金聲也者、始條理也。玉振之也者、終條理也。始條理者、智之事也。終條理者、聖之事也。（『孟子』万章下篇）

（B）金聲而玉振之、有徳者也。金聲善也。玉言（音）聖也。善人道也。徳天道也。唯有徳者、然后能金聲而玉振之。（帛書本『五行篇』経（9））

（C）〔君子集大成。集也〕者、猶造之也、猶具之也。大成也者、金聲玉振之也。唯金聲〔而玉振之者〕、然后己仁而以人仁、己義而以人義。大成至矣、神耳矣。（帛書本『五行篇』説（21））

（D）孟子曰、吾今而後知殺人親之重也。殺人之父、人亦殺其父。殺人之兄、人亦殺其兄。然則非自殺之也。一間耳。（『孟子』尽心下篇）

（E）（前略）愛父、其殺愛人、仁也。言愛父而后及人也。愛父而（不）[10]殺其鄰〔父〕、子未可謂仁也。（帛書本『五行篇』説（14））

先頭の（A）には、「集大成」を「金聲而玉振之」に譬える、特異な比喩が用いられる。演奏開始の合図である「金聲」は、「條理を始むる」行為に、演奏終了の合図である「玉振之」は、「條理を終うる」行為に、それぞれ対応している。「條理」とは、仁・義・礼・智・聖の五行を修得・体現して行く人格修養の筋道を指し、多くの異端に惑わされず、正しく君子の道の端緒を選択するのは「智」の働きであり、最後までやり通すのは「聖」の働きだと規定される。したがって「集大成」の「集」は「就」と同義で、正しい端緒に就く意味である。また「大成」は、人格修養の筋道の最終段階にまで到達して、五行すべてを具備する意味である。孟子はそれを成し遂げた人物として、孔子を絶賛する。

これと同様の思考は（B）にも見え、正しい端緒に進む「金聲」は善・人道であり、最後までやり遂げる「玉言」は聖・天道であり、有徳者のみが修養を完成させると語られる。さらに（C）でも、「集《つ》くとは、猶お之を造《はじ》むるがごとく、猶お之と具《とも》にするがごときなり。大成すとは、金声《ふ》れて玉之を振《おさ》むるなり」と、（A）とほとんど重なる思考が述べられる。この「集大成」を「金聲而玉振之」に譬える例の場合は、『五行篇』の経部分と説部分の双方が、『孟子』との間に特殊な類似性を見せている。

（D）の文章は、帛書本『五行篇』が発見されるまでは、他人の父を殺すと、相手が仕返しに自分の父を殺し、その仕返しに相手の兄を殺すと、相手もまたその仕返しに自分の兄を殺すといった、復讐による連続殺人の話と解釈されてきた(11)。だが（E）の出現によって、従前の解釈がおよそ見当違いであったことが判明した。（E）は、「父を愛し、其の殺《はぶ》きて人を愛するは、仁なり」との経文に対して、「父を愛して而る后に人に及ぼすを言うなり。父を愛して其の鄰父を殺かざるは、子として未だ仁とは謂うべからず」と、次第に愛の等級を薄めながら周囲に愛を拡延させる差等愛の教えだと解説する。これによって（D）の真意も、互いに愛の程度を減殺し合いながら、愛を拡延せよとの意味であったことが、初めて理解できるようになったのである。このように『五行篇』と『孟子』は、極めて特異な類似性を共有しており、両者の間に何らかの強い繫がりが存在したことを示している。

こうした現象が生じた原因は、『五行篇』が『孟子』に影響を与えたからだとも、『孟子』が『五行篇』に影響を与えたからだとも、一応は説明できる。だが竹簡本『五行篇』の発見により、経部分の成立時期が孟子の活動時期に先行することが明白となったから、『五行篇』経部分→孟子との影響関係はすでに確定したと言える。

そこで残る問題は説部分と孟子の先後関係であるが、現段階で確定的な結論を導き出すのは難しい。だが注目すべきは、仮に説部分が孟子ないし孟子後学の手に成ったものだとすれば、より直接的に『孟子』に記録される孟子の発言を引くのではないかと思われるにもかかわらず、説部分にその形跡が全く見当たらない点である。この点を重視すれば、説部分と『孟子』の間に見られる強い類似性も、やはり『五行篇』説部分から孟子が影響を受けた結果だった可能性が高いであろう。先に説部分の成立時期を、戦国前期に経部分が成立してから秦初までの間と、かなり広い幅で想定して置いたが、『五行篇』説部分→孟子との影響関係を考慮に含めれば、説部分の成立時期は、戦国前期に経部分が成立してから、孟子が遊説活動を開始するまでの間に限定した方がよいであろう。

このように『五行篇』が、経・説ともに孟子の遊説活動に先行して成立していたとすれば、やはり説部分の作者も経部分と同じく、「孟軻は騶人なり。業を子思の門人に受く」（『史記』孟子荀卿列伝）と、孟子が学業を受けた子思学派だったと推定される。

五

次にこれまでの検討結果を踏まえつつ、従前提出されてきた先行研究を再検討してみよう。先に帛書『五行篇』に関する先行研究を（A）（B）（C）（D）の四種に大別して紹介した。これら諸説のうち、『五行篇』の成立時期を孟子以後荀子以前の時期、すなわち戦国中期から戦国後期にかけての時期とし、作者をこの時期の子思・孟子学派と見る（B）の立場は、成立時期に関する限り、すでに破綻したと言わざるを得ない(12)。

また『五行篇』の成立時期を荀子より後の時期、すなわち戦国末から秦初にかけての時期とする（C）の立場も、竹簡本『五行篇』の発見によって完全に否定されるのである。ましてや『五行篇』の成立時期を漢帝国成立後とし、作者を漢初の儒家と見る（D）の立場などは、とんでもない見当違いだったことが証明されたのである。

これら（B）（C）（D）の中でも最悪の誤謬は、もとより（D）の説である。この立場がいかに甚だしい謬見であったのかを、（D）を代表する池田知久『馬王堆漢墓帛書五行篇研究』を例に、具体的に検討してみよう。池田氏が『五行篇』に関して提示した結論は四点ある。その第一は、経と説の関係をめぐるもので、「経文と説文とは、同一の時代に、同一の人物かまたは同一の学派に属する人々が、一緒に書いたのであろうと推定したい」というのが、その結論である。だが竹簡本が経だけで構成されていて、説が一切存在しない以上、この結論は完全に破綻したと言える。竹簡本の発見により、先ず経部分が成書化されて、郭店写本のような形態で流布・通行し、その後に説部分が書かれて、馬王堆写本のような形態を取ったことが裏付けられたからである。

池田氏は「これらの経文も、このままでは何のことかまったく分からない。実は、意味・内容を詳しく解説した説文が同時に存在しているからこそ、このような意味不明の文章が書かれうるのである」と、説がないと意味不明の経文があるとして、それを経と説が同時に成立した論拠としている。だが上述のごとく、最初に経を成書化した学団内では、日常的な学習を通じて、学団の構成員は特殊な用語や思考回路を共有しており、それを基盤にいわば内部文書として『五行篇』が書かれたのであるから、経の真意は彼等に完全に諒解されていたのである。ゆえに『五行篇』経文の文字面を読んだだけでは、部外者に意味が分からないのは当然であって、それを根拠に経と説が同時に書かれたと主張するのは、全く的はずれな議論だったとしなければならない。

池田氏が提示した結論の第二は、『五行篇』の成書年代を前漢時代初期、高祖期（前二〇六年～前一九五年）ないし恵帝期（前一九四年～前一八八年）とするものである。その主要な論拠として挙げられているのは、⑴『五行篇』の儒家思想が『孟子』から遙かに下った後代のものと見られること、⑵『五行篇』が荀子から巨大な影響を被っていること、⑶『五行篇』が戦国末期の道家から思想の本質的な部分を摂取していること、⑷『五行篇』が戦国後期から最末期の墨家の著作の影響を受けていること、⑸『五行篇』には荀子学派を経由した法家の思想的影響が見られること、⑹『五行篇』には『呂氏春秋』と同様の「雑家的傾向」があり、『五行篇』の成書年代は『呂氏春秋』を遡らないこと等々である。

だが前三〇〇年頃の楚墓から竹簡本『五行篇』が発見されたことによって、漢初説は一挙に粉砕されてしまった。『五行篇』の成書年代は、池田氏の推定よりも少なくも百五十年は遡ることが明白になったからである。当然、氏が列挙した⑴から⑹までの論拠も、実は全くの誤謬だったわけである。どんなに理屈をこね回してみても、遅くも戦国前期（前四〇三年～前三四三年）の終りごろには成立していた『五行篇』に、荘子や荀子、戦国末の墨家や『呂氏春秋』の影響が存在するなどということは、物理的に全く不可能であろう。

池田氏が提示した結論の第三は、『五行篇』の作者を孟子学派の思想と荀子学派の思想を折衷する、漢初の折衷学派とするものである。戦国前期に成立した著作が、後代の孟子や荀子の思想を折衷して漢初に作られるなどということは、物理的に全く不可能であるから、この結論もとんでもない見当違いであったとしなければならない。

池田氏が提示した結論の第四は、『五行篇』の著作意図が、漢初の時代的要請に応えるべく、新しいタイプの士大夫像を提出する点にあったとするものである。氏は『五行篇』の「君子」について、「時代は秦帝国が倒れた直後の漢代初期であり、「仁・知・義・礼・聖」の「五行」の「徳」を豊かに備えたオールラウンド型の「君子」が、新しい時代を主体的に担う新しいタイプの士大夫として出現することが、切に望まれている秋であった」などと述べる。

これがおよそ的はずれの錯誤であることは、もはや説明を要しないであろう。

以上、池田知久『馬王堆漢墓帛書五行篇研究』を検討し、そこに提示された結論が、ことごとく甚だしい誤謬であったことを確認した。その後、池田氏は竹簡本『五行篇』の発見を受けて、「郭店楚簡『五行』の研究」(『郭店楚簡の思想史的研究』第二号・東京大学郭店楚簡研究会・一九九九年)で竹簡本『五行篇』の考察を行っている。

池田氏は前著で提示した結論の第一点、経説同時成立説については、「当時すでに馬王堆『五行』と同じ説が書かれていたが、今回は偶々、一緒に出土しなかっただけなのではなかろうか」として、前著の結論をそのまま維持している。また前著の結論の第二点、成書年代を漢初とする点については、「郭店『五行』は戦国後期の儒家の手に成る書にふさわしく」とあるので、本文に旧説を訂正する旨の明言はないが、漢初説を放棄して戦国後期に改めたものと推測される。(13)

ただし新稿の注(21)には、「馬王堆『五行』の成書年代は戦国後期〜末期、その抄写年代は前漢、恵帝期或いは呂后期であろう」とか、「前漢初期と推測していたけれども、数十年、繰り下げすぎていたので、ここでこのように改めさせていただく」として、「末期」をも含む成書年代が示されている。このように本文と注の間にすら、すでに記述の揺れが見られるので、池田氏の立場がいずれにあるのか判断しがたい面も残る。

第三点の作者を漢初の孟子・荀子折衷学派とする点については、前著と同様、道家・墨家・法家などの思想を摂取する「雑家的傾向」があるとした上で、「郭店『五行』は孟子・荀子の思想を中心とし、多くの先秦時代の儒家の思想を折衷しながら、さらに儒家以外の諸子百家の思想をも取り入れようとする、ある儒家に属する思想家によって書かれた文献であると考えなければ成らない」として、やはり前著の結論を維持している。もっとも時代を「漢初」とする部分はいつの間にか消えているから、戦国後期の折衷学派の作とされているのであろう。さらに『五行篇』の著作意図が、漢初の時代的要請に応えるべく、新しいタイプの士大夫像を提出する点にあったとする第四点に関しては、一切触れられぬままに終わっている。

以上が、竹簡本の出現を踏まえた池田氏の考察の概要である。だが氏が改めて提示した結論も、前著の結論と同様に、甚だしい錯誤に満ちている。第一点の経説同時成立説については、すでに詳しく述べたのでここでは繰り返さず、第二点から検討してみる。

荀子は戦国後期（前二八一年〜前二二一年）に活動した思想家である。内山俊彦氏の考証（『荀子』講談社学術文庫・一九九九年）によれば、荀子は前三一四年頃趙に生まれ、前二六五年頃五十歳で斉の稷下に行き、前二三三年頃楚の蘭陵で没したとされる。池田氏は『五行篇』の作者を戦国後期の儒家とするが、荀子と同じ戦国後期の儒家が、なぜに荀子の思想と孟子の思想を折衷できるのであろうか。荀子が自己の思想を形成して成書化し、なおかつそれが流布した後でなければ、両者の折衷などという行為は不可能である。したがってそれは、当然荀子の死後となろう。とすれば折衷が可能となるのは、前二三〇年頃以降である。

『史記』呂不韋列伝は、「是の時諸侯に弁士多く、荀卿の徒の如きは書を著して天下に布く」と、荀子学派の盛んな活動に刺激されたことが、『呂氏春秋』の編纂動機の一つだったと記す。こうした時期であれば、両者の折衷も可能だったかも知れない。したがってそれは戦国最末から秦初にかけての時期なのであって、それを戦国後期といった幅で表示することは不可能である。

池田氏は『五行篇』の作者を戦国後期の儒家とする一方で、作者は「多くの先秦時代の儒家の思想を折衷しながら、さらに儒家以外の諸子百家の思想をも取り入れ」て、『五行篇』を著作したという。「先秦時代」の諸思想を折衷したり摂取したりできるのは、「先秦時代」が終わった後の人間に限られるから、戦国後期の儒家にはそうした行為は不可能であろう。

もしこの場合は、新稿の注（21）に示される成書年代の幅の中、「後期」ではなく「末期」の方を採用するというのであれば、今度は次のような矛盾が生じてこよう。仮に『五行篇』が前二二一年の秦の統一を目前に控えた戦国末期に著作されたとすれば、その原著が写本で流布して、郭店一号楚墓の墓主の入手する所となり、墓主の死後に副葬されたのであるから、郭店一号楚墓は実は戦国楚墓ではなく、郭店一号秦墓か郭店一号漢墓だったということにならざるを得ない。

たとえば、仮に『五行篇』が前二二五年頃に成書され、その五年後、前二二〇年頃に墓主が入手し、その五年後、前二一五年頃に墓主が下葬されたと考えた場合、郭店一号墓はれっきとした秦墓となる。また『五行篇』が前二二五年頃に成書され、その十五年後、前二一〇年頃に墓主が入手し、さらにその十五年後、前一九五年頃に墓主が下葬されたと仮定した場合は、郭店一号墓は漢墓となる。

とすれば、考古学的に完全に戦国期の楚の墓制で造営され、秦代以後の要素が微塵もないとされる墓が、いかにして秦代もしくは漢代に造営される仕儀になったのか、出土した竹簡に記される文字がなぜ先秦の古文であるのかを説明する必要に迫られるわけだが、果たしてそれは可能なのであろうか。

こうした議論以上に重大なのは、以下のような矛盾である。そもそも戦国中期の墓から出土した文献、すなわち戦国前期にはすでに成立していた文献の作者が、なぜに戦国後期の儒家であり得るのか。荀子の思想と孟子の思想を折衷した文献が、なぜに荀子以前の墓から出土できるのか。これこそが最も重大な矛盾なのだが、池田氏はこの点について、何一つ説明しようとはしない。このように、物理的に決して成り立たないような矛盾を放置したままで、どんなに『五行篇』の成立事情を論じてみても、何らの有効性も持ち得ないのである。

さらに第四点の著作意図について、氏が全く口を噤んで触れようとしないのも、研究者として無責任の極みであろう。前著において氏は、「『五行篇』の成書年代を戦国時代中期であると見るか、または戦国時代後期ないし末期であると見るか、あるいは秦漢の際であると見るか、それとも前漢時代初期であると見るか、の相異によって『五行篇』の思想は相互にかなり違ったものとして画かれるであろうし」とか、「この成書年代と作者の所属学派とをどのように見るかという問題は、疑いもなく、中国古代思想史の全体をどのようなものとして構想するかという問題に直接響いてくる」と述べていた。もしそれが本当であれば、竹簡本の発見を踏まえて『五行篇』の成書年代を前漢時代初期から戦国時代後期に変更した以上、氏が前著で提出した『五行篇』の著作意図にも、「直接響いて」きて、当然大きな変更が生じたはずである。しかるにこの点に全く言及しようとしないのは、自家撞着も甚だしいと言わねばなるまい。氏が自家撞着に陥る事態を避けるためには、漢初の時代的要請に応えるべく、新しいタイプの士大夫像を提出したとする説明に代えて、戦国後期ないし末期の時代状況と関連づけた著作意図を提示すべきであったろう。

池田氏は新稿を「郭店楚簡『五行』の研究」と題して置きながら、郭店一号楚墓の下葬年代や、郭店写本の書写年代等について、一切の言及を避ける姿勢に終始する。当然ながら、いかなる根拠から『五行篇』の成書年代を戦国後期と判断したのかについても、何一つ説明がなされていない。こうした最も基本的な事柄について、自分がいかなる立場を取るのかを明言した後でなければ、「郭店楚簡『五行』の研究」を行うことなど、そもそも不可能であろう。

近年池田氏は、躍起になって、郭店一号楚墓の下葬年代を戦国時代後期ないし末期まで引き下げようとしている。(14)だが、たとえ郭店一号楚墓の下葬年代をむりやり戦国末まで引き下げてみても、それで前著の誤謬だらけの結論が維持できるわけではない。よしんば郭店写本が戦国末の楚墓から出土したと仮定しても、原著が成立してそれが写本で流布し、生前の墓主がその一本を入手した後、七十数歳で死亡するまでの期間を見込めば、戦国後期の前半には『五行篇』は成立していたと見なければならない。しかしてこの時期に成立した文献中に、孟子と荀子を折衷した思想が存在したり、『呂氏春秋』に類する「雑家的傾向」が存在したり、漢初の時代的要請に応えるべく提出された新しいタイプの士大夫像が存在したりすることは、依然として物理的に不可能だからである。

自らが唱える思想史的編年の視点からのみ郭店一号楚墓の下葬年代を引き下げ、考古学的知見との整合性を顧慮せぬまま、誤てる自説を維持せんとする姑息な姿勢は、およそ非学問的であると評さざるを得ない[15]。池田氏の前著に典型的に見られるように、竹簡本『五行篇』の発見は、帛書本『五行篇』について従前提出されてきた諸説の大半が、すでに成り立たないことを証明した。今後の『五行篇』研究は、こうした事実を十分認識した上で進められる必要があろう。

注

（1）発掘調査の結果は、湖北省荊門市博物館「荊門郭店一号楚墓」（『文物』一九九七年第七期）に報告されている。その中では造営時期を「公元前四世紀中期至前三世紀初」とするが、崔仁義「荊門楚墓出土的竹簡《老子》初探」（『荊門社会科学』一九九七年第五期）は、前三一六年造営とされる包山楚墓から出土した副葬品との比較から、「公元前三〇〇年」と推定する。

（2）李学勤「荊門郭店楚簡中的『子思子』」（『文物天地』一九九八年第二期）、『郭店楚簡研究』遼寧教育出版社・一九九九年に採録）。

（3）李零「郭店楚簡研究中的両個問題―美国達慕思学院郭店楚簡『老子』国際学術討論会感想」（『郭店楚簡国際学術研討会論文集』湖北人民出版社・二〇〇〇年）。

（4）一九五九年に甘粛省武威県磨咀子一八号漢墓から出土した「王杖十簡」には、「年七十受王杖者」とある。なおこの点に関する詳細は、山田勝芳「中国古代中世の老人優遇策―王杖十簡と侍丁―」（『東北大学教養部紀要』第41号・一九八四年）及び山田勝芳「王杖十簡と王杖詔書令―漢代の老人優遇策をめぐって―」（『東北大学教養部紀要』第49号・一九八八年）参照。

（5）図Ⅰの詳細については、前稿参照。

（6）以下帛書本『五行篇』の引用は前稿の釈文を用いたが、龐樸『竹簡《五行》篇校注及研究』（万巻楼図書有限公司・二〇〇一年）によって一部改めた箇所がある。

（7）この点はすでに前稿で指摘したところで、詳細については前稿を参照されたい。

（8）以下竹簡本『五行篇』の引用は、注（6）に前出の龐樸『竹簡《五行》篇校注及研究』による。

（9）龐樸氏は前掲書で、聖はそれ自体がすでに「内に形わる」る「徳之行」であって、そもそも「内に形われざる」ことがないので、たとえ「内に形われざる」状態であっても「徳之行」であることを妨げないと述べるが、論理に自己矛盾があろう。経⑴の全体構成から考えてもそのようには理解しがたい。

（10）原文のままでは文意が通らず、私見により「不」字を補った。

（11）後漢の趙岐注は「父仇不同天。兄仇不同國。以悪加人、人必加之。知其重也。一間者我往彼來、間一人耳。與自殺其親、何異哉」とする。

（12）作者に関しても、経部分に限れば、作者から孟子及び孟子学派は除外すべきであり、『五行篇』の作者を子思・孟子学派と称することはできないであろう。

（13）なお新稿の注（21）には、「馬王堆『五行』の成書年代」とあって、郭店『五行』とはされていないが、氏の意識の中では同じ事柄を意味しているのであろう。

（14）郭店楚簡研究会編『楚地出土資料と中国古代文化』「まえがき」（汲古書院・二〇〇二年）など。

（15）この点については、本書第一部・第一章参照。

第十章　『春秋』の成立時期

―平勢説の再検討―

浅野裕一

一　平勢説の概要と問題の所在

一九九五年、平勢隆郎氏は著書『新編史記東周年表』において、前二二一年の始皇帝による中国再統一以前の『史記』の記事に存在する、広範な年代矛盾を問題にした。平勢氏は年代矛盾が引き起こされた原因を考究し、戦国中期に至り、君主の即位年を立年称元法から踰年称元法に切り換える動きが生じたが、前漢武帝期に司馬遷が『史記』を編述した際、立年称元法で記録された年代を、踰年称元法による年代と誤解したとする点に、その主要な原因を求める見解を提示した(1)。

これに関連して平勢氏は、『中國古代紀年の研究』(2)、『左傳の史料批判的研究』(3)、及び『『史記』二二〇〇年の虚実』(4)、『中国古代の予言書』(5)、『東洋文化』81号等(6)において、広範な年代矛盾が生じた原因を系統的に整理すると、踰年称元法は前三三八年に斉で初めて採用されたことが判明したとする結論を提示した(7)。同時に平勢氏は、『春秋』には踰年称元法が使用されているから、『春秋』の成書年代は、早くても踰年称元法が初めて用いられた前三三八年以降であるとも指摘した(8)。

平勢氏はこうした立場から、さらに『公羊伝』『穀梁伝』『左氏伝』の三伝の成書年代にも考察を進め、『春秋』及び三伝の成立事情に関する独自の理論体系を構築した。その骨子を筆者なりに要約すると、大略以下のようになる。

（1）戦国中期には周王と十王（斉・魏・秦・韓・趙・燕・中山・宋・楚・越）の十一王が並び立ったが、いずれも自らを唯一の天子だと考えて正統性を主張し合い、相互に正統抗争を繰り返した。その手段として、ある王国が自己の正統性を主張すべく史書を作れば、他の王国はその史書を否定し変形すべく、別の史書や書物を作り出して対抗せんとする状況が存在した。

（2）前三三八年、斉の威宣王が称王するとともに、それまでの立年称元法に代わり、斉で初めて踰年称元法が採用された。

（3）『春秋』には踰年称元法が採用されており、早くても初めて踰年称元法が採用された前三三八年以降、威宣王が斉の朝廷で『春秋』を作った。『春秋』の意図は、斉王のみが唯一の王（天子）であり、正統な王権であると主張する点にあった。

（4）『春秋』成書後、『公羊伝』が斉で作られた。『公羊』は戦国期の斉、すなわち田斉を唯一正統な王権だと主張する、『春秋』のサブテキストとして作られた。

（5）前三二六年に韓の宣恵王が称王して以降、韓の朝廷で『左氏伝』が作られた。『左伝』の意図は、特別に韓宣子を称揚したり、韓氏が韓王となる予言を込める手段により、斉を正統とする『春秋』や『公羊』に対抗して、韓を唯一正統な王権だと主張する点にあった。

（6）前三二三年頃、中山王・嚳が初めて王号を称した。中山の称王後、先行する『春秋』『公羊』や『左伝』に対抗すべく、鮮虞が建国した中山こそが中国であり、唯一正統な王権だと主張する目的で、『穀梁伝』が中山の朝廷で作られた。

（7）『春秋』と三伝は、前三三八年以降、中山王国が滅亡する前二九六年までの短期間に、斉・韓・中山の王権正統化理論として相次いで作られたのであり、本来は儒家とは無関係な書物である。

（8）『春秋』と『公羊』は、前漢武帝期に再解釈されて、漢の正統性を支える理論に転換された。『左伝』は前漢末から王莽期にかけて再解釈されて、王莽の正統観を支える理論に転換された。再解釈の際の増補・改変はほとんどなかったか、あったとしても僅かであった。伝世の『春秋』及び三伝には、戦国中期の王権正統化理論としての原初の痕跡は、全く存在しない。

『春秋』と三伝の成立事情に関する平勢氏の結論は、前掲の著書のあちこちに分散的に述べられていて、必ずしも著者自身の手で集中的に整理され提示されているわけではない。加えて同一の事柄に関する記述にも、若干の揺れが見られたり、思考に曖昧さが残されたりしている場合もある。したがって上記の要約は、筆者が平勢氏の所説を前掲の著作から抽出し、筆者なりに理解したところを整理して、年代順に配列し直したものであることを予め断って置きたい。

この平勢説の内容は、従前の中国古代史の編年にかなり大幅な修正を迫るもので、その所説の当否が東洋史学、特に中国古代史の分野に与える影響は、極めて広範かつ深刻だとしなければならない。

だが平勢説が及ぼす影響は、東洋史学の領域にとどまるものではなく、中国思想史の分野にも大きな関わりを持つ。もし『春秋』と三伝の成書時期を前三三八年以降、前二九六年以前とし、『春秋』と三伝を儒家とは無縁の王権正統化理論とする平勢説が妥当性を持つとすれば、儒家思想の形成過程に関するこれまでの見方は、根本的な変更を余儀なくされるからである。

また平勢説の内容は、一九九三年に湖北省荊門市郭店の一号楚墓から出土した郭店楚簡の年代比定とも、真っ向から対立しかねない性格を内包する。郭店一号楚墓の下葬年代は、副葬品の編年から前三〇〇年頃と推定されているが、この楚墓から出土した写本の記述と平勢説の内容は、決して両立しない性格を示すのである。もし平勢説が妥当性を備えているとすれば、郭店写本を前三〇〇年頃の墓から出土した文献として扱ってきた前提は、根底から覆される可能性が生じてくる。

したがって、先秦における儒家思想の形成過程を考える上でも、郭店楚墓出土の写本の研究を進める上でも、平勢説の再検討は避けて通れない課題となる。そこで本章では、以下平勢説の当否について、再検討を試みることとしたい。

二　平勢説と郭店楚簡の関係

本節では、郭店楚簡と平勢説との関係について考察する。まず初めに郭店楚簡について簡略に説明して置こう。郭店一号楚墓は、二度に亙る盗掘の被害を被った後、一九九三年十月に本格的な発掘調査が行われた。その結果、八〇〇枚余の竹簡が出土し、その中の七三〇枚に文字が記されていた。この墓は、春秋・戦国期の楚の国都・郢の近郊に位置する楚の貴族の墓陵地の中にあり、竹簡が記す文字は、いわゆる先秦の古文に属する楚系文字である。

副葬品の中に墓主や下葬年代を特定する手掛かりは発見できなかったが、さまざまな副葬品の様式変化に基づく編年から、中国の考古学者はその造営時期を戦国中期（前三四二年～前二八二年）の後半、前三〇〇年頃と推定している。[9]この推定は、一九八六年から一九八七年にかけて発掘され、副葬品の紀年から前三一六年の造営であると確認された湖北省荊門市の包山二号楚墓を含め、周辺の多くの楚墓から出土した副葬品の分析結果から得られた編年によるものであり、このように豊富な資料を用いた考古学的編年に依拠した年代比定は、ほぼ動かないと見るべきであろう。

また郭店一号楚墓が位置する楚の墓陵地に関しては、『史記』に次のような記載がある。

其明年攻楚、拔郢燒夷陵。遂東至竟陵。楚王亡去郢。東走徙陳。秦以郢爲南郡。（『史記』白起王翦列伝）

中国の研究者はこの『史記』の記述を踏まえ、前二七八年、秦の将軍・白起が楚都・郢（紀南城）を占領した時点で、楚の貴族集団は紀南城を放棄して東北の陳に遷都し、紀南城周辺の墓陵地もまた放棄されて、以後この地に貴族の墓が造営されることはなかったとする。こうした歴史的経緯を踏まえるならば、一号楚墓の造営時期の下限は前二七八年であり、下葬時期をそれ以降に引き下げることは、物理的に全く不可能となる。

副葬品の中には「東宮之師」と刻む耳杯があり、この点から墓主は楚の太子の教育係だったと考える説もある。[10]ただし耳杯の銘文は「東宮之杯」と釈読すべきだとする説も唱えられている。[11]この場合、耳杯は太子から下賜された品となるから、墓主の身分を特定する決め手にはなりにくい。

また副葬品中には、君主が高齢者に下賜する鳩杖二本も含まれていた。戦国期における鳩杖下賜の基準が不明であるため、明確に断言はできないが、漢代の基準を準用すれば、[12]墓主は七十歳を超す高齢だったと推定される。[13]

出土した竹簡は、荊州市博物館や荊門市博物館の研究者の手によって解読・整理され、写真と釈文を収めた『郭店楚墓竹簡』が一九九八年五月に文物出版社から刊行された。それによれば竹簡は、竹簡の両端が平斉であるか梯形であるか、編綫の数が両道であるか三道であるかといった形状の相違や、寸法の差異など簡式上の特色や、書体の差異、及び内容などから、次の十六種の文献に分類・整理されている。

（1）『老子』甲・乙・丙（2）『太一生水』（3）『緇衣』（4）『魯穆公問子思』（5）『窮達以時』（6）『五行』（7）『唐虞之道』（8）『忠信之道』（9）『成之聞之』（10）『尊徳義』（11）『性自命出』（12）『六徳』（13）『語叢』一（14）『語叢』二（15）『語叢』三（16）『語叢』四

この中、（1）と（2）は道家系統の著作、（3）から（12）の十篇は儒家系統の著作、（13）から（16）は短文から成る教育用の格言集だと考えられる。また（1）の『老子』甲・乙・丙は、完本を節録した三種類の抄本だと思われる(14)。

以上、郭店楚簡について概説したが、平勢説との関係で特に問題になるのは、その中の『六徳』と『語叢』一の内容である。まず『六徳』の側から検討してみるが、とりあえず問題となる箇所を以下に掲げて置く(15)。

故に夫夫たり、婦婦たり、父父たり、子子たり、君君たり、臣臣たり。六者各おの其の職を行わば、而ち訕誇も由りて作ること亡し。諸を詩・書に観れば則ち亦た在り。諸を礼・楽に観れば則ち亦た在り。諸を易・春秋に観れば則ち亦た在り。此に親しめば多《まさ》り、此に鏡みれば多り、此を美とすれば多るなり。導渫止む。

『六徳』は夫・婦・君・臣・父・子を六位と規定し、この六位に聖・智・仁・義・忠・信の六徳や、率・従・使・事・教・受の六職を配当する形で、三者の関係を詳説する。(16) 先に引用した箇所はそれを受けて、六位・六徳・六職の理想的対応関係が、詩・書・礼・楽・易・春秋の六書にも見られることを述べる。すなわちここには、詩・書・礼・楽・易・春秋の名称が登場するのだが、それは先秦の儒家が経典とした「六経」の内容と完全に一致する。しかも列挙される順序までが、『荘子』天運篇に語られる「六経」の順序と全く符合している。

したがって『六徳』が著作された当時、儒家がこれら六種の典籍を経典視していたことには、疑問の余地がない。もとより、当時「六経」なる総称までが存在したか否かは不明なのだが、総称概念の有無は別として、儒家にこれら六種の典籍を特別な経典として奉ずる思考が存在していたのは確実である。

さらに『語叢』一にも、以下に示すように『六徳』と符節を合する記述が存在する。

易は天道と人道を会《あつ》むる所以なり。
詩は古今の志を会むる所以なり。
春秋は古今の事を会むる所以なり。
礼とは交の行述なり。
楽とは生ずること或《あ》り教うること或る者なり。

ここには、易・詩・春秋・礼・楽それぞれに対する簡略な解説が示される。書に対する解説も当然存在したはずであるが、竹簡が残欠していて具体的記述が見当たらない。また礼と楽に関しても、それが特定の書籍を指しているのか、一般的な儀礼と音楽を指しているのかは判然とせず、むしろ後者であった可能性が高い。したがって『語叢』一の記述は、先の『六徳』ほど明確に「六経」概念の存在を明示するものではない。ただし、少なくもこうした記述は、『語叢』一が著作された当時、儒家がすでに易・詩・春秋を自分たちの経典として奉じていた状況を明示してはいる。

平勢説との関係で問題になるのは、『六徳』においても、『語叢』一においても、『春秋』が明確に儒家の経典とされている点である。こうした現象は、はたして平勢説と矛盾しないであろうか。

上述したように郭店一号楚墓の下葬年代は、前三〇〇年頃と推定されている。また副葬品の中に鳩杖二本が含まれていたことから、墓主は七十歳を超す高齢だったと考えられている。そして出土した『六徳』や『語叢』一の写本は、墓主が生前所持していた書籍である。仮に墓主が五十歳頃にこれらの写本を入手したとすれば、その書写年代は前三二〇年頃となる。

もとよりそれは、転写を重ねた多くの写本の中の一本であって、原著ではないから、原著の成立は郭店写本の書写年代をさらに遡る。一般に原著が成立した後、転写を重ねて写本が流布するまでには、相当の期間を見込まなければならぬから、その幅をどんなに短く見積もっても、十年か二十年は遡らせる必要があろう。

また郭店出土の儒家系統の著作十種は、魯の穆公と子思の問答を記す『魯穆公問子思』や、子思の作と伝えられる『中庸』に似た性命思想を説く『性自命出』を含むこと、子思・孟子系統の儒家思想と強い関連を示す『五行』を含むことなどから、主に子思学派の手になる著作と考えられる。子思学派が活動したのは、「魯の繆公の師と為る」(『漢書』芸文志)と、魯や斉を中心とした地域であるから、『六徳』を含む郭店の儒家系著作も、斉・魯の辺りで著作されたと考えるのが妥当であろう。この点を考慮すれば、斉・魯で『六徳』の原著が成立した後、それが写本によって楚に伝播するまでには、やはり相当の期間を要したであろう。

仮に『六徳』の書写年代を前三二〇年頃とし、原著の成立年代をそこから二十年遡らせると、『六徳』の成書年代は前三四〇年頃となる。(17)『語叢』一の場合は少し複雑で、『六徳』と同じような経過をたどって郭店楚墓に副葬された可能性と、墓主が色々な書物から短文を抜き出し、自ら格言集を作った可能性とを想定できる。(18)

前者の場合は、書写年代及び成書年代を上述の『六徳』と同様に仮定できるのだが、後者の場合はどうであろうか。仮に墓主が『語叢』一を編集したのが五十歳頃とすれば、それは三二〇年頃となる。そのとき墓主が短文を抽出するのに利用した様々な書物は、当然すでに成立していたわけであり、それらの書物がそれぞれ原著であったとは考えられないから、材料を提供した書籍の成書年代は、前三二〇年をさらに遡ることになる。仮に二十年遡らせれば、前三四〇年となって、結果的には『六徳』の場合と同じになる。このように『六徳』と『語叢』一の間に存在する性格の差異にもかかわらず、もともとの記述の成立年代を推定する場合は、結局両者をほぼ同様に扱っても構わないのである。

さて『六徳』や『語叢』一に材料を提供した書籍の成書年代を前三四〇年頃と仮定した上で、さらに考察を進めると、いったいどうなるであろうか。前述のように、両者はともに儒家が『春秋』を経典視していた状況を踏まえて記述している。当然両者が成書される以前に、儒家は『春秋』を経典視していたとしなければならない。この間の幅をできるだけ短く想定して、仮に十年とすれば、儒家が『春秋』を経典視し始めたのは、前三五〇年頃となる。そして存在しない書物を経典視することは不可能であるから、『春秋』は当然それ以前に成立していたとしなければならない。やはりその幅をできるだけ短く想定して、仮に十年とすれば、『春秋』の成書年代は前三六〇年頃となる。

この結果をもとに平勢説を考えると、いったいどういうことになるであろうか。平勢説は、『春秋』が成書されたのは早くても前三三八年以降だと主張する。ただし平勢説によれば、踰年称元法が斉で初めて採用されたのが前三三

図A　郭店楚簡と平勢説

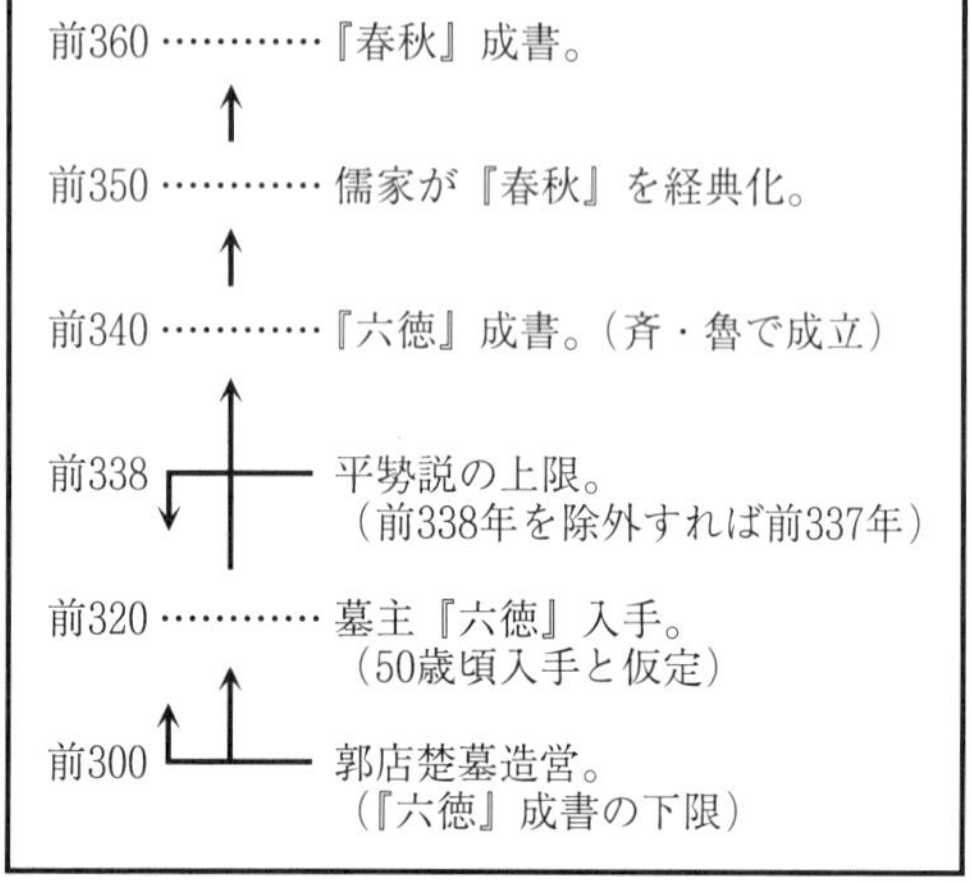

八年で、『春秋』はその踰年称元法で書かれているというのであるから、前三三八年は除外して置くのが妥当であろう。とすれば『春秋』の成書年代は、最も早くても前三三七年以降となろう。

平勢説は早くても前三三八年以降とするのみで、遅い場合の想定年代については明示がないので、差し当たって上限である前三三七年に焦点を絞って議論することにしよう。上述したように、『六徳』や『語叢』一の記述は、『春秋』が前三六〇年頃にはすでに成立していたことを、明確に示している。しかもそれは、郭店一号楚墓が造営されたとされる前三〇〇年を起点に、『春秋』の成立時期まで遡らせる幅を、できるだけ短く想定して得られた年代である。

すなわち平勢説によれば、『春秋』の成書年代は早くても前三三七年以降としなければならないのだが、郭店楚簡の発見によって、『春秋』は遅くも前三三七年以前にすでに作られていたことが明白になったのである。そしてこの一点だけでも、平勢説の破綻はすでに確定する。(図A参照)

おまけに平勢説では、もともと『春秋』は、斉王のみが唯一の天子だと主張するための王権正統化理論として、斉の威宣王によって作られたとされる。とすれば、もともと『春秋』は、儒家とは無縁の書物だったとしなければならない。

しかるに儒家の著作である『六徳』の中で、『春秋』は詩・書・礼・楽・易とともに、明確に儒家の経典として扱われている。また『語叢』一は諸書から短文を抜粋して編集した格言集で、「凡そ物は亡(無)より生ず」と道家の言も一部混在するが、大部分は「礼を知りて而る後に行を知る」といった儒家の言説で占められている。そこで「春秋は古今の事を会むる所以なり」との『春秋』に対する解説も、詩・書・礼・楽・易に対する解説とともに、儒家系文献に由来すると考えられる。

こうした現象は、『春秋』がもともと儒家の経典だったことを証明している。したがって原初の『春秋』が儒家とは無縁の王権正統化理論だったとする平勢説は、この点からも完全に破綻するのである。

三　平勢説と孟子の活動との関係

本節では、孟子の活動と平勢説との関係を考察する。孟子は以下に示すように、孔子が『春秋』を作ったとする『春秋』孔子著作説を明快に主張した。

世衰道微、邪說暴行有作。臣弑其君者有之。子弑其父者有之。孔子懼作春秋。春秋天子之事也。是故孔子曰、知我者、其惟春秋乎。罪我者、其惟春秋乎。聖王不作、諸侯放恣、處士橫議、楊朱墨翟之言盈天下。天下之言、不歸楊則歸墨。楊氏爲我。是無君也。墨氏兼愛。是無父也。無父無君、是禽獸也。公明儀曰、庖有肥肉、廐有肥馬、民有飢色、野有餓莩、此率禽獸而食人也。楊墨之道不息、孔子之道不著。是邪說誣民、充塞仁義也。仁義充塞、則率獸食人、人將相食。吾爲此懼、閑先聖之道、距楊墨、放淫辭、邪說者不得作。昔者禹抑洪水而天下平。周公兼夷狄驅猛獸而百姓寧。孔子成春秋而亂臣賊子懼。詩云、戎狄是膺、荊舒是懲。則莫我敢承。無父無君、是周公所膺也。我亦欲正人心、息邪說、距詖行、放淫辭、以承三聖者。豈好辯哉。予不得已也。能言距楊墨者、聖人之

徒也。（『孟子』滕文公下篇）

世衰え道微《かす》かにして、邪説暴行有《ま》た作る。臣にして其の君を弑する者之有り。子にして其の父を弑する者之有り。孔子は懼《おそ》れて春秋を作る。春秋は天子の事なり。是の故に孔子曰く、我を知る者は、其れ惟だ春秋か。我を罪する者も、其れ惟だ春秋かと。聖王は作らず、諸侯は放恣にして、処士は横議し、楊朱・墨翟の言は天下に盈つ。天下の言は、楊に帰せざれば則ち墨に帰す。楊氏は我が為にす。是れ君を無するなり。墨氏は兼愛す。是れ父を無するなり。父を無し君を無するは、是れ禽獣なり。公明儀曰く、庖《くりや》に肥肉有り、厩《うまや》に肥馬有るに、民に飢色有りて、野に餓莩《がふ》有るは、此れ禽獣を率いて人を食ましむるなりと。楊墨の道息まざれば、孔子の道は著れず。是れ邪説民を誣《し》い、仁義を充塞するなり。仁義充塞すれば、則ち禽獣を率いて人を食ましめ、人も将に相食まんとす。吾此が為に懼れ、先聖の道を閑《まも》り、楊墨を距ぎ、淫辞を放ちて、邪説の者作《おこ》るを得ざらしむ。昔禹は洪水を抑えて天下平らかなり。周公は夷狄を兼《しりぞ》け猛獣を駆りて百姓寧し。孔子は春秋を成して乱臣・賊子懼る。詩に云く、戎狄是れ膺《う》ち、荊舒是れ懲らす。則ち我を敢て承《とど》むる莫しと。父を無し君を無するは、是れ周公の膺ちし所なり。我も亦た人心を正し、邪説を息め、詖行を距ぎ、淫辞を放ち、以て三聖者を承《つ》がんと欲す。豈に弁を好まんや。予已むを得ざればなり。能く言いて楊墨を距ぐ者は、聖人の徒なり。

「孔子は懼れて春秋を作る」との孟子の言は、古来あまりにも著名である。ここには、『春秋』孔子著作説が明快に展開されている。したがって孟子が『春秋』を孔子の作だと信じていたことには、全く疑問の余地がない。そこで次に孟子の事跡について検討してみよう。

戦国諸子の大半は事跡が至って茫漠としていて、確かな年代を定めがたい場合が多い。その中にあって孟子は、比較的その事跡がはっきりしている。なぜなら『孟子』の中には、孟子が多くの門人を従えて諸国を遊説して回った記録が残されており、相手方の国家や君主との関係が有力な決め手となって、その活動年代をかなりの程度まで明確にできるからである。

思想家としての孟子が初めて表舞台に登場するのは、前三一九年、中原の大国であった魏に遊説に赴き、恵王（在位：前三七〇～前三一八年）と会見したときである。会見の冒頭、恵王は孟子に向かい、「叟は千里を遠しとせずして来る。亦た将に以て吾が国を利すること有らんとするか」（『孟子』梁恵王上篇）と切り出したという。恵王は孟子に「叟」と呼び掛けているから、このとき孟子は、少なくとも五十を超す年齢だったと思われる。その後孟子は、恵王にしばしば王道政治の理想を説くが、すでに九十歳を超す老齢だった恵王は、翌三一八年に死去してしまう。代わって即位したのは襄王（在位：前三一八～前三〇〇年）であるが、「孟子、梁の襄王に見ゆ。出でて人に語りて曰く、之に望むに人君に似ず、之に就くに畏るる所を見ず」（同）と、孟子はその頼りない人柄を見て失望し、早々に魏を退去する。

魏を見限った孟子は、前三一七年、斉を訪れて宣王（在位：前三一八～前三〇一年）と会見する。孟子の話に感じ入った宣王は、「願わくば夫子、吾が志を輔け、明らかに以て我を教えよ。我は不敏なりと雖も、請う之を嘗試《こころみ》ん」（同）と、大いに歓迎の意を表し、孟子を客卿として厚遇する。これ以降孟子は、宣王の政治顧問といった役回りを演ずることとなる。

この間、前三一六年から前三一五年にかけて、燕王・噲が賢者の誉れ高い宰相の子之に国政を委ねて引退し、ついには子之に燕の王位を譲る禅譲事件が発生する。そのため王位継承権を失った太子・平と、太子に荷担する勢力は、子之の即位を認めず、燕は内乱状態に陥る。北方の隣国の混乱を見た宣王は、この機に乗じて燕を攻撃せんとし、群臣に意見を求めた。すると客卿だった孟子は、「孟軻、斉の宣王に謂いて曰く、今、燕を伐つは、此れ文武の時にして失うべからず」（『戦国策』燕策一）と、強く軍事介入を勧める。

孟子に煽られた宣王は、前三一四年、軍事侵攻を決意し、将軍・匡章が五都の兵を率いて燕に侵入する。その結果、「士卒は戦わず、城門は閉じず。燕王・噲死して斉は大いに燕に勝つ」（同）と、二ヶ月足らずの間に燕のほぼ全域を占領するとの大勝利を収める。これに気を好くした宣王は、燕の併合をもくろむ。

またもや宣王は、「万乗の国を以て、万乗の国を伐ち、五旬にして之を挙ぐ。人力は此に至らず。取らずんば必ず天殃有らん。之を取るは如何」（『孟子』梁恵王下篇）と、孟子に併合の是非を問う。このとき孟子は、「之を取りて燕の民悦べば、則ち之を取れ」「之を取りて燕の民悦ばずんば、則ち取る勿れ」と、宣王に下駄を預けるような発言をしながらも、「万乗の国を以て、万乗の国を伐つに、簞食壺漿して以て王師を迎うるは、豈に他有らんや。水火を避けんとすればなり。水の益ます深きが如く、火の益ます熱きが如くならば、亦た運らんのみ」と、暗に併合を断念して撤兵するよう示唆する。

さらに「斉人燕を伐ちて之を取る。諸侯は将に燕を救わんことを謀らんとす」（同）との状況に陥ると、再び宣王は「諸侯、寡人を伐たんことを謀る者多し。何を以て之を待たん」と、孟子に対処法を尋ねる。すると孟子は、「王、速に令を出し、其の旄倪《ぼうげい》を反し、其の重器を止どめ、燕の衆に謀りて君を置け。而る後に之を去らば、則ち猶お止むに及ぶべきなり」と答える。すなわち孟子は、燕の併合を放棄して、全面撤収するよう提案したのである。

だが宣王は孟子の提案を受け入れず、燕の占領を継続する。前三一二年、はたせるかな燕の国内では、斉の占領軍に対する反乱が勃発し、燕を救援する諸侯の連合軍も進軍を開始する。窮地に立った宣王は、「燕人畔《そむ》く。王曰く、吾甚だ孟子に慙《は》ず」（『孟子』公孫丑下篇）と後悔し、燕から全面撤退して、連合軍の侵攻を辛くも免れる。

かくして燕への侵攻は全くの失敗に終わり、斉の国威は大きく失墜した。すると斉の朝廷では、「或るひと問いて曰く、斉に勧めて燕を伐たしめたりと。諸有りや」（同）と、そもそも斉を煽って燕に侵攻させたのは孟子ではなかったのかと、孟子の責任をあげつらう声が上がった。こうした事情が影響して、前三一二年ないし前三一一年に、孟子は斉を退去する。

斉を立ち去った孟子は、一時宋に滞在し、そこで滕の太子（後の文公）と会見する。宋を離れたのち、薛に立ち寄ってから、前三〇八年、孟子は故郷の鄒に帰還する。この年、滕の定公が没し、代わって即位した文公は、鄒に然友を派遣して、孟子に父・定公の葬儀をどのように執り行うべきかを尋ねさせ、孟子は三年の喪の実行を勧めている。その翌年、前三〇七年に孟子は滕の文公に招聘されて、その政治顧問となり、文公に井田制の実施を勧めた。滕に一年ないし二年滞在したのち、魯の執政となっていた門人・楽正子克の斡旋で、魯の平公が孟子を招聘するとの話が持ち上がり、前三〇五年に孟子は魯に赴く。だが様々な手違いが重なって、結局平公との会見を果たせぬまま、孟子は空しく鄒に帰国する。遊説活動から身を引く決意を固めて鄒に戻った孟子は、以後弟子の教育と著述に専念してその生涯を終える。没年は不明であるが、引退時にすでに七十歳を超す老齢だったことを考えれば、およそ前三〇〇年頃ではなかったかと思われる。

このように孟子の事跡は、魏の恵王の死と襄王の即位、燕王・子噲の禅譲事件、斉による燕の占領と撤兵、滕の定公の死と文公の即位など、君主の交代や国際的事件と深く関わっている。そのため、たとえ細部に関し、実際の年代と一・二年の誤差が存在するとしても、その大筋が動くことはない。

この孟子の事跡を踏まえつつ、平勢説の是非を検討してみよう。孟子が遊説活動を開始したのは前三一九年であり、当時孟子はすでに五十歳を超えていた。しかも孟子は、公孫丑・楽正子克・万章・公都子・充虞・高子など、多くの門人を引き連れている。したがって孟子は、遊説活動を開始する前三一九年以前から、鄒に多数の門人を擁する学団を構えていたと考えられる。

「孟子、臣為るを致《や》めて帰らんとす」（『孟子』公孫丑下篇）と、孟子が斉を退去する際、宣王は「前日には見えんことを願いて得べからざるも、朝を同じくして侍《お》るを得て甚だ喜べり。今、又た寡人を棄てて帰らんとす」（同）と述べる。かねがね先生にお目にかかりたいと切望していて適えられなかったのだが、その後先生を斉の朝廷にお迎えできて大変嬉しく思っていたというのである。してみれば宣王は、前三一七年に孟子が斉を訪れる以前から、孟子を招聘したいと願っていたわけで、遊説活動に乗り出す前から、学者としての孟子の名声が斉に聞こえていた状況を物語る。

とすれば、孟子が遊説活動を開始する十年ぐらい前、すなわち前三三〇年頃には、孟子はすでに自己の思想を確立していたと見なければならない。「楊墨を拒《ふせ》」いで「三聖者を承《つ》がんと欲す」る己の思想に強烈な自負心を抱いていたからこそ、孟子はその実現を目指すべく遊説活動に乗り出したのであって、相手を説得する十分な理論を持たぬまま、大国の君主に対し師匠気取りで弁舌を振るう挙に出たとは考え難い。

当然、先に紹介した『春秋』孔子著作説も、前三三〇年頃、孟子が四十数歳の頃には、すでに講説されていたと見るべきであろう。『春秋』孔子著作説は、世道・人心の衰微、下剋上による社会秩序の崩壊を恐れた孔子が、世界の悪化を阻止すべく、本来は天子の事業である『春秋』による教導を、天子に成り代わって実行したとするものである。これに関連する記述は、『孟子』離婁下篇にも次のように見える。

孟子曰、王者之迹熄而詩亡、詩亡然後春秋作。晉之乘、楚之檮杌、魯之春秋一也。其事則齊桓晉文、其文則史。

孔子曰、其義則丘竊取之矣。

孟子曰く、王者の迹熄《や》みて詩亡び、詩亡びて然る後に春秋作る。晋の乗、楚の檮杌《とうこつ》、魯の春秋は一なり。其の事は則ち斉桓・晋文、其の文は則ち史。孔子曰く、其の義は則ち丘窃《ひそ》かに之を取ると。

ここで孟子は、晋・楚・魯各国に史官の手に成る年代記が存在すると指摘した上で、孔子は魯の史官の手に成る魯の『春秋』を流用し、在るべき正義を示すべく、そこに独自の微言を込めたという。この『春秋』孔子著作説は、『春秋』の制作に礼楽制作の肩代わりをさせ、孔子を新王朝を創始すべき王者だったと主張する役割を背負っており、孟子が唱える王者五百年周期説とも密接に関連する、孟子の思想の主要な柱の一つである。(19) したがって孟子の中では、『春秋』を作ったのは孔子であり、当然『春秋』は儒家の経典だと確信されていたのである。

ところが平勢説は、『春秋』の成書年代は早くても前三三八年以降であり、しかも『春秋』は斉の王権正統化理論として、威宣王によって作られたと説く。もし平勢説が正しいとすれば、斉の威宣王が『春秋』を作った直後に、孟子はそれを横取りして儒家の経典だと偽り、本来の『春秋』の性格を全く別の方向にすり替えたことになる。『春秋』だとすれば、斉の威宣王が、斉のみが唯一正統な天子だと主張する目的で、国家プロジェクトとして作った『春秋』を、僅か数年の内に横取りし、『春秋』を作ったのは孔子だと講説する孟子は、斉にとっての大罪人、国家の仇敵となるはずである。斉と鄒は至近距離にあり、東方の大国たる斉がその強大な軍事力を行使すれば、鄒に攻め込んで孟子の学団を壊滅させることなど、いとも容易であったろう。

しかるに斉の宣王は、上述のように、孟子を客卿として厚遇し、自己の政治顧問に据えてその指南を仰いでいる。平勢説によれば、威王と宣王は威宣王なる同一人物なのだが、自分が斉の王権正統化理論として作った『春秋』を掠め取った斉の仇敵を、のちに同一人物が師と仰いで歓待するなどということは、決してあり得ないであろう。

また孟子の『春秋』孔子著作説の内容からは、孟子以前にすでに伝が存在していた状況が窺える。孟子は、「孔子は春秋を成して乱臣・賊子懼る」と語る。これは、「其の義は則ち丘窃かに之を取る」と、孔子が密かに『春秋』に込めた微言大義・一字褒貶の義理が、儒家によって講説されていた状況を前提にしなければ、到底理解しがたい発言である。なぜなら、『春秋』の経文が存在しただけでは、誰のどのような心情や行為が、いかなる筆法で褒貶されているのか、皆目不明だからである。事に仮りて義を張る解釈、すなわち伝が存在して、初めて『春秋』は乱臣・賊子を恐懼せしめる筆誅の書としての機能を発揮するのである。

もとより儒家が伝を作って『春秋』を講説したからといって、世の乱臣・賊子が筆誅を恐れて悪事を控えたとするのは、孟子の誇大宣伝にすぎない。だが儒家が『春秋』にそうした機能を認めるためには、経文から義理を引き出す伝の存在が不可欠である。孟子以前に存在した『春秋』の伝と、いわゆる三伝との具体的関係は不明であるが、少なくも義理の抽出に力点を置く『公羊伝』や『穀梁伝』のような伝がすでに存在したと想定せずには、前記の孟子の発言は理解できない[20]。

したがってどんなに遅くても、前三三〇年頃より前に、儒家は『春秋』を自分達の経典と見なし、さらに『春秋』経文の微言から孔子の大義を引き出す伝を作っていたと見なければならない。しかるに平勢説によれば、三伝の成書年代は次頁の図のようになる。

平勢説に従えば、前三三〇年頃より前に成立した可能性が残るのは『公羊伝』だけであるから、差し当たり『公羊伝』に的を絞って考察してみよう。平勢説が指示する『公羊』の成書年代の幅の中、上限の前三三六年に成書されたと仮定した場合でも、成書から僅か二・三年の内に儒家に横取りされ、斉の王権の正統性を主張する書物から、孔子が込めた大義を解き明かす書物へと、性格が全く別方向に変更されたことになる。やはりこの点でも、儒家及び孟子は斉の国家的仇敵とならざるを得ない。しかるに孟子の門人には斉の出身者が多く、そうした孟子学派を宣王は、「孟子は斉に卿為り」「我は国の中に孟子に室を授け、弟子を養うに万鍾を以てす」（『孟子』公孫丑下篇）とまで厚遇した。これは全く説明不可能な矛盾であろう。

平勢説による三伝の成立時期

前338…斉威宣王称王。
斉で踰年称元法を初めて使用。

前337…この年以降、斉で『春秋』が作られる。　　337『春秋』

前336…この年以降、斉で『公羊』が作られる。　　336〜327『公羊』10年間

前326…韓称王。この年以降、韓で『左伝』が作られる。　　326〜324『左伝』3年間

前323…中山称王。この年以降、中山で『穀梁』が作られる。　　323〜297『穀梁』27年間

前297…『穀梁』の下限。

前296…中山滅亡。

☆片方の可能性を拡大すると、片方の可能性が縮小する。双方の可能性を消さず、互いの可能性を保存する形で可能性の幅を表示すると、上図のようになる。
★前338年は、初めて踰年称伝法が使用されたとされる年であるから、『春秋』が作られた期間からは除外すべきであり、最も早い想定でも前337年となる。

　しかも儒家が『春秋』と『公羊伝』をその成立直後に横取りし、書物の性格を儒家の経典に一変させてしまえば、平勢説が言うように、その後に韓が『左氏伝』を、中山が『穀梁伝』を作って、それぞれ自国の正統性を主張したとしても、すでに経である『春秋』自体の性格が、孔子の正義を記す儒家の経典に変更されてしまっている以上、何らの効果をも発揮し得ないこととなる。

　そもそも斉・韓・中山などが、それぞれ自国のみが唯一正統な王権だと主張し合っていたとされる時期、すなわち『春秋』及び三伝が王権正統化理論としての本来の機能を発揮することが、最も強く求められていたはずの前三二〇年

図B　孟子と平勢説

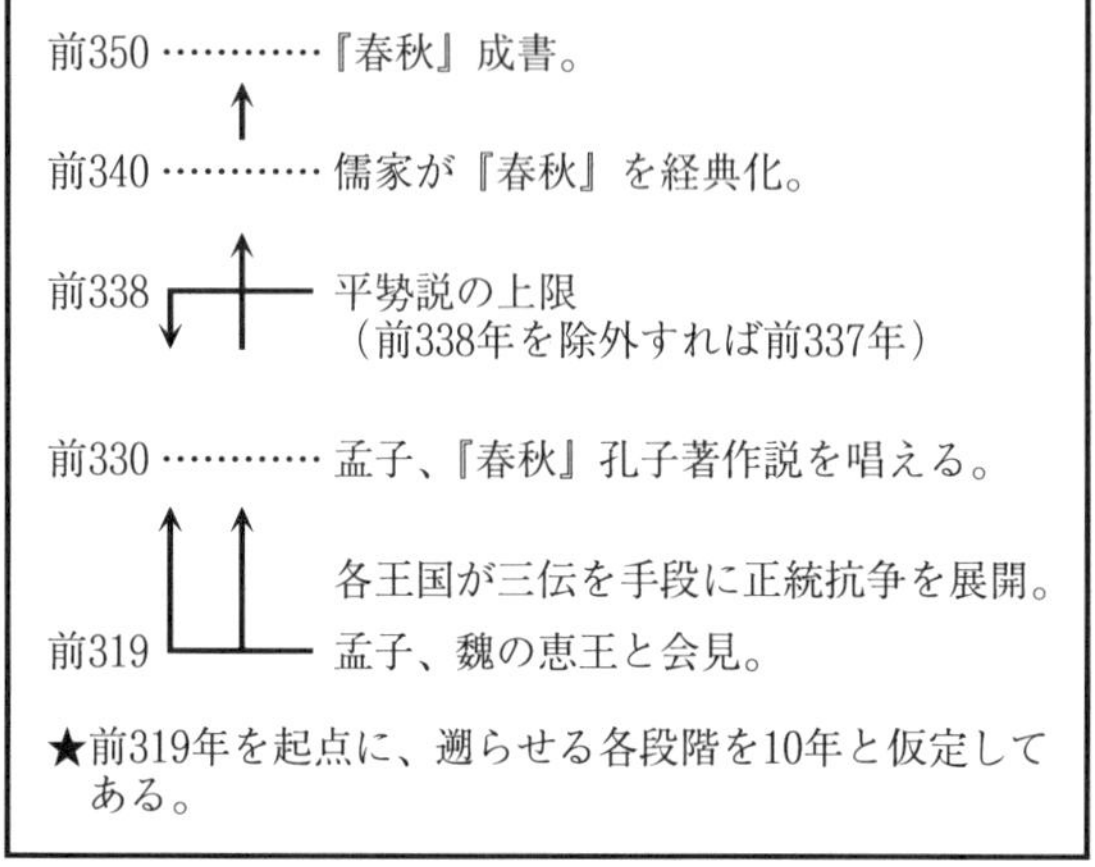
前350 …………『春秋』成書。
前340 …………儒家が『春秋』を経典化。
前338 平勢説の上限
（前338年を除外すれば前337年）
前330 …………孟子、『春秋』孔子著作説を唱える。
各王国が三伝を手段に正統抗争を展開。
前319 孟子、魏の恵王と会見。
★前319年を起点に、遡らせる各段階を10年と仮定してある。

代から前三一〇年代に、儒家の横取りに遭って、機能を発揮する暇もなく奪われてしまったまま、各国がそれを座視・黙認するなどという事態はあり得るであろうか(21)。もし儒家が実際にそうした所業を働いたとすれば、これら三国にとって、儒家は自分達の努力を水泡に帰せしめた大罪人となるはずである。しかるに、なぜ孟子は『春秋』孔子著作説を吹聴しながら、魏・斉・宋・薛・鄒・魯の間を、これら三国の妨害を全く受けずに、「後車数十乗、従者数百人、以て諸侯に伝食す」（『孟子』滕文公下篇）といった大行列で遊説できたのであろうか。

このように考えてくると、孟子の活動と平勢説とは、全く両立できない矛盾関係にあることが諒解される。孟子の活動を完全に抹殺・否定しない限り、平勢説は決して成り立たないが、もとよりそれは全く不可能である。（図B参照）

平勢氏は自説と孟子の活動との矛盾に気づきながらも、『孟子』に『春秋』孔子著作説が記述されていたため、孔子が『春秋』を作ったことは自明とされてきたが、『荀子』は『春秋』が孔子の作だとは明言していないし、『公羊伝』にも微妙な表現があるとする不可解な論法を用いて、矛盾をすり抜けようとする(22)。

だがこうしたいかさま論法は成立しない。内山俊彦氏の考証によれば、荀子は前三一四年頃趙に生まれ、前二六五年頃五十歳で斉の稷下に行き、前二三三年頃楚の蘭陵で没したという(23)。つまり荀子が活動したのは、前三世紀中頃から後半にかけての時期で、孟子の活動時期よりは、明らかに五十年ほど遅れるのである。したがって、孟子より活動時期が半世紀も遅い荀子が、『春秋』を孔子の作だと明言していないからといって、それが平勢説と孟子の活動との矛盾を解消する論拠とはならない。

また『公羊伝』の微妙な表現云々も、前記の矛盾を解消したりはしない。『春秋』の最後の記事は、哀公十四年の「獲麟」である。『公羊伝』のその部分を次に掲げてみよう。

十有四年春、西狩獲麟。

何以書。記異也。何異爾。非中國之獸也。然則孰狩之。薪采者也。薪采者則微者也。曷爲以狩言之。大之也。曷爲大之。爲獲麟大之。曷爲爲獲麟大之。麟者仁獸也。有王者則至、無王者則不至。有以告者曰、有麕而角者。孔子曰、孰爲來哉、孰爲來哉。反袂拭面、涕沾袍。顏淵死。子曰、噫、天喪予。子路死。子曰、噫、天祝予。西狩獲麟。孔子曰、吾道窮矣。春秋何以始乎隱。祖之所逮聞也。所見異辭、所聞異辭、所傳聞異辭。何以終乎哀十四年。曰備矣。君子曷爲爲春秋。撥亂世反諸正、莫近諸春秋、則未知其爲是、與其諸君子樂道堯舜之道與。末不亦樂乎堯舜之知君子也。制春秋之義、以俟後聖。以君子之爲亦有樂乎此也。

十有四年春、西に狩して麟を獲たり。

何を以て書するや。異を記せしなり。何ぞ異とするや。中国の獣に非ざればなり。然らば則ち孰れか之を狩りするや。薪采の者なり。薪采の者は則ち微なる者なり。曷為ぞ狩りを以て之を言うや。之を大にすればなり。曷為ぞ之を大にするや。麟を獲たるが為に之を大とす。曷為ぞ麟を獲たるが為に之を大とするや。麟は仁獣なればなり。王者有らば則ち至り、王者無ければ則ち至らず。以て告ぐる者有りて曰く、麕にして角ある者有りと。孔子曰く、孰為ぞ来たれるや、孰為ぞ来たれるやと。袂を反し面を拭いて、涕は袍を沾す。顔淵死す。子曰く、噫、天は予を喪《ほろ》ぼせりと。子路死す。子曰く、噫、天は予を祝《のろ》えりと。西に狩して麟を獲たり。孔子曰く、吾が道窮せりと。春秋は何を以てか隠に始まる。祖の逮び聞ける所なればなり。見る所は辞を異にし、聞く所は辞を異にし、伝え聞く所は辞を異にす。何を以てか哀の十四年に終うる。曰く、備わればなり。君子は曷為ぞ春秋を為《つく》るや。乱世を撥《おさ》め、諸を正に反すに、諸の春秋より近きは莫ければ、則ち未だ其の是を為るを知らずして、其の諸君子と堯舜の道を道《い》うを楽しまんか。亦た堯舜の君子を知るを楽しまざること末《な》きなり。春秋の義を制して、以て後聖に俟つ。君子の為れるも亦た此を楽しむこと有るを以てなり。

『公羊伝』は、まず「獲麟」の経緯について解説し、それに続けて「獲麟」の報に接した孔子の悲嘆を記す。続いて『公羊伝』は、『春秋』がなぜそのような体裁を取るのかを問い、最後に君子がなぜ『春秋』を作ったのか、その動機を解説して全体を締めくくる。こうした構成から、『春秋』を作ったとされる君子とは、その直前に「獲麟」を嘆いた孔子を指すと理解されてきたし、そうした解釈が可能であることは平勢氏自身も認めている(24)。したがって、『春秋』の作者を孔子とは明言していないとして平勢氏が問題にする『公羊伝』哀公十四年の微妙な表現も、平勢説と孟子の活動との矛盾を解消する足しにはならない。問題はあくまでも、平勢説と孟子の活動との間に横たわる矛盾なのであって、いかにも意味ありげに『荀子』や『公羊伝』を持ち出してみても、それで矛盾が解消されたりはしないのである。

上述した孟子の活動を踏まえるならば、孟子が鄒に学団を構えて多数の門人を教育していた時期より前に、すなわち前三三〇年をかなり遡る時期に、『春秋』と伝はすでに成立しており、なおかつ『春秋』は孔子の作であり、儒家の経典だとされていたと考えなければならない。この点は、郭店楚簡の内容と孟子の活動を総合的に検討する方法によって、さらに明確になるであろう。

四　孟子と郭店楚簡

郭店楚簡に含まれていた『六徳』の原著は、上述したように、遅くも前三四〇年頃には成立していたと考えられる。ただし前三四〇年頃との年代は、原著が成立してから墓主が郭店写本を入手するまでの期間、及び入手してから下葬されるまでの期間を短く想定した場合の年代である。もし七十数歳で死亡した墓主が、二十歳頃に『六徳』を入手したと想定すれば、その書写年代は前三五〇年頃となり、原著の成立は書写された時期をさらに遡って、戦国前期（前四〇三年～前三四三年）の前三七〇年頃とか、前三八〇年頃となる。そして墓主が五十歳になってから入手したとするよりは、二十歳頃と想定する方がより現実的であるから、後者の可能性の方が高いとしなければならない。

また郭店楚簡の儒家系著作が、主に子思学派の文献と見られることも、前述のごとくである。したがって『六徳』は、孟子に先行する子思学派の文献と見るのが妥当であろう。

子思学派と孟子の間には、強いつながりが存在する。司馬遷は孟子の学統について、「孟軻は騶人なり。業を子思の門人に受く」（『史記』孟子荀卿列伝）と述べる。荀子が「子思之を唱え、孟軻之に和す」「是れ則ち子思・孟軻の罪なり」（『荀子』非十二子篇）と、子思と孟子を同系統の学派と見なして批判する現象も、『史記』の記述を裏づけるものであろう。そこで孟子が唱えた『春秋』孔子著作説も、孟子が初めて言い始めたのではなく、先行する子思学派の主張の継承と考えるべきであろう(25)。

先に検討した『六徳』の内容も、やはりそれを傍証する。『六徳』成書時には、すでに『春秋』は、詩・書・礼・楽・易・春秋といった形で儒家の経典と見なされていた。それは同時に、『春秋』が孔子の作とされており、なおかつ『春秋』経文の微言から孔子の大義を引き出す伝が存在したことをも物語る。

孔子の作だとしなければ、『春秋』は単なる年代記に過ぎず、儒家がそれを経典視して尊重すべき接点がどこにもないからである。また儒家が魯の『春秋』を入手して、それを孔子の作だと偽れば、当然、経文のどこに孔子の正義が込められているのかを説明する必要に迫られる。その説明ができなければ、依然として『春秋』はただの年代記のままであり、孔子が『春秋』に筆削を加えて、在るべき正義を込めたとする前提そのものが崩れてしまう。『春秋』が孔子の作であり、儒家の経典であるためには、微言から大義を引き出す伝の存在が不可欠なのである。

とすれば、『六徳』の中で『春秋』が儒家の経典とされている以上、『六徳』が書かれる以前から、『春秋』は孔子の作とされ、なおかつ伝を伴っていたと考えなければならないのである。孟子に先行する子思学派の段階で、すでに『春秋』がそうした扱いを受けていたからこそ、子思の門人に学んだ孟子も、その考えを受け継いで、『春秋』孔子著作説を唱えたと考えるのが妥当であろう。

この点からも、孟子以前に『春秋』が儒家の経典として成立していたのは確実で、『春秋』は斉の王権正統化理論として、早くても前三三八年以降に斉の威宣王によって作られたとする平勢説は全く成り立つ余地がない。（図C参照）

それでは次に、『春秋』が『孟子』を除く先秦の諸書にどのように記述されているかを見てみよう。

（1）今孔子博於詩書、察於禮樂、詳於萬物。（『墨子』公孟篇）

(2)易所以會天道人道也・春秋所以會古今之事也。(『語叢』一)
(3)詩言是其志也。書言是其事也。禮言是其行也。樂言是其和也。春秋言是其微也。(『荀子』儒効篇)
(4)丘治詩書禮樂易春秋六經、自以爲久矣。孰知其故矣。(中略)夫六經、先王之陳迹也。(『莊子』天運篇)
(5)詩以導志、書以導事、禮以導行、樂以導和、易以導陰陽、春秋以導名分。(『莊子』天下篇)
(6)孔子曰、入其國、其敎可知也。其爲人也温柔敦厚、詩敎也。疏通知遠、書敎也。廣博易良、樂敎也。絜靜精微、易敎也。恭儉莊敬、禮敎也。屬辭比事、春秋敎也。(『礼記』経解篇)

(1)の『墨子』公孟篇の記述は、儒者の公孟子が墨子に向かって、「昔、聖王の列するや、上聖は立てて天子と為し、其の次は立てて卿・大夫と為す。今、孔子は詩書に博く、礼楽に察らかに、万物に詳らかなり。若し孔子をして聖王に当たらしめば、則ち豈に孔子を以て天子と為さざらんや」と語る文脈の中に登場する。これを(4)の『莊子』天運篇の内容と比較すると、『易』と『春秋』の名が見えず、礼楽を礼経・楽経の意味に理解した場合でも、六経の内の四経しか存在していないことになる。したがって、墨子が活動していた前五世紀後半のある時期までは、詩と書の二経、ないし詩・書・礼・楽の四経にとどまっていて、その後易と春秋が追加されて六経になった可能性が高い。

注目すべきは、公孟子が詩・書・礼・楽の名を挙げたのち、孔子は万物にも博識だったと述べる点である。六経の順序からすれば、ちょうどこの部分が易と春秋の位置に該当する。

さて(2)の『語叢』一には、「易は天道と人道を会むる所以なり」とか、「春秋は古今の事を会むる所以なり」といった記述が見える。すなわち、『易』は天道と人道を網羅するための経典であり、『春秋』は古今の出来事を網羅するための経典だというのである。もし孔子は万物にも博識だったとする公孟子の発言が、孔子が『易』と『春秋』に

図C　孟子・『六徳』と平勢説

前400以前……『春秋』成書。
前380頃………儒家が『春秋』を経典化。伝が作られる。
前360頃　『六徳』成書
前355頃………孟子、子思の門人に学び始める。
（約30年）
前340頃………孟子、鄒に学団を形成。
平勢説の上限。早くも前338年以降。
斉の威宣王が王権正統化理論として作る。
↓『春秋』成書
前330頃………孟子、自己の思想を形成し終える。
『春秋』孔子著作説を唱える。
『六徳』入手
（約30年）
前319………孟子、魏の恵王と会見。
前318………恵王死去。襄王に失望。孟子、魏を去る。
前317………孟子、斉の宣王と会見。客卿となる。
前312………宣王と対立。孟子、斉を退去。
以後、宋・薛・滕・鄒・魯に滞在。
前305頃……孟子、遊説活動を引退。著述に専念。
前300………郭店一号楚墓造営。この頃、孟子死す。

☆墓主が40歳頃『六徳』を入手したと仮定してある。また郭店写本から原著の成立までを、30年と仮定してある。

精通していたとの意味なのだとすれば、上述した『易』と『春秋』の性格からして、確かに孔子は、『易』と『春秋』を通じて万物に博識だったとは言えるだろう。だがそうであるならば、なぜ公孟子は直接『易』と『春秋』の名を挙げなかったのかとの疑問が残る。

そこでもう一つの可能性をも想定して置く必要があろう。公孟子の時代には、まだ『易』と『春秋』は経典化されておらず、「万物に詳らか」なる評言も、『易』と『春秋』を踏まえたものではなかったとする見方である。それでは公孟子は、いかなる理由から、孔子は「万物に詳らか」だったと強調したのであろうか。

公孟子の発言は、孔子には聖王から禅譲されて天子になる資格が完備していたとする点に、その意図がある。してみれば公孟子は、「万物に詳らか」であることが、王者となるための必要条件だと理解していたために、ことさらその点を強調したのだと考えられる。

中国最古の帝王とされる伏羲は、「是に於て始めて八卦を作り、以て神明の徳に通じ、以て万物の情を類す」（『易』繫辞伝下）と、天地・万物にあまねく通暁して、『易』の八卦を制作したと伝えられる。同じく伝説上の帝王である黄帝もまた、「黄帝は能く百物に成名して、以て民を明にし財を共にす」（『国語』魯語上）とか、「黄帝は星歴を考定し、五行を建立し、消息を起こし、閏余を正す」（『史記』歴書）と、陰陽の変化を観察して暦法を発明し、あまねく万物に命名したと伝えられる。『商君書』農戦篇もこうした観念を下敷きに、「聖人・明君は、能く其の万物を尽くすには非ざるなり。万物の要を知るなり」と記し、同じく『中庸』も、「諸を鬼神に質して疑うこと無きは、天を知ればなり。百世以て聖人を俟ちて惑わざるは、人を知ればなり」とか、「大なるかな聖人の道、洋洋乎として万物を発育し、峻きこと天に極《いた》る」と述べる。

このように天地・万物に通暁し、天と人を会通して文明を創始する者こそ、聖人であり王者であるとの観念を引きずりながら、孔子に王者の資格を与えようとすれば、孔子も当然「万物に詳らか」でなければならない。公孟子の発言の真意をこうしたものとして理解することも可能であろう。そしてこの場合は、最初に孔子は「万物に詳らか」だったと宣伝する必要が生じ、次いでそれを裏づけるために、孔子が『易』と『春秋』に通じていたとする主張が為され、その結果として『易』と『春秋』が経典中に追加されたことになる。(26)

（3）の『荀子』儒効篇は、『易』を除く五経の性格を解説する文章である。「春秋は是れ其の微を言うなり」との評言は、もとより『春秋』には孔子の微言大義が込められているとの前提に立つもので、『春秋』を孔子の作とし、伝によって経文の微言から孔子の正義を抽出する春秋学の基本構造が、荀子の時代以前にすでに確立していたことを示している。

（4）の『荘子』天運篇は、孔子と老子の問答に仮託して、孔子を揶揄する文脈の中の一節である。孔子は、年季を入れて詩・書・礼・楽・易・春秋の六経を習得したのに、どこの国の君主も全く自分を登用してくれなかったと、老子に向かってぼやく。孔子にこうした発言をさせる以上、荘周後学が天運篇を著作した時代、すなわち戦国後期（前二八一年～前二二一年）には、すでに六経なる総称が成立していたことが判明する。孔子のぼやきに対して老子は、「夫れ六経は、先王の陳迹なり」とした上で、先王の足跡に過ぎない六経にいくら習熟したからといって、足跡が靴にはなれないように、それであんたが先王になれるわけじゃないと、冷たく突き放す。

こうした寓話の構成は、『春秋』を含む六経が、戦国後期以前から先王の教えを記す書物として、儒家の経典とされていたことを、明瞭に指し示している。

（5）の『荘子』天下篇は、六経の性格を解説する文章で、詩・書・礼・楽の四経に関しては、説明の仕方が（3）と全く一致する。『春秋』の説明だけが『荀子』と違っているが、「春秋は以て名分を導う《い》」との評言は、厳重な名分論を展開する『公羊伝』や『穀梁伝』の性格と合致しており、天下篇が書かれた戦国後期以前に、伝によって経文から孔子の大義名分論を引き出す春秋学の基本構造が、すでに確立していた状況を明示する。(27)

（6）の『礼記』経解篇も孔子の口を借りて、（5）と同じく六経の性格を解説する。「辞を属《あつ》めて事を比ぶるは、春秋の教えなり」との評言は、相互に記事を比較して、そこに見える筆法の差異から孔子の褒貶の意図を探る、『公羊伝』や『穀梁伝』の解釈方法を踏まえるもので、経解篇の成立以前に、春秋学の基本構造が確立していなければ、決して出てこない説明である。『礼記』諸篇は、郭店楚簡中に『礼記』の緇衣篇が含まれていたことが示唆するように、概ね戦国期の儒家の著作と考えられる。[28] そこで経解篇の成立時期も戦国期と考えるべきであろう。

以上、『孟子』を除く戦国期の文献の中で、『春秋』がどのように扱われているかを見てきた。その結果、（3）から（6）までの資料が、いずれも春秋学の基本構造の確立を前提に記述されている状況を確認できた。これと前述した孟子の活動や『六徳』の内容を考え合わせれば、戦国期において、『春秋』が終始一貫して孔子が微言大義を込めた儒家の経典として扱われていたことは、疑う余地がない。[29] 各文献が成立時期を異にし、また著作した学派を異にするにもかかわらず、そこに描かれる『春秋』の性格は常に一定しているのであり、同時代の思想家が、『春秋』の性格を斉の王権正統化理論と理解した痕跡は皆無である。こうした思想界の全般的状況からも、平勢説は到底成立不可能だと言わざるを得ない。

五　『春秋』及び三伝は宣伝手段となり得るか

平勢説は、前三三八年に斉の威宣王が初めて称王したのち、魏・韓・秦・趙・燕・中山・宋が相次いで称王した時期、各国はそれぞれ自国の王権のみが唯一正統な王権であり、自国の王のみが唯一の天子であると主張し合ったのであり、竝存する正統は相互に国家同士の正統抗争を繰り返したと説く。

そしてある正統が史書を作れば、別の正統はその史書を否定し変形すべく、別の史書や書物を作り出したのであり、『春秋』と『公羊伝』は斉が、『左氏伝』は韓が、『穀梁伝』は中山が、それぞれ自国の正統を主張し、他国の王権の正統性を否定する目的で作った史書であるとも説く。

はたしてそのような行為が、現実にあり得たであろうか。何の正統性を争っているのかも分からぬまま正統抗争が行われたとすること自体、すでにあり得ない虚構なのだが、百歩譲って、もし戦国期の各王国が、他国に向けて何らかの正統性を主張したいと願ったとすれば、架空の系図話を捏造して、血統の優位性を誇るのが、最も効果的な宣伝手段であったろう。ところが平勢説は、韓氏・魏氏・趙氏や、斉の田氏などは、身分が低すぎて、血統を利用した正統性の主張が不可能だったのだと述べる[30]。

だが君主の地位を獲得した権力者が、血統を嵩上げして権威を高めようと意図する場合、出自の低さが致命的障害となって、企てを断念せざるを得ないといった事態は、現実には存在しない。蜀の劉備[31]や豊臣秀吉[32]のように、権力者が出自の粉飾を意図すれば、系図を偽ったり、聖誕伝説を捏造したりして、高貴な祖先の末裔であるかのように箔付けする行為は可能なのである。実際儒家もその手を使って、一介の庶人に過ぎぬ孔子を、まんまと殷の湯王の子孫に祭り上げている[33]。

韓氏・魏氏・趙氏などは、そもそも一介の庶人だったわけではなく、范氏・中行氏・知伯氏とともに晋国を分割統治した六卿の家柄であり、田氏もまた陳の厲公を祖とする斉の有力貴族の家柄で、「陳の胡公満なる者は、虞帝舜の後なり」（『史記』陳杞世家）と、陳は舜の末裔を称していた。この程度の身分が元手として確保されていれば、血統の偽装は充分に可能だったとしなければならない

したがって戦国期の王権が、出自の低さゆえに血統の粉飾といった手段を断念して、史書による正統化の方策を選択せざるを得なかったなどという説明は、全く成り立たない。

また平勢説が説くように、国家同士の正統抗争が繰り返されたのだとすれば、称王した各国は、王号を称する他国に対して、強力で明快な宣伝活動を行う必要があったはずである。はたして『春秋』や三伝は、そうした手段として機能し得るのであろうか。

平勢説は『春秋』や三伝の限られた箇所から、他国の正統性を否定して自国の正統性を主張する論理を見出だそうとする。だがその論法は、公羊の経師も顔負けの牽強付会であって、過去二千三百年の間に、『春秋』や三伝を平勢説のように解釈した人間は一人もいない。誰一人そのように解釈できなかった文献を、国家の命運を賭けたプロパガンダに利用することは、到底不可能であろう。

上述のように、他の王国の正統性を否定して、自分だけが唯一正統な天子であると主張しようとすれば、国外に向けて強力で明快な宣伝工作を展開する必要がある。しかるに、『春秋』自体は全くの微言の書であって、微言を解き明かす伝を用いずには、そこから何の主張も抽出できない代物である。

しかるに平勢説に至っては、『春秋』にとどまらず、さらに『公羊伝』『左氏伝』『穀梁伝』の三伝の中に、王権正統化理論の微言構造を見出だすのである。それでは三伝もまた、『春秋』を凌ぐ微言の書となり、『春秋』のみでは意味を成さぬのと同様に、単に三伝が存在しただけでは皆目意味不明で、平勢氏の解説、すなわち三伝に対する平勢伝を俟たなければ、何人もその真意を理解できないことになろう。他国に向けて強力で明快な宣伝工作を展開しようとした国家権力が、それを誰にも理解できない迂遠な微言の書を使って行うというのは、常識では全く理解しがたい。

また平勢説のごとくであれば、斉の威宣王は、『公羊伝』の微言構造から斉の王権正統化理論を引き出し、それを宣伝手段として講説するための解釈、『公羊伝』の伝を作らねばならなかったはずである。単に『公羊伝』が存在しただけでは、そこから斉の王権正統化理論を抽出するのは不可能で、平勢説と全く同じ内容を持つ伝の存在が必要不可欠となる。だが斉の威宣王がそうした伝を作った痕跡は、当然ながらどこにも存在しないのである。

この点は、韓や中山に関しても全く同様である。もし平勢説のごとくであれば、韓の朝廷は『左氏伝』の微言構造から韓の王権正統化理論を引き出して、それを宣伝手段として講説するための解釈、すなわち平勢説と全く同じ内容を持つ『左氏伝』の伝を作る必要があったはずである。

同様に中山も、『穀梁伝』の微言構造から中山の王権正統化理論を引き出して、それを宣伝手段として講説するための解釈、すなわち平勢説と全く同じ内容を持つ『穀梁伝』の伝を作る必要があったはずである。だが、そんなものが存在した痕跡は、もとより皆無なのである。

さらに斉・韓・中山の三国が、それぞれ国家プロジェクトとして、『公羊伝』とその伝、『左氏伝』とその伝、『穀梁伝』とその伝を作り、国家の存在証明を賭けて、相互に大々的な宣伝合戦を展開したとすれば、その宣伝活動及び国家間の論争は、「孔・墨の後、儒は分かれて八と為り、墨は離れて三と為る。取舎は相反して同じからざるに、而して皆自ら真の孔・墨と謂う。孔・墨は復《ふたた》びは生きざれば、将《は》た誰にか世の学を定めしめんや」（『韓非子』顕学篇）といった正統抗争と同様に、必ずや戦国期の文献中に記録されたはずである。しかるに戦国期の文献のどこを探しても、そうした記述は存在せず、前述のように『春秋』は、一貫して孔子の正義を込めた儒家の経典として扱われているのである。

不可解なのはこれだけではない。斉・韓・中山の三国は、それぞれ自国の正統性を主張する手段として、なぜ魯の年代記である『春秋』と、魯の『春秋』を経文と仰ぐ三伝を利用したのであろうか。平勢説は、文・武・成・宣と移行すべき正統継承の観念が当時存在し、その構造を備えていたのは魯の『春秋』だけだったからだと説明するが(34)、これまた公羊の経師を凌ぐこじつけに過ぎない。

上述したように孟子は、「王者の迹熄みて詩亡び、詩亡びて春秋作る。晋の乗、楚の檮杌、魯の春秋は一なり。其の事は則ち斉桓・晋文、其の文は則ち史」（『孟子』離婁下篇）と、晋・楚・魯三国に史官の手に成る年代記が存在すると指摘している。また『墨子』明鬼下篇は、「著して燕の春秋に在り」「著して宋の春秋に在り」「著して斉の春秋に在り」「著して周の春秋に在り」と、燕・宋・斉・周にもそれぞれ「春秋」なる年代記が存在したと明言し、さらに「著して燕の春秋に在り。諸侯は伝えて之を語りて曰く、凡そ不辜を殺す者は、其れ不祥を得る」とか、「著して周の春秋に在り。君為る者は以て其の臣に教え、父為る者は以て其の子を譤《いまし》めて曰く、之を戒めよ、之を慎めよ。凡そ不辜を殺す者は、其れ不祥を得る」と、それが諸侯の間に流布して、臣下や子弟を教戒する教材に使用されたとも述べる。したがって春秋から戦国期にかけて、年代記が各国で作られて流布していたことは明白である。

もし称王した各国が、こうした状況を踏まえつつ、史書の制作を手段に自国の正統性を主張したとすれば、自国の年代記こそが、依拠すべき唯一の史書になるはずである。にもかかわらず、斉・韓・中山がそろって他国である魯の『春秋』と、それを経文と仰ぐ三伝を用いて自国の王権の正統性を主張したというのは、全く理解しがたい。

韓王が史書を制作して自国の正統性を主張するのであれば、孟子が言う「晋の乗」を利用し、それを自国に有利なように改竄するのが、最も効果的な方法となる。同じく斉王がそうした事業を意図すれば、『墨子』が言う「斉の春秋」を利用するのが、当然の方策となるはずである。史書の制作を手段に他国の正統性を否定し、自国のみが唯一正統な王権だと主張し合って、激しい正統抗争を繰り返すのに、換言すれば、最も排他的で国粋主義的な行動を起こすときに、何が悲しくて自前の史書を放棄し、わざわざ魯の『春秋』と三伝を借用したのであろうか。不可解の極みである。

平勢説の不可解さはこれにとどまらない。もし平勢説のごとくであれば、斉は『公羊伝』とその伝の、韓は『左氏伝』とその伝の、中山は『穀梁伝』とその伝の写本を、それぞれ国費を支出して大量に作ったとしなければならない。なぜなら、史書の制作を手段に正統抗争を繰り広げる以上、宣伝工作の鍵を握る史書のテキストは最大の武器であり、その頒布と普及は、それぞれの国家が取り組むべき重要な事業となったはずだからである。しかもテキストの大量頒布だけでは事は済まず、さらにそのテキストに精通して、自国の正統性を講釈して回る遊説部隊を組織する必要も生じてくる(35)。

しかるに、まずテキストに関して言えば、三伝のそのまた伝などは、もとより影も形もない。『公羊伝』と『穀梁伝』ですら、久しく経師と弟子の間の口伝としてのみ伝承され、『公羊伝』が竹帛に記されて成書化されたのは、「其の説は口授して相伝うるも、漢に至りて公羊氏及び弟子胡毋生は、乃ち始めて竹帛に記す」（何休『公羊解詁』隠公二年注）と、前漢景帝期に入ってからだとされる。『穀梁伝』が成書化された時期は不明だが、『公羊伝』とほぼ同時期か、やや遅れる時期と推定されている。いずれにせよ、前漢景帝期以前には、『公羊伝』も『穀梁伝』もテキストが存在していなかったわけである。

こうした事態を儒家は、「春秋に貶損する所の大人は、当世の君臣にして威権・勢力有り。其の事実は皆伝に形《あら》わる。是を以て其の書を隠して宣《ひろ》めず。時難を免るる所以なり」（『漢書』芸文志）と説明する。その当否はともかく、こうした説明が加えられるほどに、『公羊伝』や『穀梁伝』のテキスト伝承は稀薄だったのであり、たとえ戦国期に成書化されていたとしても、その流布はほとんど儒家の内部文書の域を超えないものであったろう。そして前漢における『左氏伝』の伝承は、『公羊伝』や『穀梁伝』よりも、さらに一層微弱なのである(36)。

もし平勢説のごとくであれば、三伝のテキストは三国の王権正統化理論の尖兵として、天下中に大量に出回ったはずなのだが、そうした前提に立ったのでは、前漢における三伝のテキスト伝承の稀薄さは、説明がつかないのである。

また平勢説に従えば、先に図示したように、『左氏伝』が制作されたのは、前三二六年から前三一四年までの、僅か三年の間となる。そしてこの短期間のうちに韓の朝廷では、斉の正統性を主張する『公羊伝』に対抗すべく、『公羊伝』の微言構造を徹底的に分析し、それを否定する微言構造を案出して、それを組み込んだ『左氏伝』を制作し、さらに『左氏伝』の微言構造を解き明かす『左氏伝』の伝をも作り上げたことになる。だが『左氏伝』の分量の多さを考慮すれば、そのようなことは、ほとんど不可能だとしなければならぬであろう。

このように見てくると、『春秋』と三伝は、平勢説が言う正統抗争の手段としては、およそ不向きである上に、斉・韓・中山がわざわざ『春秋』と三伝を選択すべき必然性も存在せず、さらには当時そうした抗争が繰り返された痕跡も、一切見当たらないことが判明する。とすれば、平勢説が主張するような正統抗争など、最初から何一つ存在しなかったのだと考えざるを得ない。

六　戦国王権の性格

冒頭に紹介したように平勢説は、戦国中期には周王と十王の十一王が並び立ったが、いずれも自らを唯一の天子だと考えて正統性を主張し合い、相互に正統抗争を繰り返したと述べる。そして平勢説は、こうした認識を大前提に展開されている。この場合平勢説は、戦国期の王号を、周王＝天子の称号と全く同一性格のものと理解した上で、諸王国の間で正統抗争が繰り返されたとしているわけである。

確かに秦・漢以降の歴代王朝において、皇帝＝天子の称号を名乗れる者は天下に唯一人であり、その王朝の実効支配が及ぶ範囲内で、皇帝以外の人間が皇帝＝天子の称号を名乗る行為は、その王朝にとって原理的に決して容認できない反逆行為となる。

異民族の侵入などにより、多数の国家が並立している場合は、天下に複数の皇帝＝天子が並び立つ。だがそれは、天下全体を実効支配し得る統一国家が存在しないことに由来する現象であって、統一国家の下では、複数の皇帝＝天子が並び立つ事態は、原理的にあり得ないのである。

これは日本の天皇制の場合もほぼ同様である。天皇の称号を名乗れる者は、天下に唯一人であって、天皇以外の人間が天皇の称号を名乗れば、それはただちに国家に対する反逆と見なされる。確かに室町時代の一時期、南朝と北朝が抗争し、同時に二人の天皇が並び立った事実が存在する。ただしそれは、南朝・北朝の双方が自己の正統性を主張しつつも、いずれも相手を打倒して統一国家を形成できなかった事態に由来する現象で、原理的には天皇はあくまでも一人に限定されるべき存在である。平勢説は戦国期の王権の性格を、中国歴代王朝における皇帝＝天子や、日本における天皇と同様なものとして理解すればこそ、戦国期の王国の間で、自国の王のみが唯一正統な王権であり、唯一の天子だと主張し合う正統抗争が繰り返されたとするわけである。

だが、はたして戦国期の王権の性格を、そのように理解することは可能であろうか。もし戦国期の王権の性格を平勢説のように理解するとすれば、ある国家の王は、自国以外の王権の存在を原理的に許容できず、他国の王権に対しては、偽りの王権として非難しつつ(37)、その存在を常に否定し続けなければならない。しからば戦国期の王権は、実際にそうした行動を取ったであろうか。

（1）襄王元年、與諸侯會徐州相王也。（『史記』魏世家）
（2）元年、與諸侯會徐州、以相王。（『史記』六国年表・魏襄王元年）
（3）與魏會徐州、諸侯相王。（『史記』六国年表・斉宣王九年）
（4）十二年、王與梁王會臨晉。（『史記』秦本紀）
（5）是歳、宣惠王卒。太子倉立。是爲襄王。襄王四年、與秦武王會臨晉。（『史記』韓世家）

（6）韓立咎爲太子。齊魏王來。十四年、與齊魏王共撃秦。（『史記』韓世家）
（7）十一年、齊韓魏趙宋中山五國共攻秦、至鹽氏而還。秦與韓魏河北及封陵以和。（『史記』秦本紀）

まず（1）と（2）は、魏の襄王の元年に、魏王が諸侯と徐州で会合し、互いに王号を称する取り決めを結んだと記す。もっとも『史記會注考證』は、これを襄王元年の記事とするのは『史記』の誤りで、周の顕王の三十五年、魏の恵王が称王した後元年の記事とすべきだと指摘する。（3）の『史記』六国年表では、これを周の顕王の三十五年、斉の宣王九年の出来事としているから、その年代については再考の余地が残る。

それはそれとして、ここで問題とすべきは、前三三四年、魏の恵王と斉の威王が徐州の地で会合し、相互に王号を称する行為を承認し合っている点である。戦国期の王権の性格を平勢説のように理解すれば、これは絶対にあり得べからざることであろう。

次の（4）は、秦の恵文王の十二年、秦王が魏王と臨晋の地で会合したと記す。また続く（5）では、韓の襄王の四年、韓王は秦の悼武王とやはり臨晋の地で会合している。さらに（6）は、韓の襄王の十三年、斉王と魏王が韓を訪れ、翌十四年に韓王は斉王・魏王と連合して秦を攻撃したと記す。最後の（7）も、秦の昭襄王の十一年、斉・韓・魏・趙・宋の五王国の連合軍が秦を攻撃し、秦は韓と魏に領土を割譲して講和したと記す。

これらの事例は、戦国王権の性格を平勢説のように理解したのでは、全く説明がつかない。平勢説のごとくであれば、称王した後の諸侯は、自己と同格の他者の存在を原理的に決して容認できないから、相互に称王の取り決めを結んだり、王号を称しつつ会見したり、王同士が連合して戦うなどといった行為は、全く不可能になるはずだからである。

しかるに実際には、称王した諸侯たちは、相互に使節を往来させたり、相手の国家を訪れて会見したり、連合して共通の敵に対して協同作戦を実施するといった行動を、かなり頻繁に取っている。こうした現象は、何を意味するのであろうか。

上述の現象は、戦国期の王権が、秦・漢期以降の皇帝や日本の天皇のように、自己と同格の他者の存在を原理的に容認できない存在ではなく、むしろ相互に称王を承認し合う、いわば王国クラブの性格を持っていたことを物語る。

王の原義は確かに天下全体を統治する天子の意であり、称王した諸侯たちの脳裏には、常にその原義が保存され続けていたであろう。したがって、諸侯が誰一人称王していない状態にあって、独り突出して王号を名乗れば、当然周囲の諸侯たちの猛烈な反感を買う。

にもかかわらず、斉の威王が敢えて称王に踏み切ったのは、「斉は因りて兵を起こして魏を撃ち、大いに之を桂陵に敗る。是に於て斉は最も諸侯に強たり。自ら称して王と為り、以て天下に令す」（『史記』田敬仲完世家）と、桂陵の役とその後の馬陵の役に大勝利を収めて、夏の禹王の故都・安邑に拠って中原に覇者たらんとした魏を撃破し、斉の軍事力が一時強盛を極めた状況を背景にしてのことである。

ただし、ある国家が一時強盛を誇っても、大国間の力関係は刻々変化するから、他の大国も追随して、次々に称王する結果を招くのは当然である。かくして大国が次々に称王し始めると、王国の間には、国際社会における特権グループとしての優越感に裏打ちされた仲間意識すら生じてくる。また、たとえ王の原義の残像がなお保存されているとしても、現実にはどこの国家の王も天下全体を支配できてはいないから、そうした現状を反映して、王もまた同時代における強大国の君主といった程度の意味合いに定着して行かざるを得ない。

そこで戦国期の王たちは、一方では王国の君主同士であるとの優越感と仲間意識を共有しながら、他方では覇権を目指して、ときには連合したり、ときには敵対したりしつつ、他の王国と競い合う行動を取ったのである。よしんば「是に於て斉は遂に宋を伐つ。宋王は出亡して温に死す。斉は南のかた楚の淮北を割き、西のかた三晋を侵し、以て周室を并せて天子為らんと欲し、泗上の諸侯、鄒・魯の君は皆臣と称す。諸侯恐懼す」（『史記』田敬仲完世家）といった状況が出現したとしても、それは一時的な力関係の反映に過ぎず、「以て周室を并せて天子為らんと欲す」との記述は、強盛を誇り周王から天子の位を禅譲されたとの正統性獲得をもくろんだ斉の湣王ですら、いまだ自らを天子とは認識していなかった状況を物語る。宋や中山の称王に対して、彼等が強い反発を示したのも、原理的に同格の他者の存在を容認できなかったからではなく、弱小国のくせに称王するのは生意気だといった、「万乗の国」としての大国意識に由来する。

　戦国王権の性格をこうしたものとして理解すれば、先に紹介した事例も、「相いに王とな」った対等な者同士の交際として、何の不思議もなく諒解される。したがって平勢説が説くような、自分だけが唯一正統な王権であり、唯一の天子だと主張し合う正統抗争などは、最初から存在しなかったとしなければならない。王の原義通りに天子たらんと願う行為と、現に自分は天子だと標榜する行為との間には、決定的な差異が存在するのである。

　この点は、秦と斉の称帝事件によっても、さらに明確になる。「三十六年、王は東帝と為り、秦の昭王は西帝と為る」（『史記』田敬仲完世家）「十九年、王は西帝と為り、斉は東帝と為る」（『史記』秦本紀）と、前二八八年、秦の提案により、斉の湣王が東帝を、秦の昭襄王が西帝を、それぞれ称する事態が生じた。その背景となったのは、この時期斉の勢力圏が西方に拡大し、ために秦の東方侵攻も一時停滞を余儀なくされるとの国際情勢であった。

　したがってこの場合の東帝・西帝なる称号は、斉と秦の勢力範囲がそれぞれ自国の領域を大きく超えて、東西から華北一帯をほとんど二分するに至った現実の状況に対応している。当時はすでに諸侯が称王するようになってから久しく、一方になお伝統的な王概念が保存される反面、実際には王とはもはや一国の君主を意味するに過ぎぬ状態が続いていた。そこで、ある君主の支配力・勢力圏が一国の範囲をはるかに超えて拡大したとき、そうした実質に釣り合うべき称号として、新たに帝号が人々の意識に上ってくるのである。

ただし蘇代が斉王に対して、「秦之を称すれば、天下は之を悪まん」とか、「帝を釈《す》つれば、則ち天下は斉を愛して秦を憎まん」（『史記』田敬仲完世家）と述べるように、秦と斉の二国のみが王国クラブを脱退し、突出して帝号を称すれば、やはり周囲の諸侯たちの烈しい反感を買う。

そこで蘇代が、称帝が招く不利を計算して帝号を去るよう、斉王に強く勧めた結果、「斉は帝を去りて復た王と為る。秦も亦た帝位を去る」（『史記』田敬仲完世家）と、両国は相次いで王国に復帰する。斉の帝号放棄に連動して、秦も帝号を放棄したのは、西帝が東帝の存在を前提条件としていたからである。また秦が西を去って帝とのみ称しなかったのは、天下全体を統一支配する者としての実質を欠いていたからにほかならない。

このように、王号を超える帝号を称する場合ですら、斉も秦も、依然として同格の他者の存在を前提に発想している。ましてや支配権が一国内にしか及ばぬ王号を名乗る王たちが、自分だけが唯一の王権であり、天子でなければならぬと観念することはあり得ないのである。

さらにこの点を確認するため、二世皇帝を弑逆したのち、子嬰に王号への復帰を勧める趙高の発言を見てみよう。

秦故王國。始皇君天下。故稱帝。今六國復自立、秦地益小。乃以空名爲帝、不可。宜爲王如故、便。（『史記』秦始皇本紀）

秦は故《もと》と王国なり。始皇は天下に君たり。故に帝と称す。今、六国復た自立して、秦の地は益ます小なり。乃ち空名を以て帝為るは、不可なり。宜しく王為ること故の如くするは、便なり。

このとき、旧六国の反乱軍は各地に蜂起して、秦の討伐軍を次々に撃破し、咸陽目指して進撃しつつあった。秦はすでに函谷関以東の支配権を喪失しており、こうした現実の状況に対して、なお帝号を称し続けるならば、それは帝たるの実質を欠いた空名となるから、以前の王号に戻すべきであるとするのが、趙高の論理である。すなわちここでは、各国称王後に定着した意味合いのままに、王号とは一国を支配する君主の称号だと意識されているのであり、「秦を立てて天子と為すは、罪の一なり」（『史記』李斯列伝）と語る李斯の場合と同様に、決して王＝天子の原義で理解されてはいないのである。(38)

以上、戦国王権の性格について検討してきた。その結果、戦国王権は中国の皇帝や日本の天皇のように、同格の他者の存在を原理的に容認できない絶対権力の性格を持つものではなく、逆に同格の他者の存在を前提にした限定的・相対的権力であったことが確認された。平勢説は、戦国王権の性格を根本的に誤解している。

戦国期の王権には、平勢説が説くような正統抗争を繰り返すべき必然性がそもそもなく、事実、王国間の正統抗争など存在しなかったのである。正統抗争自体が存在しなかった以上、『春秋』や三伝が正統抗争の手段として作られたなどという事実も、もとより存在はしなかったのである。

郭店楚簡との関係からも、孟子との関係からも、『春秋』や三伝との関係からも、戦国王権の性格からも、平勢説が成立する余地は全くない。平勢説はその全体が、虚構の前提の上に組み立てられた砂上の楼閣だと結論せざるを得ない。

平勢説は、踰年称元法は前三三八年に斉の威宣王によって初めて採用されたが、『春秋』には踰年称元法が使用されているから、『春秋』は前三三八年以降に作られたのであり、『左氏伝』の木星位置は前三五三年から前二七〇年のものに合致するから、『春秋』と『左氏伝』の成書時期は接近しているといった前提から出発して、その全体構造が組み立てられている。

だが平勢説の破綻がすでに明確である以上、全体構造を導き出した前提の中に、そもそも錯誤が潜んでいたとしなければならぬであろう。

注

（1）平勢隆郎『新編史記東周年表』（東京大学東洋文化研究所、東京大学出版会・一九九五年）「史記東周紀年の再編について」。
（2）平勢隆郎『中国古代紀年の研究』（東京大学東洋文化研究所、汲古書院・一九九六年）。
（3）平勢隆郎『左傳の史料批判的研究』（東京大学東洋文化研究所、汲古書院・一九九八年）。
（4）平勢隆郎『『史記』二二〇〇年の虚実』（講談社・二〇〇〇年）。
（5）平勢隆郎『中国古代の予言書』（講談社現代新書・二〇〇〇年）。
（6）『東洋文化』81号（東京大学東洋文化研究所・二〇〇一年）序説。
（7）『中国古代紀年の研究』一一八頁、『『史記』二二〇〇年の虚実』一五八頁、『中国古代の予言書』一六頁、『東洋文化』序説三頁等。なおこれ以外に、『日本秦漢史学会会報』第一号（日本秦漢史学会・二〇〇〇年）「杜正勝先生への質問」五四頁や、『よみがえる文字と呪術の帝国』（中公新書・二〇〇一年）八二頁、『殷周秦漢史の基本問題』（汲古書院・二〇〇一年）「暦と称元法について」一三八・一三九頁などにも、同様の見解が示されている。
（8）『『史記』二二〇〇年の虚実』一五九頁、『中国古代の予言書』一六頁、『東洋文化』序説三頁等。『『史記』二二〇〇年の虚実』では「前三三八年に近いころになって、つまり踰年称元法の議論が始まって、ようやくこの世に出現したことになる」との表現が、『中国古代の予言書』では「早くとも前三三八年にいたって踰年称元法が用いられた頃、この世に出現したものだったわけである」との表現が、『東洋文化』では「前338年に近い時期」との表現が取られており、『春秋』が前三三八年以降に作られたと明言されずに、曖昧な表現に終始するが、踰年称元法と『春秋』に関する氏の所説から推せば、当然前三三八年以降に作られたと主張していることになろう。

（9）発掘調査の結果は、湖北省荊門市博物館「荊門郭店一号楚墓」（『文物』一九九七年第七期）に報告されている。その中では造営時期を「公元前四世紀中期至前三世紀初」とするが、崔仁義「荊門楚墓出土的竹簡《老子》初探」（『荊門社会科学』一九九七年第五期）は、前三一六年造営とされる包山楚墓から出土した副葬品との比較から、「公元前三〇〇年」と推定する。

（10）李学勤「荊門郭店楚簡中的『子思子』」（『文物天地』一九九八年第二期、『郭店楚簡研究』遼寧教育出版社・一九九九年に再録）。

（11）李零「郭店楚簡研究中的両個問題―美国達慕思学院郭店楚簡『老子』国際学術討論会感想」（『郭店楚簡国際学術研討会論文集』湖北人民出版社・二〇〇〇年）。

（12）一九五九年に甘粛省武威県磨咀子一八号漢墓から出土した「王杖十簡」には、「年七十受王杖者」とある。なおこの点に関する詳細は、山田勝芳「中国古代中世の老人優遇策―王杖十簡と侍丁―」（『東北大学教養部紀要』第41号1・一九八四年）及び山田勝芳「王杖十簡と王杖詔書令―漢代の老人優遇策をめぐって―」（『東北大学教養部紀要』第49号・一九八八年）参照。

（13）劉宗漢「有関荊門郭店一号楚墓的両个問題―墓主人的身份与儒道兼習―」（『中国哲学』第二十輯・一九九九年）。

（14）この点に関しては、本書第二部・第十一章参照。

（15）『六徳』と『語叢』一の引用は、荊門市博物館『郭店楚墓竹簡』（文物出版社・一九九八年）が収める裘錫圭氏の釈文によるが、異体字の類はできる限り通行の字体に改めた。また私見によって裘氏の釈文を改めた箇所がある。

（16）『六徳』に関する論考は数多いが、主なものとしては、銭遜「《六徳》諸篇所見的儒学思想」（『中国哲学』第二十輯、遼寧教育出版社・一九九九年）、王葆玹「試論郭店楚簡各篇的撰作時代及其背景―兼論郭店及包山楚墓的時代問題」（『中国哲学』第二十輯、遼寧教育出版社・一九九九年）、李学勤「郭店楚簡《六徳》的文献学意義」（武漢大学中国文化研究院編『郭店楚簡国際学術研討会論文集』湖北人民出版社・二〇〇〇年）、徐少華「郭店楚簡《六徳》篇思想源流探析」（武漢大学中国文化研究院編『郭店楚簡国際学術研討会論文集』湖北人民出版社・二〇〇〇年）劉楽賢「郭店楚簡《六徳》初探」（武漢大学中国文化研究院編『郭店楚簡国際学術研討会論文集』湖北人民出版社・二〇〇〇年）などがある。

（17）池田知久『郭店楚簡老子研究』（東京大学文学部中国思想文化学研究室・一九九九年）前書きは、郭店楚簡『窮達以時』には『荀子』天論篇の影響があると主張する。だが孟子の時代に造営された墓から出土した文献が、荀子の影響を受けて書かれるなどということは、物理的に全く不可能である。そこで池田氏は、郭店一号楚墓の造営時期を、白起が郢を抜いた前二七八年直前まで、さらには前二七八年以降まで引き下げようとするが、考古学的知見を無視して自説を維持しようとする妄説である。なおこの点に関しては、本書第二部・第三章参照。

（18）『語叢』に関する論考としては、李学勤「先秦儒家著作的重大発現」（『中国哲学』第二十輯、遼寧教育出版社・一九九九年）、廖名春「郭店楚簡儒家著作考」（『孔子研究』五一、一九九八年）、周鳳五「郭店楚簡的形式特徴及其分類意義」（武漢大学中国文化研究院編『郭店楚簡国際学術研討会論文集』湖北人民出版社・二〇〇〇年）などがある。

（19）この点の詳細については、拙著『孔子神話』（岩波書店・一九九七年）参照。

（20）孟子以前にすでに『春秋』公羊伝が存在した点に関しては、佐川修『春秋学論考』「『春秋』源流とその展開」及び「『公羊伝』とその春秋学」（東方書店・一九八三年）参照。

（21）『新編史記東周年表』によれば、戦国中期における各国称王年は、斉が前三三八年（威宣王）、魏が前三三四年（恵成王）、韓が前三二六年（宣恵王）、秦が前三二五年（恵文王）、趙が前三二四年（武霊王）、燕が前三二三年（易王）、中山が前三二三年頃（王嚳）、宋が前三二二年（康王）となる。

（22）『左傳の史料批判的研究』一一頁、『中国古代の予言書』二八頁。

（23）内山俊彦『荀子』（講談社学術文庫・一九九九年）。

（24）『左傳の史料批判的研究』一〇・一一頁。

（25）子思学派と孟子の関係については、拙著『黄老道の成立と展開』（創文社・一九九二年）第三部・第七章参照。

（26）『史記』太史公自序が「万物の散聚は皆春秋に在り」と述べるのも、その名残と考えられる。

（27）佐川氏前掲書参照。

（28）郭店楚簡の中には、『礼記』緇衣篇が含まれており、さらに上海博物館が入手した戦国楚簡の中には、『礼記』緇衣篇・孔子間居篇、『大戴礼記』武王践阼篇・曾子立孝篇が存在すると伝えられている。現行の『礼記』と『大戴礼記』は『漢書』芸文志・六芸略が記す「記百三十一篇」を共通の源とする。この中、四篇が戦国期の墓から出土したことから、「記百三十一篇」全体が先秦の著作である可能性が高いと考えられる。

（29）上述のように春秋末には『春秋』が孔子の万物に対する博識を示す書物として扱われていて、その後孔子が微言大義を込めた書物へと性格が変更された可能性が残る。

（30）『左傳の史料批判的研究』一一頁、『中国古代の予言書』二〇頁。

（31）蜀漢の劉備は、「漢の景帝の子、中山靖王・勝の後なり」（『三国志』蜀書・先主伝）と、漢の景帝の末裔を称した。だが勝の子・貞から劉備の祖父・雄までの約二百年間の系譜は全くの空白で、それを証明する証拠は何一つ存在しない。裴松之が「臣・松之以為らく、先主は景帝より出づと云うと雖も、而して世数悠遠にして、昭穆は明らかにし難し。既に漢祚を紹ぐも、何帝を以て元祖と為して、以て親廟を立つるかを知らず」と疑念を表明するように、血統の粉飾・嵩上げが行われた可能性が高い。

（32）「其始を考るに、父は尾張国愛智郡中村之住人、筑阿弥とぞ申しける。或時母懐中に日輪入給ふと夢み、已にして懐妊し、誕生しけるにより、童名を日吉丸と云しなり」（小瀬甫庵『太閤記』豊臣記巻第一・秀吉公素姓）。

（33）この点については、拙著『孔子神話』参照。

（34）『左傳の史料批判的研究』第一節「『左傳』を検討する前に」。

（35）平勢説では、戦国王権が史書を用いて正統抗争を繰り返す際に、具体的にどのような形態を取ったのかの説明はなされていない。すなわち平勢説には、実際に正統抗争が行われた場が示されていないのである。もし単に史書を作ってほくそ笑んだだけで、他国に向けた講説活動は行わなかったというのであれば、それはただの自己満足にとどまるのであって、そうした自閉的行為を抗争とは呼べぬであろう。

（36）『『史記』二二〇〇年の虚実』一一四頁には、「自国の王を唯一正統なる天子として記述しようとしたから、他国の「えせ天子たち」の政治ショーは」とある。

（37）なお付言すれば、平勢説は前漢武帝期に『春秋』や三伝が漢を正統とする形に再解釈されたときも、テキストの増補・改訂はなかったか、あっても僅かだったという。そうであれば、再解釈の前と後で、『春秋』及び三伝の文章はほとんど変化しなかったことになる。しかるに平勢説は、現行の『春秋』や三伝の文面からは、王権の正統性を主張する論理は全く読み取れないと言う。文章にほとんど変化がないと言う一方、原初の意図を示す痕跡が全く存在しないと主張するのは、全くの自家撞着であろう。

（38）この点については、拙著『黄老道の成立と展開』第二部・第十章参照。

第十一章　『太一生水』と『老子』の道

浅野裕一

一

一九九三年十月、湖北省荊門市郭店の一号楚墓より八〇〇余枚の竹簡が出土し、その中の七三〇枚に文字が記されていた。郭店一号楚墓は春秋・戦国期の楚の国都・郢（紀南城）の近郊に位置する楚の貴族の墓陵地の中にあり、竹簡が記す文字は、いわゆる先秦の古文に属する楚系文字である。副葬品の中に墓主や下葬年代を特定する手掛かりは発見できなかったが、副葬品の様式変化による編年から、中国の研究者はその造営時期を戦国中期（前三四二〜前二八二年）の後半、前三〇〇年頃と推定している。[1] 副葬品の中には「東宮之師」と刻む耳杯があり、この点から墓主は楚の太子の教育係だったと考えられている。また副葬品中には君主が高齢者に下賜する鳩杖も含まれていたため、墓主は七十歳を超す高齢だったと推測されている。[2]

中国の考古学者が一号楚墓の造営時期を前三〇〇年頃と推定したのは、副葬品から前三一六年の造営であると確認された包山二号墓を含め、周辺の多くの楚墓から出土した副葬品の分析結果から得られた編年に基づく。このように豊富な資料を用いた考古学的編年に基づく年代比定は、ほぼ動かないとみるべきであろう。

出土した楚簡は荊州市博物館や荊門市博物館の研究者の手によって解読・整理され、写真と釈文を収めた『郭店楚墓竹簡』が一九九八年五月に文物出版社から刊行された。それによれば竹簡は、竹簡の形状や書体の差異、及び内容などから、次の十六種の文献に整理されている。

①『老子』甲・乙・丙　②『太一生水』　③『緇衣』　④『魯穆公問子思』　⑤『窮達以時』　⑥『五行』
⑦『唐虞之道』　⑧『忠信之道』　⑨『成之聞之』　⑩『尊徳義』⑪『性自命出』　⑫『六徳』　⑬『語叢』一
⑭『語叢』二　⑮『語叢』三　⑯『語叢』四

この中、①と②は道家系統の著作、③から⑫の十篇は儒家系統の著作、⑬から⑯は楚の東宮の師だった墓主が太子の教育用に編集した格言集と考えられる。

本章では、これら郭店楚簡の中、特に『太一生水』を取り上げ、『太一生水』と『老子』の道の関係を検討することにしたい。

二

本節では『太一生水』の検討に入る前に、まず甲・乙・丙三種の竹簡『老子』の側について検討してみる。この三種の『老子』写本は、墓主が生前所持していた書籍である。上述した前三〇〇年説に依拠して考えると、墓主が七十歳を超す高齢で、かつ楚の東宮の師だった以上、墓主が『太一生水』や『老子』甲・乙・丙を入手した時期は、前三〇〇年を数十年は遡ると見なければならないであろう。仮に三十年遡らせて前三三〇年頃とすれば、原著の成立は当然それをさらに遡る。

一般に原著が成立した後、転写を重ねて写本が流布するまでには、相当の期間を見込まなければならぬから、その幅をどんなに短く想定しても、十年か二十年は遡らせる必要があろう。このように推理すると、『太一生水』や『老子』の成立時期は、戦国中期（前三四二〜前二八二年）の初めか、戦国前期（前四〇三〜前三四三年）と考えるのが妥当なところであろう。特に『老子』の側は後述する理由から、春秋最末まで遡る可能性も否定はできない。

さて郭店楚簡の『老子』には、さらに検討しなければならない重要な問題が存在する。一九九二年に湖南省長沙馬王堆の前漢墓から出土した甲・乙二種の帛書『老子』は、現行本と大差ない完全なテキストであった。ところが竹簡『老子』の方は、そのいずれもが現行本八十一章に比べて分量がはるかに少なく、三本を合計しても現行本の三分の一を若干上回る三十一章分しかない。

こうした現象を、我々はどのように解釈すべきなのであろうか。一つの立場は、当時すでに現行本と大差のない完全な『老子』のテキストが存在していて、甲・乙・丙の三本は、それを抄録した抄本だとする解釈である。(3)もう一つの立場は、当時はまだ現行本のような『老子』のテキストは成立しておらず、三種の竹簡本は、『老子』が今の形に形成されていく途中の、過渡的姿を示すものだとする解釈である。(4)

筆者は前者の見方、すなわち竹簡『老子』を完本から節録した抄本と見る解釈が妥当だと考える。もし三種の『老子』が抄本ではなく、形成途中の過渡的な姿を示すテキストだと仮定すれば、三本にはコア（核）になる共通部分が存在していなければならない。最初に書かれたコア部分を中心に、二次・三次としだいに増益部分が付け加えられていき、最終的に今の形に定着したというのであれば、古い時期の写本にはコア部分以外の増益部分が少なく、新しい時期の写本には増益部分が多いとの現象が見られるはずである。しかるに三本の間には、そうした現象が全く見られない。

三本の間に見られる共通部分は、甲本と丙本に現行本『老子』の第六十四章が含まれるという、わずか一例にとどまる。(5)つまり三本の間には、『老子』の原初部分と見なせるような共通部分が、全く存在していないのである。したがって、この方向で三本を形成途上のテキストと見る解釈は、到底成り立たないであろう。

それでは、ブロック工法のように『老子』は幾つかの部分ごとに別々に作られ、後でそれらを合体させて完成したと想定し、三本をその部分品と見なすことは可能であろうか。もし同一人物が各ブロックの作者なのだとすれば、そもそもその人物には、そうした工法を採用すべき必然性がどこにもない。もし複数の人物ないしグループがそれぞれのブロックの作者なのだとすれば、そこには統一的意図は存在しないから、思想内容は整合性を欠いてバラバラになる事態を免れない。しかもこの場合は、最終的にそれらを合体させる主体すら存在しないことになる。したがって、この方向の可能性も全くないであろう。

このように推理してくると、郭店の竹簡『老子』を、形成途中の姿を示す三種のテキストと見る解釈は、ほとんど成り立たないとしなければならない。

とすれば郭店『老子』は、三種類の抄本だと考えなければならない。筆写した人物は、すでに存在していた完本『老子』から、それぞれ何らかの意図によって、ある部分のみを抄録したのである。しかも甲本と丙本の共通部分にも、すでにかなりの文字の異同が見られるから、同一のテキストから三種類の抄本が作られたとも考えがたく、少なくとも甲本と丙本は別系統のテキストから抄写されたと考えられる。

このことは、前三〇〇年を数十年遡る時期、遅くも前三三〇年頃には、すでに何通りかの『老子』のテキストが広く通行していた状況を物語っている。前にも述べたように、原著が成立してから、転写が重ねられて広く伝播するまでには、相当の期間を要する。したがって『老子』の成立時期は、墓主が『老子』抄本を入手した時期から、さらに数十年は遡るであろう。したがって『老子』は、戦国前期にはすでに成立していた可能性が高い。そして幅の取り方によっては、春秋末に成立していた可能性すら、完全に否定はできないのである。

このように『老子』の成立時期に関しては、従来の通説よりも大幅に引き上げられる可能性が高まってきている。この点は、郭店楚墓から出土した『語叢』の内容によっても裏づけられる。『語叢』は一・二・三・四に分かれる。その全体的内容を通観すると、「己を知りて而る後に人を知る。人を知りて而る後に礼を知る。礼を知りて而る後に行を知る」（『語叢』一）とか「義は徳の肇《はじめ》なり」（『語叢』三）といった具合に、儒家思想に関わる文章が大きな比重を占めており、「易は天道と人道を会むる所以なり」「詩は古今の志を会むる所以なり」「春秋は古今の事を会むる所以なり」（『語叢』一）などと、「六経」に関する記述も見える。(6)

また「天の為す所を知り、人の為す所を知りて、然る後に道を知る。道を知りて然る後に命を知る」（『語叢』一）「命を知る者は望むこと亡し」（『語叢』二）と、郭店楚簡『窮達以時』の「天人之分」に近似した思考も見える。

だがその一方で、「物として物とせざること亡ければ、皆焉《ここ》に至る。而して己の之を取る者に非ざること亡し」（『語叢』一）と、慎到の思想に似たものや、(7)「天道を察して、以て民の気を化す」（同）のように、道家思想に関係するかと思われる文章も散見する。さらには「邦に巨雄有らば、必ず先ず之に与《した》しみて以て朋と為せ」とか、「勇力邦に聞こゆと雖も、材に如かず。金玉堂に盈つるも、謀に如かず。衆強甚だ多きも、時に如かず。故に謀は貴ぶべしと為す」（『語叢』四）のように、国内の豪族を真っ先に手懐けよとか、計謀を重視せよと説く統治術も含まれる。

このように『語叢』全体は、特定の学派の思想によって統一されてはいない。恐らくは楚の「東宮の師」だった墓主が、太子の教育に有益と見なした文章を、各種の文献から抜粋して編集した教材なのであろう。

問題はその中に、『老子』風の文章が存在する点である。それは、「凡そ物は亡（無）由り生ず」とか、「有は名より生ず」（『語叢』一）といったもので、前者は『語叢』一に二度出てくる。万物が無より生ずるとの思考は、儒家思想には見られないもので、『老子』に「天下の万物は有より生じ、有は無より生ず」（『老子』第四十章）とあるのを下敷きにした思考ではないかと思われる。(8) また有の世界は人間による命名行為から発生するとの思考も、『老子』第一章に「无名は万物の始めなり。有名は万物の母なり」とあるのを踏まえた思考ではないかと思われる。

『語叢』が示すこうした現象からは、墓主が儒家思想のみならず、『老子』系統の道家思想にも触れていた状況が窺える。(9) この点も、『老子』の成立が従来考えられてきたよりもかなり古く、『老子』の思想が戦国中期にはすでに知識人の間に相当普及していたことを示唆するであろう。

三

以上の状況を踏まえつつ、本節では『太一生水』の思想を検討することにしたい。(10)『太一生水』の前半には、次のような宇宙生成論が説かれる。

太一水を生ず。水反りて太一を輔け、是を以て天を成す。天反りて太一を輔け、是を以て地を成す。〔天地復た相輔け〕、是を以て神明を成す。神明復た相輔け、是を以て陰陽を成す。陰陽復た相輔け、是を以て四時を成す。四時復た〔相〕輔け、是を以て滄熱を成す。滄熱復た相輔け、是を以て湿燥を成す。湿燥復た相輔け、歳を成して止む。

ここには、宇宙の根源である太一から水が生じ、太一と水から天が生じ、太一と天から地が生じ、天と地から神と明が生じ、神と明から陰と陽が生じ、陰と陽から四時が生じ、四時から滄（寒）と熱（暑）が生じ、滄と熱から湿と燥が生じ、湿と燥により歳（一年）が完成するとのプロセスが示される。このプロセスは、宇宙の発生から完成まで、どのように世界が分節化されていったのか、その段階を追うもので、一種の宇宙生成論となっている。

次に『太一生水』は、前記のプロセスを逆方向に辿りはじめる。

故に歳とは、湿燥の生ずる所なり。湿燥とは、滄熱の生ずる所なり。滄熱とは、〔四時の生ずる所なり〕。四時とは、陰陽の生ずる所なり。陰陽とは、神明の生ずる所なり。神明とは、天地の生ずる所なり。天地とは、太一の生ずる所なり。

ここでは前記の段階を遡っているだけなのだが、太一から天地が生ずる過程は簡略化されており、水の関与には言及されなくなる。

続いて『太一生水』は、太一がいかに絶対的な存在であるかを強調しはじめる。

是の故に太一は水に蔵《ひそ》み、時に行《めぐ》りて、周くして〔成す〕こと或《あ》り、〔生ずるを以て〕万物の母と〔為〕る。一《ある》ときは缺き、一ときは盈たし、紀《す》ぶるを以て万物の経と為る。此れ天の殺《そ》ぐ能わざる所、地の釐《ふや》す能わざる所にして、陰陽の成すこと能わざる所なり。君子の此を知るは、之を〔聖〕と謂う。

ここでは太一は、「万物の母」とか「万物の経」と形容され、太一の変幻自在の働きには、天地や陰陽も一切干渉できないとして、その至高性・絶対性が顕彰される。これは丁度、「物有り混成す。天地に先だちて生ず。寂たり寥たり。独立して改まらず。以て天地の母と為すべし」（『老子』第二十五章）と形容される、『老子』における道と同じ位置づけと言える。

後半部分に入ると太一は全く姿を見せなくなり、代わりに『太一生水』は、天地と道の関係に主題を移行させる。

> 天道は弱きを貴ぶ。成るを省く者は生を益す者なり。強きに伐《ほこ》らば、〔死に〕責《もと》めらる。………下土なるものは、而ち之を地と謂う。上気なるものは、而ち之を天と謂う。道は亦た其の字《あざな》なり。請う、其の名を問わん。道を以て事に従う者は、必ず其の名に宅《よ》す。故に事成りて身長ず。聖人の事に従うや、亦た其の名に宅す。故に功成りて身傷つかず。天地の名と字と竝ぶ。故に其の方を過ぐれば、相当たらんと思わず。〔天は〕西北に於て〔足らず〕、其の下は高くして以て強し。地は東南に於て足らず、其の上は〔低くして以て強し。上に足らざる〕者は、下に余り有り。下に足らざる者は、上に余り有り。

まず作者は、「天の道は、猶お弓を張るがごとし。高き者は之を抑え、下き者は之を挙ぐ。余り有る者は之を損らし、足らざる者は之を補う」とする『老子』第七十七章と似た発想で、天道を登場させる。前半部分には天道の語は全く見えず、ここに至って初めて言及されるのは、唐突の感を免れない。恐らくは天地と道の関係に論点を移行する繫ぎとして、ここに登場させたのであろう。

次に作者は、天と地の内実を示す。上に昇った気が天であり、下に積もった土が地であるとの説明は、天地に対する即物的な定義で、そこに天地を神格化する思考は稀薄である。注目すべきはこの直後に、「道は亦た其の字なり。請う、其の名を問わん」とか、「天地の名と字と竝ぶ」などと、天地と道を同一視する主張が展開される点である。天道と同様、道もまた前半部分では一切言及されることがなく、ここに突然登場するが、この道とは当然『老子』の道を指すのであろう。

作者の説明によれば、天地の側はその名（本名）で、道の側はその字（呼び名）だという。そうであれば、道と天地は実は全く同じもので、あるときは道と呼ばれたり、あるときは天地と呼ばれたりしていることになる。『老子』第二十五章には、「物有り混成す。天地に先だちて生ず。寂たり寥たり。独立して改まらず。以て天地の母と為すべし。吾れ未だ其の名を知らず。之に字して道と曰う。吾れ強いて之が名を為して大と曰う」とある。天地の字を道とする発想は、恐らく『老子』のこの箇所を踏まえたものであろう。ただし『老子』では、宇宙の本体・根源である道が天地に先行・優越しているのに対して、『太一生水』で道と天地が同一視されているのは、重要な違いである。

そして「道を以て事に従う者」や「聖人」も、外部に表明する際には、「其の名に宅せ」て、自分は天地の在り方を規範と仰いで事業を行ったのだと、本名である天地の側のみを称するとされる。つまり道に則って事業に成功したり、保身に成功した者も、すべて天地に則って成功したとのみ称するわけである。

それでは『太一生水』の作者は、なぜわざわざ道の実体を天地と規定したのであろうか。前述したように『老子』においては、道は天地に先だって生じた天地の母とされており、道が母で天地が子だとの格差は歴然としている。にもかかわらず道と天地を同一視するとなれば、それは明らかに道の格下げとなる。とすれば作者の意図は、前半部分において太一を宇宙の根源としてきた自己の立場を守るべく、『老子』の道が持つ至高性・絶対性を否定して、道を太一の下位、天地の位置に降格し、太一に従属させんとするところにあったと考えられる。

作者は『太一生水』の最後で、天地と方角の関係を述べる。これは中国大陸が、西北の山脈に向かって高くなり、東南の海に向かって低くなる地理的特色を踏まえた思考で、西北では地に余りがあって強力なのに対して、天は不足して弱体であり、逆に東南では天に余りがあって強力なのに対して、地は不足して弱体であることを指摘するものである。

したがって、天も地もそれぞれが得意とする方面をはずれてしまえば、相手と拮抗することができない以上、万能の絶対者ではないことになる。そしてこうした限界性を持つ天地が道の実体であるならば、道も当然万能ではなく、もはや至高・絶対の存在ではあり得ない。

『太一生水』の前半部分が語るように、「天地は太一の生ずる所」であり、太一が「天の殺ぐ能わざる所、地の釐す能わざる所」なのであれば、太一は天地すなわち道よりも、明らかに上位にあるとしなければならない。このように『太一生水』の作者は、後半部分において、道の実体を天地と規定する操作を加える手段により、『老子』の中で最高位を占める道を二番目の地位に降格し、太一こそが最高位にあることを主張せんとしたのである。

四

『太一生水』の前半部分で説かれる宇宙生成論のプロセスには、『老子』の道は全く姿を見せず、太一を絶対者とする体系で統一されている。この点から判断すると、本来それは、道を絶対者とする『老子』の宇宙生成論とは全く別系統の思想であったろう。

この両者の先後関係は不明で、太一の系統が先行していて、後に『老子』によって道の系統が提出されたとも考えられるし、その逆であったとも考えられる。だが少なくも『太一生水』が書かれた時点では、作者は『老子』の道を意識しながら、この二つの系統を、太一を道に優先させる形で調停しようとしたのだと考えられる。

実はこれと同様の現象が『老子』の中にも存在している。古代中国においては、「昊天上帝、則ち我に遺さずんば、胡ぞ相け畏れざらんや」（『詩経』大雅・雲漢）とか、「惟れ皇なる上帝、衷を下民に降す」（『書経』湯誥）と、有意志の人格神としての上天・上帝こそが、絶えず地上を監視して天命を降し、人間世界の禍福・吉凶を主宰する宇宙の絶対神なのだと考えられていた。

ところが『老子』では、「道は冲しくして之を用うるも又た盈たず。淵呵として、万物の宗に似たり。（中略）帝の先に象《かたち》す」（第四章）と、道は上帝にさえ先行して存在した「万物の宗」なのだとされている。すなわち『老子』は、上帝が宇宙の最高位にあるのではなく、道こそが宇宙の最高位にあるのだと主張して既成の序列に挑戦し、上帝を道の下位に降格したわけである。

この『老子』の道の出現は、上帝・天地・陰陽・四時・日月・星辰などを天道の構成要素とした上で、人間はそれらが示す理法に従うべきだとする古代天道思想に対して、大きな衝撃を与えた。『老子』の道が、宇宙の一なる本体・根源として出現したため、『老子』の思想を自己の中に取り入れた天道思想は、上帝・天地・陰陽・四時・日月・星辰などの諸要素により構成される自己の天道と、『老子』の道との関係調整を迫られることとなった。馬王堆漢墓より出土した黄帝書『経法』『十六経』などでは、両者の関係が未だ整合的に調整されないまま、雑然と混在する状況を残している。(11) だが黄帝書の一つ『道原』では、次のような形で両者の関係が調整されている。

万物は之を得て以て生じ、百事は之を得て以て成る。人は皆之を以うるも、其の形を見ること莫し。一とは其の号なり。虚は其の舎なり。无為は其の素なり。和は其の用なり。（中略）独立して偶《なら》ばず。万物之に能く令するもの莫し。天地陰陽、四時日月、星辰雲気、蚑行蟯動、戴根の徒、皆生を取るも、道は少なきを益すと為さず。皆焉に反るも、道は多きを益すと為さず。

すなわち『道原』は、天道を『老子』の道の下位に従属させる形で、両者の関係を調整したのである。[12]『老子』の道の出現は、あたかも多神教の世界に突如として一神教が持ち込まれるに似た衝撃を、天道思想に与えた。その結果、天道思想の側は概ね『道原』のような形態で、両者の関係を調整していく。ただしそれは、主に道家思想の範囲内で行われた整合化であって、儒家思想や墨家思想の側では、依然として上天・上帝が宇宙の最高神であり続ける。しかも道家思想の範囲内における調整にも、上帝と道の上下関係になお曖昧さが残るといった課題が残された。

前漢前期における黄老道の流行は、上帝に対する『老子』の道の地位を、相対的に上昇させる結果をもたらす。黄老道を排除して儒教を採用せんとした武帝は、黄老道に取って代わる儒家的天人相関思想の提出を董仲舒に求めたが、その際董仲舒は、道を明確に天の下位に従属させる理論を提出して、武帝の要求に応えた。[13]

このように『老子』の道の登場は、宇宙の絶対者の地位をめぐり、上天・上帝に有力なライバルを出現させる役割を演じたのである。以上のような思想史の流れを踏まえると、太一を至高の存在に据える『太一生水』の内容は、極めて興味深い。今回の『太一生水』の発見により、すでに戦国中期以前に、『老子』の道に対抗して太一を最高位に据えようとする思想的試みが存在していたことを、我々は初めて知ったのである。

五

『太一生水』の作者は、太一を根源とし、太一が天地・神明・陰陽・四時・滄熱・湿燥を従える宇宙生成論を形成するとともに、『老子』の道の実体を天地と規定する操作により、道を太一の下位に従属させて、太一を至高の地位に据えようと試みた。それではその後、この両者の上下関係はどのように決着したのであろうか。『荘子』天下篇には、太一に関して次のような記述がある。

本を以て精と為し、物を以て粗と為し、積むこと有るを以て足らずと為し、澹然として独り神明と与に居る。古えの道術、是に在る者有り。関尹・老聃は其の風を聞きて之を悦び、之を建つるに常無有を以てし、之を主とするに太一を以てし、濡弱謙下を以て表と為し、空虚にして万物を毀たざるを以て実と為す。

これは荘周学派による関尹・老聃学派への批評である。この評言は、全体として『老子』の特色によく合致しているが、『老子』が道を宇宙の本体・根源としたとの直接的表現は見えず、代わりに「之を主とするに太一を以てす」との表現が取られている。したがって『荘子』天下篇では、太一は道の別称として用いられていると考えられる。同様の現象は『呂氏春秋』大楽篇にも見られ、そこでは「道なる者は至精なり。形を為すべからず、名を為すべからず。彊いて之が名を為して、之を太一と謂う」と、天下篇よりも明確に太一が道の別称とされている。とすれば、『呂氏春秋』が編纂された戦国末には、太一は道の別称であるとの理解が、すでにかなり一般化していたとしなければばならない。

これが漢代に入ると、「太一なる者は、天地を牢籠し、山川を弾圧し、陰陽を含吐し、四時を伸曳し、八極を紀綱し、六合を経緯す」（『淮南子』本経訓）とか、「天地を洞同し、渾沌として樸為りて、未だ造《な》らずして物を成すは、之を太一と謂う」（同・詮言訓）と、太一が天道を従える『老子』の道の別称であるとの理解は、ほとんど定着した感がある。

それでは、なぜこのような同一視現象が生じたのであろうか。その一つの可能性としては、次のような事情を想定できる。郭店楚簡は、竹簡の両端が平斉のものと梯形のものとの二種類あり、竹簡を編む編綫の数も、両道のものと三道のものとがある。また竹簡の寸法にも六から七種類の違いがある。こうした簡式上の特色を見ると、『老子』甲本（三十九枚）は、簡長が三二・三、編紐は両道、編紐間は一三、両端は梯形、乙本（十八枚）は、簡長が三〇・六、編紐は両道、編紐間は一三、両端は平斉、丙本（十四枚）は、簡長が二六・五、編紐は両道、編紐間は一〇・八、両端は平斉で、『太一生水』（十四枚）は、簡長は二六・五、編紐は両道、編紐間は一〇・八、両端は平斉で、丙本と『太一生水』は完全に一致している。(14)また両者の書体も同一人の筆と考えられている。

こうした点から、『郭店楚墓竹簡』は、丙本と『太一生水』はともに一篇を成していた可能性があると指摘している。郭店楚簡が書写された時点で、すでにそうした形態が取られていたのか、書写時点で初めてそうした形態が取られたのかは不明であるが、少なくも『老子』抄本と『太一生水』を合わせた形のテキストが、戦国期に通行していた可能性を示してはいるだろう。

こうした形態のテキストの流布は、『老子』の道と『太一生水』の太一を同一視する誤解を、当然のごとく生じさせるであろう。あるいは単なる誤解ではなく、『老子』を奉ずる学派内において、道に挑戦してきた太一を、実は道の別称に過ぎないのだと処理して、太一を道に吸収する試みが行われ、その結果として両者を同一視する理解が定着して行った可能性もある。『老子』の中に、「道は一を生じ、一は二を生じ、二は三を生じ、三は万物を生ず」（第四十二章）「一を抱きて能く離るること毋からんか」（第十章）とか、「昔の一を得たる者は、天は一を得て以て清く、地は一を得て以て寧し」（第三十九章）などと、道を一と称する表現が存在していたことも、そうした操作を容易にしたであろう。

この間の詳しい経緯は、今の段階ではもとより不明なのではあるが、およそ上述のような事情により、道家思想の範囲内では、太一は道の別称として道に吸収されてしまい、結果的に『太一生水』の作者の挑戦は、実を結ばなかったのではないかと考えられる。

注

（1）発掘調査の結果は、湖北省荊門市博物館「荊門郭店一号楚墓」（『文物』一九九七年第七期）に報告されている。その中では造営時期を「公元前四世紀中期至前三世紀初」とするが、崔仁義「荊門楚墓出土的竹簡《老子》初探」（『荊門社会科学』一九九七年第五期）は、包山楚墓より出土した副葬品との比較から、「公元前三〇〇年」と推定する。

（2）劉宗漢「有関荊門郭店一号楚墓的両个問題─墓主人的身份与儒道兼習─」（『中国哲学』第二十輯・一九九九年）。

（3）中国の研究者の多くはこの立場を取るが、代表的な論考としては、陳鼓応「従郭店簡本看《老子》尚仁及守中思想」（『道家文化研究』第十七輯・一九九九年）がある。また渡邉大「郭店老子の組分けと竹簡の配列について」（『中国文化─研究と教育─』第57号・一九九九年）は、郭店出土の『老子』が書写された当時、『老子』はすでに一定のまとまりを持っていたとする。

（4）池田知久「形成途上にある最古のテキストとしての郭店楚簡『老子』」（東京大学文学部中国思想文化学研究室・一九九九

年、のちに『郭店楚簡老子研究』東京大学文学部中国思想文化学研究室・一九九九年にも収録）。

（5）ただし六十四章全体が甲本と丙本に共通して含まれているのではなく、今本で言えば「為す者は之を敗り、執する者は之を失う」から、「以て万物の自然を輔け、而も敢えて為さず」までの後半部分のみが、共通して存在する。

（6）以下『語叢』や『太一生水』の引用は、荊門市博物館『郭店楚墓竹簡』（文物出版社・一九九八年）が収める裘錫圭氏の釈文によるが、異体字の類はできる限り通行の字体に改めた。また張光裕主編『郭店楚簡研究第一巻文字編』（芸文印書館・一九九九年）や私見により、裘錫圭氏の釈文を改めた箇所があるが、逐一の注記を省いた。

（7）「是を以て大君は民の能に因りて資と為す。尽く包みて之を畜い、能に去取すること無し」（『慎子』民雑篇）。

（8）以下『老子』の引用は、馬王堆漢墓出土の帛書『老子』甲本・乙本による。ただし章の順番は河上公本に従う。

（9）注（2）に前出の劉氏論文参照。

（10）『太一生水』関係の論文は、注（1）に前出の『道家文化研究』に九篇ほどが収録されているので参照されたい。

（11）この点に関しては、拙著『黄老道の成立と展開』（創文社・一九九二年）第一部第四章・第五章参照。

（12）この点の詳細に関しては、注（11）の拙著第一部第七章参照。

（13）この点に関しては、前出の拙著第三部第十章参照。

（14）単位はすべてセンチメートル。

第十二章　『語叢』（一・二・三）の文献的性格

福田哲之

はじめに

郭店楚簡には、『語叢』と仮称された四篇の文献がある。この四篇は、他の竹簡に比べて簡の長さが特に短い短簡に書写されているという共通性をもち、[1]『語叢』として一括された主たる理由もそこに求められる。しかし、注意を要するのは、この内『語叢一』『語叢二』『語叢三』の三篇は、字体・容字・編線数などの諸点において『語叢四』と異なり、他の郭店楚簡との間にも顕著な特異性を示す点である。しかもこの三篇は、郭店楚簡の中でも取り分け釈読が困難な文献の一つと言ってよく、大半の簡の連接が不明で、全体的な排列については復原の手だてすら見いだされていない。こうした釈読上の困難さは、そもそも原簡が連続した文章体ではなく、独立した短文を中心とし、しかもその背後に多様な思想が想定されるといった、文体・内容の特殊性と密接に関わっている。したがって、この三篇の理解においては、その文献的性格をどのように把握するかが、重要な鍵になるであろうと考えられる。

『語叢』の文献的性格については、すでに複数の先学の言及が見られるが、[2]周鳳五「郭店竹簡的形式特徴及其分類意義」（『郭店楚簡国際学術研討会論文集』湖北人民出版社、二〇〇〇年）には、踏み込んだ検討が加えられており、『語叢』

のみならず、郭店楚簡全体にも関わる重要な問題が提起されている。そこで、本章では、この周氏の見解を中心に検討を加え、『語叢一』『語叢二』『語叢三』の文献的性格について卑見を述べてみたい。

なお以下の論述においては、便宜上、特に断らない場合以外、『語叢』を『語叢一』『語叢二』『語叢三』の総称として用いることとする。また、郭店楚簡の引用は、荊門市博物館編『郭店楚墓竹簡』（文物出版社、一九九八年）の釈文注釈に従い、可能な限り通行の文字に改め、竹簡編号を末尾に丸括弧で示した。

一　郭店楚簡の類別

周氏の検討は「一、簡長・簡端形状・字数・編線数与間距」「二、簡牘符号」「三、字体」の三点にわたり、『語叢』の文献的性格についての議論は、ほぼ「三、字体」の部分に集中している。まず、議論の前提となる郭店楚簡全体の類別について見ておこう。

周氏は、王充『論衡』謝短篇・書解篇、さらに、鄭玄『論語序』（『儀礼正義』巻二十四引）の「『易』『詩』『書』『禮』『樂』『春秋』策皆二尺四寸、『孝經』謙半之、『論語』八寸策者三分居一又謙焉」を徴引し、経には長簡を用い、伝には短簡を用いるという区別が郭店楚簡にも原則的に一致するとして、郭店楚簡の内、簡長が長く簡端が梯形の『緇衣』『五行』『性自命出』『成之聞之』『尊徳義』『六徳』『魯穆公問子思』『窮達以時』『老子甲』の九篇を経典類、簡長が短く簡端が平斉の『老子乙』『老子丙』『太一生水』『忠信之道』『唐虞之道』『語叢一』『語叢二』『語叢三』『語叢四』の九篇を伝注類と位置付ける。また、字体(3)の観点から、郭店楚簡を以下の四類に分け、『語叢一』『語叢二』『語叢三』を第三類としている。

第一類　『老子甲』『老子乙』『老子丙』『太一生水』『五行』『緇衣』『魯穆公問子思』『窮達以時』『語叢四』
第二類　『性自命出』『成之聞之』『尊徳義』『六徳』
第三類　『語叢一』『語叢二』『語叢三』
第四類　『唐虞之道』『忠信之道』

それでは、『語叢』の文献的性格に関わる周氏の議論を見てみよう。周氏の見解の要点の一つとして注目されるのは、第三類が他の三類とは異なる「篆書」の列に属することを指摘し、『儀礼正義』巻二十四が引く服虔『左伝注』の「古文篆書、一簡八字」という記述と関連付ける点である。周氏は、服虔の言う「一簡八字」が『語叢一』『語叢二』の容字と合致し、さらに『語叢三』も厳格に遵守されていないだけで基本的には同じ体例に従うものであったとし、『左伝』との関連や簡長・体例などから、『語叢』を『五行』『性自命出』などの注解で、楚国に流伝した先秦儒家の伝注類と見なしている。

しかしながら、この見解には以下の如き問題が指摘される。短簡に書写された『語叢』に対して、『五行』『性自命出』は長簡に書写されており、簡長の面では伝注と経典との関係は整合する。ところが、字体について見ると、簡長の面から経典とされる九篇の内、『五行』などの五篇が属する第一類は、周氏が楚簡に最も常見される通行体とするものであり、『性自命出』などの四篇が属する第二類も第一類とは書風を異にするものの、周氏が「字形結構与第一類基本相同」と指摘するように、やはり通行体と見ることができる。こうした通行体の経典に対して、その伝注にあたる『語叢』が正書体の篆書で書写されているのである。経典に対して伝注が短簡を用いるのは「謙」すなわち謙譲によるとする鄭玄『論語序』の原則が、郭店楚簡にも当てはまるとすれば、逆に経典にあたる『五行』や『性自命出』が正書体の篆書で書写され、その伝注である『語叢』が謙譲の意図から通行体で書写されるべきであろう。つまり、『語叢』と『五行』『性自命出』とを伝注と経典という関係でとらえようとすれば、簡長と字体との間に重大な齟齬が生じることとなるのである。

一方、周氏の見解の拠り所である「古文篆書、一簡八字」の記述自体にも、検討の余地が残されている。まず、後半の「一簡八字」について、阮元校刻本は「一簡八分字」に作り、校勘記に「要義同、毛本無分字」という。つまり、「一簡八字」は毛本に従うものであって、これを原文と見なす点については、未だ確拠を得難いのである。また、前半の「古文篆書」も、はたして周氏が述べるように『語叢』の如き字体を指すかは、断片的な佚文からは把握し難いとしなければならないであろう。周氏は注53において、『晋書』武帝紀に汲冢書を「竹簡小篆」と記し、他方『晋書』束晳伝では「科斗字」と称していることを指摘し、汲冢書と郭店楚簡とは類似していて「竹簡小篆」と「科斗字」とはちょうど郭店楚簡の第三類と第一類に対応していたのではないかとしている。しかし、『晋書』の二つの記述は、いずれも前後の文脈から判断すれば、必ずしも個別的な文献の字体を指したものではなく、むしろ汲冢書の字体を総括的に述べたものと見られ、「科斗字」は筆画の形体にもとづく名称であり、「小篆」の方は漢代以後の隷書とは異なる繁画な古文の形体にもとづく名称であったとの解釈も十分に成り立つと思われる。したがって、服虔の「古文篆書」の場合も、服虔の時代（東漢）に通行していた漢隷とは異質の先秦古文の繁画な字体を「古文篆書」と称した可能性も否定できないであろう。また、「古文篆書、一簡八字」がどのような文脈上に位置していたかが不明であるため、はたして『左伝』の簡冊を指すかについても疑問の余地があり、かりに『左伝』の体裁であったとしても、「一簡八字」では全体が厖大な分量となるため、通常とは異なる特殊な事例であったと見るべきではないだろうか。

以上、本節では『語叢』を伝注類と見なす周氏の中心的な論拠である服虔の「古文篆書、一簡八字」との関連について、問題点を指摘した。次節では内容の面から、『語叢』と他の郭店楚簡との関係について具体的に見てみたい。

二　『語叢』と他の郭店楚簡との関係

既述した如く、周氏は『語叢』が注解する文献として『五行』『性自命出』を挙げ、さらに注54においてその具体例として、『語叢一』と『五行』との関係を以下の如く示している。

例如『語叢一』第六八簡「察天道以化民氣。」、第八四簡「有察善、無爲善。」、第八五簡「察所知、察所不知。」、第八六簡「勢與聲爲可察也。」都是『五行』第八簡「思不淸不察」的「察」字的注解。

具体例はこの一例に止まるため、周氏の言う経典と伝注との関係を今ひとつ明確に把握し難いが、この例を見る限り、例えば馬王堆漢墓帛書『五行篇』の「経」と「説」とに見られるような明瞭な関係を指すものではないことが知られる。

このような『語叢』と他の郭店楚簡との関連については、すでに幾つかの指摘がなされており、纏まったものとしては、陳来「郭店竹簡儒家記説続探」（『郭店簡与儒学研究〈中国哲学　第二十一輯〉』遼寧教育出版社、二〇〇〇年）がある。陳氏は『語叢一』『語叢二』と『尊徳義』『成之聞之』『性自命出』『六徳』などの諸篇とに内容上の「相互対応」の関係があることを指摘し、さらに『五行』『窮達以時』『唐虞之道』などとの語句の対応も見られると述べている。以下に陳氏が掲げる諸例の内から、『語叢一』と『尊徳義』、『語叢一』と『六徳』、『語叢三』と『性自命出』の各一例を示してみよう。

○『語叢一』と『尊徳義』

『語叢一』

□生德、德生禮、禮生樂、由樂知形。（24—25）
知己而後知人、知人而後知禮、知禮而後知行。（26—27）
其知博、然後知命。（28）
知天所爲、知人所爲、然後知道、知道、然後知命。（29—30）
知禮然後知形。（63）

『尊徳義』

知己所以知人、知人所以知命、知命而後知道、知道而後知行。
由禮知樂、由樂知哀。
有知己而不知命者、無知命而不知己者。
有知禮而不知樂者、無知樂而不知禮者。（8—11）

○『語叢一』と『六徳』

『語叢一』

易、所以會天道人道也。（36―37）

詩、所以會古今之志也者。（38―39）

春秋、所以會古今之事也。（40―41）

禮、交之行述也。（42）

樂、或生或教者也。（43）

［書］……者也。（44）

『六德』

觀諸詩・書則亦在矣、觀諸禮・樂亦在矣、觀諸易・春秋亦在矣。（24―25）

○『語叢二』と『性自命出』

『語叢二』

情生於性、禮生於情、……（1）

愛生於性、親生於愛、……（8）

智生於性、卯生於智、……（20）

惡生於性、怒生於惡、……（25）

喜生於性、樂生於喜、……（28）

慍生於性、憂生於慍、……（30）

『性自命出』

性自命出、命自天降、道始於情、情生於性。（2－3）

ここで注目されるのは、陳氏がこれらを「相互対応」の関係とよび、それは決して「経」－「説」という対応形式で説明されるような明瞭な関係ではないと断っている点である。(4) 陳氏の見解については、まず氏が指摘する対応関係のすべてが妥当性を有するかという問題が残されているが、逆に言えば、この問題は両者の関係がそれを明確に把握し難いほどに緩やかなものであることを示しており、その点において「経」－「説」といった明瞭な関係ではないとする陳氏の理解は、概ね妥当なものと言ってよいであろう。そして同様な関係は、周氏が例示した『語叢一』と『五行』とについても、指摘することができる。つまり、『語叢一』の「察天道以化民氣」（68）、「有察善、無爲善」（84）、「察所知、察所不知」（85）、「勢與聲爲可察也」（86）の「察」と『五行』の「思不清不察」（8）の「察」との間に対応関係を想定することは可能であっても、それが注解と被注解という限定されたものであるかは、明確に把握し難いのである。

『語叢』を子思学派の伝注類とする周氏の見解は、簡端が梯形の『緇衣』『五行』『魯穆公問子思』『窮達以時』『成之聞之』『尊徳義』『性自命出』『六徳』の八篇を、子思およびその弟子や後学の手になる子思学派の著作とする同氏の見解と表裏の関係をなしている。郭店楚簡には確かに『緇衣』『五行』あるいは『魯穆公問子思』の如く、子思学派との関連を認め得る篇も存在している。しかし、周氏が指摘する八篇がすべて子思学派に属するか否かについては、今後の検討に俟つ所が多く、また『老子甲』の簡端が同様に梯形である点も、はたして周氏の考えるように「子思学派化」した道家の経典と見なし得るかは、見解の分かれる所ではないだろうか。他方、字体の分類によれば『五行』『緇衣』『魯穆公問子思』『窮達以時』は第一類、『性自命出』『成之聞之』『尊徳義』『六徳』は第二類と類を異にし、しかも第二類の四篇は形制の面でも簡長・編線間距が一致して独自の共通性を示すことから、第一類の四篇とは来源を異にする可能性も見いだされる。したがって、第一類『五行』と第二類『性自命出』との対応関係が指摘される『語叢』についても、子思学派の伝注類といった枠組みでとらえ得るかは、なお慎重な検討が必要であろう。

さらに『語叢一』には、

・凡物由亡（無）生。（1）

・爲孝、此非孝也。爲弟、此非弟也。不可爲也、而不可不爲也。爲之、此非也。弗爲、此非也。（55－58）

といった道家に類する言説や、

・知天所爲、知人所爲。（29）

のように、『莊子』大宗師篇の「知天之所爲、知人之所爲者、至矣。知天之所爲者、天而生也。知人之所爲者、以其知之所知、以養其知之所不知」と合致する例も見いだされるのである。

これまでの検討を踏まえるならば、『語叢』と『五行』『性自命出』などの諸篇との間に伝注と経典といった明確な関係を想定することは困難と言わざるを得ないであろう。ただし、陳来氏が指摘する如く、『語叢』と他の郭店楚簡との間に一定の対応が見いだされることもまた事実であって、『語叢』の内容上の特色は、むしろ、こうした郭店楚簡の他の諸篇との緩やかな対応関係に認めることができるのではないだろうか。このように見てくると、『語叢』を子思学派という学派の枠組みの中に位置付けるよりも、子思学派を含む儒家系文献および『老子』や『太一生水』といった道家系文献を含む郭店楚簡全体の思想的枠組み、言い換えるならば、これらの諸篇を蔵書としていた墓主の学術的枠組み中でとらえる方が、より穏当な理解であると考えられよう。

三　『語叢』の字体

周氏の見解におけるもう一つの要点として注目されるのは、『語叢』を楚国に流伝した典籍と見なす点であり、その根拠は主として字体の分析によっている。

まず、『語叢』の字体と楚国以外の地域の青銅器銘文などとの共通性に関わる指摘を見てみよう。

此外、還応当指出、『語叢一』『語叢二』『語叢三』有若干簡文的字体与楚国相去較遠。如果采取宏規的角度、参照戦国青銅器銘文、如斉国的「陳曼簠」「陳純釜」、三晋的「吉日壬午剣」「魚鼎匕」、中山国的「中山王錯鼎」「中山王錯壺」等、并与「魏三体石経」的〝古文〟相比対、我們可以説、『語叢一』『語叢二』『語叢三』具有斉・魯・三晋・中山等国字体的特徴、而這一帯正是深受儒家思想浸染的区域。

周氏が列挙する青銅器銘文は、いずれも縦長の字体を特色としており、『語叢』との間に一定の共通性を認めることができる。しかし、この種の字体は同時に「鄂君啓節」「楚王酓章鎛」「楚王酓肯鉳鼎」といった戦国期の楚国の青銅器にも見られ、必ずしも斉・魯・三晋・中山といった地域にのみ限定されるものではない。したがって、少なくともここに示された論拠のみでは、『語叢』の字体が楚国と異なり斉・魯・三晋・中山といった他の地域と共通することを立証するのは困難であると考えられる。

次に、字形に関わる指摘を見てみよう。

> 且其中屡次出現的「者」字完全不同于楚国以及三晋文字的形体結構、而与斉国文字一脈相承、其訛変・遞嬗之迹斑斑可考。凡此均足以証明、這一類字体保存了較多以斉・魯為主的儒家経典文字的特色。

周氏は、『語叢』に見られる「者」字の形体（図①）について、楚国および三晋の文字と全く異なり、斉国文字の訛変であって、斉・魯の儒家経典の文字の特色を保存すると見なし、注57において、

> 「者」字見于第二十六簡・第二十八簡・第三十簡。這種写法是斉国文字的訛変、「陳純釜」銘文可以参看。

と述べ、斉国の「陳純釜」との関連を指摘している。しかし、「陳純釜」の「者」字（図②）は、特に下部が大きく異なっており、こうした顕著な相違を訛変と解し得るかについては、なお慎重な検討を要するであろう。また、上部についても、必ずしも斉国の文字との間にのみ脈絡を辿り得るわけではない。

そこであらためて、『語叢』の「者」字との間に形体上の共通性が認められる文字資料について検討を加えてみよう。

まず注目されるのは、『語叢』と同様の形体の「者」字が、郭店楚簡の『五行』『唐虞之道』『忠信之道』にも認め

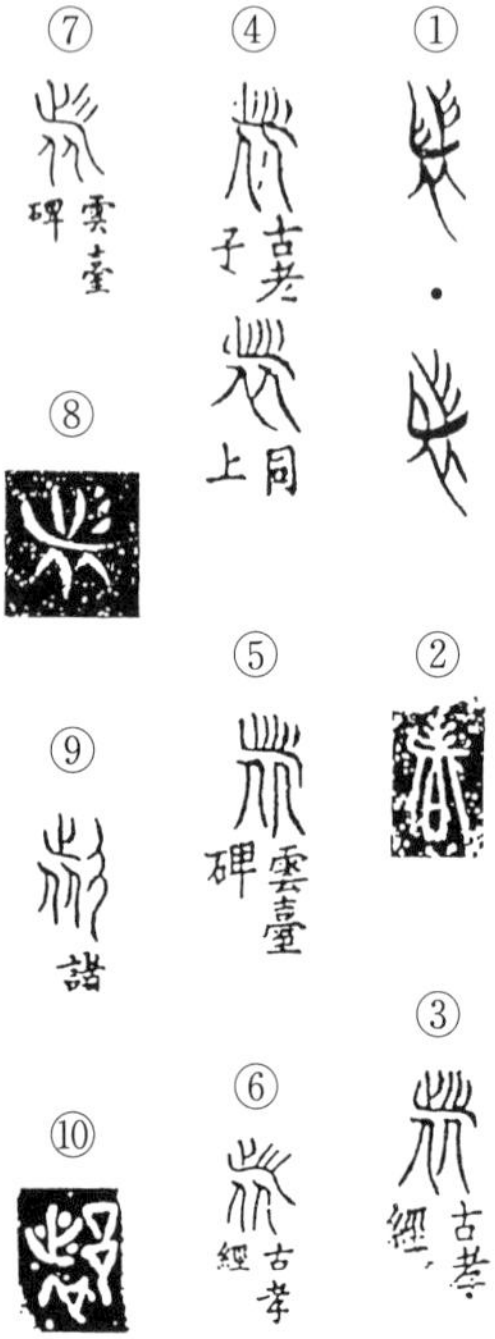

られる点である。(5) しかも、字体の分類において『五行』は第一類、『唐虞之道』『忠信之道』は第四類、『語叢』は第三類と類を異にしている。

次に、郭店楚簡以外の文字資料において、形体上の共通性が認められる例として指摘されるのは、『古文四声韻』巻三（上声、馬第三十六）「者」に引く「古孝経」（図③）・「古老子」（図④）・「雲台碑」（図⑤）である。また、これらとほぼ同じ形体は、『古文四声韻』巻一（上平声、魚第九）「諸」に引く「古孝経」（図⑥）「雲台碑」（図⑦）にも見いだされる。「者」字を「諸」の義に用いて「者公」「者士」の如く表記する例は金文に多見され、先の「者」に同じ「古孝経」「雲台碑」が引かれていることからも、これらの「諸」が「者」字を用いたものであることは、疑いのないところである。そして、こうした観点からすれば、「三体石経」（『春秋』僖公二十八年「諸公遂圍許」）の「諸」の古文（図⑧）も、同様に「者」字を用いたものであることが知られる。さらに『汗簡』巻四、彡部に引く「尚書」の「諸」（図⑨）も原形は同類の「者」字であって、その右側は、上部の「彡」の訛変によるものであろう。(6) これに対して、金文資料には、管見では『語叢』に近い形体の「者」字は見いだされないようであるが、斉系の資料とされる「中都戈」（『三代吉金文存』巻十九、29b）の「都」字（図⑩）左側に『語叢』と類似した形体が認められる点は注目に値する。

周氏がこの「者」字を楚国の文字と異なると見なすのは、郭店楚簡以外の楚系文字資料との比較を前提とするものと考えられる。しかし、われわれが現在知り得る戦国期の文字資料自体がすでに極めて限定され、楚系文字資料はその一部分を占めるに過ぎず、しかも時代的にばらつきがあり、さらに楚系簡牘の種類という点では、思想関係の文献が纏まって出土し公表されたのは、郭店楚簡が最初である。他方、斉国の文字については未だ簡牘文字の実態は全く不明であり、金文資料においても、管見では、上述した「中都戈」の「都」字の左側に類例を求め得たのみであって、斉国の文字に『語叢』と同じ形体の「者」字は見いだされていない。したがって、こうした制約の極めて多い条件の下で、この「者」字の形体が楚国の文字と異なり、斉国の文字の訛変であることを立証するのは到底困難であろう。他方、郭店楚簡において類を異にする複数の文献に『語叢』と同じ形体の「者」字が見いだされることは、少なくとも当時の楚国においてこの「者」字が用いられていた可能性を示唆している。さらに、同類の「者」字が見られる『古文四声韻』の「古老子」は、項羽の妾の塚から得た『老子』を指すとされており(7)、項羽が楚人であることを踏まえるならば、むしろ楚国で行われていた可能性は高いと言えよう。

また、かりにこの「者」字がもともと楚国以外で使用されていたものであったとしても、郭店楚簡が書写された戦国中期には、すでに各国の筆記文字の相互流通がかなり進行していた状況も考慮され、楚国において楚国の文字と他国の文字とが混用される例も存在していたのではないかと推測される。したがって、混用が進行した段階においては、何をもって楚国の文字と見なすかは極めて難しい問題であろう。

本節における検討を踏まえるならば、『語叢』が成立した地域を字体によって把握することは困難であり、『語叢』を楚国に流伝した典籍と断定することはできず、楚国において編述された可能性もなお十分に考慮すべきであると考えられる(8)。

四　『語叢』の文献的性格

前節までにおいて、周氏の見解の問題点を指摘し、『語叢』を楚国に流伝した子思学派の伝注類と見る説には、なお検討の余地があることを明らかにした。本節では、先に指摘した諸点を踏まえながら、あらためて卑見を述べてみたい。

まず、簡長との関連から注目したいのは、『論衡』巻二十八、正説篇に見える以下の記述である。

説論者皆知説文解語而已、不知論語本幾何篇。但周以八寸爲尺、不知論語所獨一尺之意。夫論語者、弟子共紀孔子之言行、勅記之時甚多、數十百篇、以八寸爲尺、紀之約省、懷持之便也。以其遺非經、傳文紀識恐忘、故以但八寸尺、不二尺四寸也。

この記述で注意すべきは、八寸の短簡が「紀すことの約省、懐持の便」と機能性との関連において説明され、しかもその背景に、弟子たちが孔子の言行を記録するという孔子学派における教学の場が想定されている点である。『論語』をはじめとする伝注類が短簡に書写されるに至った直接的な理由は、おそらくここに記されたような極めて実用的な点にあったと見なされ、それに長簡の経典に対する「謙」といった説明が付加されるのは、儒家の権威が確立した漢代以降のことと思われる。漢尺の八寸は約十八㎝で『語叢』の簡長に近く、短簡の本来の用途との関連を重視するならば、『語叢』もまた「紀すことの約省、懐持の便」という点において、共通性を有しているのではないだろうか。そしてこの推測は、大部分が独立した短文を中心とする『語叢』の特色ともよく符合するであろう。

既述した如く、内容面における『語叢』の特色は、他の郭店楚簡との間に緩やかな対応関係を示す点に認められ、子思学派という学派的な枠組みよりも、むしろ墓主に関わる学術的な枠組みの中に位置付けるのがより穏当であると考えられる。これを踏まえるならば、『語叢』は、墓主に関わる学術上の要点を抄録した文献であり、その結果、墓主の蔵書と見なされる郭店楚簡との間に多様な対応関係を生じることになったと解釈することができよう。そして、前述した短簡と教学の場との密接な関係を踏まえるならば、『語叢』は教学書としての性格を有した可能性が指摘される(9)。

ここで想起されるのは、郭店楚墓から出土した漆耳杯の刻銘「東宮之币」を「東宮の師」と釈し、墓主は楚の太子の師傅であったとする李学勤氏の見解である(10)。これについては、刻銘を「東宮の工師」の意味に解し、漆耳杯が作成された工房を示したもので、墓主の身分とは無関係であるとする彭浩氏(11)や、刻銘末字の「币」は「不」の可能性が高いことから「東宮の杯」と釈して、墓主の身分や副葬書籍との関連を判断する助けとはならないとする李零氏(12)の反論が提出され、漆耳杯の刻銘の解釈については未だ一致を見ていない。しかし、少なくともこの漆耳杯の存在は、墓主と東宮との間に何らかの繋がりがあったことを具体的に示すものと言ってよいであろう。一方、郭店楚簡を単に墓主の個人的な趣味の反映と解することは困難であり、刻銘中の「東宮」の二字と郭店楚簡の性格とを考え合わせるならば、墓主はたとえ師傅ではなかったとしても、東宮の教育と何らかの関わりをもつ人物であった可能性は、なお十分に考慮しておく必要があると考えられる。

この点からさらに推測を加えるならば、『語叢』は、東宮における教学書であった可能性も見いだされよう。『国語』

巻十七、楚語上には、太子の教育係に任命された士亹に太子教育の方策をたずねられた申叔時が、「春秋」「世」「詩」「礼」「楽」「令」「語」「故志」「訓典」の九種の科目を挙げて、個々にその教育目的を明らかにした記述がある。その中の「語」について、申叔時は「教之語、使明其德、而知先王之務、用明德於民也」と述べ、韋昭は注して「治國之善語」と説明している。もとより短絡的に結びつけることはできないが、韋昭の注を踏まえるならば、儒家や道家の多様な言説の抄録からなる『語叢』とこの「語」との間には類似する面があり、東宮における教学の場に供され、しかもその内容が「善語」であるために、ことさら謹直な字体が用いられたとの推測も成り立つのではないだろうか。

おわりに

以上、本章では『語叢』を楚国に流伝した子思学派の伝注類とする周氏の見解について問題点を指摘し、簡長・内容・字体といった『語叢』の特異性を整合的に踏まえるならば、墓主に関わる学術上の要点を抄録した教学用の文献と見なすのがより穏当であろうとの結論を提示した。

はじめに述べたように、『語叢』は郭店楚簡の中でも特に釈読が困難な文献の一つであり、その最大の原因は、独立した短文を中心とするため、竹簡の連接を容易に復原し難い点に求められる。しかし、本章での結論に従えば、個々の言説が全体としてどのように連繫・排列されるかといった内的関係はさほど重要な意味をもたず、むしろ個々の言説と郭店楚簡の他の諸篇や先秦諸思想との外的関係にこそ、『語叢』の資料的意義を認める必要があると言えよう。

注

（1）『語叢』各組の竹簡の形制は、以下の通りである。
『語叢一』……簡長十七・二―十七・四㎝・編線三道・簡端平斉
『語叢二』……簡長十五・一―十五・二㎝・編線三道・簡端平斉
『語叢三』……簡長十七・六―十七・七㎝・編線三道・簡端平斉
『語叢四』……簡長十五・一―十五・二㎝・編線両道・簡端平斉
郭店楚簡の内、最長の『緇衣』『五行』などの三十二・五㎝に比べて約半分、『語叢』に次いで短い『魯穆公問子思』『窮達以時』の二十六・四㎝に比べても約十㎝短い。

（2）例えば、李学勤「先秦儒家著作的重大発現」（『郭店楚簡研究〈中国哲学 第二十輯〉』遼寧教育出版社、一九九九年）には「此外竹簡還有『語叢』四組、雑抄百家之説、大約是教学用書、和漢初賈誼『新書』的「連語」・「修政語」・「礼容語」等有些相像」との指摘があり、また廖名春「郭店楚簡儒家著作考」（『孔子研究』五十一、一九九八年）は「『語叢一』至『語叢三』雖為名言的匯集、但基本上以儒家之説為主」と述べている。

（3）周氏は、「字体」の語について「本文所説的字体、包含文字的〝形体結構〟与〝書法体勢〟」と定義付けている。

（4）陳氏はさらに、『語叢』と他の郭店楚簡との対応関係が、主として『語叢一』『語叢二』に限られ、『語叢三』にあまり見られないこと、他方、『語叢三』には「子曰」「孔子曰」という明示はないものの『論語』に見える二条の孔子の言が見られるのに対して、『語叢一』『語叢二』には孔子の言が見られないことを指摘し、『語叢一』『語叢二』と『語叢三』との間に何らかの分別があったのではないかとの見解を示している。これについては、例えば『語叢三』（46）「强之樹也、强取之也」と『性自命出』（8）「剛之樹也、剛取之也」との間に関連を認めることができ、また、『語叢二』（51）には『論語』衛霊公篇に「子曰」として引用された箇所と類似する部分が見いだされることから、必ずしも首肯し難い。ただし、『語叢』の相互関係について見ると、『語叢二』に比べて『語叢一』と『語叢三』とに密接な関連が窺われるようであり、さらに形式面では、『語叢三』に『語叢一』『語叢二』には見られない両欄形式の部分が見いだされる。これらの点からも三篇を一律に伝注という枠組みでとらえ得るかについては、疑問の余地が残るであろう。なお、『語叢三』の両欄形式については、龐樸「《語叢》

臆説」（『郭店楚簡研究〈中国哲学 第二十輯〉』遼寧教育出版社所収、一九九九年）参照。
（5）郭店楚簡の「者」字の形体については、張光裕主編『郭店楚簡研究』第一巻・文字編（芸文印書館、一九九九年）参照。
（6）この点については、黄錫全『汗簡注釈』（武漢大学出版社、一九九〇年）三三一頁参照。
（7）この「項羽妾本」は、傅奕本の校定に用いられた一本であり、宋の彭耜『道徳真経集注雑説』巻下（『正統道蔵』洞神部・玉訣類、長字号）に謝守灝「老君実録」を引いて、「唐傅奕考覈衆本、勘其數字云、項羽妾本、齊武平五年、彭城人開項羽妾塚得之」という。
（8）したがって、同様に周氏が指摘する『五行』『唐虞之道』『忠信之道』の「者」字と斉国文字との関連についても、現時点ではそれを証明し得る段階に至っていないと見なすべきであろう。ただし、郭店楚簡の文字に多様な要素が含まれることを具体的に指摘した周氏の視点は極めて重要である。従来、楚墓から出土した簡牘文字を楚系文字と称して、あたかもそれらが楚国特有の文字であるかの如き暗黙の前提で議論が展開される傾向があったのではないかと思われる。特に郭店楚簡のように、成立や来源を異にすると見なされる文献が墓葬書籍として一括されて出土した場合には、そこに用いられた文字の背後には、地域・時代・種類・書写者などの諸要因が複雑に絡み合った状況を想定しておく必要がある。
（9）『語叢』を教学用の文献と見る説は、すでに李学勤氏によって提出されている（注（2）参照）。
（10）李学勤「荊門郭店楚簡中的『子思子』」（『文物天地』一九九八年第二期、『郭店楚簡研究〈中国哲学 第二十輯〉』遼寧教育出版社、一九九九年再収）
（11）彭浩「郭店一号墓的年代與簡本『老子』的結構」（『道家文化研究 第十七輯「郭店楚簡」専号』生活・読書・新知三聯書店、一九九九年）
（12）李零「郭店楚簡研究中的両個問題—美国達慕思学院郭店楚簡『老子』国際学術討論会感想」（『郭店楚簡国際学術研討会論文集』湖北人民出版社、二〇〇〇年）

第三部 古文字学研究

第一章 『語叢三』の再検討

―竹簡の分類と排列―

福田哲之

はじめに

郭店楚簡において『語叢』と仮称された四篇の文献のうち、『語叢一』『語叢二』『語叢三』の三篇は、字体・容字・編線数などの諸点で『語叢四』と異なり、他の郭店楚簡との間にも顕著な特異性を示す。しかもこれらは、郭店楚簡の中でも取り分け釈読が困難な文献であり、大半の竹簡の接続が不明で、現時点においては、各簡の全体的な排列について復原の手だてすら見いだされていない。こうした釈読上の困難さは、独立した短文を中心とし、その背後に多様な思想が想定されるという、三篇がもつ文体・内容の特色と密接に関わっている。そのため、内容面の検討のみでは竹簡の排列について一定の結論を導きがたく、近年では各篇内部の排列の問題に止まらず、『語叢一』と『語叢三』とを統合して新たに二篇に改編する見解なども提出されてきている。

こうした状況を踏まえ、本章では『語叢三』を中心にその区分と排列に関する先行研究を検討し、釈読の前提となる基軸を提示してみたい。

『語叢三』の区分・排列に関わる先行研究として、管見の及んだものには以下の三種がある[1]（《》は本章における略号）。

①荊門市博物館編『郭店楚墓竹簡』（文物出版社、一九九八年）……《文物》

②李零『郭店楚簡校読記（増訂本）』（北京大学出版社、二〇〇二年三月、初出『道家文化研究』第十七輯、一九九九年）……《校読記》

③涂宗流・劉祖信『郭店楚簡先秦儒家佚書校釈』（万巻楼図書有限公司、二〇〇一年）……《校釈》

郭店楚簡研究の基礎資料である《文物》と比較すると、《校読記》は『語叢三』全体の区分が合致し、内部の竹簡の排列が異なるのに対し、《校釈》は排列の前提となる区分そのものに改変を加えている。そこで、次節ではまず《校釈》の検討から始めることとしたい。

一　涂宗流・劉祖信『郭店楚簡先秦儒家佚書校釈』の検討

涂宗流氏の執筆にかかる《校釈》の「前言」には、内外の学者の意見、特に龐樸・廖名春・郭沂・李家浩氏らの提案により、郭店楚簡の佚書十二篇を三組に分けて処理を進めたとあり、第三組に『語叢』を位置付け、その区分について以下の如く説明している。

『語叢』一・二・三・四爲第三組。根拠龐樸先生的提示、将『語叢』一・三合在一起・重新拼接、然後分爲上・

下篇。『語叢一・三』上篇、存簡88枚、分為8章、以「天生百物、人爲貴」為中心、擬定篇名為「天生百物」。『語叢一・三』下篇、存簡96枚、分8章、以「子孝父愛、非有爲也」為中心、擬定篇名為「父子兄弟」。『語叢二』、存簡54枚、以「情生於性、禮生於情」為中心、擬定篇名為「禮生於情」。『語叢四』、存簡27枚、其内容主要是論述慎言・善処之理、以文中的「愼言訣行」為篇題。本書中的『語叢』四篇、分別為「天生百物」（『語叢一・三』上篇）・「父子兄弟」（『語叢一・三』下篇）・「禮生於情」（『語叢二』）・「愼言訣行」（『語叢四』）。

この記述から、《校釈》は《文物》の『語叢一』と『語叢三』とを統合して上下二篇に改編し、上篇を「天生百物」、下篇を「父子兄弟」と題しており、その根拠に龐樸氏の見解があったことが知られる。

また、劉祖信氏の執筆にかかる《校釈》の「荊門郭店楚墓竹簡概述」には、劉祖信氏が彭浩氏・王傳富氏とともに「荊門市博物館郭店楚簡整理研究小組」のメンバーとして郭店楚簡の整理を担当した研究者であり、とくに簡文編連工作には劉祖信・彭浩の両氏が従事し、五年にわたる艱辛努力の結果、ようやく全ての簡文の識読・編連および校釈が完成し、裘錫圭氏の審校を経て、文物出版社から『郭店楚墓竹簡』を刊行したとの経緯が記されている。従って、《校釈》が《文物》の『語叢一』と『語叢三』とを新たに統合・改編したことは、劉祖信氏の立場からすれば見解の変更を意味するという点でも注目されよう。

《校釈》「天生百物」一の【注】①には、

龐樸先生引述清人畢沅整理「墨経」的故事説、「現在『語叢三』的那些双欄簡、有無可能也是某種〝経〟？現在語叢一・二・三裡被連続著的許多簡、是否混有本該分欄旁読的簡？」同時指出「経文〝生爲貴〞的〝説〞文、也

許便是『語叢一』第十八―二十一簡的〝天生百物、人爲貴……〟等等」（見「『語叢』臆説」中国哲学第二十輯）

とあり、《校釈》が根拠とした龐樸氏の見解とは、具体的には「『語叢』臆説」（『郭店楚簡研究〈中国哲学 第二十輯〉』遼寧教育出版社、一九九九年）を指すことが知られる。この見解は、「墨経」の「讀此書旁行」と『語叢三』の64（以下、算用数字は《郭店》「語叢三」の簡号を示す）以後に見られる上下両欄による旁読形式との関連から、64以後の九簡が「経」の残簡である可能性を指摘し、さらにこれらの「経」に対して「説」に相当すると見なされる部分を『語叢一』『語叢三』から提示するものである。ただし、この論文において龐樸氏は『語叢一』『語叢三』の統合・改編という点には言及しておらず、《校釈》は龐樸氏の指摘する『語叢一』『語叢三』の内容上の関連を、篇の区分の問題にまで踏み込んだ形で展開したものと言えよう。

　龐樸氏が指摘する如く、確かに『語叢一』と『語叢三』との間には、内容面における密接な関連を窺うことができる。しかし、両者の区分の改変については、竹簡の形制面において、以下の如き問題が指摘される。

【表1】『語叢』（一・二・三）の形制（「字体」は《校読記》の種別による）

文献名	枚数	簡長（cm）	編線数	簡端	字体
語叢一	一一二	一七・二―一七・四	三道	平斉	第五種
語叢二	五四	一五・一―一五・二	三道	平斉	第五種
語叢三	七二	一七・六―一七・七	三道	平斉	第五種

『語叢一』『語叢二』『語叢三』の形制を比較すると、編線数・簡端・字体の三点で共通しているが、簡長については『語叢一』『語叢三』と『語叢二』との間に明確な相違が認められる（［表1］参照）。『語叢一』『語叢三』に比べて『語叢二』は約二㎝短いのに対し、『語叢一』と『語叢三』とは最大で〇・五㎝の差に止まっている。《校釈》が「荊門郭店楚墓竹簡概述」の中で「天生百物」と「父子兄弟」の簡長をともに一七・二―一七・七㎝と表示するのも、『語叢一』と『語叢三』との簡長の差を同一篇内における相違の範囲として解釈したものであろう。

このように、簡長においても『語叢一』と『語叢三』とは明確に区分しがたいわけであるが、注目すべきは、竹簡を編綴する上中下三道の編線の位置に相違が認められる点である。特に相違が顕著な下部の編線の位置を図版で計測すると、『語叢一』では編線の痕跡が竹簡の下端から約二㎝のところにあるのに対し、『語叢三』では約〇・五㎝のところにある。《文物》の「凡例」によれば竹簡の図版は原寸大であり、たとえある程度の縮小差を考慮するとしても両者の違いは明瞭であると言わなければならない。従って、編線の位置が異なる『語叢一』と『語叢三』とは、別個の冊書であったことが明らかなのである。

おそらく、《文物》においても『語叢一』と『語叢三』とを区分する最大の根拠は、この編線の位置であったと思われ、《文物》の整理者の一人である劉祖信氏がこの点に全く言及せず『語叢一』と『語叢三』との統合・改編を試みたのは不可解としなければならない。しかし、いずれにしても《文物》の『語叢一』と『語叢三』との区分は、形制面から疑問の余地がなく、両者を統合して新たに「天生百物」と「父子兄弟」との二篇に改編する《校釈》の見解は成立し得ないのである。

二　李零『郭店楚簡校読記（増訂本）』の検討

次に、李零《校読記》の検討に移りたい。《校読記》は全体の区分を《文物》に従うが、内部の竹簡の排列が異なっている。《校読記》の見解で特に注目されるのは、『語叢三』（《校読記》は「父無悪」と改題）の句読符号について、以下の如く述べている点である。

這類句読分三種形式、一種作小短撇（如簡5・7・16・51）、一種作小短横（如簡21―25・27・29―34・37―40・43・45・47・52・60―63）、一種作小方点（如簡49・53・59・65―67・69・70・72）。今按這三類符号、参酌文義、重新拼連、重新分組、重新排序、然後把簡文分為十章（毎章又包含若干短章）。

すなわち《校読記》は、三種の句読符号を指標として『語叢三』の竹簡を「（一）章號作小短撇者」「（二）章号作小短横者」「（三）章号作小方点者」の三組に分類し、《郭店》とは異なる独自の排列に基づく釈文を作成するのである。

この三種の句読符号については、当然、排列上の区分とは無関係に混用されていた可能性も考慮されるが、

①句読符号とは無関係に推定されたと見なされる《文物》の接続簡において、内容的なまとまりをもつことが明らかな9から16のうち、句読符号を有する14・15・16はすべて小短撇の句読符号である。

②形式上、同一箇所に存したと推定される両欄形式の64から72のうち、句読符号を有する65・66・67・69・70・72のすべてに小方点の句読符号が見える。

という二つの根拠から、《校読記》の見解について一定の妥当性が裏付けられ、『語叢三』の排列を考察する上で、句読符号への着目は極めて重要であると考えられる。

ただし、句読符号のある竹簡は全七十二簡のうちの三十八簡であり、句読符号のない三十四簡については、内容面から類別を推定するほかなく、大部分が短文で内容を十分に把握しがたいため、疑問の余地が多く生ずるという問題点が残されている。

そこであらためて「小短撇」「小短横」「小方点」の句読符号をもつ竹簡に注目してみると、句読符号のみならず「也」「之」「者」といった頻出する特定の字形についても相互に相違が認められることに気付く。この三字に基づき各簡の比較検討を進めると、最終的に三種の句読符号と「也」「之」「心」「辵」「者」の五字（偏旁を含む）の形体上の異同との間に対応関係が見られることが明らかとなる。

《校読記》の分類に従って「小短撇」を第一類、「小短横」を第二類、「小方点」を第三類とし、各類と字形との対応関係を表にまとめると【表2】の如くである。

さらに、字形の分析によってまとまった数が得られた各類の竹簡を相互に比較すると、第一類は、細めの筆画で一字の長さが比較的短いのに対し、第二類は、太めの筆画で一字の長さが比較的長く、さらに第三類は、細めの筆画で一字の長さが比較的長いといった書風上の相違も存在することが明らかとなる（【図1】参照）。しかも、こうした書風上の相違は書写者の相違を示すと見なされることから、句読符号を指標とした《校読記》の三分類と排列上の区分との対応関係は、実は三人の書写者に起因するものであったことが判明する。

ここで注意すべきは、21・23・25・52の四簡について、句読符号と字形・書風との間に齟齬が見られる点である。これらはいずれも第二類の「小短横」の句読符号をもちながら、字形・書風は第三類に属する。このうち52について

【表2】句読符号と字形との対応関係（「心」「辵」は偏旁）

分類	第一類	第二類	第三類
符号	小短撇 	小短横 	小方点 
「也」			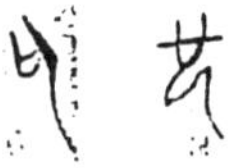
「之」			
「心」			
「辵」			
「者」			

［図1］各類の書風上の相違

第一類　16

第二類　41

第三類　67

は、すでに《校読記》において齟齬が見られたものである。この点に関する《校読記》の言及はないが、「父無悪（語叢三）」の解説部分で「小短横」の例として52を挙げ、他方「（三）章号作小方點者」においては52と「小方点」のある53との接続を明示していることから、単なる過誤でないことは明らかであろう。(2)

『語叢三』に見える三種の句読符号の用例を簡数で示すと、「小短撇」六簡、「小短横」二十三簡、「小方点」九簡であり、「小短横」の句読符号をもつ簡が大多数を占める。(3) 齟齬を示す四簡のうち、25は他の「小短横」の句読符号に比べてやや太く、「小短横」と「小方点」との中間的な形体を示していて、句読符号のみではいずれとも判別しがたい面を有している。他の三簡は明らかに「小短横」に属するが、25の如き中間的な形体が存在することや「小短横」二十三例中十九例については、句読符号と字形・書風との間に明確な対応関係が認められることなどを踏まえるならば、この四例をもって句読符号と字形・書風との対応関係を積極的に否定することはできず、むしろ第三類中にも例外的に「短横」の句読符号が存在したと見るのが妥当であると考えられる。

ここで注目されるのは、66の中間部に「小短横」、下部に「小方点」と、同一簡に異種の句読符号が見られる点である。『語叢三』において一簡中に二つの句読符号を有するのは、65・66・67・70・72の五簡であり、これらはすべて両欄形式に属する。このうち66を除く他の四簡は二つとも「小方点」であり、「小短横」「小方点」の異種の句読符号は66のみに見られる。《校読記》は66を「小方点」に分類し、上部の「小短横」については言及していないが、字形・書風の分析によって第三類に属することが明らかである。こうした点から、66は第三類中に「小短横」が例外的に混在することを具体的に示す例と見なすことができよう。

以上、本節では『語叢三』の三種の句読符号と字体との間に対応関係が認められることを指摘し、字体の分析によって、句読符号のない竹簡のみならず、例外的な句読符号をもつ竹簡についても正確な分類が可能となることを明らかにした。《郭店》の簡号に従い、各簡ごとに《校読記》と筆者の分類とを比較すると、末尾に掲げた［表3］の如き結果が得られる。

『語叢三』の各簡の分類を《校読記》と比較すると、全七十二簡のうち五十九簡は合致するが、※を付した17・18・19・20・21・22・23・24・25・48・54・56・57の十三簡については、修正の必要があると考えられる。また、釈読において重要な意味をもつ竹簡の接続について見ると、接続の相手が別類となるため成立困難と判定されるものは、《郭店》が推定した十五例のうち一例、《校読記》は二十例のうち六例であった。

次節では、《郭店》《校読記》が合致して筆者の分類と齟齬をきたす唯一の例である48と49との接続の問題を取り上げ、あらためて筆者の分類の妥当性を検証してみたい。

三　『語叢三』第48簡と第49簡との接続の問題

はじめに48・49について《郭店》の釈文・図版（[図2]）を示す。

思亡彊、思亡其、思亡紃、思[48]亡不邎（由）我者。[49]

[図2] 第48簡・第49簡

第一類

第三類

48　49

《郭店》が48と49との接続を推定したのは、48の末尾が「思」字で終わって次簡へ続くことが明らかであり、49との接続によって「思亡」という共通の構文が得られたためと考えられる。この接続には《校読記》も異論を唱えておらず、構文上の合致を根拠とする極めて妥当な推定とも思われるわけであるが、さらに考察を加えてみると、以下の二つの問題が指摘される。

第一は、『語叢三』には一定量の缺失簡が存在しており、現存の竹簡以外にも接続簡が存在する可能性を考慮しておかなければならない点である。例えば《郭店》図版末尾に「附 竹簡残片」として収録された二十七点の残片について、《校読記》は「這些残片、従字体判断、絶大多数都是出自『語叢三』或『語叢一』」と述べ、「（四）可能属於第五種字体的残片（估計多属於『語叢三』或『語叢一』）」のなかに二十点を入れている。

第二は、48と49とは確かに構文上の合致という点から接続を想定し得るものの、同時に49が「思亡」という構文とは無関係の独立した短文、あるいは別個の文章の続きである可能性も依然として残されている点である。つまり、48－49における構文上の合致は決して両簡の接続を裏付けるものではないのである。

ここで注目されるのは、陳偉『郭店竹書別釈』（湖北教育出版社、二〇〇三年、初出「郭店楚簡別釈」〈『江漢考古』一九九八年第四期〉）の見解である。陳氏は48－49を、

思亡疆、思亡期、思亡邪、思[48]亡不由我者。[49]

と釈し、『詩経』魯頌・駉の各章に見える三字句「思無疆」「思無期」「思無斁」「思無邪」との関連を指摘して、以下のように述べている。

与「魯頌・駉」対読、可知簡文是摘取詩之一・二・四章中一句而成。三章中的「思無斁」則未之見。……思亡不由我者、是対所引詩句的評議、大致是説思由我出、其広大・長久和質正、均由自己把持、似為自警之語。我、李零先生読為「義」。這対「無邪」是適合的、但于「無疆」「無期」却恐有不切。

陳氏の指摘は、文字の釈読に貴重な手懸かりを与えるものであるが、同時に上述した両簡の接合の問題についても重要な意味をもっている。すなわち、48－49が『詩経』魯頌・駉に依拠したものであるとすれば、なぜ四章のうち第一・第二・第四章の三句を引いて、第三章の「思無斁」のかわりに「思亡不由我者」という全く異質の句をもってきたのかという新たな問題が提起されるのである。

例えば以下に掲げるように、『語叢三』の50－51および64上－65上と『論語』との間には密接な関連が指摘されている（引用は《郭店》による）。

志於道、虖於德、杙於仁、50遊於藝。51（『語叢三』）

子曰、志於道、據於德、依於仁、游於藝。（『論語』述而）

毋意、毋固、64上毋我、毋必。65上（『語叢三』）

子絕四、毋意、毋必、毋固、毋我。（『論語』子罕）

これらはいずれも、四句の並列という点で『詩経』魯頌・駉と共通性を有している。『詩経』と『論語』との文献的性格の相違も考慮する必要があるが、こうした例を踏まえれば48－49が四句のうちの三句のみからなるのは、やはり不自然と言わざるを得ない。もちろん48－49の接続を肯定する立場からも、この問題に対するいくつかの解答は可能であろう。しかし、おそらくそれは主観的な解釈の域を出ず、客観的な傍証を伴うものとは言い難いのではないだろうか。

これに対して、48と49とは接続しないという上述した字体分析の結果を踏まえるならば、この問題への整合的な解答が可能となる。すなわち48「思亡彊、思亡期、思亡邪、思」は「亡斁」に対応する文字を冒頭にもつ簡に接続し、原本には『詩経』魯頌・駉の四句が完備していたが、「亡斁」簡の方は後に缺失したと推定されるのである。49「亡不由我者」については十分に把握し難いものの、少なくともこの五字で独立した短文を形成した可能性と、第三類の簡（すでに缺失した簡を含む）の末尾に接続した可能性とを考慮しておく必要があろう。

本節では、48－49の接続の問題について検討を加え、48と49とは接続しないという字体分析の結果は、48の典拠と見なされる『詩経』魯頌・駉との関連からも傍証されることを明らかにした。この結論が大過ないものであるとすれば、筆者の分類の妥当性についても、一定の検証が得られたと言えるのではないだろうか。

おわりに

本章では、『語叢三』の区分と排列に関する先行研究について検討を加えた。その結果、『語叢一』と『語叢三』とは編線の位置に明確な相違が認められ、もともと別個の冊書であったことが明らかであることから、《文物》の区分に従うべきであり、両者を統合・改編する《校釈》の見解は成立し得ないことを指摘した。また、排列については、三種の句読符号により竹簡が三分類されるとの《校読記》の見解を踏まえて、句読符号と字形・書風との間に対応関係が認められることを指摘し、字形・書風の分析によって、句読符号のない竹簡や例外的な句読符号をもつ竹簡についても正確な分類が可能となることを明らかにした。さらに、48と49との接続の問題を取り上げ、分類の妥当性を検証した。

現時点では、三類相互の順序や各類内部における竹簡の排列を確定する手懸かりを得ることはできないが、本章で提示した三分類を基軸に据えることによって、『語叢三』の釈読に関わる議論を一定の範囲内に絞ることが可能になると考えられる。今後は各類内部における竹簡の接続・排列について、さらに慎重な検討を重ねていく必要がある。(4)

注

（1）張光裕主編『郭店楚簡研究 第一巻文字編』（芸文印書館、一九九九年）も郭店楚簡の釈文を載せるが、文字に若干の異同が見られるほかは、区分・排列とも《文物》に従うため、本章での検討の対象からは除外した。
（2）52の句読符号の問題については、この符号が他と異なり、同時に重文符号の機能をあわせもつ点も考慮しておく必要があろう。
（3）各句読符号の簡数は、《校読記》が掲げる句読符号別の簡号の集計による。ただし「小短撇」については、《校読記》が指摘していない14・15にも見えることが図版によって確認されるため集計に加えた。
（4）本章の分類に基づく『語叢三』の釈文については、拙稿「郭店楚簡『語叢三』釈文」（『平成十二年度〜平成十五年度科学研究費補助金基盤研究（B）（一）研究成果報告書 課題番号一二四一〇〇〇四 戦国楚系文字資料の研究』（研究代表者竹田健二、二〇〇四年）参照。

［表3］『語叢三』竹簡類別対照表（※は《校読記》と分類が異なる簡を示す。なお14・15の（小短撇）は図版により筆者が補った）

○各類の簡数（括弧は《校読記》の簡数）
第一類：二十簡（十八簡）　第二類：二十九簡（三十九簡）　第三類：二十三簡（十五簡）

《郭店》	《校読記》	福田
1	（一）	第一類
2	（一）	第一類
3	（一）	第一類
4	（一）	第一類
5	（一）小短撇	第一類
6	（一）	第一類
7	（一）小短撇	第一類
8	（一）	第一類
9	（一）	第一類
10	（一）	第一類
11	（一）	第一類
12	（一）	第一類
13	（一）	第一類

14	（一）	（小短撇）	第一類
15	（一）	（小短撇）	第一類
16	（一）	小短撇	第一類
17	（二）		※第三類
18	（二）		※第三類
19	（二）		※第三類
20	（二）		※第三類
21	（二）	小短横	※第三類
22	（二）		※第三類
23	（二）	小短横	※第三類
24	（二）		※第三類
25	（二）	小短横	※第三類
26	（二）		第二類
27	（二）	小短横	第二類
28	（二）		第二類
29	（二）	小短横	第二類
30	（二）	小短横	第二類
31	（二）	小短横	第二類
32	（二）	小短横	第二類
33	（二）	小短横	第二類
34	（二）	小短横	第二類

35	（二）		第二類
36	（二）		第二類
37	（二）	小短横	第二類
38	（二）	小短横	第二類
39	（二）	小短横	第二類
40	（二）	小短横	第二類
41	（二）	小短横	第二類
42	（二）		第二類
43	（二）	小短横	第二類
44	（二）		第二類
45	（二）	小短横	第二類
46	（二）		第二類
47	（二）	小短横	第二類
48	（三）		※第一類
49	（三）	小方点	第三類
50	（一）		第一類
51	（一）	小短撇	第一類
52	（三）	小短横	第三類
53	（三）	小方点	第三類
54	（三）		※第二類
55	（二）		第二類

56	（二）		※第三類
57	（二）		※第一類
58	（二）		第二類
59	（三）	小方点	第三類
60	（二）	小短横	第二類
61	（二）	小短横	第二類
62	（二）	小短横	第二類
63	（二）	小短横	第二類
64	（三）		第三類

65	（三）	小方点	第三類
66	（三）	小短横 小方点	第三類
67	（三）	小方点	第三類
68	（三）		第三類
69	（三）	小方点	第三類
70	（三）	小方点	第三類
71	（三）		第三類
72	（三）	小方点	第三類

［付記］　本章は拙稿「郭店楚簡『語叢三』の再検討－竹簡の分類と排列－」（『集刊東洋学』第八六号、二〇〇一年）と国立台湾大学東亜文明研究中心で開催された「上博簡与出土文献研究方法学術研討会」における筆者の研究発表「字体分析在出土文献研究上的意義－以郭店楚簡『語叢三』為中心－」（二〇〇四年四月十日）をもとに再構成したものである。

第二章　戦国簡牘文字における二様式

福田哲之

はじめに

近年、戦国期の簡牘資料の出土が増加し、当時の筆記文字の実態が徐々に明らかになりつつある。もとより未だ多くの資料上の制約があり、例えば現時点では、楚の領域及び楚と密接な関係をもつ地域から出土した楚系簡牘（以下、楚簡と略記）と秦の領域から出土した秦系簡牘（以下、秦簡と略記）とに限定され、さらに両者においても、楚簡の大部分が戦国中・後期に属し、比較的資料数が多いのに対し、秦簡は戦国後期に集中し、楚簡に比して資料数が少ないなど、均一な条件下での全面的な検討は到底困難な状況にある。

但し、両資料において注目されるのは、それぞれに様式的な傾向性が看取される点である。言うまでもなく簡牘文字は、時代・地域・内容・書写者などの諸条件によって異なり、楚簡文字、秦簡文字においても多種多様な様相が認められる。しかし、同時に両者には、楚簡文字風、秦簡文字風といった概念で統括し得る風格上の相違が存することもまた事実であり、こうした現象を様式論の観点から捉えることによって、一定の比較検討が可能となるであろうと考えられる。

書法史における様式の問題については、これまで主として書体論との関わりからその検討がなされてきている。しかし、既に指摘されているように、戦国簡牘文字には、篆書・隷書といった従来の書体の区分では把握し難い要素が多分に認められることから、(1)戦国簡牘文字のみを検討対象とする場合は、特定の書体と関連付けることは余り意味を持たず、逆に議論の混乱を招くことが懸念される。そこで本章では、敢えて書体論とは切り離した形で、一画の構造や一字の構成、その背後にある運筆の特色といった諸要素から導き出される傾向性に着目して、検討を進めることとした。

また、様式は字形と不可分の関係にあり、実際には両者の関連において文字の変遷の過程を辿る必要があることは言うまでもない。しかし、資料上の制約や偏りが多い現段階では、字形の変遷と様式とを関連付けることは未だ困難であるため、本章では、取り敢えず様式面に絞った検討を試み、字形の問題については、その結果との関連から改めて検討を加えることとする。

一　戦国簡牘文字とその様式

まず、管見の及んだ戦国簡牘資料の性質や年代などを［別表］「戦国簡牘一覧表(2)」にまとめて示す。各資料の検討に用いた文献は、以下の通りである。

Ａ　湖北省博物館『曾侯乙墓』上下（文物出版社、一九八九年）
Ｂ　河南省文物研究所『信陽楚墓』（文物出版社、一九八六年）
Ｃ　湖南省文物考古研究所・慈利県文物保護管理研究所「湖南慈利石板村三六号戦国墓発掘簡報」（『文物』一九九

[別表] 戦国簡牘一覧表（＊…秦系簡牘資料　無印…楚系簡牘資料）

	墓　　号	数　量	性　　質	年　代	出土年
A	湖北随県擂鼓墩1号墓	240余支	遣策	戦国前期(前433)	1978
B	河南信陽長台関1号楚墓	148支	竹書・遣策	戦国中期	1957
C	湖南慈利石板村36号楚墓	4557片	記事	戦国中期前半頃	1987
D	湖南長沙仰天湖25号楚墓	43支	遣策	戦国中期頃	1953
E	湖北江陵藤店1号楚墓	24支	遣策	戦国中期頃	1973
F	湖北江陵天星観1号楚墓	70支	禱辞・遣策	戦国中期頃	1978
G	湖北荊門郭店1号楚墓	730支	典籍	戦国中期	1993
H	湖北江陵雨台山21号楚墓	4支	音律名	戦国中期	1986
I	湖北江陵望山1号楚墓	207支	禱辞	戦国中期後半	1965
J	湖北江陵望山2号楚墓	66支	遣策	戦国中期後半	1965
K	湖北江陵九店56号楚墓	205支	日書	戦国中期後半	1981
L	湖北荊門包山2号楚墓	278支	記事・禱辞・遣策	戦国中期末 （前316）	1987
M	＊四川青川郝家坪秦墓	木牘2件	田律	戦国後期初 （前309～前307）	1979
N	湖南長沙五里牌406号楚墓	38支	遣策	戦国後期	1951
O	湖南長沙楊家湾6号楚墓	72支	（不明）	戦国後期	1954
P	＊湖北江陵王家台秦墓	813支	效律・易占・日書	戦国後期 （前278～秦代）	1993
Q	＊湖北雲夢睡虎地4号秦墓	木牘2件	戦士家書	戦国後期	1976
R	＊湖北雲夢睡虎地11号秦墓	1155支	秦律・文書・編年記・日書	戦国後期～秦初 （前256～前217）	1975
S	＊甘粛天水放馬灘1号秦墓	460支	日書・墓主記	戦国後期 （前239／前269）	1986
T	＊湖北江陵楊家山135号秦墓	75支	遣策	戦国後期	1990
U	＊湖北雲夢龍崗6号秦墓	283点・木牘1件	秦律・冥判	秦代末期	1989

〇年、第一〇期）
D　史樹青『長沙仰天湖出土楚簡研究』（羣聯出版社、一九五五年）
E　荊州地区博物館「湖北江陵藤店一号墓発掘簡報」（『文物』一九三七年、第九期）
F　湖北省荆州地区博物館「江陵天星観一号楚墓」（『考古学報』一九八二年、第一期）
G　荊門市博物館『郭店楚墓竹簡』（文物出版社、一九九八年）
H　湖北省博物館「湖北江陵雨台山二一号戦国楚墓」（『文物』一九八八年、第五期）
I　湖北省文物考古研究所・北京大学中文系『望山楚簡』望山一号墓竹簡（中華書局、一九九五年）
J　湖北省文物考古研究所・北京大学中文系『望山楚簡』望山二号墓竹簡（中華書局、一九九五年）
K　湖北省文物考古研究所編著『江陵九店東周墓』（科学出版社、一九九五年）
L　湖北省荊沙鉄路考古隊『包山楚簡』（文物出版社、一九九一年）
M　四川省博物館・青川県文化館「青川県出土秦更修田律木牘－四川青川県戦国墓発掘簡報」（『文物』一九八二年、第一期）・中国美術全集編輯委員会『中国美術全集　書法篆刻編一』（人民美術出版社、一九八七年）
N　中国科学院考古研究所『長沙発掘報告』（科学出版社、一九五七年）・商承祚『戦国楚竹簡匯編』（斉魯書社、一九九五年）
O　湖南省文物管理委員会「長沙楊家湾M〇〇六墓清理簡報」（『文物参考資料』一九五四年、第一二期）・商承祚『戦国楚竹簡匯編』（斉魯書社、一九九五年）
P　荊州地区博物館「江陵王家台一五号秦墓」（『文物』一九九五年、第一期）
Q　《雲夢睡虎地秦墓》編写組『雲夢睡虎地秦墓』（文物出版社、一九八一年）

R　睡虎地秦墓竹簡整理小組『睡虎地秦墓竹簡』（文物出版社、一九九〇年）
S　甘粛省文物考古研究所・天水市北道区文化館「甘粛天水放馬灘戦国秦漢墓群的発掘」・何双全「甘粛天水放馬灘秦簡綜述」（『文物』一九八九年、第二期）
T　湖北荊州地区博物館「江陵楊家山一三五号秦墓発掘簡報」（『文物』一九九三年、第八期）
U　劉信芳・梁柱『雲夢龍崗秦簡』（科学出版社、一九九七年）

楚簡文字と秦簡文字とに見られる相違について、江村治樹「戦国・秦漢簡牘文字の変遷」（『東方学報』第五三冊、一九八一年）は、楚簡文字のほとんどが露鋒で円転を主体とするのに対し、秦簡文字は蔵鋒で方折を主体とすることを指摘している。さらに江村氏は、秦簡文字における方折化の時期を戦国後期と推測し、秦漢の文字の連続性を指摘して、戦国と秦漢との断絶という簡牘文字変遷の図式を提起している。

江村氏が指摘した楚簡文字と秦簡文字との相違は、その後の資料数の増加により、さらに明確に裏付けられたが、秦簡文字の方折化の時期については、一九七九年に四川省青川県郝家坪秦墓から出土した青川木牘によって、再検討の余地が生じてきている。青川木牘は、その内容から秦の武王二年（前三〇九）から四年（前三〇七）の間の書写と推定されており、木牘の文字には、既に睡虎地一一号墓秦簡と同様な方折様式が明確に認められる。すなわち、青川木牘の年代推定に従うならば、秦における簡牘文字の方折化の時期は、遅くとも戦国中期以前に溯る可能性が指摘されるのである。従って、戦国と秦漢との断絶という簡牘文字変遷の図式は、むしろ、戦国期における二様式分立の図式として理解される必要があるのではないかと考えられる。

本節では、このような意図から、楚簡文字と秦簡文字に見られる様式上の傾向性と両者の相違点とを明らかにし、戦国期における二様式分立の状況について考察を加えてみたい。なお、以下の分析は、個別性を可能な限り捨象して共通性を抽出せんとする試みであるため、個々の資料の特徴については言及しない場合が多いことを予め断っておきたい。

楚簡文字に一定の共通性が見られることについては、前述した江村氏をはじめ既に多くの言及がある。(3) 以下、それらを踏まえて、楚簡文字の特徴を見てみよう（末尾【図1】参照）。

楚系簡牘文字の最古の資料は、A擂鼓墩一号墓（曾侯乙墓）竹簡である。曾国は楚と密接な関係をもつため、楚系簡牘文字の資料として位置付けられてきており、本章もそれに従った。墓葬年代は、出土した銅器の銘文から楚の恵王五六年（前四三三）頃と推定され、戦国前期に入ることは確実である。起筆の強い打ち込みによる楔形の筆画はこの資料に特徴的なものであるが、右廻転の運筆による右上がりに湾曲した柳葉線の筆画も多見され、中・後期の楚簡において中心的な位置を占めるこうした筆画の形体が、戦国前期以前に溯るものであることが知られる。

戦国中期には、B信陽楚簡・C慈利石板村楚簡・D仰天湖楚簡・E藤店楚簡・F天星観楚簡・G郭店楚簡・H雨台山楚簡・I望山一号楚簡・J望山二号楚簡・K九店楚簡・L包山楚簡がある。これらの内、信陽楚簡は肥痩差の少ない棒状線の筆画をもつが、他は概ね起筆部分と収筆部分が尖って送筆部に膨らみをもつ、柳葉線の筆画を中心としている。後期のN五里牌楚簡・O楊家湾楚簡は、何れも不鮮明な図版であるが、柳葉線の筆画は明瞭に確認することができ、このような筆画の構造が、中・後期を通して楚簡の中心的な位置を占めていたことが知られる。また、右上がりの横画と収筆部の下部への巻き込み、左前のめりの文字構造といった特徴は、程度の差こそあれ、ほぼ全ての楚簡に共通して認めることができ、右廻転を基調とする運筆が楚簡文字の様式の根幹にあることを示している。

それでは、こうした楚簡文字の特徴と比較しながら、次に秦簡文字について分析を加えてみよう（末尾【図2】参照）。

まず戦国後期から秦代に属するP王家台秦簡・Q睡虎地木牘・R睡虎地秦簡・S放馬灘秦簡・T楊家山秦簡・U龍

崗秦簡から見ていきたい。

睡虎地秦簡は、内容から十種に分けられ、相互に多様性が見られるが、起筆を打ち込んでそのまま真直に引いたような、平板で肥痩差の少ない板状線の筆画を中心としており、楚簡文字の大部分が、右廻転の運筆による湾曲した柳葉線の筆画からなるのとは、大きく異なっている。こうした運筆の相違は、楚簡文字に多見された収筆部の下部への巻き込みが、秦簡文字にはほとんど見られず、逆に部分的ながら、収筆を上部へ跳ね上げる波磔の萌芽的形体が認められる点にも窺うことができよう。

また、睡虎地木牘の筆画は、板状線を中心とする点は睡虎地秦簡と同様であるが、横画の位置が全て右下がりになり、左上向きの文字構造をとるという特徴が見られる。同様な例は、睡虎地秦簡の「日書」の一部や、不鮮明ながら楊家山秦簡にも認めることができ、さらに秦代末期の書写と推定される龍崗秦簡も同様の構造であることから、戦国末から秦代にかけて、通行体の一系としての位置を占めるものであったことが知られる。こうした特徴は、右上がりの横画をもち左前のめりの文字構造をとる楚簡文字とは逆の傾向を示し、楚簡文字の右廻転に対して、真直に引き出す運筆を基調とする秦簡文字の特色を、端的に示すものであると言えよう。

王家台秦簡は、「日書」三簡、「效律」二簡、「易占」一簡の図版が公表されたに過ぎず、しかも不鮮明なため十分に把握し難いが、「效律」については睡虎地秦簡の「效律」とよく似た板状線の筆画による平直な文字構造を認めることができ、「易占」はやや草卒に書かれていて部分的に円転傾向を帯びた筆画が窺われる。「日書」は図版によれば、睡虎地秦簡の「日書」と同様、謹直な部分と草卒な部分とが見られ、草卒な部分は不鮮明で把握できないが、謹直な部分については板状線の筆画が認められる。

放馬灘秦簡は、秦の故地とされる甘粛天水から出土した資料で、年代について秦の昭王三八年（前二六九）、始皇八年（前二三九）の二説があるが、何れにしても戦国後期に属する。「墓主記」「日書甲種」「日書乙種」の三種からなり、何れも一部が公表されたのみで図版も鮮明さを欠くが、全体的に草卒な筆致で円転の傾向が窺われ、板状線の筆画を中心としながら、所々に起筆を強く打ち込んで収筆を抜き出す釘状線の筆画が見られる。特に「日書甲種」の横画には、起筆の打ち込みを大きく瘤状にし、収筆を細く引き抜く構造が多見され、全体に濃厚な円転の傾向を示している。

江村氏は、睡虎地秦簡が方折を主体としながら、依然として円転の傾向が認められることを指摘し、「あるいは、秦簡などの文字は、特殊な用途の筆記文字に用いられはじめた「方折」体が新たに一般文書にまで用いられるようになった過渡的位置にあると考えてよいかもしれない」と推測している。この江村氏の指摘を踏まえるならば、放馬灘秦簡の「日書甲種」に見える濃厚な円転の傾向も、かかる過渡性を示す例として位置付けられよう。但し、この点について、別な解釈の可能性を示す資料として注目されるのが、M青川木牘である。

既述した如く、青川木牘は、秦の武王二年（前三〇九）から四年（前三〇七）の間に書写された「田律」に関する文書と推定されており、戦国中期から後期にかけての秦簡文字の実態を示す唯一の資料として重要な意義を有する。青川木牘の文字には、睡虎地秦簡と類似した板状線の筆画と平直な文字構造が明確に認められ、両者は字形・様式の両面にわたって、ほとんど時代差を認め難いほどに接近している。すなわち、青川木牘の年代推定に従うならば、戦国後期の初めに、すでに秦では方折様式の文字が通行していたと見なされるわけである。

それでは、江村氏が過渡的側面として捉えた、睡虎地秦簡の円転傾向は、どのように解釈すればよいであろうか。睡虎地秦簡において特に顕著な方折性を示す資料には、「法律答問」「秦律雑抄」「效律」があり、円転の傾向は主として「為吏之道」「日書甲種」「日書乙種」などに認められる。但し、「日書甲種」「日書乙種」は全体が円転の傾向を示すわけではなく、むしろ方折体が大半を占め、「日書甲種」では例えば一三一背から一三七背、「日書乙種」では三一から五二にかけての「貳」の部分など、特定の別筆箇所に顕著な円転の傾向が見出される。ここで注目されるのは、前者が何れも法律文書に属するのに対し、後者は典籍や占卜書に属している点である。同様な状況は、王家台秦簡において「易占」に円転の傾向が窺えるのに対し、「效律」が方折体である点、また「墓主記」「日書甲種」「日書乙種」からなる放馬灘秦簡に円転の傾向が窺われるのに対し、「田律」の青川木牘が方折体である点など、他の秦簡においても概ね共通して認めることができるようである。こうした状況から、秦の公的な文書には方折体が厳格に用いられたのに対し、それ以外の非公式な典籍類などには、厳格さがさほどには要求されず、所々で円転の傾向を示すことになったという、内容や性格に関わる要因を指摘することができよう。また、典型的な方折体はその書法を習得した専門の書記の手になり、睡虎地秦簡の「日書」のように、部分的に顕著な円転傾向の文字が混在するような例については、例えば、書法を正式に学習していない秦人や他国者の手になるといった、書き手に関わる要因も考慮される。(4) このような観点に立てば、睡虎地秦簡には異なる条件下で書写された資料が混在しており、それらを一律に捉えた時には、過渡的側面として映るものの、公的な文書に用いられた文字に着目すれば、戦国中期以前から一貫して、板状線の筆画を中心とした方折様式が行われてきたと解釈することができるのではないだろうか。

但し留意すべきは、確かに秦簡文字は資料によって円転の傾向を示すものの、楚簡文字と比較するならば、やはり全体としては、板状線の筆画を中心とする平直な文字構造を特色としている点である。秦簡文字がなぜこうした傾向性を示すのかについては、多角的な観点からの考察が必要であるが、一つの大きな要因として、筆記具である筆の問題が考慮されよう。

秦簡文字と筆との関係については、すでに江村氏（「戦国・秦漢簡牘文字の変遷」）に注目すべき指摘がある。江村氏は、睡虎地秦簡の文字が穂先の平らな筆で書いたような文字であることから、ひら筆系の筆で書かれた可能性を指摘し、睡虎地秦簡に見られるような方折体は、秦独自の筆によって形成されたとする見解を示している。これを踏まえるならば、青川木牘の例から、秦独自の秦筆の使用は、戦国中期以前に溯ることが明らかとなる。また、青川木牘と睡虎地秦簡との文字が、字形・様式の両面にわたって、ほとんど時代差を認め難いほどに接近していることから推して、秦では戦国中期以前の段階において、国家による文字統制が厳格に行われており、秦筆の使用は、その具体的な手だてとして重要な意味を持っていたのではないかと推測される。すなわち、秦では秦筆のみが使用され、その結果、内容や書き手が異なる場合でも、筆の作用によって、筆画や文字の構造に一定の共通性がもたらされることになったと考えられるのである(5)。

以上、管見の及んだ戦国簡牘文字について、楚簡文字と秦簡文字に見られる様式上の傾向性と両者の相違点とを明らかにした。楚においては、遅くとも戦国中期には、右廻転の運筆を基調とし柳葉線の筆画を中心とする円転様式が広く行われており、他方、秦においては、真直に引き出す運筆を基調とし板状線の筆画を中心とする方折様式が、すでに戦国中期以前に成立していたと推測される。従って、これらの二様式は遅くとも戦国中期には分立状態にあり、それは秦による楚の併合まで継続していたと見なすことができよう(6)。

二　衛恒「四体書勢」と正始石経

戦国期における楚簡文字と秦簡文字との二様式の分立を前節の如く理解するとすれば、次に問題となるのは、これらの二様式と秦・楚以外の領域の文字との関連である。この点については、現在までのところ他の領域の簡牘文字が出土していないため、一次資料によってそれを明らかにすることはできず、不明とせざるを得ない。そこで本節では、二次的な試みとして、伝世文献資料に見える戦国簡牘文字についての記録を手懸かりに考察を加え、一つの仮説を提示してみたい。

伝世文献資料に見える戦国簡牘文字の記録の大部分は、その文字を「科斗文字」、或いは「科斗書」と称するのみで具体的な状況を窺うに足る資料は殆ど皆無と言ってよい。そうした中にあって、なお、一筋の脈絡を辿り得る資料と見なされるのが、衛恒「四体書勢」（『晋書』巻三六、衛恒伝）の汲冢書に関する以下の記述である。

自黃帝至三代、其文不改。及秦用篆書、焚燒先典、而古文絕矣。漢武時魯恭王壞孔子宅得尙書・春秋・論語・孝經。時人以不復知有古文、謂之科斗書。漢世秘藏希得見之。魏初傳古文者、出於邯鄲淳。恆祖敬侯寫淳尙書、後以示淳不別。至正始中立三字石經。轉失淳法、因科斗之名、遂效其形。太康元年、汲縣人盜發魏襄王冢、得策書十餘萬言。案敬侯所書、猶有髣髴。

汲冢書は、晋の武帝の咸寧五年（二七九）に汲郡（河南省）の魏の襄王（或いは安釐王）の墓から出土したとされる簡牘であり、衛恒は、荀勗・和嶠・束晳らとともにその整理校訂に従事した。衛氏は古文学を家学とし、また能書家を排出した家柄として知られ、衛恒が汲冢書の整理校訂に加えられたのも、恐らくそうした事情によるものと推測される。すなわち、「四体書勢」に見える汲冢書に関する記述は、汲冢書を実見し、しかも古文学と書法とに通じた人物の証言として、他に類を見ない重要な意義を有しているのである。

まず、注目されるのは、衛恒の祖父の敬侯（衛覬）が、邯鄲淳から古文の書法を継承している点である。文脈から見て、邯鄲淳の古文が、漢の武帝の時に魯の孔子旧宅の壁中から発現したとされる壁中書に由来することは明らかであり、その書法が、邯鄲淳から敬侯へと継承されていたことが知られる。そして、衛恒が汲冢書の文字について「敬侯の書く所を案ずるに、猶お髣髴たる有り」と述べていることは、間接的ながら壁中書と汲冢書との共通性を示す言葉として注目に値しよう。しかも「髣髴」という語から、これは個別的な字形の合致を言ったものではなく、全体的な書風に関わる様式面の類似性を指摘したものと理解される。

それでは、壁中書に由来する邯鄲淳の古文とは、どのような様式的特徴を持った文字だったのであろうか。現在、邯鄲淳の書法を直接的に伝える資料は見られないが、注目されるのは、先の「四体書勢」の引用中に「正始中に至り三字石経を立つ。転た淳の法を失い、科斗の名に因りて、遂に其の形に効う」と、邯鄲淳の古文の書法との関連から、魏の正始石経（三字石経）への言及が見える点である（末尾【図3】参照）。王国維「科斗文字説」（『観堂集林』巻七）は、この衛恒の言を踏まえ、正始石経の古文について、以下の如く論じている。

然魏三體石經中古文、衞恆所謂因科斗之名效其形者。今殘石存字皆豐中銳末、與科斗之頭麤尾細者略近。而恆謂轉失淳法、則邯鄲淳所傳之古文、體勢不如是矣。邯鄲淳所傳古文不如是、則淳所祖之孔壁古文體勢亦必不如是矣。衞恆謂、汲縣人盜發魏襄王冢、得策書十餘萬言、案敬侯所書、猶有髣髴。敬侯者、恆之祖衞覬、其書法出於邯鄲淳、則汲冢書體亦當與邯鄲淳所傳古文書法同、必不作科斗形矣。然則魏晉之閒所謂科斗文、猶漢人所謂古文、若泥其名以求之、斯失之矣。

王氏は、正始石経の古文は衛恒の言う「科斗の名に因りてその形に効」ったもので、今日知られる残石中の古文は全て「豊中鋭末」の筆画をもち、科斗（オタマジャクシ）の「頭麤尾細」と類似していることを指摘し、これらは衛恒の言う「転た淳の法を失」ったもので、邯鄲淳が伝えた古文とは異なり、従って、その祖となった壁中書の体勢とも異なるとし、さらに、邯鄲淳の古文の書法と共通する汲冢書も、科斗の形に作るものではないとしている。すなわち王氏は「四体書勢」の記述により、正始石経の古文の信憑性を疑い、壁中書や汲冢書との関係を否定するわけである。

こうした見解に対して、別の解釈を示すものに、章炳麟「与于右任論三体石経書」（『華国月刊』一巻、四号、一九二三年）がある。

石經非邯鄲淳原筆、書勢已有其文。然既云轉失淳法、則明其追本于淳。若絶不相系者、又何失法之有。書勢之作、所以窮究篆法、而非辨章六書。篆書用筆不如淳、則以爲轉失淳法。故其言因科斗之名、遂效其形、言筆勢微傷於鋭也。豈謂形體點畫之閒、有所譌誤乎。

章氏は、まず邯鄲淳と正始石経の古文との関連について、邯鄲淳の原筆でないことは「四体書勢」によって明らかであるものの、「転た淳の法を失う」と述べることは、逆に邯鄲淳に基づこうとしたものであることを意味しており、全くの無関係であれば「失法」への言及はなされないはずであるとし、邯鄲淳と正始石経の古文との間に一定の関係があったと見ている。さらに、「四体書勢」の述作の意図は篆法の究明にあって、六書の弁章ではないことを指摘し、篆書の用筆が邯鄲淳に及ばないので「転た淳の法を失う」としたのであり、故に「科斗の名に因りて、遂に其の形に効う」と言ったのは、筆勢の鋭さがやや傷なわれたことを述べたものであって、形体や点画上の譌誤を言うものではないとしている。章氏とほぼ同じ立場からこの問題をより詳細に論じたものに、啓功『古代字体論稿』（文物出版社、一九六四年）がある。啓功氏は、「淳法」を失うという部分について、書写者の個性風格の相違、碑版と簡冊との用途

の相違という二つの関係から、

可以了然、「淳法」的失掉、至少包括両層関係：一是因爲每個書写人的個性風格不同、所以在伝抄転写時不能不有其差異：二是碑版和簡冊的用途不同、所以芸術効果的要求也就不同。那麼可以説：《正始石経》雖然筆法上某些地方失了「淳法」、但字的組織構造和它所属的大類型・総風格、都是有其出処、不同于杜撰的。

と述べ、正始石経は筆法上のある面について「淳法」を失ったとしても、文字の組織構造とそれが属する大類型・全体的な風格は、全てその出所があり、杜撰なものとは異なると解釈している。

それでは、これらの指摘を踏まえながら、改めて先に引用した「四体書勢」の記述を見てみよう。まず指摘されるのは、「至正始中立三字石經。轉失淳法、因科斗之名、遂效其形」の内、「轉失淳法」以下の部分は、正始石経についての直接的な言及ではなく、「轉」「遂」という語に注目すれば、正始石経の建立によって引き起こされた弊害という意味に理解される点である。従って、正始石経は古文の形骸化を促進・助長させる面があったとしても、それ自体が完全に「淳の法を失い、科斗の名に因りて、遂に其の形に效う」文字だったわけではなく、この記述によって、その資料性を全て否定することはできないと考えられる。それでは、なぜ正始石経の建立によってかかる弊害が生じたのであろうか。

石経の建立は、依拠すべき経書の本文と文字の正体とを、世間に公示する意図によるものであり、それが極めて大きな影響力をもつことは、例えば、『後漢書』蔡邕伝（五十下）に見える熹平石経についての以下の記述からも知られる。

邕以經籍去聖久遠、文字多謬、俗儒穿鑿、疑誤後學、熹平四年、……奏求正定六經文字。靈帝許之、邕乃自書丹於碑、使工鐫刻立於太學門外。於是後儒晩學、咸取正焉。及碑始立、其觀視及摹寫者、車乘日千餘兩、塡塞街陌。

こうした状況を踏まえるならば、正始石経もまた多大な影響力をもち、刻入された古文は、その典型として広範に流布したであろうことは想像に難くない。啓功氏が指摘する如く、正始石経の古文は、すでに碑石に刻入された段階で手写体との間に一定の距離を生じており、それが広範に流布し伝写されていくうちにますます本来の姿から遠ざかり、他方、「科斗書」という古文の渾名が、その形骸化に一層の拍車をかけることになったと推測される。古文学を家学とし邯鄲淳の古文の継承者である敬侯を祖父に持つ衛恒にとって、正始石経の建立によって引き起こされたかかる弊害は、黙視し難い所であり、敬侯の古文の正統性を立証し、真の古文の復興を図る契機として、汲冢書の出土は、極めて重要な意味をもつものだったのである。

「四体書勢」の記述と正始石経との関係を上述の如く理解するならば、そこに刻入された古文は、正体を公示するという目的からして、当時における古文の正統である邯鄲淳と全く無関係であったとは考えにくい。従って、章氏の指摘の如く、その基づくところは、やはり邯鄲淳の古文であったと理解するのが自然であろう。しかし、石経という性格上、一定の画一化がなされたために、結果的には、邯鄲淳の古文の真相から遠ざかることとなり、それが衛恒の批判に結びついたと考えられる。但し、啓功氏が指摘する如く、大枠の類型や全体的な書風については、原資料を反映したものと見ることができ、正始石経の古文に共通する「豊中鋭末」という筆画は、邯鄲淳の古文の様式上の特徴を定式化した形体であった可能性が指摘される。そして、この可能性に立脚するならば、先の衛恒の言から、かかる特徴は壁中書に由来し、同時に汲冢書にも共通するものであったと考えることができよう。

ここで注目したいのは、「豊中鋭末」という正始石経の古文の特徴が、楚簡文字に見られる柳葉線の筆画と極めて近似し、しかも古文の横画の構造はやや上部に湾曲していて、明らかに円転性が看取される点である。前節で検討した如く、戦国中期から後期にかけての楚簡文字には、右廻転の運筆を基調とし柳葉線の筆画を中心とする様式上の傾向性が認められた。こうした楚簡文字の特徴と正始石経の古文に共通する「豊中鋭末」の形体との間には、一定の脈絡を辿ることができ、それは、楚簡文字と壁中書や汲冢書の文字との間に、様式面における共通性が存在した可能性を示唆するであろうと考えられる。

それでは次に、壁中書と汲冢書の資料性について、考察を加えてみたい。

壁中書は、西漢の武帝（一説に景帝）の時に、魯の孔子旧宅の壁中から発現したとされるが、その経緯については不明な点が多く、発見された書籍も文献によって異同があり、壁中書の出土そのものを疑問視する見解も提出されている。しかし、『説文解字』に古文として掲出された壁中書の字形と戦国期の出土文字資料との間に一定の共通性が見られることから、許慎が壁中書として依拠した資料が、戦国期の簡牘資料に基づくものであったことは、認めてよいのではないかと思われる。孔子旧宅の壁中という発見地も、壁中書の権威を高めるために附会された可能性があるが、一応、魯の地域で発見された資料であるとすれば、その性格について、少なくとも二つの場合を想定する必要があろう。すなわち、魯が楚に併合される紀元前二五六年より前に魯の文字で書写されたものであれば、当然、魯の文字資料と見てよいわけであるが、仮に楚併合以後であれば、楚の文字で書写される可能性が生ずることになる。この点について、李学勤「郭店楚簡与儒家経籍」（『中国哲学』第二十輯、遼寧教育出版社、一九九九年）は、郭店楚簡に多見される「衍」（道）が、『汗簡』『古文四声韻』に「古尚書」の文字として掲出されている点に注目し、

所謂「古『尚書』」、即指漢代前期孔壁発現的古文竹簡『尚書』、伝説是孔子後裔在秦代下令焚書時壁蔵起来的。孔壁在曲阜、曲阜原為魯都。魯国在公元前二五六年已被楚国呑并、因而曲阜屡有戦国晩年的楚国文物出土。孔家壁蔵的竹簡書籍、很可能是用楚文字書写的、从孔壁流伝的古文和郭店簡類似是自然的。

と述べている。これは、壁中書が楚の文字で書写されていた可能性を、文字の上から具体的に指摘したものであり、壁中書の書写年代についても、有力な手懸かりを提供する見解として注目される。しかし、「衍」（道）が楚のみで用いられた文字であるか否かは、資料上の制約から未だ明らかではなく、魯やその他の諸国でも通行していた可能性も残されていることから、この点のみによって、壁中書と楚の文字との関係を立証することは困難であろう。従って、壁中書については、戦国期の簡牘資料であることはほぼ疑いないとしても、その地域や時期などは把握し難いとしなければならない。

これに対して、汲冢書については、信憑性の高い情報が比較的多く残されている。汲冢書が汲郡（河南省）の魏の王墓から盗掘によって出土したことは、文献に一致しており、被葬者については、襄王と安釐王の二説が見られる。『晋書』巻五一、束晳伝などによれば、出土した書籍は「紀年十二篇」「易経二篇」「国語三篇」「瑣語十一篇」「穆天子伝五篇」「雑書十九篇」など七五篇にのぼったが、現在では前述した束晳、衛恒らが今文に写定したテキストに基づく「穆天子伝」のみが伝存するに過ぎない。汲冢書が出土した冢が王墓であるか否かについては暫く措くとしても、魏墓であることは、「紀年」が魏の史記と見なされ、出土地の汲郡が魏の領域であることからも疑問の余地はあるまい。

汲冢書を実見した杜預は、『春秋経伝集解』後序の中で、「紀年」について以下の如く記している。

其紀年篇、起自夏殷周、皆三代王事、無諸國別也。唯特記晉國、起自殤叔、次文侯、昭侯、以至曲沃莊伯之十一年十一月。魯隱公之元年正月也。皆用夏正建寅之月爲歳首、編年相次。晉國滅、獨記魏事、下至哀王之二十年。蓋魏國之史記也。……哀王於史記襄王之子、惠王之孫也。惠王三十六年卒、而襄王立、立十六年卒、而哀王立。古書紀年篇、惠王三十六年改元從一年始、至十六年而稱惠成王卒。卽惠王也。疑史記誤分惠之世以爲後王年也。哀王二十三年乃卒、故特不稱謚、謂之今王。

杜預は、「紀年」の末年を「下は哀王の二十年に至る」と述べるが、後の記述から、「紀年」には、恵王三十六年改元の後、十六年に「恵成王卒」、その後は「今王」と記されていたことが知られる。即ち「下は哀王の二十年に至る」とは、杜預が『史記』との比定から「今王」を哀王に当てて述べたものであって、「紀年」原本は、「今王」の二十年で終わっていたのである。この点については、裴駰『史記集解』魏世家に「荀勗曰、和嶠云、紀年起自黄帝、終於魏之今王。今王者魏惠成王子」とあり、汲冢書の校訂整理にあたった荀勗・和嶠の言からも、原本が「恵成王」「今王」という表記であったことが裏付けられる。杜預も言及する如く、『史記』六国年表・魏世家に、恵王がその三十六年に卒したとするのは誤解であり、『史記集解』『史記索隠』『水経注』に引く「竹書紀年」「世本」に従えば、「恵成王」（恵王）の次王である「今王」は襄王にあたり、「紀年」は襄王の二十年で終わっていたことになる。「今王」については、別に昭王の子である安釐王にあてる説もあるが、「今王」が「恵成王」（恵王）の子であったことは疑いの無い所であり、この説は成立し難いであろう。何れにしても、「紀年」が「恵成王」（恵王）の次王の二十年、即ち紀元前二九九年で終わっていたことは明らかであり、書写年代もそれを余り降らない頃と推定される。従って、墓葬年代はこの年を上限とし、大体、紀元前三世紀の初め頃と見なすことができよう。汲冢書の書写年代については、文献相互にかなりの幅を考慮する必要があるが、これまでの検討を踏まえるならば、ごく大雑把に推測して、戦国中期から後期にかけて書写された資料と見てよいであろうと考えられる。

汲冢書の資料的性格をこのように把握することが許されるならば、前述した楚簡文字との関連から、戦国中・後期において、楚と魏とには共通した様式の文字が行われていた可能性が指摘される。壁中書については、上述の如く不明な点が多いため、一定の結論を導き得ないが、仮に、楚の魯併合以後に楚の文字で書かれていたとすれば、「四体書勢」の衛恒の言は、楚の文字と魏の文字との共通性を述べたものとなる。他方、楚併合以前に魯の文字で書写されていたとすれば、魏のみならず魯においても、楚と同様な様式的特徴を持った文字が行われていた可能性を示すものと解される。

以上本節では、戦国中・後期の楚簡文字に多見される柳葉線の筆画を中心とした円転様式が、同時期の魏の地域にも行われていた可能性を指摘した。もとより、二次資料による一仮説であって、あくまでも臆測の域を出ないが、前節での検討結果と考え合わせるならば、秦簡文字に見られる板状線の筆画を中心とした方折様式は、秦筆による秦独自のものと見なされるのに対し、楚簡文字に見られる柳葉線の筆画を中心とした円転様式は、楚の領域のみならず比較的広い地域に行われていた可能性を指摘することができよう(7)。

おわりに

本章では、戦国簡牘文字について、楚簡文字と秦簡文字に見られる様式上の傾向性と両者の相違点とを明らかにし、

「四体書勢」の記述と正始石経の古文との関連を中心に、秦・楚以外の領域の文字の状況について考察を加えた。これまで述べてきた諸点は、なお慎重な検討を要する部分も多く、将来の一次資料の発見にその実証を俟つ所も少なくないが、戦国期における二様式分立の状況を、大筋において前述の如く理解し得るならば、戦国秦漢の簡牘文字の様式的展開について、以下のような見通しを立てることができるのではないだろうか。

すなわち、楚簡に見られる円転様式と秦簡に見られる方折様式とは、戦国中・後期には地域的に分立状態にあったが、秦の統一によって方折様式が中心となったため、円転様式は一時的に衰微した。秦滅亡後、漢は基本的には秦の方折様式を継承したが、円転様式はもともと秦以外の比較的広い地域に行われていたため、さまざまな形でその影響が顕在化し、結果的には両者の融合の上に、漢代簡牘文字の多様な書法が展開することとなったのである。

注

（1）　例えば、新井儀平「關于包山楚簡書法的考察」（『中日書法史論研討会論文集』一九九四年、文物出版社）は、包山楚簡に、書体が篆書でありながら篆書一般の概念では説明できない隷書的要素をもった文字が認められることを指摘している。

（2）　「戦国簡牘一覧表」は、邵磊・徐暢「先秦簡牘一覧表」（劉正成主編『中国書法全集』第四巻、栄宝斎、一九九六年）に基づき、その後に公表された資料などにより、二〇〇〇年九月時点において若干の追加・修正を加えたものである。簡牘資料の年代に諸説がある場合は、原則として「先秦簡牘一覧表」に従い、年代欄の西紀は、あくまでも目安であって、必ずしも書写年代を示すものではない。なお、戦国時代の始まりには諸説あるが、便宜上、中国の学会の公式的見解である前四七五年とし、下限については、戦国期と秦代との秦簡文字に連続性が認められることから、秦代までとした。

（3）　例えば、馬国権「戦国楚簡文字略説」（『古文字研究』第三輯、一九八〇年）、沃興華「荊楚書法研究」（『中国書法全集』第五巻、栄宝斎、一九九七年）、横田恭三「戦国期楚系簡帛文字の変遷－字形を中心として－」（『書学書道史研究』第八号、一九九八年）などが挙げられる。

（4）江村氏は同論文において、秦律では「史」の職は世襲で、幼時に学室で読み書きの訓練を行わねばならないことを規定しているとし、睡虎地秦簡「秦律十八種」の内史雑に「非史子毆（也）、毋敢學學室、犯令者有罪」とあることを指摘している。

（5）この点に関連して想起されるのは、筆の創始者を秦の蒙恬とする伝承の存在である。この伝承がいつ頃成立したかは知られないが、晋の崔豹『古今注』問答釈義にこれに関する問答が見られることから、少なくとも六朝以前に溯ることは明らかである。秦筆との関連から推測すれば、あるいは、秦の統一によって他国にも秦筆の使用が強制的に義務付けられ、それを背景として成立した伝承と見ることもできるのではないだろうか。なお、戦国期の毛筆は、現在七点が知られており、内三点は楚墓、四点は秦墓からの出土であるが、未だ楚筆と秦筆との相違については明らかにされておらず、今後の検討と新資料の出土が俟たれる。

（6）秦簡文字に見られる方折様式が、いつ頃から秦で行われるようになったかは不明であり、今のところ戦国中期以前という見通しに止めるのが穏当であろう。また、二様式分立以前の状況についても今後の検討課題であるが、現在知られる最古の簡牘資料である戦国前期の曾侯乙墓竹簡に、中・後期の楚簡に多見される柳葉線の筆画とともに春秋末期の侯馬盟書や温県盟書に共通する楔形状の筆画が見出され、他方、秦簡に散見される釘状の筆画や放馬灘秦簡に見える起筆を大きく瘤状にして収筆を軽く抜く筆画などにも盟書との共通点が見出されることから、二様式の共通の祖型として盟書の文字の様式を想定することが可能ではないかと思われる。但し、この点については、あくまでも臆測の域を出ず、簡牘と玉（石）片という被書写材料の相違などをも踏まえた慎重な検討が必要である。

（7）戦国文字の地域的分立を論じた先駆的業績として、王国維「戦国時秦用籀文六国用古文説」（『観堂集林』巻七）がある。これは『説文解字』の籀文が西方の秦の文字、古文が東方の六国の文字に該当することを指摘し、東西分立の実態を明らかにした画期的な見解とされたが、資料数が増加した現在では、王氏が提起した古籀対立の図式は成立し難いことが実証されている（何琳儀『戦国文字通論』中華書局、一九八九年）。王氏の分立説は字形異同の観点に立つものであったが、本章の検討を踏まえるならば、むしろ様式面の観点から再評価されるのではないかと考えられる。

［図1］楚系簡牘

A　曾侯乙墓竹簡67

B　信陽楚簡1－07

G　郭店楚簡　緇衣29

L　包山楚簡110

[図2] 秦系簡牘

M　青川木牘

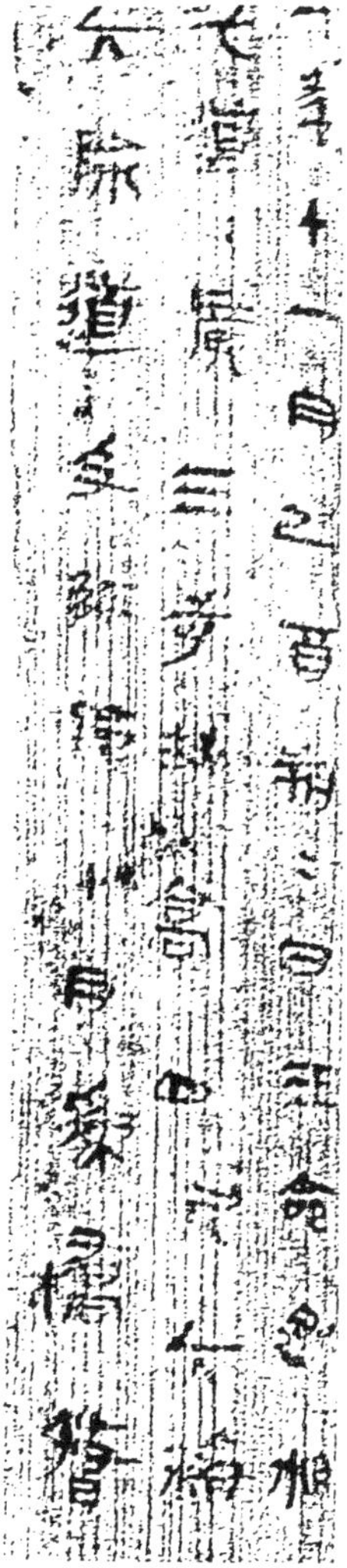

Q　睡虎地木牘

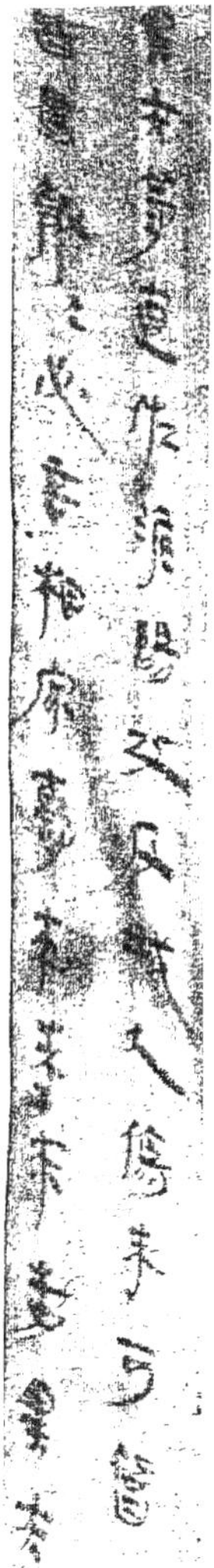

R　睡虎地秦簡

①效律29

②爲吏之道21

③日書乙種33

S　放馬灘秦漢

①日書甲種

②日書乙種

U　龍崗秦漢223

［図3］正始石経

第三章　楚墓出土簡牘文字における位相

福田哲之

はじめに

一九九三年十月、湖北省荊門市郭店一号楚墓から出土した郭店楚簡は、考古学的な発掘により戦国墓から思想関係の著作がまとまって出土した最初の例であり、中国思想史研究に文字通りの画期的意義をもつ資料として注目されてきている。この郭店楚簡は、同時に戦国文字研究の分野においても、単に資料数の増加という点にとどまらない重要な意味をもっている。

従来知られていた楚墓出土簡牘は、主として遣策・日書・司法文書・卜筮祭禱記録などであり、これらはその内容や性格から墓主の周辺で作成・書写されたものと見なされる。これに対して、思想関係の著作である郭店楚簡には、例えば孔子の孫にあたる子思の作と伝えられる『緇衣』や思想内容から子思との関連が指摘されている『五行』、さらに子思と魯の穆公との問答からなる『魯穆公問子思』など、子思およびその後学の手になるものが含まれており、それらの原本は子思学派の拠点であった斉・魯の地で成立した可能性が極めて高い。したがって、郭店楚簡には東土の斉・魯で著作されて南土の楚国に流伝した著作が少なからず含まれることが予想され、それらには何らかの形で東土の文字が混入している可能性が指摘されるのである。

こうした点から注目される論文に、周鳳五「郭店竹簡的形式特徴及其分類意義」（武漢大学中国文化研究院編『郭店楚簡国際学術研討会論文集』湖北人民出版社、二〇〇〇年）がある。筆者は先に「『語叢』（一・二・三）の文献的性格」（本書第二部第十二章）において、この周氏の論文に言及し、若干の検討を加えた。しかし、前稿においてはあくまでも『語叢』（一・二・三）の検討が主題であったため、十分に論及し得なかった部分もあり、またその後に公表された馬承源主編『上海博物館蔵戦国楚竹書（一）』（上海古籍出版社、二〇〇一年）によって、補足すべき点も生じたことから、本章においてあらためて周氏の見解を取り上げ、楚墓出土簡牘文字における位相の問題について、私見を提起することとした。

一　周鳳五「郭店竹簡的形式特徴及其分類意義」の見解と問題点

本節では、周氏の見解の要点を整理し、問題の所在を明らかにしておきたい。

周氏は、郭店楚簡の思想内容を「子思学派」を主体とし、孟子・道家・陰陽術数家の思想を交えたものととらえ、斉国の稷下の学との密接な関連を指摘する。同時に、字体の観点から郭店楚簡を四類に分け、各類の特徴を以下のように述べている。

第一類　『老子甲』『老子乙』『老子丙』『太一生水』『五行』『緇衣』『魯穆公問子思』『窮達以時』『語叢四』

第一類常見于楚国簡帛、字形結構是楚国文字的本色、書法体勢則帯有「科斗文」的特徴、可以説是楚国簡帛的標準字体。

第二類『性自命出』『成之聞之』『尊徳義』『六徳』

第二類出自斉・魯儒家経典抄本、但已経被楚国所「馴化」、帯有「鳥虫書」筆勢所形成的「豊中首尾鋭」的特徴、為両漢以下『魏三体石経』『汗簡』『古文四声韻』所載「古文」之所本。

第三類『語叢一』『語叢二』『語叢三』

第三類用筆類似小篆、与服虔所見的「古文篆書」比較接近、応当就是戦国時代斉・魯儒家経典文字的原始面貌。

第四類『唐虞之道』『忠信之道』

第四類与斉国文字的特徴最為吻合、是楚国学者新近自斉国伝抄・引進的儒家典籍、保留較多斉国文字的形体結構与書法風格。

すなわち、周氏は、第一類が楚国の簡帛の標準字体であるのに対して、第二類・第三類・第四類には斉・魯の文字との関連が見られ、とくに第四類は、斉国文字の特徴と最もよく合致すると見るのである。

そこで以下、第四類の『唐虞之道』『忠信之道』を中心に検証を試みてみよう。まず、第四類と斉国文字との関連にかかわる部分を引用する。

第四類字体主要見于『唐虞之道』与『忠信之道』。這類字体与第三類比較接近、但筆画更形肥厚、「豊中首尾鋭」的特徴更為顕著、其中「仁」「而」「皇」「情」「皆」「用」「甚」「者」「治」等字保存斉国文字的結構、与楚国簡帛文字迥然有別。估計其底本出自斉国儒家学者之手、伝入楚国為時尚暫、未経輾転抄写「馴化」、因而保留較多斉国文字的本来面貌。値得注意的是、『五行』也有少数這類字体、如「者」字就是最好的例証。此字『五行』凡二十見、字形分為両種、其一為楚国簡牘所常用、即本文的第一類、見于第二十簡・第四九簡、其二与『唐虞之道』『忠信之道』相同、斉国文字特色、見于第十九簡・第四十簡・第四三簡・第四四簡・第四五簡・第四九簡・第五十簡。這種字体歧出的現象、与『五行』出于儒家、伝自斉・魯正相一致。『五行』雖然写作的年代最早、伝入楚国已久、其字体絶大多数已被楚国学者輾転伝抄「馴化」、是一個典型的楚国抄本、然而字里行間却仍然保留着外来文字的蛛絲馬迹。

周氏は、第四類『唐虞之道』『忠信之道』の字体が、第三類の『語叢一』『語叢二』『語叢三』と接近している反面、筆画がさらに肥えて、「豊中首尾鋭」の特徴がより顕著であり、中でも「仁」「而」「皇」「情」「皆」「用」「甚」「者」「治」などの文字は斉国文字の形体を保存しており、楚国の簡帛文字とは明確に異なることを指摘し、『唐虞之道』『忠信之道』の底本は斉国の儒学者の手になるもので、楚国に伝わってまだあまり時間を経ていなかったため、転写による「馴化」を受けておらず、斉国文字の本来の面目をより多く保存することになったと推測している。さらに周氏は、第一類に属する『五行』にも少数のこの種の字体があるとし、その最もよい例証として「者」字を取り上げている。まず、『五行』には楚簡に常用される形体の「者」字と『唐虞之道』『忠信之道』と同じ斉国文字の特色を示す形体の「者」字との両種があり、後者の存在は『五行』が儒家に出て斉・魯から伝わったことを示すとした上で、『五行』の場合は著作された年代が最も早く、楚国に伝来してすでに長い時間を経たため、字体の大部分はたび重なる転写によって「馴化」され、典型的な楚国の写本となっているが、なおその中に外来文字の痕跡が保存されているとするのである。

この周氏の見解は、郭店楚簡に斉・魯の文字の存在を指摘すると同時に、斉・魯の文字が転写によって楚国文字に置換されていく現象を「馴化」としてとらえ、斉・魯の文字の残存状況を郭店楚簡の各文献が楚国へ流伝した時期を推測する上での一つの尺度と見なすものである。

はじめにも述べたように、楚墓出土簡牘のうち、包山楚簡・信陽楚簡・天星観楚簡・九店楚簡などに見られる遣策・日書・司法文書・卜筮祭禱記録といった文書類は、墓主周辺の楚地で作成・書写されたものと見なされ、そこには楚国通行の文字が用いられたと推測される。したがって、資料数や用例数の制約という問題をしばらくおくとすれば、郭店楚簡の文字のうち、これらの非思想文献に見えない形体の文字については、原著が成立した斉・魯など楚国以外の地域から伝わった可能性が指摘されることになる。周氏が斉国文字との形体上の関連を示す例として挙げる「仁」「而」「皇」「情」「皆」「用」「甚」「者」「治」の九字も、おそらくこうした前提から抽出されたものであろう。

しかし、ここで問題として指摘されるのは、これらの文字が楚国の通行体と異なる可能性があるとしても、その文字を斉・魯といった限定された国や地域と結びつけることがはたして可能かという点である。論文中に挙げられた九字のうち、「者」を除く八字については、周氏が斉国文字との形体上の共通性をいかなる根拠で認定したのかが全く記されておらず、少なくとも筆者の調査では、これらの八字と斉国文字との間に排他的な共通性を指摘することは困難であると言わざるをえない。

こうした状況において注目すべきは、『語叢三』の「者」字について、論文の（注57）に以下のような言及が見える点である。

（注57）「者」字見于第二十六簡・第二十八簡・第三十簡。這種写法是斉国文字的訛変、「陳純釜」銘文可以参看。

この「者」字は、『五行』に関わる指摘にもあるように、周氏が斉国文字との関連を判別する上での最もよい例証としたものであり、周氏の見解において重要な指標となる文字と見なされる。しかし、これらの「者」字と「陳純釜」の「者」字とを比較すると、とくに下部が大きく異なっており、こうした顕著な相違を「訛変」と解し得るかについては、なお慎重な検討が必要であろう（［図1］参照）。少なくとも、この「陳純釜」によって『唐虞之道』『忠信之道』などにみえる「者」字と斉国文字との関連を説くことは困難であり、唯一具体的な言及の見られる「者」字についても、明確な根拠とは見なし難いのである。

［図1］

○『語叢三』（第三十簡）の「者」字

○「陳純釜」（『三代吉金文存』巻十九・29b）の「者」字

周氏は、『唐虞之道』『忠信之道』の文献的性格について、

『忠信之道』是対『論語・衛霊公』所載孔子「言忠信、行篤敬、雖蛮貊之邦行矣」一語之闡述。『唐虞之道』則出于孟子学派、很可能就是孟子本人対于儒家「禅譲」之説的詮釈、具体的背景是燕王噲禅位相国子之、燕国連年内乱、斉宣王聯合趙・中山出兵伐燕一事。……這両篇保留較多斉国文字的特徴、正是一個有力的旁証。

と述べ、とくに『唐虞之道』については、その禅譲説が燕王噲の禅譲事件を背景とするとの認識から、これを孟子学派の著作ととらえている。(1) 周氏は、『唐虞之道』『忠信之道』が多くの斉国文字の特徴を保存する点をもって、これらが斉国の孟子学派の手になることを示す有力な傍証としているが、むしろ『唐虞之道』および同類の字体で書写された『忠信之道』を斉国の孟子学派の著作とする前提から、斉国文字との関連が導き出されたのではないかと思われる。周氏が『唐虞之道』『忠信之道』の文字の地域性を第二類・第三類のように斉・魯とせず、あえて斉国に限定する理由も、おそらくこの点に求めることができよう。したがって、周氏の見解はあくまでも思想内容を論拠とするものであり、これを文字学的に実証する段階には至っていないと見なされるのである。

そこで次節では、『上海博物館蔵戦国楚竹書（一）』を検討対象に加え、楚墓出土簡牘文字における「者」字の用例を中心に、あらためて検討を加えてみたい。

二　楚墓出土簡牘における「者」字の検討

上海博物館蔵楚竹書（以下、上博楚簡と略記）は、一九九四年に上海博物館が香港の文物市場から購入した竹簡一二〇〇余簡を指す。これらの竹簡は盗掘されたものであるため、出土地などに関する詳細は不明であるが、竹簡の字体や内容、中国科学院上海原子核研究所の科学測定などから、楚国遷郢以前の貴族墓中の随葬物と推定されている。(2)『上海博物館蔵戦国楚竹書（一）』に収録された『孔子詩論』『紂衣』『性情論』のうち、『孔子詩論』は上博楚簡によってはじめてその存在が明らかとなった佚書であるが、『紂衣』は郭店楚簡の『緇衣』と同じく『礼記』緇衣篇に該当し、『性情論』は郭店楚簡の『性自命出』に該当する。

まず、管見の及んだ楚墓出土簡牘について、儒家や道家などの思想関係の著作を「Ⅰ思想文献」、遣策・日書・司法文書・卜筮祭禱記録といった文書類を「Ⅱ非思想文献」として二類に分かち、各資料における「者」字の用例を字形の観点から整理すると、末尾**［別表1］**のごとき結果が得られる。(3)

周氏が斉国文字との関連を指摘する「者」字は、字形例7に該当し、文献により若干の形体上の差異も認められるが、下半部分を「衣」の下部のように作る点に特色があり、同系の文字であることは明らかである（以下、便宜上この形体の「者」字を《者》と表記する）。ここで注目されるのは、上博楚簡の『紂衣』『性情論』にも郭店楚簡の『五行』『語叢一』『語叢二』『語叢三』『唐虞之道』『忠信之道』と同様、字形例7の《者》が認められる点である。

一方、包山楚簡・信陽楚簡・天星観楚簡・九店楚簡など非思想文献における「者」字の形体は、概ね字形例2・6に該当し、字形例7の《者》は見いだされない。

非思想文献における「者」字の用例数が限定されているため、あくまでも現時点での分析であることを予め断っておかなければならないが、こうした状況を踏まえるならば、上博楚簡の用例は、《者》が思想文献特有の形体である可能性をより有力に示唆すると言うことができよう。

それでは、はたして《者》は東土から楚国に伝わった文字なのであろうか。それを最も直接的に裏付ける手段としては、斉・魯から出土した簡牘文字との比較が必要となるが、現在までのところ戦国期の簡牘資料は楚墓出土簡牘と秦墓出土簡牘とに限られており、出土簡牘資料による検討は当面不可能である。(4)次の手段として、金文や璽印・陶文などの筆記資料以外の文字資料による検討が考慮されるが、戦国期の文字資料は限定されている上に地域や資料数などに大きな偏りがあり、しかも、簡牘文字と金文や璽印・陶文などの文字とをどこまで同列に扱い得るかという問題も残されている。(5)つまり、現時点では、一次資料である出土文字資料によって《者》と東土との関連を裏付けることは困難としなければならないのである。

そこで次節では、あくまでもこうした一次資料における手詰まり状態に対する二次的な試みであることを十分に認識した上で、別の観点から検討を加えてみたい。

三　伝鈔古文の検討

戦国文字研究における意義が近年再評価されてきた資料に伝鈔古文がある。一次資料である出土文字資料に対して、伝鈔古文は『説文解字』や『汗簡』『古文四声韻』などの伝世文献の中に採録された古文字資料であり、その出自については十分に把握し難い面を有するが、中心的な位置を占めるのは、西漢前期に魯の孔子旧宅の壁中から出現した壁中書と見なされている。壁中書の記録は、『漢書』芸文志・『説文』叙・『論衡』正説篇などに見え、文献によって発見された書籍の内容は若干異なるが、『尚書』『礼記』『論語』『孝経』といった儒家系の著作であった点では一致している。つまり、現在までの簡牘発見史という観点に立てば、壁中書は東土から思想関係の戦国簡牘資料が発見された唯一の事例と言えるのである。

［図2］

○『古文四声韻』巻三（21b22a）「者」

○『古文四声韻』巻一（23b）「諸」

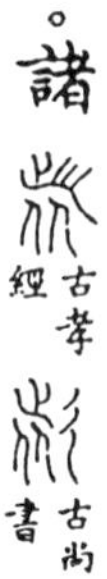

○「三体石経」『春秋』僖公廿八年「諸公遂圍許」

○『汗簡』巻四（48b）引「尚書」

それでは、伝鈔古文について検討を加えてみよう。伝鈔古文には、たとえば『古文四声韻』巻三「者」に引く「古孝経」「古老子」など、郭店楚簡・上博楚簡の《者》に類似した形体が少なからず見いだされる。ほぼ同じ形体は、『古文四声韻』巻一「諸」に引く「古孝経」にも見えるが、これは「者」字を「諸」の義に用いたものであり、同様の例は「三体石経」（『春秋』僖公廿八年「諸公遂圍許」）の「諸」字の古文にも認められる。さらに、『古文四声韻』巻

一に引く「古尚書」および『汗簡』巻四に引く「尚書」の「諸」字も原形は同形の《者》字であり、右旁にあたる部分は上部の「彡」が大きく訛誤されたものと推測される（以上の伝鈔古文の字形については［図2］参照）。

このように郭店楚簡・上博楚簡の《者》は、伝鈔古文にその明確な痕跡を認めることができるわけであるが、ここで問題となるのは、はたして伝鈔古文との共通性を東土の文字との関連としてとらえることが可能かという点である。

上述したごとく、壁中書の文字の地域性については、魯国の孔子旧宅からの発見という点から、従来、東土の文字と理解されてきており、例えば戦国時における東西二土の文字の分立を論じた王国維「戦国時秦用籀文六国用古文説」（『観堂集林』巻七）は、壁中書の文字である『説文解字』の「古文」を東土の文字と見なして立論の根拠としたものである。

これに対して注目されるのは、郭店楚簡の文字と伝鈔古文との関連から別の可能性を指摘する李学勤「郭店楚簡与儒家経籍」（『郭店楚簡研究〈中国哲学　第二十輯〉』遼寧教育出版社、一九九九年）の見解である。

例如簡中多見「衍」字、均読為「道」。此字曾見秦石鼓文和馬王堆帛書、読為「行」、而『汗簡』和『古文四声韻』記為「道」字古文、云出「古『尚書』」「古『老子』」、正与竹簡相合。這類例子還有不少、為避免排印困難、不能枚挙。由此説明、古人流傳的『尚書』『老子』等古文実有所本、当時人們確曾見過像郭店簡這様的戦国竹簡書籍。

所謂「古『尚書』」、即指漢代前期孔壁発現的古文竹簡『尚書』、伝説是孔子後裔在秦代下令焚書時壁蔵起来的。孔壁在曲阜、曲阜原為魯都。魯国在公元前二五六年已被楚国呑并、因而曲阜屢有戦国晩年的楚国文物出土。孔家壁蔵的竹簡書籍、很可能是用楚文字書写的、従孔壁流伝的古文和郭店簡類似是自然的。

所謂「古『老子』」、当指北斉武平五年（公元五七四年）彭城人開項羽妾冢所得的『老子』。唐代傅奕的『道徳経古本篇』即校定該本。項羽楚人、其妾墓中的『老子』也很可能是用楚文字写成的。

李氏はまず、郭店楚簡に多見される「道」の義をもつ《衍》が、『汗簡』『古文四声韻』に「古尚書」「古老子」の「道」字の古文として掲出されていることを指摘する（［図3］参照）。その上で、「古尚書」は壁中書の『尚書』を指し、孔子の末裔が秦の始皇帝の焚書を避けるために『尚書』などを壁中に隠匿した時期が、紀元前二五六年の楚国による魯国併合後であることから、壁中書は楚国文字で書写されており、孔壁流伝の古文と郭店楚簡の文字とが類似することは当然の現象と見るのである。さらに、同じ形体を引く『古文四声韻』の「古老子」は、北斉武平五年（公元五七四年）に項羽の妾の冢から出土した『老子』を指し、項羽が楚人であることから楚国文字で書写されたとして、この見解を裏付けている。

壁中書の発見の経緯については、幾つかの問題も指摘されているが、ここではその点に立ち入らず、李氏と同様、壁蔵の時期を紀元前二五六年の楚国による併合以後であるとしても、なお疑問とすべきは、壁中書を併合後に楚国文字を用いて書写されたと見なす点である。李氏は傍証として、曲阜からしばしば戦国晩期の楚国の文物が出土していることを指摘しているが、文物の出土と文字の問題とを単純に直結させることはできず、壁中書は行政文書などとは異なり、魯の孔子学派が伝承した書物であるという点も十分に考慮しておく必要がある。

そこであらためて楚墓出土簡牘の「道」字の用例を分析してみると、末尾［別表2］に示したごとく、用例の見える郭店楚簡・上博楚簡・包山楚簡・天星観楚簡のうち、字形例3の《衍》は、郭店楚簡の『老子甲』『性自命出』『六徳』『語叢一』『忠信之道』に見え(6)、非思想文献である包山楚簡・天星観楚簡の用例は、字形例1の《道》のみである

［図3］

○『郭店楚簡』（『語叢三』第六簡）

○『汗簡』巻一（10ａ）引「尚書」

○『古文四声韻』巻三（20ａ）「道」

ことが知られる。[7]

つまり、包山楚簡・天星観楚簡といった楚国で作成・書写されたことが明らかな文書類には《道》のみが見え、《術》は郭店楚簡のみに見えるという状況が認められるのである。もとより非思想文献における用例数が極めて限定されていることから、今後、資料数の増加によって非思想文献にも《術》の用例が出現する可能性は十分に考慮しておく必要がある。しかし、郭店楚簡の用例分布を見ても、《道》が各類にわたって多用されるのに対し、《術》の使用範囲はかなり限定されており、楚国では《道》が広く通行し、《術》はやや特殊な位置にあった可能性が指摘される。

したがって、少なくとも現時点における「道」字の用例分析を踏まえるならば、李氏の見解とは逆に、壁中書に由来する「古尚書」の《術》は東土の思想文献に用いられていた文字であり、それが郭店楚簡に認められるのは、東土から楚国へ伝わったことを示唆すると見る方が穏当であろう。

このような観点に立てば、項羽の妾の冢から出土した『老子』を指すとされる「古老子」の《術》についても、文献の性格を重く見るべきであって、項羽との関連からその書写時期は郭店楚簡以後である可能性が高いことから、すでに楚国に伝わっていた《術》が思想書という枠組みの中で使用された可能性も考慮されよう。

以上、李学勤氏の見解を中心に郭店楚簡の《術》について検討を加えた。ここで注目されるのは、前節において明らかにしたごとく、《術》と同じ状況が《者》にも認められる点である。すなわち、郭店楚簡の『五行』『語叢一』『語叢二』『語叢三』『唐虞之道』『忠信之道』、上博楚簡の『紂衣』『性情論』には、非思想文献に見えない《者》が見え、同時にこの形体は、『汗簡』所引の「尚書」、『古文四声韻』所引の「古尚書」「古孝経」「古老子」および「三体石経」(『春秋』)といった伝鈔古文にも認められるのである。したがって、先の推論を踏まえるならば、郭店楚簡・上博楚簡の《者》についても、東土から楚国に伝わった文字である可能性が指摘されよう。

本節における検討は、管見の及んだ楚墓出土簡牘文字と二次資料である伝鈔古文との比較によるものであって、今後の資料数の増加により、修正を余儀なくされる可能性が決して低くないことを十分に認識しておく必要がある。しかし、少なくとも現時点において上述のような推測を導き得るとすれば、周氏の見解のうち、郭店楚簡に東土の文字の残入が見られるとする点については、伝鈔古文を比較資料として用いることによって、消極的ながら一つの傍証を提示し得たのではないかと思われる。

四　「馴化」の問題

第一節において述べたごとく、周氏は、斉・魯で成立した文献が楚国に流伝し転写される際、斉・魯の文字が楚国文字に置換されていく現象を「馴化」としてとらえ、郭店楚簡の字体分類との対応により、斉国文字と多くの関連が見られる第四類から、典型的な楚国の通行体である第一類へと、「馴化」の度合いをほぼ段階的に把握している。本節では、前節における検討を踏まえ、周氏が提起した「馴化」の問題について考察を加えてみたい。

郭店楚簡における《者》《術》の文献別の分布は、

《者》……第一類『五行』、第三類『語叢一』『語叢二』『語叢三』、第四類『唐虞之道』『忠信之道』

《術》……第一類『老子甲』、第二類『性自命出』『六徳』、第三類『語叢一』、第四類『忠信之道』

という状況を示している（【別表1・2】参照）。したがって、《者》《術》が東土から伝わった文字であるとの前提に立てば、これらは必ずしも字体の相違に対応した段階的な「馴化」の状況を示すわけではなく、個々の文字によってその用例の分布は異なると解釈されよう。

この点について、さらに郭店楚簡・上博楚簡に重出する二種の著作の一つである、郭店楚簡『緇衣』と上博楚簡『紂衣』とを中心に検討を加えてみたい(8)。

郭店楚簡『緇衣』には「者」字の用例が七例あるが、《者》は一例も見えない。これとは逆に、上博楚簡『紂衣』は「者」字の六例の用例すべてが《者》であり、他の形体は一例も見えない（【別表1・2】参照）。上海楚簡『紂衣』の字体は、郭店楚簡『緇衣』と同じく、周氏が楚国の標準字体とする第一類に属しているが、全用例に《者》が見えることから、字体と《者》の出現状況との間には必ずしも相関関係は認められないことが裏付けられる。

さらに周氏の見解にしたがえば、《者》が一例も見えない郭店楚簡『緇衣』は、楚国文字への「馴化」が完成した状態を示すのに対し、全用例に《者》が見える上博楚簡『紂衣』の方は、未だ「馴化」されていない状態を示すと解釈される。したがって、郭店楚簡『緇衣』の書写時期は、楚国に流伝して「馴化」が完成するまでの一定の期間を経過した後に設定されるのに対し、上博楚簡『紂衣』の書写時期は、楚国流伝から間もない、かなり早い時期に設定されることになる。

しかしながら、郭店楚簡と上博楚簡とは、ともに戦国中期から後期にかけての書写と推定されており、テキストの面においても、郭店楚簡『緇衣』と上博楚簡『紂衣』とはきわめて近い関係にあることから、(9)両者の間にさほど大きな時間差を想定することは困難であると考えられる。周氏が「馴化」に要する時間をどの程度の幅でとらえているかは明らかでないが、こうした点を踏まえるならば、郭店楚簡『緇衣』と上博楚簡『紂衣』との《者》の有無は、書写時期の相違にかかわる「馴化」の度合いを示すものではなく、同時期に書写された文献であっても、書写者や依拠したテキストなどの条件の相違によって、使用される字形は一様ではなかったことを示すと見る方が穏当であろう。

『史記』仲尼弟子列伝には「澹台滅明、武城の人、字は子羽。孔子より少きこと三十九歳。……南游して江に至る。弟子三百人を従え、取予去就を設け、名は諸侯に施す」とあり、同じく儒林伝には「孔子卒して自り後、七十子の徒は諸侯に散游し、大なる者は師傅卿相と為り、小なる者は士大夫に友教し、或いは隠れて見われず。故に子路は衛に居り、張は陳に居り、澹台子羽は楚に居り、子夏は西河に居り、子貢は斉に終わる」とある。澹台滅明の居所については両者に異同があるが、いずれにしてもこれらの記述は、孔子面授の弟子によって春秋末から戦国初期にかけて南土に儒学が伝えられたことを示すものであり、斉・魯で著作された儒家系文献もかなり早い時期から南土の儒者の間に行われていたと推測される。また、『孟子』滕文公上には、孟子が楚国出身の儒者であった陳良を称えて「陳良は楚の産なり、周公・仲尼の道を悦び、北のかた中国に学ぶ。北方の学者も未だ之に先んずる或る能わず、彼は所謂豪傑の士なり」と述べた言葉が見える。この陳良のような楚国から北方に遊学した人物や、先の澹台滅明のように魯国から南土に移住した人物などの存在を踏まえるならば、著作のみならず斉・魯での学習経験をもつ人物によって、東土の文字が楚国へ伝わったことは想像に難くない。したがって、郭店楚簡・上博楚簡が書写された戦国中・後期には、少なくとも思想関係の著作における東土の文字の混淆は、すでにかなり進行していたと推測することができよう。上述した《者》《術》の分布は、こうした混淆の実態を具体的に示すものと解釈されるのである。

おわりに

本章では、周氏の見解を中心に、郭店楚簡・上博楚簡と東土の文字との関係について検討を加えた。その結果、《者》《術》は東土の思想文献に用いられた文字で、書物の伝来にともなって楚国に伝わった可能性が見いだされ、その用例分布からすれば、周氏が提起した「馴化」という解釈は成立し難く、東土の文字の混淆はかなり進行していた状況がうかがわれることを明らかにした。これらの諸点を踏まえるならば、《者》《術》のごとく、楚墓出土簡牘のうち思想文献に見えて非思想文献に見えず、しかも伝鈔古文と密接な共通性を示す文字の存在に着目することによって、思想文献と非思想文献との間に地域差に関わる位相を指摘することができよう。

すでに繰り返し述べたごとく、本章で提起した見解は、その大部分が現時点における仮説の域を出るものではない。例えば、《者》《術》が非思想文献に見えないのは、単に用例数の制約に起因する見せかけの現象に過ぎないという可能性を考慮しておく必要がある。また、東土の文字との関連についても、二次資料である伝鈔古文による検討の限界を十分に認識しておかなければならない。今後は、上博楚簡の未公表文献をはじめとする新出資料の分析を通して、より詳密な検証作業を重ねていきたい。

注

（1）この点については、周鳳五「郭店楚墓竹簡〈唐虞之道〉新釈」（『中央研究院歴史語言研究所集刊』第七十本　第三分、一九九九年）に詳細な検討が見られる。

（2）馬承源「前言：戦国楚竹書的発現保護和整理」（『上海博物館蔵戦国楚竹書（一）』上海古籍出版社、二〇〇一年）参照。なお、「馬承源先生談上海簡」（『上博館蔵戦国楚竹書研究』上海書店出版社、二〇〇二年）には、上博楚簡の年代について、中国科学院上海原子核研究所の測定による二二五七±六五年前という数値が紹介されている。

（3）字形の分類は、基本的に張光裕主編『郭店楚簡研究　第一巻　文字編』（芸文印書館、一九九九年）に従い、字形例と若干の相違を有する形体についても、同類と見なされるものは用例数に含めた。なお、郭店楚簡『緇衣』第十六簡には、字形例1～9のいずれにも該当しない形体が一例見えるが、下半部の点画が不明瞭で譌筆の可能性が考慮されることから、ここでは分析の対象に含めなかった。

（4）簡牘以外の筆記資料として、春秋末から戦国初期にかけての晋国の文字資料と見なされる侯馬盟書がある。侯馬盟書の「者」字は、ほぼ字形例1・2に該当しており、《者》の例は見られない。また、秦墓出土簡牘は大部分が戦国末から始皇帝期にかけてのものであり、「者」字はいずれも楚墓出土簡牘文字とは異なる小篆に近い形体を示す。すなわち、現時点で管見の及んだ筆記資料において、《者》は郭店楚簡・上博楚簡のみに見えるのである。なお、戦国期の簡牘文字については、本書第三部第二章「戦国簡牘文字における二様式」参照。

（5）こうした資料上の制約を踏まえた上で、筆記資料以外の文字資料との関連で注目されるのは、燕国のものと見なされる武器や璽印・陶文などの題銘類に《者》と類似した下半部を「衣」の下部のごとき形体に作る例が認められる点である。また、斉国の文字資料とされる「日庚都萃車馬」銅印の「都」や「中都戈」の「都」の左側にも同様な形体が認められる。「日庚都萃車馬」銅印について、李学勤「戦国題名概述(上)」(『文物』一九五九年第七期)は、「吉金零拾拓本跋文」に山東出土とあることを根拠に斉印と見なしており、また「中都戈」について、何琳儀『戦国文字通論』(中華書局、一九八九年、八〇頁)は「中都」(地名)を山東汶上に比定している。これらの見解にしたがえば、燕国や斉国の文字資料には、《者》と類似した形体が見いだされることになるが、斉国とされる二つの資料はいずれも考古学的な発掘品ではないため、今後さらに出土資料による検証が必要である。なお、戦国期の出土文字資料については、江村治樹『春秋戦国秦漢時代出土文字資料の研究』(汲古書院、二〇〇〇年)参照。

(6)　思想文献において、字形例1を除く《衍》以外の形体は、郭店楚簡の『語叢二』に字形例2が一例、上博楚簡の『性情論』に字形例4が十五例見える。このうち、字形例2は『古文四声韻』巻三(20ａ)「道」の「古老子」に共通の形体が見え、李学勤「説郭店簡〝道〟字」(『簡帛研究』第三輯、一九九八年)は、この形体から《衍》が派生したと推定している。また、字形例4は、『古文四声韻』巻三(20ａ)「道」の「古孝経」に共通の形体が見える。このように、《衍》以外の形体にも伝鈔古文との共通性が指摘されるわけであるが、ここでは《衍》に論点を絞り、他の字形の検討は今後の課題としたい。なお【別表2】に示したごとく、郭店楚簡『緇衣』には「道」字の用例が二例あるが、上博楚簡『紂衣』では一例は別体字に作り、他の一例は竹簡の缺失箇所に当たっているため、統計には含まれなかった。

(7)　この他、信陽楚簡の「竹書」(第一組竹簡)にも、字形例1に該当する「道」字の用例が二例認められる。李学勤氏は佚文との合致からこの著作を『墨子』と推定しているが、残存する一一九簡の竹簡すべてが断簡であるため、内容を十分に把握し難く、李氏の見解については異説も存する。ここでは、非思想文献とは異なる可能性が残るため、検討の対象から外すこととした。

(8)　郭店楚簡・上博楚簡に重出する二種の著作の他の一つである郭店楚簡『性自命出』と上博楚簡『性情論』との間にも、ほぼ同様の状況が指摘されるが、ここでは論述の煩雑を避けるために、《者》の用例差がより明確な郭店楚簡『緇衣』と上博楚簡『紂衣』とを取り上げることとした。

（9）この点については、「附：上博簡『紂衣』與郭店簡字形対照表」（『上海博物館蔵戦国楚竹書（一）』上海古籍出版社、二〇〇一年）参照。

[別表1]　楚墓出土簡牘における「者」字の用例

Ⅰ　思想文献

①郭店楚簡

字形例	1 	2 	3 	4 	5 	6 	7 	8 	9 
第一類									
老子甲		2	7		4				
老子乙		5							
老子丙		3							
太一生水		12							
緇衣		5		2					
魯穆公問子思		8							
窮達以時		1							
五行		2				1	17		
語叢四		9							
第二類									
成之聞之	1					18			
尊徳義	18					2			

性自命出	49								
六徳	36								
第三類									
語叢一							16		
語叢二							9		
語叢三							22		
第四類									
唐虞之道							8	4	
忠信之道							7		

②上博楚簡

孔子詩論									12
紂衣							6		
性情論	9					30	2		

Ⅱ　非思想文献

包山楚簡		5				4			
信陽楚簡						1			
天星観楚簡		1							
九店楚簡		1							

○非思想文献に掲げた各資料の内容は、以下の通りである。

・包山楚簡（二号墓）……司法文書・卜筮祭禱記録
・信陽楚簡（一号墓）……遣策
・天星観楚簡（一号墓）…卜筮祭禱記録
・九店楚簡（五六号墓）…日書
この内、天星観楚簡は未公表であるため、葛英会・彭浩『楚簡帛文字編』（東方書店、一九九二年）によった（【別表2】についても同様）。

【別表2】楚墓出土簡牘における「道」字の用例

Ⅰ　思想文献

①郭店楚簡

字形例	1 	2 	3 	4 
第一類				
老子甲	10		3	
老子乙	10			
老子丙	2			
太一生水	3			
緇衣	2			
魯穆公問子思				
窮達以時				
五行	19			
語叢四	1			

第二類	成之聞之	8			
	尊德義	15			
	性自命出	5		17	
	六德			6	
第三類	語叢一	5		3	
	語叢二		1		
	語叢三				
第四類	唐虞之道	4			
	忠信之道			2	
②上博楚簡	孔子詩論	1			
	紂衣				
	性情論				17
Ⅱ　非思想文献	包山楚簡	1			
	天星観楚簡	1			

○非思想文献に掲げた各資料の内容は、以下の通りである。
・包山楚簡（二号墓）……司法文書
・天星観楚簡（一号墓）…遣策

あとがき

本書は、郭店一号楚墓から出土した新資料「郭店楚墓竹簡（郭店楚簡）」に関する共同研究の成果をまとめたものである。

ここでは、五名の執筆者が所属する戦国楚簡研究会の足跡と現況について触れ、本書の結びの言葉としたい。

荊門市博物館

郭店楚簡は一九九三年十月、湖北省荊門市の郭店村（戦国時代の旧楚領の紀山古墓群内）で発見された。荊門市博物館による調査・整理を経た後、その全容が『郭店楚墓竹簡』（文物出版社）として刊行されたのが一九九八年五月、それが日本に輸入され、我々がその内容を知ったのは同年夏のことであった。

同書を概観して先ず想起されたのは、共同研究を組織化する必要性である。なぜなら、郭店楚簡は竹簡七百枚を越える膨大な分量であり、内容も儒家系・道家系などにまたがり、かつ先秦時代の見慣れぬ古文字で記されていたからである。とても一人で立ち向かえる研究対象ではないというのが率直な印象であった。

そこで我々は、中国哲学研究と中国古文字学研究の専門家からなる「郭店楚簡研究会」を設立し、一九九八年十月の準備会合を経て、翌九九年三月に第一回の研究会を開催した。当初は、『郭店楚墓竹簡』に収録された文献の読み合わせを行っていたが、やがて、その成果を踏まえて、個別の研究発表も行うようになった。中国からは次々と研究論文が発表されるようになり、それらに対する批判的検討も並行して進めた。

　さらに、新たな事態が発生した。上海博物館が同様の戦国楚簡千二百枚を入手したとの報が伝えられたのである。上海博物館蔵戦国楚竹書（上博楚簡）は香港の市場で偶然発見され、上海博物館が急遽購得したものである。どこから盗掘されたものであるかについては公表されていないが、やはり先秦の古文で記されており、炭素14による年代測定の結果、郭店楚簡とほぼ同時期の戦国楚簡であることが判明した。

　その上博楚簡が二〇〇一年に『上海博物館蔵戦国楚竹書（一）』（上海古籍出版社）として刊行されると、研究対象は一気に拡大した。会の名称も、郭店楚簡・上博楚簡の両者を包括するとの意味で、「戦国楚簡研究会」と改称された。また、研究会は全員が集まりやすい大阪で開く機会が多くなったことから、事務局を、筆者の所属する大阪大学中国哲学研究室に置くこととなった。

　こうして研究会合を重ねるうち、幸いにも二〇〇一年度から四年間、当会の竹田健二を代表者に科学研究費補助金（基盤研究B）の交付を受けることが決まった。これにより、発足当初は予想もしなかった研究の進展、および海外学術交流が実現することとなった。国内での研究発表、上海博物館での学術調査、北京や台湾における国際学術会議での招待講演・研究発表、大阪大学での国際シンポジウムの開催など、精力的な活動が展開されたのである。今、会員によるこれらの活動の内、主なものを列挙すれば、次の通りである。

・二〇〇〇年九月、第四回国際書学研究大会（日本教育会館）で研究発表（福田）。

・二〇〇一年三月、中国出土資料学会シンポジウム（立正大学）で研究発表（浅野）。
・二〇〇一年七月、中国出土資料学会二〇〇一年度第一回例会（立正大学）で研究発表（湯浅）。
・二〇〇一年八月、上海博物館を訪問、馬承源氏・濮茅左氏らと面談、上博楚簡を実見（浅野・福田）。
・二〇〇一年十一月、第十二回書学書道史学会大会（埼玉大学）で研究発表（福田）。
・二〇〇二年八月、上海博物館を訪問、馬承源氏・濮茅左氏らと面談、『上海博物館蔵戦国楚竹書』の刊行予定などの情報を得る（浅野・福田・竹田）。
・二〇〇二年十月、日本中国学会第五十四回大会（東北大学）で研究発表（竹田）。
・二〇〇三年十月、日本中国学会第五十五回大会（筑波大学）で研究発表（菅本）。
・二〇〇三年十二月、台湾大学で開催された国際学術交流会議「日本漢学的中国哲学研究與郭店・上海竹簡資料」で研究発表（浅野・福田・竹田・菅本）、中央研究院中国文哲研究所において講演（浅野）。
・二〇〇四年三月、国際シンポジウム「戦国楚簡と中国思想史研究」を大阪大学で開催（大阪大学中国学会・大阪大学中国哲学研究室・戦国楚簡研究会・台湾簡帛道家資料新出土文献研読会の共催）。
・二〇〇四年四月、台湾大学東亜文明研究中心で開催された「出土文獻研究方法第二次學術研討會―上博簡與出土文獻研究方法學術研討會」に出席・研究発表（浅野・福田・竹田）、および講演（浅野）。
・二〇〇四年八月、北京清華大学で開催された「多元視野中的中国歴史―第二届中国史学国際会議」（清華大学歴史系・《歴史研究》編輯部・東方文化学会歴史文化分会聯合主弁）に出席・研究発表（浅野・福田・竹田）。
・二〇〇四年十二月、『戦国楚簡研究』（台湾・万巻楼）刊行（浅野）。
・二〇〇五年三月、台湾大学哲学系・中央研究院中国文哲研究所・輔仁大学文学院・東呉大学哲学系が主催して台

湾大学で開催された「新出土文獻與先秦思想重構国際學術研討會」で研究発表（浅野）。
・二〇〇五年六月、全国漢文教育学会第二十一回大会（大谷大学）で研究発表（竹田）。

研究成果も次々と刊行されるようになった。会員個々の学術論文・著書はもとより、会員の共同執筆による刊行物も、次のように生み出されていった。

・『新出土資料と中国思想史』（『中国研究集刊』別冊、二〇〇三年六月）
・『戦国楚系文字資料の研究』（科研報告書、代表者竹田健二、二〇〇四年三月）
・『諸子百家〈再発見〉－掘り起こされる古代中国思想－』（浅野裕一・湯浅邦弘編、岩波書店、二〇〇四年八月）
・『戦国楚簡と中国思想史研究』（『中国研究集刊』第三六号、二〇〇四年十二月）
・『竹簡が語る古代中国思想－上博楚簡研究－』（浅野裕一編、汲古書院・汲古選書、二〇〇五年四月）

また、より多くの研究者に楚簡研究の状況を公開するため、戦国楚簡研究会の公式ホームページ（http:// www.let.osaka-u.ac.jp/chutetsu/sokankenkyukai/）を二〇〇四年度に開設し、研究情報の提供に努めることとした。

二〇〇五年度に入り、二つの吉報が舞い込んだ。一つは、日本学術振興会の研究成果促進費の交付を受けて本書の刊行が決まったことであり、今ひとつは、筆者が代表者として申請していた共同研究「戦国楚簡の総合的研究」が科学研究費基盤研究Ｂ（二〇〇五年度～二〇〇八年度）として採択されたことである。

これを受けて、研究会では、引き続き出土文献の釈読を進めるとともに、この夏、郭店楚簡を収蔵する荊門市博物館、郭店一号楚墓を含む紀山楚墓群、紀南城址、荊州博物館、および上海博物館などの現地調査を行った。詳細については、科研報告書や『中国研究集刊』別冊特集号（大阪大学中国学会、二〇〇五年十二月刊行予定）において詳述する予定であるが、ここでは、今回の我々の学術調査によって得られた情報の内、日本の読者にとって極めて有意義だと思われる点を三点にしぼって速報としてお伝えしておきたい。

第一は、荊門市博物館で得られた情報である。同博物館では、館長の翟信斌先生ならびに「郭店楚簡研究中心」主任の崔仁義先生が館内を説明して下さり、郭店楚簡の内の『太一生水』『魯穆公問子思』『語叢三』『語叢四』の竹簡を拝見することができた。これまで、写真版でしか見られなかった竹簡の実物を目にし、特に竹簡の形態や文字の様子を直接把握できたことは大きな収穫であった。

郭店楚簡の実見調査

また、館内には、郭店楚墓の墓葬年代について、「武漢地質学院測値中心」による証明書「同位素分析成果報告単」が掲示されていた。それによれば、郭店一号楚墓の「棺木」の炭素14の測定値が「二三四〇±一七〇年」であり、その測定の基準年は、国際標準年である「一九五〇年」であると明示されていた。すなわち、この数値によれば、郭店楚墓の造営時期は、紀元前三九〇年頃（±一七〇年）となり、例えば、近隣の包山楚墓（竹簡に記された紀年から紀元前三一六年の造営であることが判明している）などに比べてやや古い時期の造営である可能性が高いということになる。この点は、これまで日本に伝えられたことのない極めて貴重な情報である。

さらに、郭店楚簡と上博楚簡との関係についても重要な解説を聞くことができた。上博楚簡は盗掘された後、香港の古玩市場に流出していたものを上海博物館が購得したものであるが、盗掘された地点は明らかにされていない。ところが、出土地点について郭店楚墓と同じく湖北省であるとの噂は以前から伝えられていた。この点について質問したところ、崔仁義先生より、明確なことは言えないものの、双方の竹簡に付着していた土の質が類似しており、また、竹簡の字体が極めてよく似ていることから、上博楚簡の出土地も、同じく紀山楚墓群内である可能性が高いとの教示を得た。この点も、上博楚簡の資料的性格を考える際の重要な情報である。

第二は、紀山楚墓群を直接歩いてみたことにより得られた情報である。紀山楚墓群は、荊門市の南約五十㎞、荊州の北約十㎞の地点にあり、荊州と荊門を結ぶ高速道路の西側に位置する。墓群は現在、「白龍崗」「張家崗」「郭店崗」など二十四の墓地の名称によって整理されているが、この内、今回我々が調査したのは、「大薛家窪」「尖山」「郭店」の三箇所であった。まず「大薛家窪」は一号墓・二号墓という比較的大きな主墓と、四行十列に排列された陪葬墓からなる。これらは現在、ともに雑木に覆われた小高い丘となっており、我々はやや息を切らしながら一号墓・二号墓および陪葬墓の一つに登った。この二号墓と陪葬墓の間には祭壇も築かれており、もとは人工的に整備された完成度の高い墓地であったとの印象を得た。

次に「尖山」墓地は、現在農地となっている平地に、まさに突出した丘状を呈していた。「尖山」墓地は全体では百十二の墓から構成されているとのことであったが、我々はその内、胡麻の苗が密集して植えられている高さ約六メートルの封土に登った。ここからは紀山楚墓群の様子が良く眺められ、これらの墓群が日当たりの良い丘陵地に形成されている状況を実感することができた。春秋戦国時代の楚の都「郢」の墓陵地として重要な場所だったのであろう。

最後に実見したのは、念願の郭店一号楚墓である。郭店一号楚墓は右の「大薛家窪」「尖山」の南東約四～五㎞の地点に位置し、右の二つの墓地が今も小高い丘として封土を残しているのに対して、農家の裏の全く平坦な場所にあった。これは、長年にわたって農民が耕作用に封土を削り取ったためであるとのことであった。それにより、古墓の存在が分かり、盗掘にあって郭店楚簡の発見に至った訳である。郭店一号楚墓は、一九九三年十月の発掘調査の後、土が埋め戻され、現在は、かつての墓坑の上に高さ約三十㎝のコンクリートの囲いが施されていた。

紀山楚墓群（尖山墓地）

ここで我々が少し心を痛めたのは、紀山楚墓群の保存や顕彰の状態である。「大薛家窪」には、付近の一軒の農家にカメラ付きのアンテナが一本立てられていた。それは、盗掘を防ぐための監視用のアンテナであるとのことであったが、広大な紀山楚墓群全体を監視するには不十分であるように感じた。また、「大薛家窪」「尖山」が公道から比較的近いところにあるのに対して、郭店一号楚墓までは車一台がやっと通れる程の細い一本の農道が通っているのみであり、途中、案内表示などはまったくない。また墓は、うっそうとした雑木林に覆われていて、墓の東側に「郭店一号墓」という小さな墓標が立てられているのみであった。郭店楚簡の重要性に比して粗末な扱いのように感じられ、残念な印象が拭えなかった。

第三の情報は、紀南城址である。紀南城は、すなわち楚の都「郢」であり、紀山丘陵地の南に位置することからこのように命名されたという。城郭はほぼ方形で、東南約四・五㎞、南北約三・五㎞。紀元前二七八年、秦の将軍白起の攻撃によって落城するまで、約四百年間、楚の政治経済文化の中心地として栄えた。先の紀山楚墓群は、この紀南城の北約五㎞の地点に位置している。

我々が今回調査したのは、城壁跡の内、東南角の一帯数㎞である。もとは版築工法によって築かれた城壁は今もしっかりと残っていて、高さは約六〜七メートル、ところどころ土塁が切れているところは、もとの水門あるいは城門の跡と推測される。

ただ、かつての城内が今はのどかな農地となり、また、付近に多くのゴミが散乱している状況からは、国破れて山河ありとの思いを禁じ得なかった。紀南古城は現在、中国の重要文化財保護単位の一つに指定されているが、その保存や顕彰については、紀山楚墓群と同様、総合的な整備の必要を痛感させられた。

以上が今回の学術調査によって得られた最新情報の一部である。このように、戦国楚簡の研究は、公開されている写真版・釈文の解読に加えて、現地における学術調査や海外研究者との学術交流が極めて大きな意味を持つ。本研究会では、引き続き出土文献の釈読作業を進めるとともに、中国や台湾などとの国際学術交流にも積極的に努めていきたいと考えている。

二〇〇五年九月五日

戦国楚簡研究会事務局　湯浅邦弘

初出誌一覧

（各章の原著者・原タイトル・初出誌を以下に列挙する。ただし、本書に採録するにあたり、大幅な加筆修正を加えたものもある。）

第一部

第一章　浅野裕一「戦国楚簡と古代中国思想史の再検討」（『中国出土資料研究』第六号、二〇〇二年）

第二部

第一章　湯浅邦弘「郭店楚簡『六徳』について―全体構造と著作意図―」（『中国出土資料研究』第六号、二〇〇二年）

第二章　浅野裕一「郭店楚簡『緇衣』の思想史的意義」（『集刊東洋学』第八六号、二〇〇一年）

第三章　浅野裕一「郭店楚簡「窮達以時」の「天人之分」について」（『集刊東洋学』第八三号、二〇〇〇年）

第四章　浅野裕一「郭店楚簡『唐虞之道』の著作意図―禅譲と血縁相続をめぐって―」（『大久保隆郎教授退官紀年論集　漢意とは何か』、東方書店、二〇〇一年）

第五章　湯浅邦弘「「忠臣」の思想―郭店楚簡『魯穆公問子思』について―」（『大久保隆郎教授退官紀年論集　漢意とは何か』、東方書店、二〇〇一年）

第六章　菅本大二「続・中国古代における「礼」と強制力―郭店楚簡「尊徳義」を契機として―」（『梅花女子大学文学部紀要（日本語・日本文学編）』第三三号、一九九九年）

第七章　竹田健二「郭店楚簡『性自命出』と上海博物館蔵『性情論』との関係」（『日本中国学会報』第五五集、二〇〇三

年）
第八章　竹田健二「郭店楚簡『性自命出』・上博楚簡『性情論』の性説」（『国語教育論叢』第十四号、二〇〇五年）
第九章　浅野裕一「『五行篇』の成立事情―郭店写本と馬王堆写本の比較―」（『中国出土資料研究』第七号、二〇〇三年）
第十章　浅野裕一「『春秋』の成立時期―平勢説の再検討―」（『中国研究集刊』第二九号、二〇〇一年）
第十一章　浅野裕一「郭店楚簡『太一生水』と『老子』の道」（『中国研究集刊』第二六号、二〇〇〇年）
第十二章　福田哲之「郭店楚簡『語叢』（一・二・三）の文献的性格」（『大久保隆郎教授退官紀年論集　漢意とは何か』、東方書店、二〇〇一年）

第三部
第一章　福田哲之「郭店楚簡『語叢三』の再検討―竹簡の分類と排列―」（『集刊東洋学』第八六号、二〇〇一年）
第二章　福田哲之「戦国簡牘文字における二様式」（『第四回国際書学研究大会記念論文集　国際書学研究／二〇〇〇』、二〇〇〇年）
第三章　福田哲之「楚墓出土簡牘文字における位相」（『中国研究集刊』第三一号、二〇〇二年）

著　者　紹　介

浅野裕一（あさのゆういち）
1946年生まれ。東北大学大学院環境科学研究科教授。中国哲学専攻。『黄老道の成立と展開』（創文社、1992）、『孔子神話』（岩波書店、1997）、『古代中国の言語哲学』（岩波書店、2003）、『諸子百家〈再発見〉－掘り起こされる古代中国思想－』（湯浅邦弘氏と共編、岩波書店、2004）、『戦国楚簡研究』（萬巻樓、2004）ほか。

湯浅邦弘（ゆあさくにひろ）
1957年生まれ。大阪大学大学院文学研究科教授。中国哲学専攻。『中国古代軍事思想史の研究』（研文出版、1999）、『懐徳堂事典』（大阪大学出版会、2001）、『よみがえる中国の兵法』（大修館書店、2003）、『懐徳堂の歴史を読む』（竹田健二氏と共編、大阪大学出版会、2005）ほか。

福田哲之（ふくだてつゆき）
1959年生まれ。島根大学教育学部教授。中国文字学・書法史専攻。『文字の発見が歴史をゆるがす－20世紀中国出土文字資料の証言－』（二玄社、2003）、『説文以前小学書の研究』（創文社、2004）、「諸子百家の時代の文字と書物」（『諸子百家〈再発見〉』岩波書店、2004）ほか。

竹田健二（たけだけんじ）
1962年生まれ。島根大学教育学部助教授。中国哲学専攻。「墨家による気の思想の受容」（『中国研究集刊』29号、2001）、「戦国楚簡『容成氏』における身体障害者」（『福祉文化』３号、2004）、「上博楚簡『恆先』における気の思想」（『中国研究集刊』36号、2004）、「『曹沫之陳』における竹簡の綴合と契口」（『東洋古典学研究』19集、2005）ほか。

菅本大二（すがもとひろつぐ）
1962年生まれ。梅花女子大学文化表現学部助教授。中国哲学専攻。「『荀子』における「幸」と「数」」（『国語教育論叢』13号、2003）、「「五十而知天命」小考」（『中国文化』61号、2003）、「天と人との距離」（『諸子百家〈再発見〉』岩波書店、2004）ほか。

古代思想史と郭店楚簡

二〇〇五年十一月十五日　発行

編　者　浅　野　裕　一

発行者　石　坂　叡　志

整版印刷　富　士　リ　プ　ロ

発行所　汲　古　書　院

〒102-0072 東京都千代田区飯田橋二-五-四
電　話　〇三（三二六五）九七六四
ＦＡＸ　〇三（三二二二）一八四五

ISBN4 - 7629 - 2744 - 9　C3322

KYUKO-SHOIN, Co., Ltd. Tokyo.